MALEN & ZEICHNEN

MALEN & ZEICHNEN

Unipart Verlag · Stuttgart

Lizenzausgabe für den
UNIPART VERLAG GMBH
Remseck bei Stuttgart, 1994

Bearbeitung der deutschen Ausgabe:
THEMA Produktmarketing und Werbung
GmbH, München
Übersetzung: Claudia Weiand
Die Abbildungen auf dem Cover sind Projekten des Kurses entnommen, mit Ausnahme der Illustrationen *Landschaft mit Brücke über einen Bach* von John Clayton Adams (Vorderseite, Mitte, oben) und *Porträt eines Mädchens* von Beryl Underwood (Vorderseite, rechts)

Wir danken der Firma C. Kreul für die freundliche Unterstützung auf den Seiten: 5, 7, 12, 18, 24, 29, 36, 112, 113, 120, 125, 181, 185, 189, 193.

Titel der englischen Originalausgabe:
PAINTING & DRAWING
© 1992 W.H. Smith Ltd.,
Book Connections Limited,
47 Norfolk Street, Cambridge CBI 2LE.
Auf der Grundlage von *Be Creative*
© Fabbri Publishing Ltd.
1990, 1991
© R. C. S. Libri & Grandi Opere
S. p. A., Milan 1994
Alle Rechte vorbehalten

Es ist nicht gestattet, Abbildungen dieses Buches zu scannen, in PCs oder auf CDs zu speichern oder in PCs/Computern zu verändern oder einzeln oder zusammen mit anderen Bildvorlagen zu manipulieren, es sei denn mit schriftlicher Genehmigung des Verlages.

ISBN 3-8122-3401-7

INHALT

ABSCHNITT 2 – ZEICHNEN

BLEISTIFT

FARBSTIFT

FEDER & TUSCHE

PASTELL

ÖLKREIDE

TUSCHE & GOUACHE

EINFÜHRUNG

Jeder von uns hat künstlerische Talente, doch die wenigsten kennen ihre Begabungen und entwickeln sie. Gehen Sie auf Entdeckungsreise! Arbeiten Sie das Buch systematisch durch, und finden Sie heraus, was Ihnen liegt, ob Malen oder Zeichnen, ob Aquarellfarben, Ölfarben, Bleistift und Farbstifte oder Pastellkreiden. Sie erlernen die Grundlagen jeder dieser Techniken in wenigen Lektionen und werden rasch Fortschritte machen.

MALEN & ZEICHNEN gliedert sich in zwei Hauptteile: Der erste Teil führt Sie in verschiedene Techniken des Malens ein, während sich der zweite Teil mit dem Zeichnen befaßt. Sie können mit dem Zeichnen beginnen, wir raten Ihnen jedoch, unsere Reihenfolge beizubehalten, in der Sie schrittweise in das künstlerische Arbeiten eingeführt werden.

Wir beginnen beim Malen mit Aquarellfarben und gehen dann zu Ölfarben über. Beim Zeichnen befassen wir uns zunächst mit dem Bleistift, erweitern die erworbenen Grundlagen durch die Verwendung von Farbstiften und widmen uns dann Feder und Tusche. Anschließend vertiefen wir uns in die Arbeit mit Pastellkreiden, stellen Ihnen Ölkreiden vor und beenden den Kurs mit einer Mischtechnik, bei der wir Tusche und Gouache verwenden.

Sie brauchen für die verschiedenen Techniken nur eine Grundausstattung. Eine Auswahl von jeweils etwa zehn Farben ist völlig ausreichend, um die Aquarell- und Ölmalerei und das Zeichnen mit Farbstiften oder Pastellkreiden zu erlernen. Mit einem kleinen Farbsortiment eignen Sie sich viel schneller und gründlicher Kenntnisse über Farben und das Anmischen von Farbnuancen an, als wenn Ihnen viele Farben zur Verfügung stehen.

Der schnellste Weg, etwas zu lernen, ist die eigene Erfahrung. MALEN & ZEICHNEN ist deshalb konsequent praktisch ausgerichtet. Jede Lektion befaßt sich mit bestimmten Techniken und Kniffen des jeweiligen Gebietes, die Sie sich in kleinen praktischen Übungen aneignen. Abbildungen von Meisterwerken sowie viele Illustrationen, die die speziellen Techniken erläutern, machen den Lehrstoff anschaulich. Anschließend wird das Gelernte in einem reizvollen Projekt vertieft, durch das Sie Schritt für Schritt geleitet werden. Die Entstehung des Bildes wird dabei anhand aufeinander aufbauender Bildsequenzen detailliert und leicht verständlich erläutert. Zahlreiche Tips und Hinweise helfen Ihnen, Fehler zu vermeiden und zügig Ihre Kenntnisse zu erweitern.

Indem Sie viele verschiedene Techniken kennenlernen, vertiefen Sie wie nebenbei auch Ihr Wissen um den handwerklichen Aspekt, der künstlerischem Schaffen zugrunde liegt. Sie werden unter vielem anderen mit einer Reihe von Pinseltechniken vertraut gemacht, erproben die altmeisterliche Kunst des Lasierens, setzen sich mit der Perspektive auseinander, lernen eine Bildkomposition zu arrangieren, ein Porträt aufzubauen oder eine bewegte Menschengruppe zu zeichnen. Sie werden entdecken, daß Malen und Zeichnen viel leichter ist, als Sie dachten, sobald Sie einige grundlegende Techniken und Kniffe beherrschen. Beginnen Sie gleich heute, und entwickeln Sie Ihre verborgenen Talente!

ABSCHNITT 1

Malen

AQUARELL

ÖLMALEREI

DIE ERSTEN SCHRITTE

Aquarellfarben sind für jeden ideal, gleich ob Anfänger oder Profi. Turner hat in seinem Aquarell (*links*) nur die Grundtechniken angewandt, um den Sonnenaufgang über Venedig einzufangen. Er legte das Bild als Lavierung an und überarbeitete diese mit Hilfe weniger Pinseltechniken, die wir Ihnen in den folgenden Lektionen erklären werden. Besonders schwierig ist keine dieser Techniken, und Aquarellfarben sind wegen ihrer Leuchtkraft und Transparenz ein geradezu ideales Medium für stimmungsvolle Landschaftsbilder. Ob ein Kunstwerk entsteht, hängt auch davon ab, wie und wann man die verschiedenen Techniken einsetzt.

Keine anderen Farben ermöglichen so zarte und zugleich brillante Bilder wie die Aquarellfarben, vorausgesetzt man weiß, wie man sie zum Leuchten bringt. Wenn Sie die grundlegenden Techniken beherrschen, wird Ihnen das Aquarellieren leichtfallen und große Freude bereiten.

Die Landschaft (*unten*) wird unser erstes Projekt sein. Wir beschränken uns auf zwei Farben und verwenden die wichtigste Technik des Aquarellierens, die Lavierung. Sie lernen, wie man eine Landschaft aufbaut und mit einer Farbe-Wasser-Mischung möglichst gleichmäßige Flächen anlegt. Obwohl dieses Projekt von jedem Anfänger bewältigt werden kann, entfaltet das Bild schon eine gewisse Stimmung.

Welche Grundausstattung Sie brauchen, wie man die Pinsel pflegt, wie man Farben mischt und wie Sie verhindern können, daß sich Ihr Papier wellt, erfahren Sie auf den nächsten beiden Seiten. Danach folgt eine erste Übung, in der Sie die Basistechnik des Aquarells erlernen: die Lavierung. Im anschließenden Projekt werden Sie in dieser Technik eine Moorlandschaft malen.

Bevor Sie die erste Übung beginnen, sollten Sie ein wenig mit Ihren Aquarellfarben experimentieren. Probieren Sie aus, was man mit den Farben alles machen kann: Spritzen Sie einen dicken Farbklecks auf das Papier, geben Sie einen Tropfen einer anderen Farbe daneben, und halten Sie das Papier schräg, so daß die Farben ineinander verlaufen. Versuchen Sie, die Farbe möglichst trocken aufzutragen, so daß das Papier durchscheint. (Tupfen Sie dazu den farbgetränkten Pinsel an einem Tuch etwas ab.) Wie wirken die Farben bei sehr starker Verdünnung?

PAPIER SPANNEN

Wenn Sie auf einzelnen Papierbögen malen, beginnt sich das Papier durch die Nässe der Farben zu wellen. Um dies zu vermeiden, wird das Papier vor Beginn der Arbeit auf eine feste Unterlage gespannt.

1 Schneiden Sie vier Streifen eines gummierten Klebebandes ab.

2 Nässen Sie den Bogen mit einem Schwamm ein oder halten Sie ihn unters Wasser.

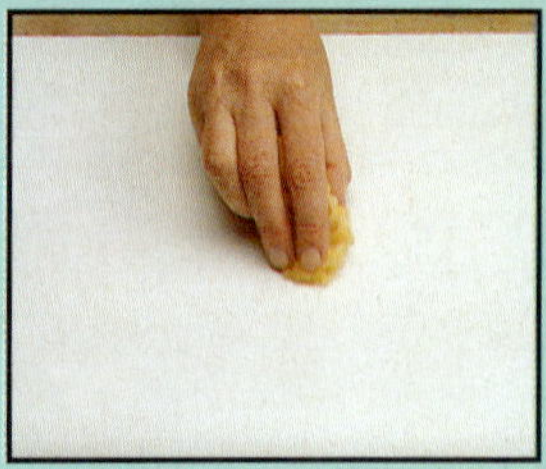

3 Streichen Sie das Blatt auf der Unterlage mit einem Tuch oder der Hand von innen nach außen glatt.

4 Kleben Sie den Bogen an den Seiten fest, und lassen Sie ihn trocknen.

Keine Sorge, wenn das Papier sich in nassem Zustand wellt! Beim Trocknen glättet es sich.

DER MALGRUND

Die Oberfläche des Papiers wirkt sich entscheidend darauf aus, wie die Farben herauskommen und wie der Pinsel geführt werden kann, ob er gehemmt wird oder ob er gut gleitet. Anders als bei der Arbeit mit deckenden Farben ist die Papieroberfläche beim Aquarell sichtbar. Bei einem Ölbild etwa würde man eine weiße Blume mit weißer Farbe malen. Beim Aquarell ist es das Papier, das die Blume weiß erscheinen läßt. Wählen Sie deswegen Ihr Papier mit Bedacht.

Für den Anfang reicht ein billigerer Aquarellblock, der nicht zu grobkörnig ist. Aber mit der Zeit sollten Sie auch andere Papiersorten ausprobieren. Hochwertiges Papier wird in einzelnen Bögen angeboten und kann sehr teuer sein. Aquarellpapier gibt es in verschiedenen Formaten und Stärken. Ein großzügigeres Arbeiten lernen Sie leichter mit großen Formaten (mindestens DIN-A3). Das Papiergewicht wird in Gramm pro Quadratmeter angegeben. Sie finden sehr leichtes Papier (45 g/qm) bis zu sehr schwerem (350 g/qm). Auf schweren Papieren arbeitet es sich ausgesprochen angenehm. Sie sind allerdings teuer.

Rechte und linke Seite
Bei den meisten Papieren können Sie heutzutage auf beiden Seiten malen. Gewöhnlich ist die Vorderseite etwas grobkörniger. Früher konnte nur die rechte Seite verwendet werden, da gutes Zeichenpapier von Hand ausschließlich auf dieser Seite verleimt wurde. Bei hochwertigem Papier erkennt man die rechte Seite an dem Wasserzeichen oder dem am Rand eingeprägten Herstellernamen.

Einzelbögen oder Blöcke
Einzelbögen Papier, die weniger als 250 g/qm wiegen, müssen gespannt werden, damit sie sich nicht wellen (siehe *links*). Dickere Papierbögen befestigt man mit Reißzwecken oder Papierklemmen auf einer beweglichen Unterlage.

Praktisch sind Aquarellblöcke, die an den vier Rändern verleimt sind. Dadurch erspart man sich das Spannen. Das trockene Bild wird vorsichtig mit einem nicht zu scharfen Messer vom Block gelöst. Oft ist eine Ecke des Randes unverleimt, so daß man das Messer an dieser Stelle leicht unter das Blatt schieben kann.

PAPIERSORTEN

Die Oberfläche des Papiers prägt entscheidend den Charakter des Bildes. Die Papiersorten unterscheiden sich in ihrer Körnung.

Grobkörniges oder extra-grobkörniges Papier ist ideal für große Formate und eignet sich besonders gut für einen großzügigen, schwungvollen Stil. Der Farbfluß läßt sich leichter kontrollieren als auf glattem Papier, da sich die Farbe in den Vertiefungen der Papieroberfläche sammelt. Die Erhebungen hingegen bleiben hell, so daß der Farbauftrag luftig wirkt. Dieses Papier wird deshalb gerne für lichtdurchflutete Motive verwendet, so etwa für einen in der Sonne glitzernden See.

Feinkörniges oder satiniertes Papier ist für den Anfänger ungeeignet. Es richtig zu handhaben, bedarf großer Übung und eines hohen Arbeitstempos. Verwendet man zuviel Wasser, verläuft die Farbe leicht, nimmt man weniger, trocknet sie rasch an. Feines Papier eignet sich für zarte Aquarellzeichnungen, etwa von Blumen oder Tieren.

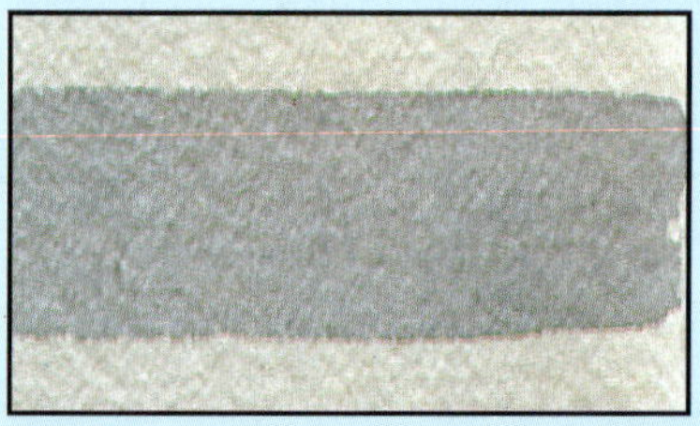

Papier mit mittlerem Korn ist das ideale Papier für den Anfang, da die Farbe nicht zu schnell verläuft und der Pinsel gut über die Oberfläche gleitet. Je nach Marke fällt die Körnung unterschiedlich aus. Probieren Sie aus, welche Marke Ihnen zusagt.

WELCHE FARBEN?

Aquarellfarben werden in unzähligen, herrlichen Farbtönen angeboten, in Näpfen und in Zinntuben. Napffarben sind praktischer im Umgang und werden deswegen vor allem beim Malen nach der Natur bevorzugt. Sie erhalten sie einzeln oder auch in kleineren oder größeren Metallkästen mit integrierter Palette. Tubenfarben sind cremig und ideal für großformatige Bilder.
Napffarben gibt es als Schülerfarben und in Künstlerqualität. Es lohnt sich, Künstlerfarben zu kaufen (ein kleines Sortiment reicht vollkommen), denn sie besitzen Leuchtkraft, sind leichter zu handhaben und halten länger.
Da Aquarellfarben nie im Napf angerührt werden, ist eine zusätzliche Palette aus Porzellan oft hilfreich.

DIE PINSEL UND IHRE PFLEGE

Im Sortiment der Aquarellpinsel finden Sie Rotmarderpinsel, Rehhaarpinsel, Rindshaarpinsel, Iltispinsel, Damhirschpinsel, Schweinsborstenpinsel und Kunstfaserpinsel. Außerdem unterscheiden sich Pinsel in Form und Größe: Es gibt Rundpinsel, Flachpinsel, katzenzungenförmige Pinsel und Fächerpinsel. Daneben erhält man exotische Pinsel, wie etwa den für Aquarellzeichnungen geeigneten Japanpinsel.
Jeder, der gerne malt, entwikkelt im Laufe der Zeit seine eigenen Vorlieben für bestimmte Pinsel. So werden auch hier in den nachfolgenden Projekten von den Künstlern verschiedene Pinsel verwendet, die Sie aber nicht alle brauchen.

Pinselpflege
Gute Pinsel sind kostbar. Beachten Sie folgende Regeln:

1 Spülen Sie die Pinsel nach Gebrauch sorgfältig aus.

2 Schütteln Sie das Wasser kräftig heraus. So kommt die Spitze wieder in Form. Falls nicht, helfen Sie mit den Fingern nach.

3 Bewahren Sie die Pinsel stehend auf, mit der Spitze nach oben. Liegen dürfen Sie nur in trockenem Zustand. Für den Transport rollen Sie die Pinsel in Papier ein.

4 Lassen Sie nie Pinsel mit der Spitze nach unten im Wasser stehen!

Von links nach rechts
Rotmarderpinsel, rund Nr. 7
Rotmarderpinsel, rund Nr. 10
Rotmarderpinsel, rund Nr. 12
Rotmarderpinsel, flach Nr. 9
Kunstfaserpinsel Nr. 1
Malerpinsel (4 cm breit)
grobporiger Schwamm
Rotmarderpinsel, rund Nr. 2
Rotmarderpinsel, rund Nr. 4
Rotmarderpinsel, rund Nr. 18
Rotmarderpinsel, flach Nr. 8
Schweinsborstenpinsel, flach Nr. 8
Japanpinsel

FARBEN MISCHEN

Man mischt und verdünnt Farben nicht in den Farbnäpfen, sondern auf der Palette. Vor allem, wenn man für die Lavierung von Hintergründen größere Mengen einer gleichmäßigen Farbe-Wasser-Mischung benötigt, sind Paletten mit stärkeren Vertiefungen nützlich. Man nimmt mit dem Pinsel Wasser auf und läßt es in eine Palettenvertiefung tropfen. Das wiederholt man zwei- oder dreimal. Nun taucht man den Pinsel erneut ins Wasserglas, drückt ihn jedoch am Rand etwas aus und löst mit ihm die gewünschte Farbe aus dem Napf. Die Farbe wird zu dem Wasser in der Palette transportiert. Dieser Vorgang wird so oft durchgeführt, bis die Farbe-Wasser-Mischung die gewünschte Intensität erreicht hat. Die Mischung testet man auf einem separaten Stück Papier und fügt nach Bedarf weiteres Wasser oder Farbe hinzu. Viele Künstler arbeiten mit zwei Wassergefäßen, eines zum Säubern des Pinsels, das andere zum Anrühren von Farbe.

GLEICHMÄSSIG LAVIEREN

Die Lavierung verlangt einiges Geschick, Schnelligkeit und Erfahrung. Nehmen Sie sich Zeit für ein paar Vorübungen; es wird sich lohnen, da die Lavierung die Grundlage des Aquarellierens ist. Verwenden Sie Vorder- und Rückseiten einiger billiger Blätter Papier. Ihre Aufgabe ist es, das Papier so gleichmäßig und zart einzutönen, wie Sie es nur vermögen. Die ersten Versuche werden etwas enttäuschend sein. Aber Sie werden sehen: Plötzlich haben Sie den Dreh raus!

Was Sie brauchen
Einen dicken Pinsel, mindestens Nr. 10, Farbe (am besten eignen sich dunkle Farben, wie etwa Grün oder Blau), ein Gefäß mit Wasser, einige Blatt Papier, eine Unterlage und eine Palette.

1

1 Bereiten Sie eine Farbe-Wasser-Mischung vor. Am Anfang unterschätzt man leicht die Menge, die man braucht. Das sollte nicht passieren, denn während Sie eine neue Mischung anfertigen, trocknet das Bild, und Sie erhalten eine Bruchlinie in der Fläche.

2

2 Nun tunken Sie den Pinsel in die Farbmischung, so daß er sich vollsaugt. Ihre Unterlage sollte leicht gekippt sein, damit die Farbe nach unten laufen kann. Beginnen Sie oben und führen Sie den Pinsel ruhig mit einem waagrechten Strich von links nach rechts.

3

3 Die Farbe wird abwärts fließen und sich in einem Farbrand sammeln. Fangen Sie den Farbfluß mit dem Pinsel auf, indem Sie nun in die Gegenrichtung arbeiten. Tauchen Sie den Pinsel wieder in Farbe, und wiederholen Sie den Vorgang, bis das ganze Blatt eingetönt ist.

4

4 Beim ersten Versuch wird die Lavierung unregelmäßig sein. Wiederholen Sie die Übung, bis Ihnen eine wirklich gleichmäßige Fläche gelingt. Versuchen Sie dabei, immer zügiger zu arbeiten.

NASS-IN-NASS

Verdünnen Sie zwei Farben (Gelb und Blau) jeweils separat mit Wasser. Dann feuchten Sie das Papier mit einem Schwamm oder einem breiten Pinsel gut an. Es soll naß sein, aber das Wasser darf nicht rinnen. Füllen Sie einen Pinsel mit Gelb, und spritzen Sie die Farbe kräftig aufs Papier. Tauchen Sie nun den Pinsel in die blaue Farbe, und tupfen Sie damit in weiße Stellen auf dem Blatt. Papier und gelbe Farbe dürfen zu diesem Zeitpunkt noch nicht trocken sein. Sie werden feststellen, daß sich das Gelb mit dem Blau vermischt, so daß sich ganz eigenartige Effekte ergeben.

IM MOOR

Sie wissen inzwischen, wie man eine Farbe-Wasser-Mischung vorbereitet und eine Lavierung anlegt. So können Sie sich nun an Ihr erstes Projekt wagen. Generell sei zu den Projekten gesagt: Am Anfang lernen Sie viel, wenn Sie die Projekte nach unserer Schritt-für-Schritt-Anleitung direkt nachmalen. Mit der Zeit werden Sie jedoch vermutlich eigene Motive bevorzugen. Versuchen Sie dann, die jeweils hier vorgestellten Techniken in Ihrer eigenen Arbeit umzusetzen.

MATERIAL

Aquarellpapier
Bleistift und Radiergummi
Rotmarderpinsel, rund Nr. 7 und Nr. 10
Farben: Kobaltblau, Saftgrün
Wassergläser
Teller oder Palette zum Mischen
Papiertücher oder Schwamm

1

1 Als erstes wird die Bildaufteilung grob umrissen: Man skizziert mit dem Bleistift locker und zart die Horizontlinie, die Hügelformationen, den Verlauf der Straße und des Zaunes. Das Aquarellieren beginnt gewöhnlich beim Himmel. Die ganze Partie wird mit einem dicken Pinsel und klarem Wasser gut angefeuchtet.

2 Bereiten Sie eine helle Kobaltblau-Wasser-Mischung vor, und lavieren Sie den Himmel. Fügen Sie der Mischung zum Horizont hin zusätzliches Wasser zu.

2

3

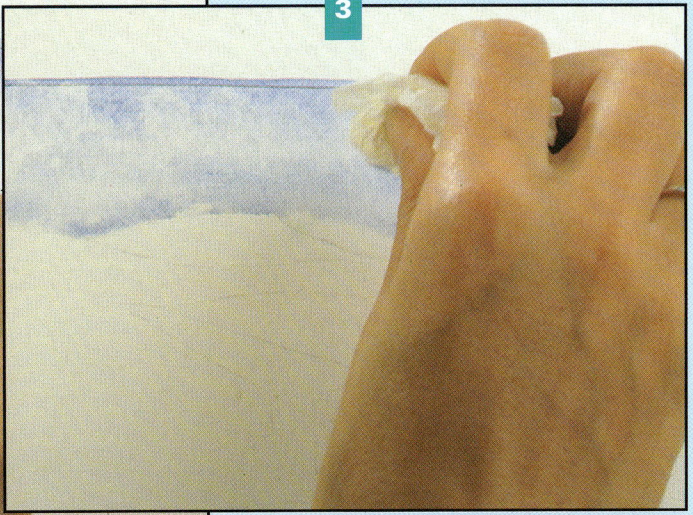

3 Bevor die Lavierung trocken ist, tupfen Sie mit einem saugfähigen Papiertuch in die blaue Fläche, so daß Wolken entstehen.

4 Warten Sie, bis das Bild getrocknet ist. Mit dem gut gesäuberten Pinsel und klarem Wasser wird dann die gesamte Moorlandschaft (mit Ausnahme der Straße) angefeuchtet. Mischen Sie Saftgrün mit viel Wasser und tragen Sie eine dünne Farbschicht auf.

5 Fügen Sie der Farbmischung grüne Farbe bei, so daß sie etwas dunkler wird. Die Moorlandschaft erhält – aber erst, wenn die erste Farbschicht völlig getrocknet ist – eine weitere Lasur, nur daß dieses Mal der hintere Berg ausgelassen wird.

Wundern Sie sich nicht, wenn Ihr Bild anders aussieht als das unsere. Das liegt daran, daß Sie bestimmt etwas mehr oder weniger Wasser aufgetragen haben als wir und daß Sie Ihre Farben anders gemischt haben. Auch die Art, wie Sie den Pinsel halten und führen, die Zeit, die Sie brauchen, die Zimmertemperatur und damit die Trockenzeit des Bildes – alle diese Faktoren wirken sich auf das Endresultat aus. Wer aquarelliert, wird den Zufall als Quelle der Inspiration schätzen lernen.

6 Wie inzwischen deutlich wurde, arbeitet man sich beim Aquarell vom Hellen zum Dunklen vor. Der hellen Grundierung können mehrere Schichten folgen, bis auch die dunkelsten Bereiche gemalt sind. Hier wird nun, wenn das Bild getrocknet ist, die Farbmischung um einen weiteren Grad verdunkelt, um dem Hügel hinter der Straße einen tieferen Farbton zu verleihen. Lassen Sie die Fläche trocknen!

7 Mit leichter Hand werden Zaun und Gräser angedeutet (Pinsel Nr. 7). Dazu verwenden Sie die dunkle Grünmischung, mit der auch der dunkle Hügel gemalt wurde.

ZARTE ABSTUFUNGEN

Viele Aquarelle werden aus Lavierungen in verschiedenen Farbtönen und Schattierungen komponiert. In dieser Lektion lernen Sie, wie man starke oder sanfte Abstufungen erhält, indem man mehrere Farbschichten übereinanderlegt, und wie man eine abgestufte Lavierung auf trockenem Untergrund bzw. in Naßtechnik anlegt.

John Sell Cotman (1782–1842) war einer der großen englischen Aquarellisten. Das hier abgebildete Aquarell (*oben*) baute Cotman fast ausschließlich aus Lavierungen auf. Die verschiedenen Farbwerte, also die Abstufungen in der Helligkeit erzeugte er durch mehrere Lasuren oder durch Mischen von Farben.

In der Kunst der gleichmäßigen Lavierung sind Sie inzwischen recht geübt. Sie haben auch schon eine erste Erfahrung mit einer abgestuften Lavierung auf nassem Untergrund gemacht. Hier wird das Thema der Helligkeitsabstufungen innerhalb einer Farbschicht vertieft.

Zunächst aber ein paar allgemeine Worte zum Thema Farbe. Farben unterscheiden sich in drei Eigenschaften: im Farbton, im Farbwert und in der Intensität. Farbbezeichnungen wie Grün, Gelb, Rot, Blau usw. beschreiben den Farbton. Von Farbwert spricht man, wenn die Helligkeit oder Dunkelheit eines Farbtones gemeint ist. Der Farbwert bezieht sich also auf den Schwarz- bzw. Weißanteil eines Farbtons. Je nach Intensität ist ein Farbton brillant oder stumpf und trüb.

Vor allem in Landschaftsaquarellen ist der Farbwert von Bedeutung, da durch ihn die Tiefenwirkung des Bildes erzeugt wird. Zum Horizont hin werden die Farben gewöhnlich blasser. Soll der Farbwert aufgehellt werden, verdünnt man die Farbe stärker. Soll er verdunkelt werden, reicht es nicht immer, nur weniger Wasser zu verwenden. Man muß häufig eine zweite, dunklere Farbe hinzunehmen. Dieses schwierige Kapitel werden wir später vertiefen. Hier hingegen widmen wir uns der Abdunkelung von Farbtönen durch das Übereinanderlegen mehrerer Lasuren.

Für unser Projekt „Getreidefelder" (*links*) werden nur drei Farben verwendet. Alle weiteren Farbtöne werden Sie durch das Übereinanderlegen verschiedener Farbschichten und durch Mischungen erzielen.

GRAU-WERTE

Verdünnt man Grau immer stärker mit Wasser, erhält man unterschiedliche Grauwerte (*unten*).

LAVIERUNG MIT ABSTUFUNGEN

ABSTUFUNG DURCH MEHRERE FARBSCHICHTEN

1

2

3

4

Hier entsteht eine Abstufung durch Übereinanderlegen mehrerer Lasuren.

1 Bereiten Sie eine helle Mischung aus Wasser und Siena natur vor und legen Sie von oben nach unten eine gleichmäßige Lavierung über das Blatt. Lassen Sie die Fläche trocknen!

2 Tragen Sie mit derselben Farbmischung etwas tiefer beginnend eine weitere Lasur auf. Warten Sie, bis die Fläche trocken ist.

3 Fügen Sie der Mischung etwas Farbe hinzu, und lavieren Sie wieder etwas tiefer beginnend ein drittes Mal.

4 Wenn das Bild getrocknet ist, verdunkeln Sie die Farbmischung erneut und wiederholen den Vorgang. Sie haben nun vier verschiedene Farbwerte.

ABSTUFUNG DURCH VERDÜNNEN DER FARBE

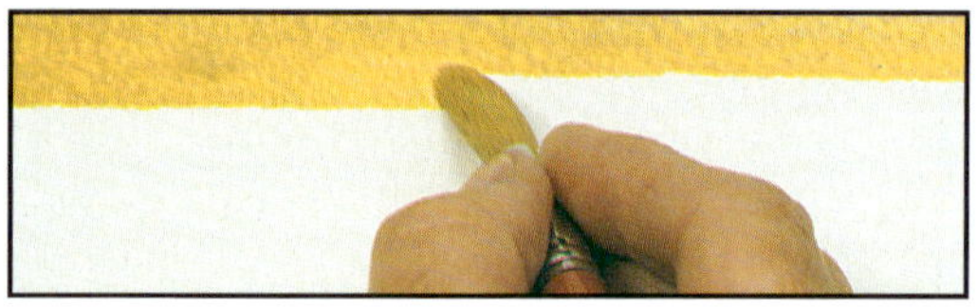

1

2

3

4

In dieser Übung beginnen Sie mit der dunkelsten Mischung und hellen diese nach und nach auf.

1 Tragen Sie auf das obere Viertel des Papiers ein farbintensives Gemisch aus Lichtem Ocker und Wasser auf. Lassen Sie das Bild trocknen.

2 Verdünnen Sie die Mischung mit Wasser und malen Sie das zweite Viertel aus.

3 Ist das Papier trocken, wiederholen Sie den Vorgang mit noch stärker verdünnter Farbe. Trocknen lassen!

4 Das letzte Viertel wird mit einer ganz hellen Farbmischung ausgefüllt.

Sie sollten für alle diese Übungen das Zeichenbrett etwa 30 Grad gekippt halten, damit sich der Farbüberschuß sammeln kann.

ABGESTUFTE LAVIERUNG AUF TROCKENEM UNTERGRUND

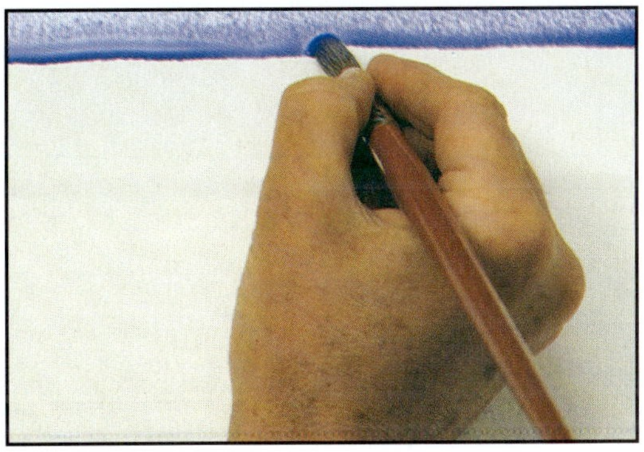

1

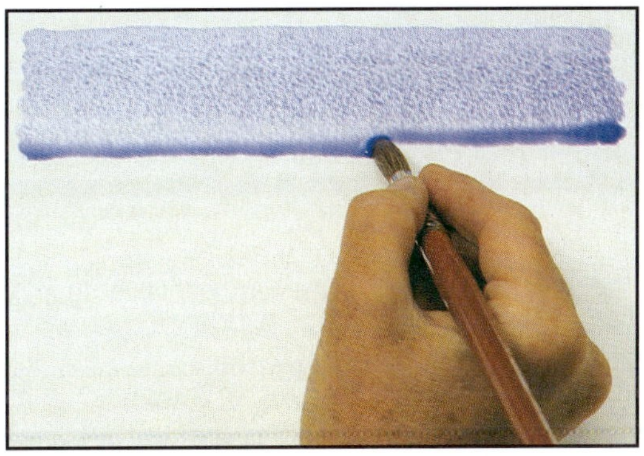

2

Bei dieser Art der Lavierung müssen Sie sehr rasch arbeiten.

1 Bereiten Sie eine große Menge einer dunklen Kobaltblau-Mischung vor. Ziehen Sie mit dem Pinsel (Nr. 12) mehrere Streifen über den oberen Teil des Blattes.

2 Verdünnen Sie das Gemisch mit vier oder fünf Pinseln voll Wasser, und setzen Sie die Lavierung ein Stück weit nach unten fort.

3 Tunken Sie den Pinsel in Wasser, und lavieren Sie das letzte Drittel mit gleichmäßigen, waagrechten Strichen.

3

ABGESTUFTE LAVIERUNG AUF NASSEM UNTERGRUND

1

2

Ein nasser Untergrund erleichtert das Lavieren.

1 Feuchten Sie das Papier mit Wasser an. Es muß gut feucht sein, darf aber nicht triefen. Bereiten Sie eine dunkle Mischung aus Saftgrün vor. Legen Sie mit breiten Strichen eine Farbschicht über das obere Drittel des Papiers.

2 Verdünnen Sie die Farbmischung etwas, und lavieren Sie das zweite Drittel.

3 Fügen Sie weiteres Wasser Ihrem Gemisch hinzu, und tönen Sie das letzte Drittel gleichmäßig ein.

3

BLAU- UND ROTWERTE

Neun Abstufungen zeigen diese Farbwertskalen für Ultramarin und Zinnober (*unten*). Natürlich gibt es noch weitere.
Für den Anfänger ist es hilfreich, sich zunächst auf wenige Farbwerte zu beschränken. Versuchen Sie etwa beim Malen einer Landschaft helle, mittlere und dunkle Farbwerte zu unterscheiden. Sie erleichtern sich diese Einordnung, wenn Sie die Augen beim Betrachten der Landschaft etwas zukneifen.

GETREIDEFELDER

Hier werden Sie Schritt für Schritt einige der besprochenen Techniken an einem Motiv erproben. Der Himmel wird als abgestufte Lavierung angelegt, der übrige Teil des Bildes besteht aus gleichmäßigen Lavierungen und übereinandergelegten Farbschichten. Wir erzeugen mit allein drei Farben eine Reihe von Farbtönen und Farbwerten.

1

1 Skizzieren Sie mit leichten Linien den Bildaufbau (2B-Bleistift). Der Himmel soll eine Lavierung erhalten, die zum Horizont hin zunehmend heller wird. Rühren Sie ein Gemisch aus Kobaltblau und Wasser an, das dem dunkelsten Ton des Himmels entspricht.

2

2 Beginnen Sie nun, den Himmel mit waagrechten Strichen von oben nach unten zu lavieren (Pinsel Nr. 12). Die Farbmischung wird dazu nach und nach stärker verdünnt.

3 Wenn der Himmel trocken ist, mischen Sie zwei Teile Kobaltblau mit einem Teil Umbra gebrannt und viel Wasser. Tragen Sie mit einem dünneren Pinsel (Nr. 7) diesen Farbton gleichmäßig auf der Hügelkette auf, die am weitesten entfernt ist. Lassen Sie das Bild trocknen.

3

MATERIAL

Aquarellpapier (21 x 13 cm)
Bleistift (2B) und Radiergummi
Rotmarderpinsel, rund Nr. 12 und Nr. 7
Farben: Kobaltblau, Siena natur, Umbra gebrannt
Wassergläser
Teller oder Palette zum Mischen
Papiertücher

4 Mit derselben Farbmischung geht man noch einmal über die Baumgruppen im Hintergrund. Die beiden übereinandergelegten Farbschichten ergeben hier einen dunkleren Tonwert. Warten Sie, bis das Papier trokken ist.

5 Siena natur und ein Hauch Umbra gebrannt werden nun für eine gleichmäßige Lavierung des Mittelgrunds verwendet. Dabei können Sie unbesorgt auch die Baumgruppen eintönen. Lassen Sie das Bild trocknen.

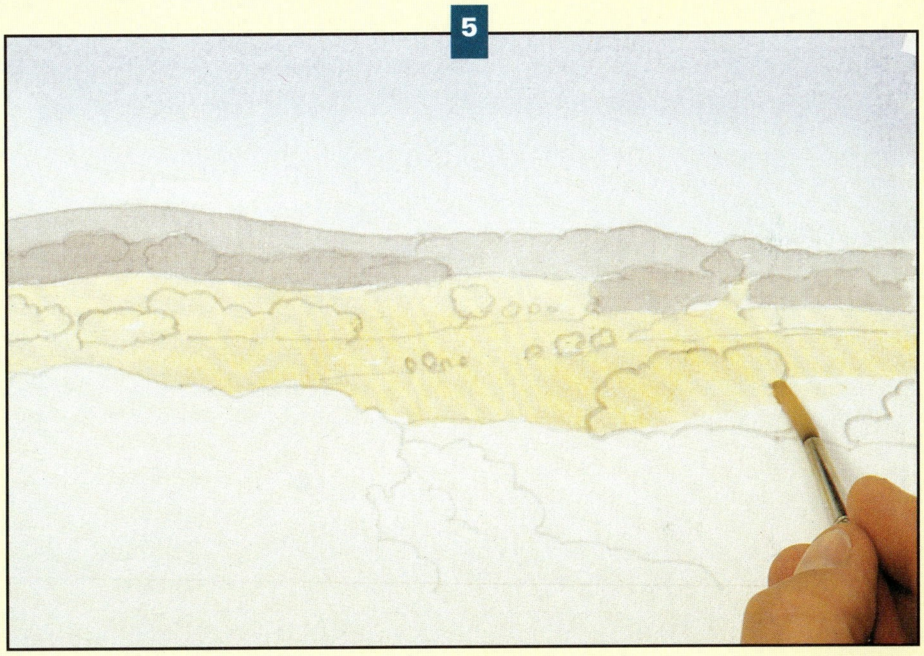

6 Bereiten Sie ein farbintensives Gemisch aus Umbra gebrannt und wenig Siena natur vor. Mit diesem Gemisch wird im Vordergrund eine gleichmäßige Farblasur aufgetragen.

Tip

FARBEN MISCHEN

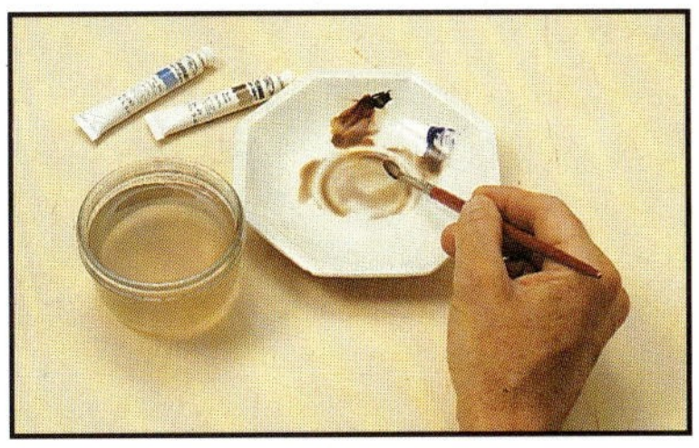

Beim Mischen von Tubenfarben ist ein Unterteller hilfreich. Sie geben zwei Farbkleckse auf den Rand und mit dem Pinsel Wasser in die Mitte. Nach und nach holen Sie sich mit dem Pinsel von den beiden Klecksen soviel Farbe, wie Sie brauchen.

7

7 Die Baumgruppen in Mittel- und Vordergrund heben sich durch sattere Farbtöne von den Getreidefeldern ab. Mischen Sie aus Kobaltblau und Umbra gebrannt eine Farbe, die etwas dunkler ist als die Bäume im Hintergrund. Mit dem Pinsel Nr. 7 werden nun die Baumgruppen im Mittelgrund einzeln ausgemalt.

8 Stellen Sie ein Gemisch aus Siena natur und Kobaltblau im Verhältnis 2:1 her, das in seinem Farbwert dunkler ist als alle bisherigen Farben. Malen Sie nun die Bäume im Vordergrund (Pinsel Nr. 7), und lassen Sie das Bild trocknen.

8

9

9 Der Mittelgrund muß noch etwas modelliert werden. Hier fehlen die leicht dunkleren Partien, wie sie durch Schatten und Senken entstehen. Für diese Stellen wird eine helle Mischung aus Siena gebrannt und Kobaltblau verwendet, die mit dem Pinsel Nr. 7 fein aufgetragen wird. Mit demselben Gemisch malen Sie auch den Weg im Vordergrund.

Bei diesem Projekt haben Sie gelernt, eine helle, abgestufte Lavierung anzulegen, und durch die Überlagerung zweier Schichten einen dunkleren Farbwert zu erzeugen. Zudem haben Sie erfahren, wie sich Farbton und Farbwert beim Mischen verändern.

PINSELTECHNIKEN

Die Kombination von Lavierung und verschiedenen Pinseltechniken läßt dieses Aquarell (*links*) von Paul Riley so lebhaft und frisch wirken. Die kraftvolle Pinseltechnik wirkt ausgesprochen individuell. Man hat das Gefühl, den Künstler persönlich kennenzulernen.

Die wichtigste Grundlage des Aquarellierens beherrschen Sie bereits: die gleichmäßige und abgestufte Lavierung. In dieser Lektion erfahren Sie, wie man Strukturen malt. Hier ist die Art der Pinselführung ausschlaggebend.

Sie können mit Hilfe der bereits gelernten Techniken wunderschöne Aquarelle anfertigen. Kombiniert sich dieses Können zusätzlich mit der Kenntnis der verschiedenen Pinseltechniken, eröffnen sich Ihnen nahezu unerschöpfliche Ausdrucksmöglichkeiten.

Mit den verschiedenen Arten von Pinselstrichen lassen sich Strukturen nachempfinden, Stimmungen einfangen und sogar Gefühle ausdrücken. Auf den beiden folgenden Seiten finden Sie Vorübungen, durch die Sie lernen, wie man den Pinsel halten und über das Papier führen muß, um äußerst unterschiedliche Effekte zu erzeugen. Das Geheimnis einer guten Pinseltechnik liegt in dem Wissen darüber, wie sich Bewegungen der Hand oder gar des Armes auf den Strich auswirken. Manchmal geht die Bewegung vom Handgelenk aus, manchmal vom Ellbogen oder, bei sehr schwungvollem Stil, von Arm und Schulter. Sanfte, gleitende Striche konkurrieren mit heftigen Tupfen.

Sie sollten unbedingt mit verschiedenen Pinseln und Papiersorten experimentieren und versuchen, weitere Stricharten zu entwickeln.

Unser Projekt (*unten*) ist etwas einfacher und wirkt im Vergleich ruhig. Für die Lavierungen werden zarte Farben verwendet, die Pinselstriche sind fein und präzise.

MIT DEM RUNDPINSEL

Sie werden uns zustimmen: Diese Übungen sind nützlich und machen sogar Spaß. Verwenden Sie einen guten Rundpinsel (etwa Nr. 10) und eine dunkle Farbe wie etwa Preußischblau.

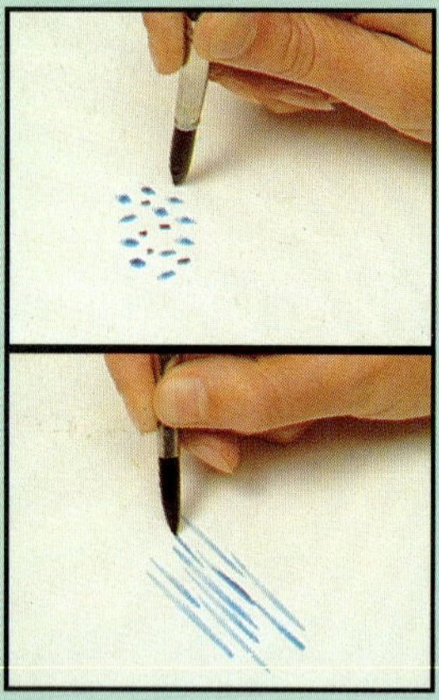

1

2

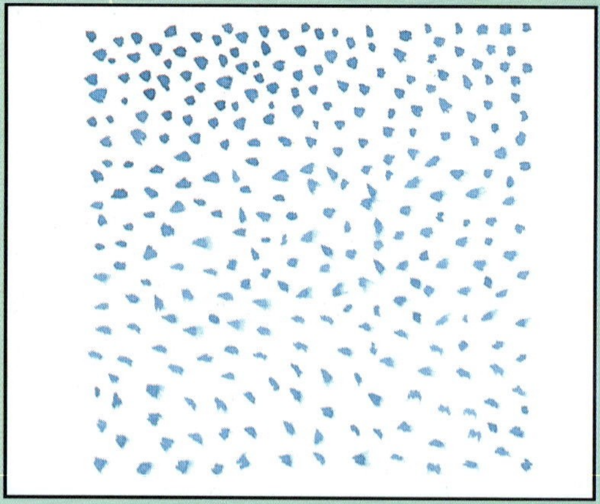

1 Halten Sie den Pinsel fast senkrecht und malen Sie mit der Spitze Tupfen aufs Papier. Die Bewegung geht vom Handgelenk aus.

2 Diese kurzen, schwungvollen Striche kommen aus dem Ellbogen. Man setzt sie mit der Pinselspitze zügig aufs Blatt.

3

4

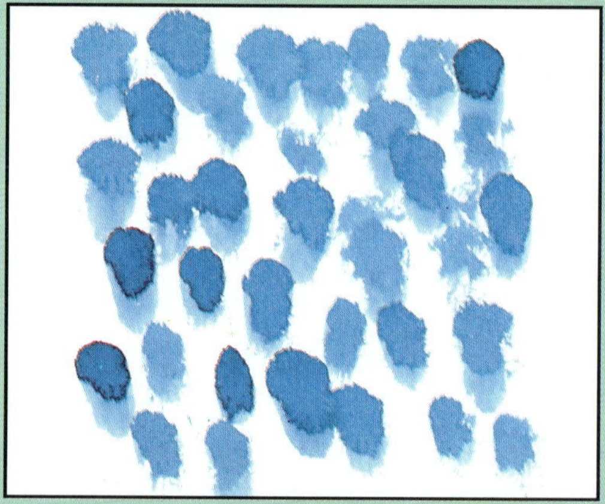

3 Hier halten Sie den Pinsel etwa 45 Grad geneigt und malen etwas breitere Striche, wobei die Bewegungsrichtung variiert.

4 Setzen Sie wieder im Winkel von 45 Grad breite Tupfen aufs Papier, drücken Sie dabei den Pinsel kraftvoll nach unten.

5

6

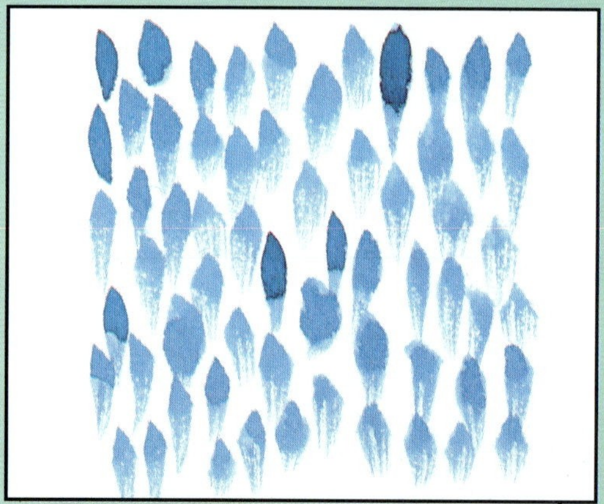

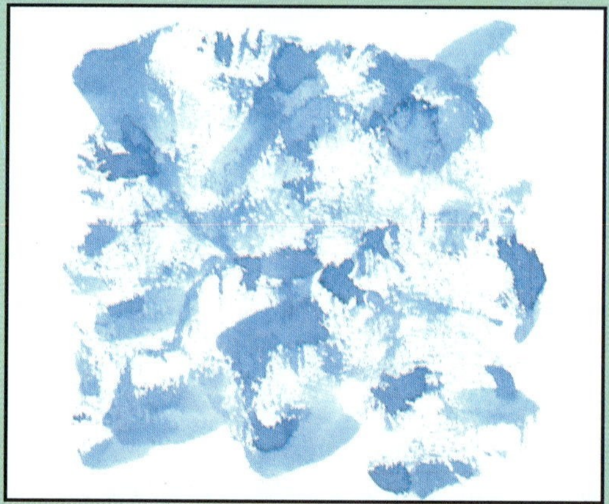

5 Diese Tupfen mit „Schweif" werden mit etwas leichteren, aber dennoch präzisen Bewegungen ausgeführt. Füllen Sie das Blatt.

6 Der vollgesogene Pinsel wird kräftig aufs Papier gedrückt und gedreht. Diese Bewegung wird leichter mit beiden Händen ausgeführt.

MIT DEM FLACHPINSEL

Verwenden Sie für diese Übung eine andere Farbe, z.B. ein Grün, und einen guten Flachpinsel (etwa Nr. 9). Nehmen Sie sich für diese Übungen Zeit, und heben Sie die Blätter als Muster für zukünftige Arbeiten auf.

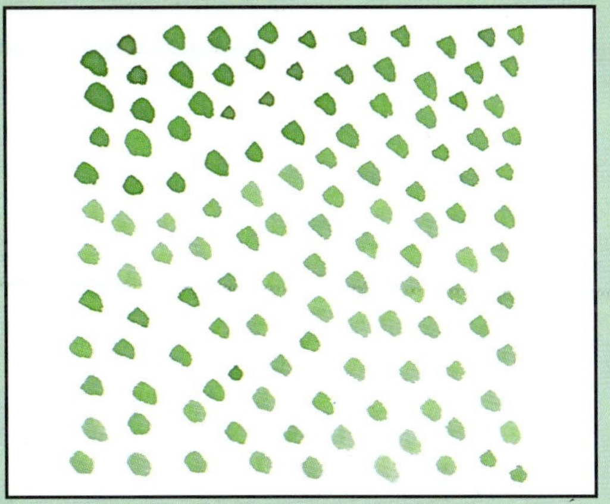

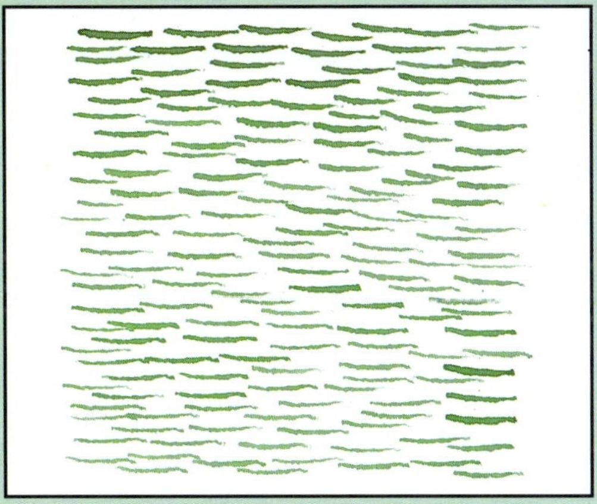

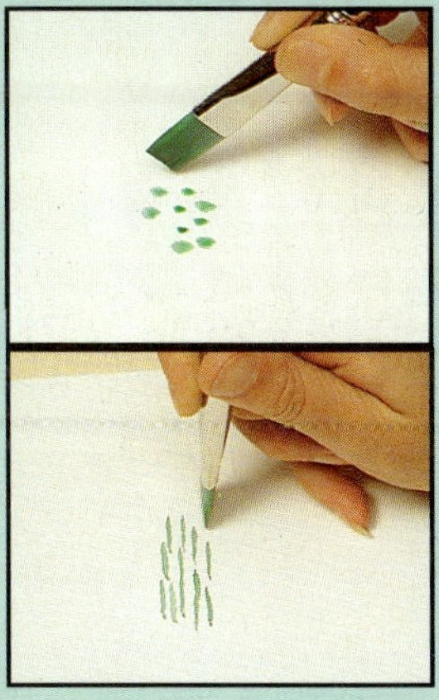

1

2

1 Im 45 Grad-Winkel setzen Sie kleine Punkte mit einer Ecke der Pinselspitze aufs Papier. Die Bewegung geht vom Handgelenk aus.

2 Der Pinsel wird senkrecht gehalten. Die Pinselspitze hinterläßt breite Tupfen. Die Bewegung kommt aus dem Handgelenk.

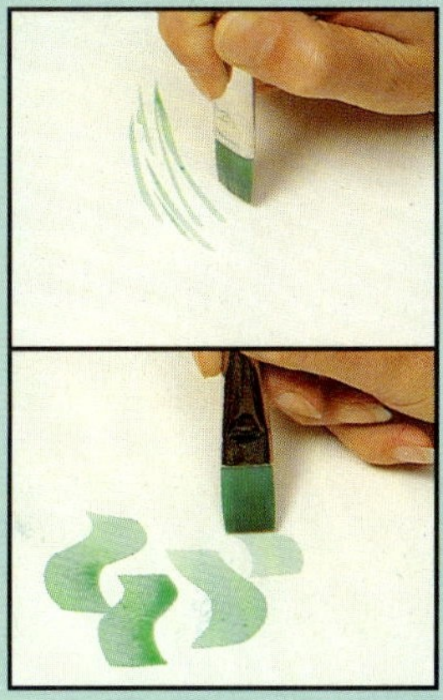

3

4

3 Mit senkrecht gehaltener Spitze malen Sie Schwünge. Variieren Sie die Richtung. Die Handbewegung wird vom Ellbogen gesteuert.

4 Der Pinsel wird um 45 Grad geneigt. Malen Sie aus dem lockeren Handgelenk heraus kurze, breite Wellenlinien.

5

6

SONNENUNTERGANG

MATERIAL

Aquarellpapier
Bleistift (HB) und Radiergummi
Rotmarderpinsel Nr. 10 und Nr. 7
Farben: Lichter Ocker, Saftgrün, Umbra gebrannt, Kobaltblau, Paynesgrau, Kadmiumrot
Wassergläser
Teller oder Palette zum Mischen
Papiertücher

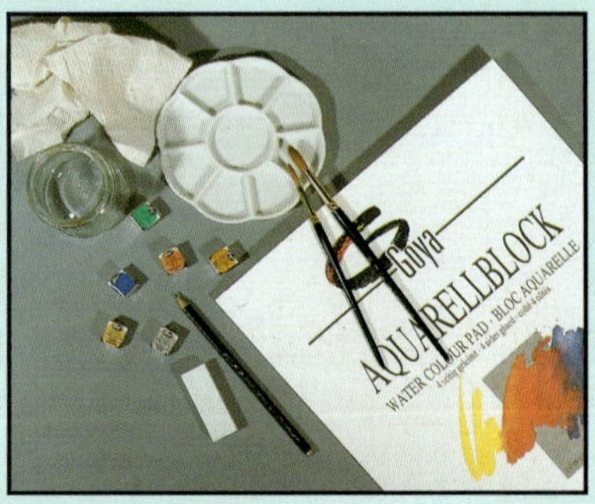

Die Ruhe dieser Abendstimmung beruht auf einer Kombination gleichmäßiger Lavierungen in sanften Farbtönen mit einfachen Pinseltechniken. Vergessen Sie auch bei diesem Projekt nicht, das Bild trocknen zu lassen, wenn dies verlangt wird.

1

2

3

1 Zeichnen Sie mit einem Bleistift (HB) die Bildaufteilung locker und zart vor.

2 Bereiten Sie zwei helle Mischungen vor: aus Kobaltblau und aus Kadmiumrot. Feuchten Sie die Partie des Himmels mit Wasser an (breiter Pinsel), aber lassen Sie dabei willkürlich ein paar Stellen trokken. Malen Sie den Himmel unregelmäßig mit Kobaltblau aus. Lassen Sie das Bild leicht antrocknen.

3 Setzen Sie, bevor das Bild ganz trocken ist, mit dem Pinsel Kadmiumrot in den unteren Teil des Himmels. Die Farben werden etwas ineinander verfließen und so den Eindruck der Abendröte hervorzaubern.

4

5

6

4 Stellen Sie aus Paynesgrau und einem Hauch Umbra gebrannt ein helles Gemisch her und ein zweites zu gleichen Teilen aus Saftgrün und Lichtem Ocker. Die Berge im Hintergrund lavieren Sie in Paynesgrau. Warten Sie, bis das Bild trocken ist.

5 Fügen Sie etwas Umbra gebrannt zum Paynesgrau, und legen Sie über den näheren der beiden Berge eine zweite Farbschicht.

6 Die Felder werden nun schnell, bevor das Bild trocken ist, mit der Mischung aus Saftgrün und Lichtem Ocker ausgemalt. Die Farben verfließen leicht.

7 Ein dunkles Graugrün erhalten Sie, wenn Sie Paynesgrau mit etwas Saftgrün vermengen. Beeilen Sie sich, damit das Bild nicht trocknet, und legen Sie für die Bäume direkt am Horizont eine zarte Grundierung an.

7

8

8 Wenn das Bild trocken ist, wird mit derselben Farbe eine weitere Schicht über die hintere Baumpartie gemalt (Pinsel Nr. 7). Deuten Sie nun mit mehreren Pinselstrichen das Wäldchen auf der rechten Seite an.

9

9 Dunkeln Sie die Grau-Grün-Mischung mit etwas Paynesgrau ab, und zeichnen Sie die Baumstämme ein. Wenn das Bild trocken ist, fügt man die Zweige hinzu. Der Pinsel wird dabei vom Stamm nach außen geführt.

10 Wieder wird der Mischung etwas Grau zugefügt. Dunklere Pinselstriche an Stämmen und Ästen geben den Tannen Struktur und Volumen (relativ trockener Pinsel).

10

11 Setzen Sie der Kobaltblau-Mischung Paynesgrau zu und eventuell etwas Wasser. Tönen Sie den kleinen Fluß unregelmäßig ein. Der Fluß reflektiert das Abendrot: Lassen Sie die Farbe leicht antrocknen, und verleihen Sie dem Fluß eine zarte Färbung aus stark verdünntem Kadmiumrot.

12 Warten Sie, bis das Bild trokken ist. Mit der zuvor verwendeten Grau-Grün-Mischung wird das Flußufer breit nachgezogen. Die Farbe soll am Rand das Kobaltblau des Flusses überlagern.

13 Die noch nasse Farbe des Ufers wird mit einem sauberen und trockenen Pinsel nach oben gezogen, so daß der Eindruck von Schilf und Gräsern entsteht. Lassen Sie das Bild trocknen.

11

12

13

Daß dieses Bild so friedvoll und still wirkt, liegt an den zarten Farben. Testen Sie, um nichts zu verderben, Ihre Mischungen immer auf einem separaten Blatt Papier. Bei den Bäumen und den Gräsern müssen Sie mit relativ trockenem Pinsel arbeiten.

SCHWÄMME, BÜRSTEN UND BORSTEN

Bislang haben Sie fast ausschließlich mit dem Aquarellpinsel gearbeitet. Es gibt jedoch eine Reihe kreativer Techniken, bei denen man alle möglichen Hilfsmittel verwendet, Schwämme, Bürsten, Taschentücher usw., um effektvolle Oberflächenstrukturen zu erzeugen.

Vielleicht fragten Sie sich auch schon vor manchem Aquarellbild, wie es dem Künstler nur gelingen konnte, so feine Oberflächenstrukturen ins Bild zu zaubern. Mit dem Pinsel? Jahre würde das dauern! Im folgenden zeigen wir Ihnen die Techniken, mit denen Sie besondere Oberflächeneffekte erhalten. Man verwendet sie gerne für Landschaftsbilder, um Felsen, Berge, Sand, eine gekräuselte Meeresoberfläche oder gebrochenes Sonnenlicht darzustellen.

Ein in Farbe getränkter Naturschwamm kann eine grobe, scheckige Struktur erzeugen, während ein Synthetikschwamm feine Spuren hinterläßt. Beim Malen gibt es keine Verbote. Man kann alles ausprobieren: Zahnbürsten, Nagelbürsten, harte Malerpinsel. Jedes Hilfsmittel erzeugt mit Farbe getränkt und mit dem Finger so angeschnippt, daß die Farbe auf das Papier spritzt. Sie erhalten eine Reihe unregelmäßiger Farbkleckse auf dem Bild und, wenn Sie Pech und keine Erfahrung haben, auf dem Tisch, dem Teppich, dem Stuhl und auf Ihrer Kleidung. Decken Sie also vorsichtshalber bei Ihren ersten Versuchen die Umgebung genauso sorgfältig ab, wie die Teile des Bildes, die unberührt bleiben sollen.

Bei der Spritztechnik erzielt man völlig verschiedene Resultate, je nachdem, ob auf einen feuchten oder trockenen Untergrund gespritzt wird. Sie können eine zugrundeliegende Farbschicht auf diese Weise strukturieren und eine oder auch mehrere Farben zum Spritzen verwenden.

Eine gewaltige Gischt zeugt von der Macht, mit der die Wellen gegen die rauhen Felsen branden (*oben*). Bei diesem Aquarell wurden die Strukturen der Felsen und der Gischt effektvoll mit verschiedenen Hilfsmitteln und Spritztechniken erzeugt. Unser Projekt (*kleines Bild*) ist sehr ähnlich, nur etwas einfacher aufgebaut. Wir verwenden nur drei Farben; die Fülle an Kontrasten und Oberflächenstrukturen erreichen Sie allein durch ein geschicktes Mischen der Farben und die Anwendung der kreativen Techniken.

TUPF- UND SPRITZTECHNIKEN

Getupft wird mit allem: Malerpinsel, Nagelbürste, Küchenschwamm und Naturschwamm (*unten*).

Mit Tupftechniken erzielt man anders als mit Lavierungen aufgelockerte und unregelmäßig strukturierte Oberflächen. Vor allem Himmel und Wasser lassen sich treffend auf diese Weise wiedergeben. Oszillierende Effekte erhalten Sie, wenn Sie mehrere Farben übereinandertupfen oder eine Grundierung in einer anderen Farbe anlegen.

1

2

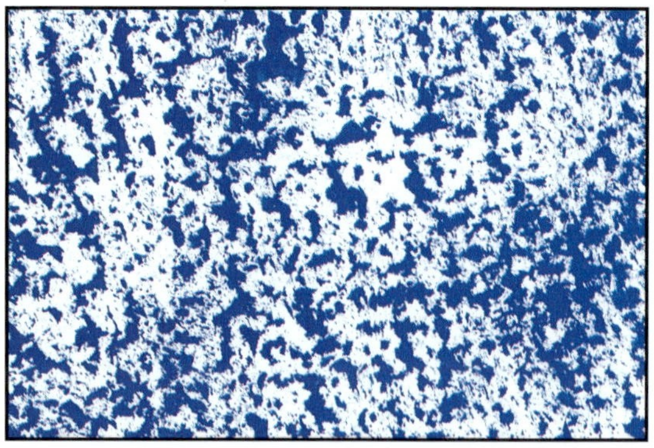

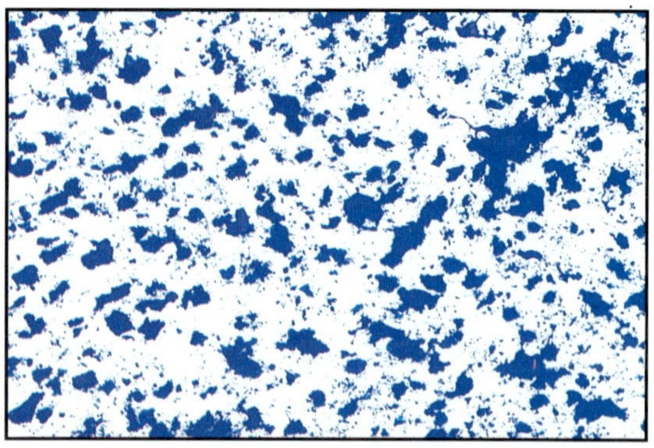

1 Bereiten Sie eine dunkle Mischung Ultramarin vor. Tunken Sie die Spitze eines Malerpinsels hinein und setzen Sie senkrecht Tupfen aufs Papier.

2 Tauchen Sie die Haarspitzen einer Nagelbürste ins Wasser, und trocknen Sie die Bürste mit einem Tuch etwas ab. Nun nimmt man wenig Farbe auf und tupft.

3

4

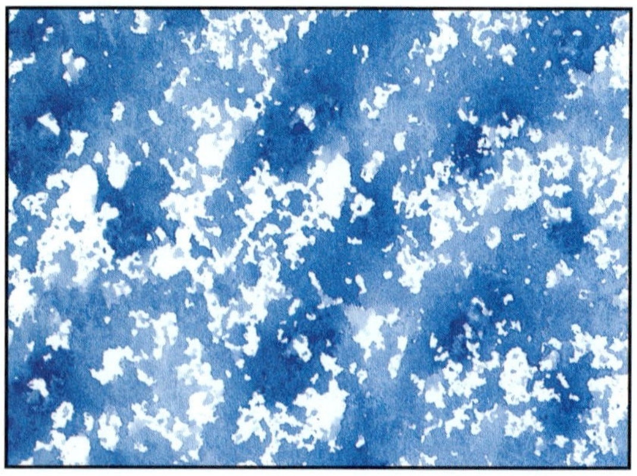

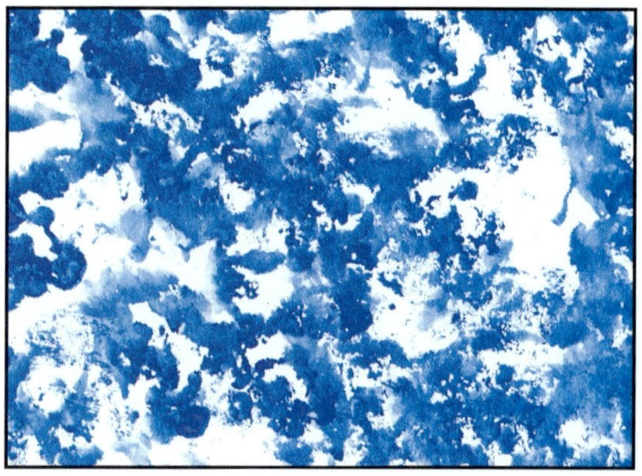

3 Feuchten Sie einen Synthetikschwamm mit ein wenig Wasser an, nehmen Sie etwas von der Farbmischung auf, und tupfen Sie über das Papier.

4 Für diese lockeren Strukturen wird der Naturschwamm leicht mit Wasser angefeuchtet, in die Farbe getunkt und tupfend über das Papier geführt.

SPRITZEN AUF NASSEN UND TROCKENEN UNTERGRUND

1

2

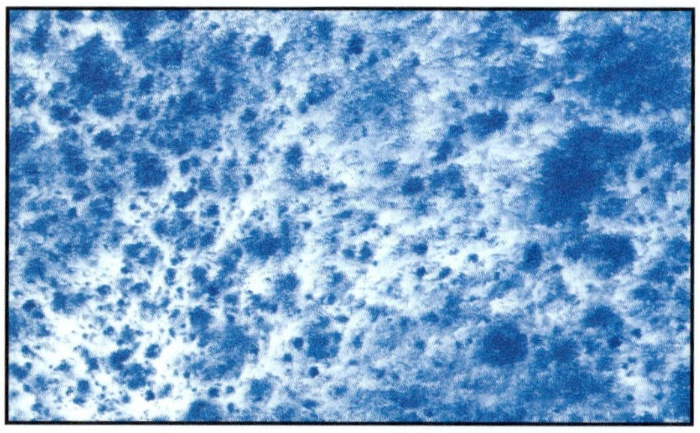

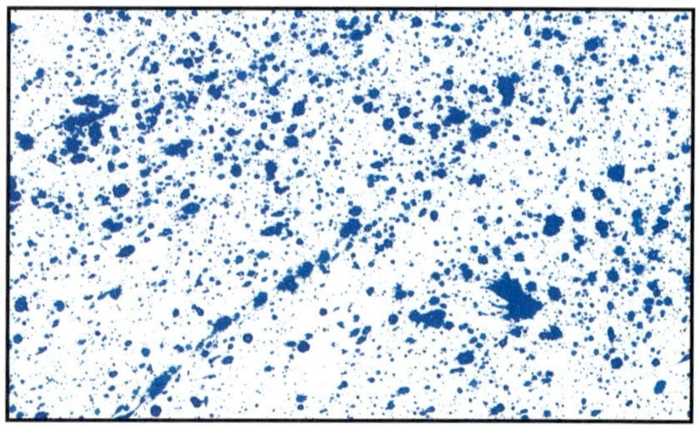

1 Feuchten Sie das Papier an. Verwenden Sie ein dickes Farbe-Wasser-Gemisch und einen Schweinsborsten-Flachpinsel (etwa Nr. 8). Schnippen Sie die Farbe mit dem Finger vom Pinsel. Die Farbkleckse verschwimmen auf dem nassen Untergrund.

2 Wiederholen Sie diese Technik auf trockenem Papier.

FELSSTRUKTUREN

Für unser Projekt auf den nächsten Seiten werden Sie eine Kombination aus Tupf- und Spritztechniken brauchen, um die rauhe, zerklüftete Oberfläche der Felsen überzeugend wiederzugeben. Unten sehen Sie eine Vorübung, in der Sie zunächst Erfahrungen sammeln können.

1a

1b

1 Streichen Sie mit einem Malerpinsel und dickflüssigem Lichten Ocker das Papier gründlich ein: von oben nach unten, von unten nach oben und wieder zurück (**a**). Ist die Farbe getrocknet, tupfen Sie mit Naturschwamm und Farbe darüber (**b**).

2

2 Warten Sie, bis die Farbe trocken ist, und wiederholen Sie diesen Vorgang mit dem Schwamm, wobei Sie aber nun Ultramarin verwenden. Lassen Sie das Bild trocknen.

3

3 Mischen Sie Paynesgrau mit wenig Wasser. Tunken Sie den harten Flachpinsel ausgiebig in diese Mischung, und spritzen Sie die Farbe über die gesamte Fläche.

FELSENKÜSTE

MATERIAL

Aquarellpapier
Bleistift (B) und Radiergummi
Rotmarderpinsel, rund Nr. 9
Schweinsborstenpinsel Nr. 8, katzenzungenförmig oder flach
Farben: Ultramarinblau, Lichter Ocker, Paynesgrau
Wassergläser
Teller oder Palette zum Mischen
Papiertücher und Schwamm

An diesem stimmungsvollen Bild werden Sie die zuvor besprochenen kreativen Techniken des Spritzens und Tupfens erproben, um den Felsen eine fast spürbare Rauheit zu verleihen. Wir arbeiten mit nur drei Farben und erzeugen die lebhaften Kontraste allein durch ein geschicktes Mischen der Farben.

1

1 Skizzieren Sie die Grundelemente des Motivs mit Bleistift zart vor.

2

2 Bereiten Sie aus Ultramarin, Paynesgrau und Lichtem Ocker drei helle Mischungen vor. Feuchten Sie mit dem weichen Pinsel und klarem Wasser die Partie des Himmels an. Tönen Sie nun den Himmel von oben beginnend unregelmäßig ein, indem Sie die drei Farben nacheinander auftragen. Wenn Sie sich dem Horizont nähern, hellen Sie die Farben mit Wasser auf und lassen das Paynesgrau beiseite.

3

3 Warten Sie, bis das Bild trokken ist. Die hintere Bergkette erhält zuerst eine Kontur und dann eine Lasur aus Ultramarin und Lichtem Ocker. Die Farben sollen keine homogene Mischung ergeben, sondern eine etwas fleckige Schicht hinterlassen.

4 Für die Meeresoberfläche brauchen Sie eine mittelhelle Mischung aus Ultramarin, Lichtem Ocker und einer Spur Paynesgrau. Beachten Sie, wie hier an der Bergkette die Brandung als weißer Streifen stehenbleibt. Nach vorne hin lassen Sie die Farbschicht heller werden, indem Sie Wasser zufügen und mit relativ trockenem Pinsel arbeiten. Warten Sie, bis die Farbe trocken ist.

5 Felsen und Sand werden durch einen unregelmäßigen Farbton aus Lichtem Ocker gestaltet. Dabei läßt man die hellsten Stellen weiß. Warten Sie, bis das Bild trocken ist.

6 Mit einer Mischung aus Paynesgrau und Lichtem Ocker werden hier die Felsen im Vordergrund konturiert. Beeilen Sie sich mit dem nächsten Schritt, denn die Farbe soll diesmal nicht trocknen.

7

7 Vermengen Sie zu gleichen Teilen Paynesgrau, Ultramarin und Lichten Ocker. Nehmen Sie mit einem Naturschwamm die Farbe auf, und tupfen Sie im Vordergrund über die noch feuchten Felsen. Lassen Sie das Bild trocknen!

8 Decken Sie den oberen Teil des Bildes mit einem Papiertuch ab, das Sie sorgfältig ausschneiden. Spritzen Sie nun mit dem harten Pinsel alle drei verwendeten Farben nacheinander über die Felsen. Lassen Sie das Bild trocknen!

8

9 Akzentuieren Sie die Umrisse der Felsen mit einer Mischung aus Paynesgrau und etwas Lichtem Ocker. Wenn sich der Vordergrund abhebt, wirkt das Bild tiefer.

9

Bemühen Sie sich nicht, um jeden Preis eine Ähnlichkeit mit unserem Bild zu erzielen. Aquarellmalerei lebt von vielen Zufälligkeiten. Ihr Bild mag ganz anders werden, schön wird es trotzdem sein.

ABDECKMITTEL VERWENDEN

Aquarelle leben von flächigen Lasuren, die feucht und schwungvoll aufgetragen werden. Häufig steht man vor dem Problem, daß helle Bereiche ausgespart werden müssen. Müßten Sie außen herum malen, würde der Schwung gebremst. Diese Schwierigkeit umgeht man, indem man sogenannte Maskiermittel einsetzt.

Das Blumenbild von Lillian Delevoryas (*links*) ist ein typisches Beispiel für Aquarellbilder, bei denen mit Maskierflüssigkeiten gearbeitet wird. Blumen, Vase und Tisch wurden abgedeckt, um den dunklen Untergrund zügig lavieren zu können. Nachdem das Bild getrocknet war, wurde das Maskiermittel abgerubbelt und hinterließ sozusagen leere Formen, die nun farbig behandelt werden konnten. Genau diese Technik verwenden wir auch in unserem Projekt (*oben*).

Wenn Sie ein Bild malen wollen, bei dem kleine, helle Gegenstände vor dunklem Untergrund stehen, sind Maskierflüssigkeiten äußerst hilfreich und ersparen viel Zeit. Die hellen Bereiche werden mit dem Maskiermittel einfach abgedeckt.

Maskierflüssigkeit
Die Maskierflüssigkeit läßt die Farbe nicht zum Papier durchdringen. Sie können die Farbe großzügig darübermalen und legen die weißen Stellen frei. Maskiermittel wie Rubbelgummi erhalten Sie in jedem Fachgeschäft. Es handelt sich hierbei um flüssige Gummimilch, die man mit einem feinen Kunstfaserpinsel aufträgt. Meistens ist das Mittel gelblich, so daß man es auf dem weißen Papier gut sehen kann. Man läßt das Mittel trocknen und kann es nun übermalen. Will man sehr fein arbeiten, kann man das Maskiermittel mit Wasser verdünnen. Am Schluß wird es mit

WIE MAN MASKIERFLÜSSIGKEITEN ANWENDET

Maskiermittel werden nicht mit den kostbaren Rotmarderpinseln aufgetragen. Man verwendet zumeist relativ dünne Kunstfaserpinsel oder für einen sehr feinen Auftrag auch Zeichenfedern (**1**).
Die Maskierflüssigkeit trocknet sehr schnell. Wenn sie auf dem Pinsel eintrocknet, ist er ruiniert.
Sie können dem vorbeugen, indem Sie etwas Flüssigseife in ein kleines Gefäß geben, den Pinsel hineintunken und mit einem Tuch die Pinselspitze abwischen. Anschließend nehmen Sie mit dem Pinsel Maskierflüssigkeit auf (Achtung: Vor Gebrauch muß das Fläschchen gut geschüttelt werden!) und beginnen zu malen. Die Flüssigseife verhindert, daß sich das Maskiermittel am Haaransatz des Pinsels sammelt und dort eintrocknet. Sie können etwa eine Minute lang mit dem Maskiermittel arbeiten. Dann muß man den Pinsel in viel sauberem Wasser gut ausschwenken. Trocknen Sie ihn mit einem Tuch ab, bringen Sie die Spitze in Form, tunken Sie ihn in die Flüssigseife und arbeiten Sie weiter.
Probieren Sie das Verfahren an einem einfachen Motiv aus. Skizzieren Sie die Umrisse einer einfachen Blume auf dem Aquarellpapier (**2**). Füllen Sie mit dem Maskiermittel die Blume aus. Verfahren Sie dabei wie oben beschrieben (**3**). Das Mittel trocknet in fünf bis zehn Minuten. Sie können die Trockenzeit mit einem Haarfön beschleunigen. In trockenem Zustand fühlt sich die Schicht leicht klebrig und gummiartig an.
Legen Sie nun über das ganze Papier eine dunkle Farbschicht. Malen Sie ruhig über die Blume hinweg (**4**). Wenn das Bild trocken ist, rubbeln Sie mit sauberen Fingern das Mittel und mit ihm die daraufliegende Farbe ab. Übrig bleibt eine Blume in Weiß (**5**). Nun kann man die Blume farbig anlegen (**6**).

1

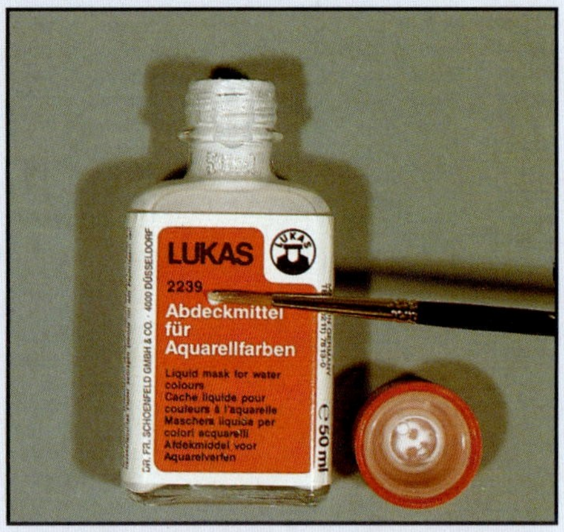

2

3

4

5

6

Tip

Lassen Sie sich nicht dazu verleiten, mit der hellen Maskierflüssigkeit ungenau zu arbeiten. Denn die weißen Linien werden auf dem dunklen Untergrund genauso scharf heraustreten, wie dunkle Linien auf hellem Papier.
Eine Vorzeichnung mit Bleistift ist hilfreich. Ziehen Sie zuerst die Umrisse mit dem Abdeckmittel nach und füllen Sie dann die Fläche, die maskiert werden soll, aus. Falls Sie Fehler machen, rubbeln Sie sie weg.

Interessante Ergebnisse erhalten Sie, wenn Sie das Mittel mit der Feder auftragen.

Hersteller weisen darauf hin, daß die Maskierflüssigkeit nicht länger als einen Tag auf dem Papier bleiben soll.
Vermeiden Sie poröses, saugendes Papier. Seine empfindliche Oberfläche wird beim Entfernen der Maskierflüssigkeit verletzt.

STILLEBEN MIT BLUMEN

Wenn Sie es wagen wollen, nach der Natur zu malen, besorgen Sie sich einen Blumenstrauß, und arrangieren Sie Ihr eigenes Stilleben. Arbeiten Sie wie hier mit Maskierflüssigkeit, und wählen Sie einen dunklen Hintergrund.

1

2

1 Als erstes werden mit dem Bleistift (3B) die Konturen der Blumen, der Vase und der Umgebung vorgezeichnet.

2 Decken Sie alle hellen Elemente mit Maskierflüssigkeit ab (Pinsel Nr. 1): die Blumen, die Vase und den hellen Fensterrahmen. Befolgen Sie die Anleitung auf S. 28, und schützen Sie mit Flüssigseife Ihren Pinsel. Warten Sie, bis das Bild trocken ist.

MATERIAL

säurefreies Aquarellpapier mit mittlerem Korn
Bleistift (3B) und weicher Radiergummi
Kunstfaserpinsel Nr. 1, Rotmarderpinsel, rund Nr. 7 und Nr. 12
Farben: Kobaltblau, Chromoxidgrün, Lichter Ocker, Kadmiumrot, Kadmiumgelb, Krapp-Karmin, Umbra gebrannt, Umbra natur
Maskiermittel und Flüssigseife
Wassergläser
Teller oder Palette zum Mischen
Papiertücher

3

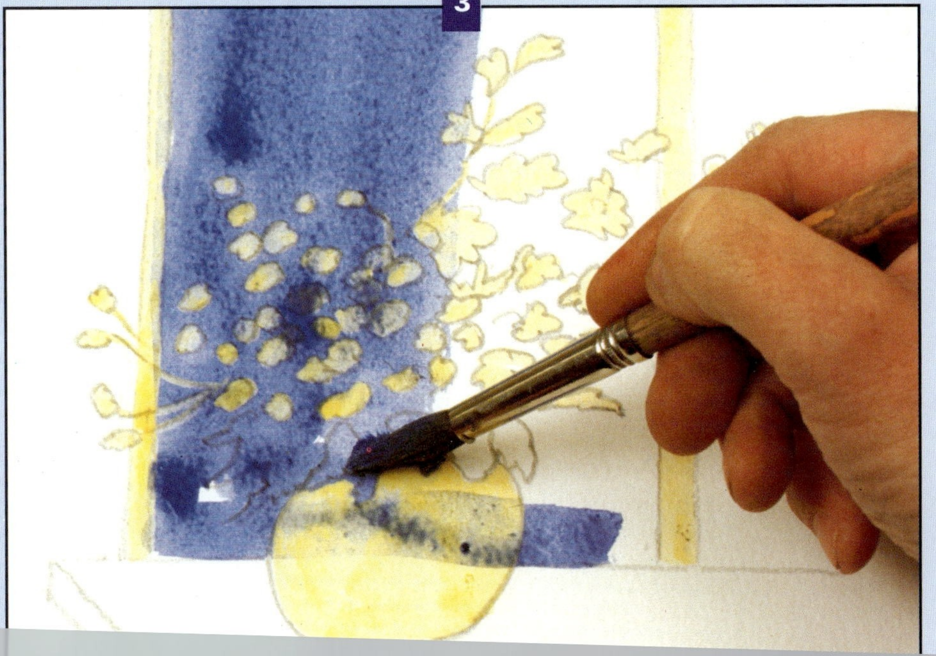

3 Nun kann die Fensteröffnung dunkel laviert werden. Dazu wird eine intensive Kobaltblau-Wasser-Mischung vorbereitet, die man mit einem dicken Pinsel (Nr. 12) von oben nach unten aufträgt. Malen Sie frei über die abgedeckten Elemente hinweg. Die Farbschicht soll nicht zu regelmäßig werden, damit das Bild lebhaft

5 Die Mauer auf der linken Seite erhält eine aus Krapp-Karmin und Kobaltblau gemischte Farbschicht. Arbeiten Sie hier in breiten Schwüngen von oben nach unten, und geben Sie unten einen Hauch Lichten Ocker zu. Lassen Sie das Bild trocknen!

4 Verdünnen Sie das Kobaltblau-Gemisch und fügen Sie etwas Chromoxidgrün hinzu. Diese Farbe wird nun auf den rechten Teil des Fensters aufgetragen. Beginnen Sie unten und ziehen Sie die Farbe in breiten Streifen nach oben, wo sie auch ruhig weiße Stellen frei lassen; so entsteht der Eindruck von Reflexen im Fensterglas.

6 Der Holztisch wird mit einer recht dicken Mischung aus Lichtem Ocker und Umbra gebrannt gemalt. Der Strich folgt der Holzmaserung und läßt immer wieder das Weiß des Papiers stehen. Zum Vordergrund hin verwenden Sie mehr Lichten Ocker. Umbra gebrannt hebt den Schatten der Vase hervor.

7 Die Schattenkante des Tisches ziehen Sie in einem durchgehenden Strich mit Umbra natur (Pinsel Nr. 7). Das geht leichter, wenn Sie das Blatt dabei drehen. Wenn kleine Stellen frei bleiben, stört das nicht. Sie wirken wie Lichtreflexe. Das Tischbein bekommt eine dunkle Farbe aus Kobaltblau mit Umbra gebrannt.

8

9

8 Die Maskierflüssigkeit dürfen Sie erst abrubbeln, wenn alle Farbschichten vollkommen durchgetrocknet sind. Reiben Sie mit zwei oder drei Fingern fest und ausdauernd über die abgedeckten Partien, bis das weiße Papier sichtbar wird.

9 Die letzten Reste der Maskierflüssigkeit entfernt man am besten mit einem weichen Radiergummi. Wenn Sie zu stark radieren, laufen Sie Gefahr, auch Farbe wegzuradieren.

10

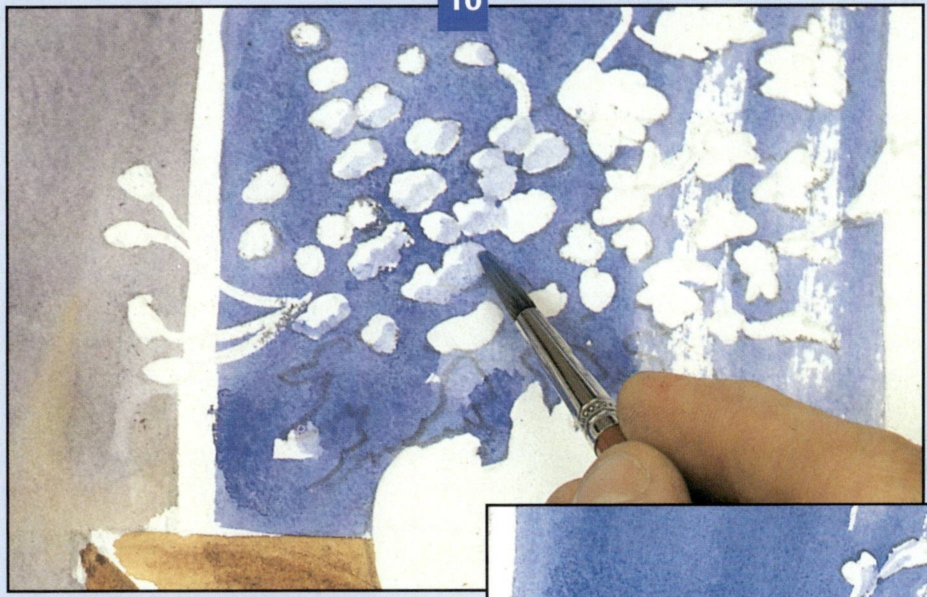

11

10 Modellieren Sie nun die Blumen. Verwenden Sie den dünnen Pinsel. Die hellblauen Blümchen werden mit stark verdünntem Kobaltblau getönt. Die vom Licht beschienenen Stellen bleiben weiß, die Schattenseiten werden völlig ausgemalt.

11 Säubern Sie den Pinsel, und verdünnen Sie Kadmiumrot mit viel Wasser. Mit dieser zarten Farbe werden die roten Blüten gemalt. Die Schattenseiten der Blüten erhalten ein etwas dunkleres Kadmiumrot.

12

13

12 Mit nicht zuviel Wasser vermengtes Kadmiumgelb läßt die gelben Blüten leuchten. Derselbe Farbton wird für das gelbe Zentrum der Margeriten verwendet, während ihre Blütenblätter fein in ganz hellem Kobaltblau geformt werden.

13 Die bauchige Form der Vase wird plastisch ausgestaltet: Mischen Sie Krapp-Karmin mit ein wenig Kobaltblau und viel Wasser. Feuchten Sie die Vase mit Wasser an, und verdunkeln Sie ihre Schattenseite (Pinsel Nr. 7). Verdünnen Sie die Farbe ein wenig, und malen Sie den restlichen Teil des Vasenkörpers aus.

14 Nun bereitet man eine kräftige Mischung aus Chromoxidgrün und einem Hauch Kobaltblau vor und malt frei die dunkelgrünen Blätter ein. Modelliert werden die Blätter anschließend mit einem dunklen Gemisch aus Kobaltblau und Chromoxidgrün (Pinsel Nr. 1).

14

15

Sie haben bei dieser Arbeit bestimmt die Vorteile des Maskierens schätzengelernt. Das Bild wirkt, als hätten Sie mit unglaublicher Sorgfalt die Hintergrundfarben um die Blumen herumgelegt, aber in Wirklichkeit konnten Sie einfach über sie hinweg malen.

15 Jetzt fehlen nur noch die Blumenstengel. Verwenden Sie ein helles Gemisch aus Lichtem Ocker und wenig Chromoxidgrün.

NASS-IN-NASS

Keine Technik eignet sich so gut zur Darstellung des Ominösen, Geheimnisumwitterten, im Nebel Verborgenen, wie die Naß-in-Naß-Technik. Auf den folgenden Seiten stellen wir Ihnen die Besonderheiten dieser faszinierenden Methode vor.

Bei der Naß-in-Naß-Technik wird das Papier vor dem Malen mit dem Schwamm oder dem Pinsel gut angefeuchtet. Wird Farbe auf den fast nassen Untergrund gegeben, verschwimmt sie. Mehrere Farben verlaufen ineinander, ohne sich ganz zu vermischen. So entstehen geheimnisvolle Effekte.

Um mit der Naß-in-Naß-Technik gekonnte Aquarelle zu malen, braucht man viel Erfahrung. Man muß lernen, mit dem Zufall umzugehen und ihn zu lenken. Welche Effekte man erzielt, hängt davon ab, wieviel Wasser verwendet wird, welche Papiersorte und wie dick die Farbe ist. Zudem sieht das trockene Bild anders aus als der nasse Farbauftrag. Die Farben werden beim Trocknen blasser. Sie müssen einschätzen lernen, wie dunkel eine Farbe nis zu erhalten. Bei der Naßtechnik wird ausgesprochen zügig und intuitiv gearbeitet. Man muß sich häufig spontan entscheiden.

Da bei dieser Technik alle Ränder verschwimmen, bietet sie sich für unscharfe Motive an, die im Nebel liegen oder im Dämmerlicht, im Regen oder auch in weiter Entfernung.

In unserem Projekt hüllt die Abenddämmerung die Westminster Abbey in ein düsteres Licht. Sie werden auf den folgenden Übungsseiten die Naß-in-Naß-Technik kennenlernen und gründlich erproben. Dabei werden wir dieselben Farben verwenden, die Sie auch für das Projekt brauchen. Die Übungen zeigen Ihnen, wie man richtig naß-in-naß malt und was man nicht tun darf. Häufig lernt man aus Feh-

William Turners Aquarell von Windsor Castle (*ganz oben*) ist ein gutes Beispiel für die unglaublichen Effekte, die mit der Naß-in-Naß-Technik erzielt werden können. Im Dunst oder Nebel verborgene Gebäude und das dämmrige Licht beim Sonnenuntergang sind für diese Technik herrliche Motive; unser Projekt

Auf diesen beiden Seiten finden Sie eine Reihe von Übungen, durch die Sie Erfahrung mit der Naßtechnik sammeln werden. Wir verwenden Farben aus dem folgenden Projekt, so daß Sie testen können, wie stark die Farben beim Trocknen verblassen.

In den ersten vier Übungen lernen Sie, das abendliche Sonnenlicht in unserem Projekt darzustellen. Sie erfahren dabei, wie sich die Farben je nach Nässe des Untergrundes verhalten und inwieweit sich der Farbfluß mit dem Pinsel kontrollieren läßt. Sie werden bei diesen Übungen auch erkennen, welche Fehler man nicht machen darf.

Ein großes Blatt guten Aquarellpapiers, das unbedingt gespannt sein muß, reicht für die Vorübungen: Sie benötigen viermal jeweils etwa 10 x 8 cm Platz. Außerdem brauchen Sie einen Pinsel mittlerer Stärke (Nr. 7) und ein Tuch oder Küchenkrepp.

1

1 Feuchten Sie mit einem Tuch oder Küchenkrepp die Malfläche (ca. 10 x 8 cm) regelmäßig und nur leicht an. Bereiten Sie drei helle Farbe-Wasser-Mischungen aus Kadmiumgelb, Zinnoberrot und Kobaltblau vor. Mit kreisförmiger Bewegung malen Sie eine gelbe Scheibe. Der Rand erhält einen Hauch Zinnoberrot. Nun malen Sie mit Kobaltblau ringsherum einen blauen Kreis. Gehen Sie so dicht an das Gelb heran, daß sich die Farben vermischen.

2

2 Für diese Übung wird das Papier stärker eingenäßt als oben. Dazu verwendet man einen dicken Pinsel. Die drei Farbmischungen verdunkeln Sie etwas mit zusätzlicher Farbe. Malen Sie nun Sonne und Himmel auf dieselbe Weise, wie oben beschrieben. Die Farben sind deutlich weniger kontrollierbar und laufen strahlenförmig aus.

3

3 Nässen Sie das Blatt wie eben mit dem Pinsel kräftig ein. Verdünnen Sie die Farbmischungen, so daß sie etwa die Intensität wie in **1** erreichen. Wenn das Bild trocken ist, werden die Farben sehr blaß sein, zum Teil kaum noch sichtbar. Diesen Effekt brauchen Sie für das Projekt.

4

4 Feuchten Sie das Papier an, so daß es wirklich naß ist. Die Farbmischungen müssen nun ganz dunkel und intensiv sein. Malen Sie Sonne und Himmel wie beschrieben. Das Resultat ist faszinierend, eine Kontrolle der Farben nicht mehr möglich.

Um den Turm darzustellen, wie er sich als unscharfe Silhouette vor der Sonne erhebt, wird hier die trokkene Farbschicht der eben gemalten Bilder erneut angefeuchtet. Sie müssen keine Sorge haben, wenn Sie eine gemalte Fläche ein zweites Mal naß machen – es passiert dem Bild nichts! Es sei denn, die Farben sind nicht wirklich trocken.

5

5 Nässen Sie das Zentrum Ihres Bildes aus der Übung **1** mit einem feuchten Tuch leicht an. Sie dürfen dabei nicht aufdrücken und reiben, sonst verletzen Sie die Farbschicht. Mischen Sie Kobaltblau, Umbra gebrannt und Krapp-Karmin mit viel Wasser, und malen Sie mit relativ trockenem Pinsel zügig die Silhouette des Turms vor die Sonne.

6

6 Feuchten Sie Ihr Bild aus der Übung **2** mit dem Pinsel gut an. Es soll nasser sein als in Übung **5**, aber nicht schwimmen. Verdichten Sie die Farbmischung mit zusätzlichen Pigmenten aller drei Farben, und malen Sie den Turm. Die Pinselstriche verlaufen nun stärker ineinander.

7

7 Feuchten Sie das Bild aus Übung **3** mit dem Pinsel mäßig an. Es soll nicht zu naß sein. Verdünnen Sie Ihre Farbmischung, und setzen Sie mit wenigen, leichten Pinselstrichen den Turm vor die Sonne. Die Farbe ist hier besser kontrollierbar als in **6**.

8

8 Nun geben Sie viel Wasser auf das Bild aus Übung **4** und verdichten die Farbmischung, bis sie sehr intensiv ist. Das Resultat ist fast unberechenbar. Die Farbe breitet sich heftig aus und bildet einen Kranz.

Sie sollten diese Übungen mehrere Male wiederholen, um ein Gefühl dafür zu entwickeln, wie naß das Papier sein muß und wie hell die Farbmischungen, um die gewünschten Effekte zu erzielen. Allerdings werden Sie diese Vorgänge nie ganz kontrollieren können. Das Unvorhergesehene ist einer der größten Reize des Aquarellierens.

WESTMINSTER ABBEY

Kurz vor Sonnenuntergang wirken die Silhouetten der Houses of Parliament fast gespenstisch. Um diese geheimnisvolle Szene wiederzugeben, werden Sie die Naß-in-Naß-Technik anwenden. Wichtig ist, daß Sie spontan malen, sich schnell entscheiden und improvisieren.

MATERIAL

Aquarellpapier mit mittlerem Korn (300g)
Bleistift und Radiergummi
Kunstfaserpinsel Nr. 1, Rotmarderpinsel, rund Nr. 7 und Nr. 12
Farben: Kobaltblau, Zinnoberrot, Kadmiumgelb, Krapp-Karmin, Umbra gebrannt
Maskiermittel und Flüssigseife
Wassergläser
Teller oder Palette zum Mischen
Papiertücher

1

1 Skizzieren Sie mit Bleistift die Hauptbestandteile des Bildes, wie etwa den Flußlauf, die Silhouette des Gebäudekomplexes, die Straßenlaterne und den Pier.

2

2 Der hellste Teil des Bildes wird die Straßenlaterne sein. Da sich in der Naßtechnik das Verlaufen der Farben nicht partiell stoppen läßt, decken Sie die Lampe mit Maskierflüssigkeit sorgfältig ab (Pinsel Nr. 1, vgl. S. 28 zur Handhabung von Maskierflüssigkeiten).

3

3 Bereiten Sie für den Himmel eine Kadmiumgelb-Mischung und für das Wasser eine Kobaltblau-Mischung vor. Feuchten Sie das Papier mit einem breiten Pinsel (Nr. 12) gleichmäßig an. Wenn Sie das Papier schräg gegen das Licht halten, sehen Sie, ob vereinzelte Stellen trocken blieben. Legen Sie nun zügig Gelb über den Himmel und über den Bereich des Flusses, der das Sonnenlicht reflektiert. Sie können dabei in jede beliebige Richtung pinseln.

4

5

4 Noch während das Papier naß ist, wird der gelbe Himmel mit Blau ummalt, so daß die Farben leicht ineinander fließen. Verdunkeln Sie die Kobaltblau-Mischung mit etwas Krapp-Karmin, und malen Sie den Rest des Flusses.

5 Lassen Sie nicht im Tempo nach, das Papier soll weiterhin feucht sein! Der Himmel erhält aus etwas dickerem Kobaltblau Wolken. Die Farbe wird dabei in das Gelb hineingezogen.

6 Bleiben Sie bei dem dickeren Kobaltblau-Gemisch, und deuten Sie Spiegelungen der Wolken im Wasser an. Auch hierbei malen Sie einfach in das Gelb hinein. Lassen Sie das Bild gründlich trocknen!

6

7

7 Mischen Sie als Farbe für die Parlamentsgebäude zu gleichen Teilen Kobaltblau mit Krapp-Karmin. Da die Silhouetten unscharf werden sollen, feuchtet man das Zentrum des Bildes erneut mit Wasser an (Pinsel Nr. 12). Malen Sie die Silhouetten nicht zu regelmäßig und nicht zu genau. Mit der Entfernung verändert sich der Farbton etwas: Geben Sie nach rechts hin Blau zu. Malen Sie zuletzt mit einer etwas verdunkelten Mischung die Schattenseiten der Gebäude, und deuten Sie Spiegelungen im Wasser an.

8 Für den Vordergrund wird eine kräftige Mischung aus Kobaltblau, Umbra gebrannt und wenig Krapp-Karmin benötigt. Zeichnen Sie den Kai, den Landungssteg und das Boot.

8

9 Geben Sie der Mischung mit etwas Krapp-Karmin einen dunkleren Ton, und malen Sie mit einem feinen Pinsel (Nr. 1) den Fuß der Laterne. Lassen Sie die Farbe trocknen.

10 Die Lampe wird freigelegt, indem man das Maskiermittel abrubbelt. Vollenden Sie zunächst den Vordergrund. Mit feinem Pinsel und demselben dunklen Gemisch wie eben zeichnet man noch fehlende Details ein, wie das Geländer des Stegs, aber auch Spiegelungen im Wasser.

11 Zuletzt wird die Lampenhalterung der Straßenlaterne mit feinem Strich ergänzt. Verwenden Sie eine Mischung aus Kadmiumgelb und Zinnoberrot mit einer Spur Umbra gebrannt.

In diesem Projekt haben Sie die Naß-in-Naß-Methode mit Techniken kombiniert, die Sie in den vorangegangenen Lektionen erlernt haben. Sie wissen jetzt, wie man diffuses Licht und Reflexe ins Bild zaubert und wie man weiche, verschwimmende Konturen erzeugt.

WASSERSPIEGELUNGEN

Wasseroberflächen faszinieren jeden Maler. Die Lichtreflexe und Spiegelungen verlocken dazu, zum Pinsel zu greifen. Sie sind allerdings nicht einfach zu malen. Sie werden hier in einer Reihe von Übungen lernen, welche Gesetzmäßigkeiten Sie bei Wasserspiegelungen beachten müssen.

Sie sind dem Phänomen der Wasserspiegelungen in unserem letzten Projekt bereits begegnet. Es lohnt sich jedoch, das Kapitel zu vertiefen, da hier häufig Fehler gemacht werden.

Spiegelt sich ein Gegenstand im Wasser, so scheint er dort auf dem Kopf zu stehen. Das Spiegelbild befindet sich immer direkt unter dem sich spiegelnden Objekt, und es verläuft nie schräg wie ein Schattend der Schattenwurf eines Gegenstandes von der Position der Sonne bestimmt wird, hängt das Spiegelbild von der Position des Betrachters ab.

Ein Tip: Wenn Sie einen Gegenstand auf einen liegenden Spiegel stellen, können Sie diese Erscheinungen sehr gut studieren.

Auch die Wasserbewegung nimmt Einfluß auf das Spiegelbild. Stilles Wasser erzeugt ein scharfes Abbild. Doch schon leichte Kräuselungen verzerren es. Bei sehr bewegtem Wasser kann sich das Spiegelbild ganz auflösen.

Kleine Wellen können ein Spiegelbild unendlich vergrößern, da die Wellen wie hunderte winziger Spiegel wirken.

Abdunkelung

Auch der Farbwert kann sich bei Wasserspiegelungen verändern. Meist sind Spiegelbilder dunkler als das reale Objekt, vor allem, wenn das Wasser nahezu schwarz oder voller Algen ist. Wie immer gibt es Ausnahmen von der Regel: An strahlend hellen Tagen und bei sehr klarem Wasser kann ein Spiegelbild sogar heller sein als

John Clayton Adams (1840–1906) schuf dieses stimmungsvolle Landschaftsaquarell (*oben*). Der Betrachter meint, eine kühle Brise zu spüren und die leisen Bewegungen des Wassers zu hören. Daß Aquarellfarben besonders geeignet sind, Wasser zu malen, liegt auf der Hand, da sie wie jenes transparent sind. Dennoch verlangt es Kunstfertigkeit, die Wasserbewegungen nachzuempfinden und die sich ständig verändernden Spiegelungen einzufangen. Am Anfang können Fotografien hilfreiche Vorlagen sein, da sie die Bewegung sozusagen einfrieren.
Sammeln Sie erste Erfahrungen mit Wasserspiegelungen in unseren Übungen und unserem anschließenden Projekt (*ganz oben*).

WASSERSPIEGELUNGEN

Um Ihnen zu veranschaulichen, wie Wasserspiegelungen funktionieren, haben wir ein einfaches Motiv gewählt: einen Pfahl, der aus dem Wasser ragt. Das Wasser ist erst ganz ruhig, das Spiegelbild ist glatt und kommt allmählich in Bewegung: Das Spiegelbild verzerrt sich, bis es ganz verschwindet.

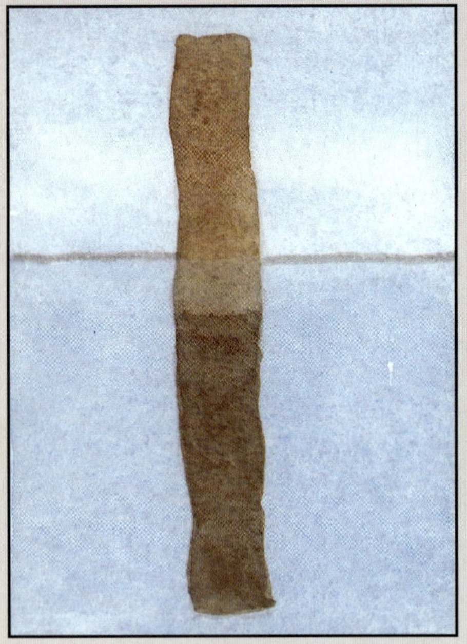

1 Das Wasser ist glatt an diesem ruhigen Tag. Malen Sie Himmel und Wasser in Kobaltblau und den Pfahl in Umbra gebrannt. (Das Spiegelbild ist etwas dunkler.)

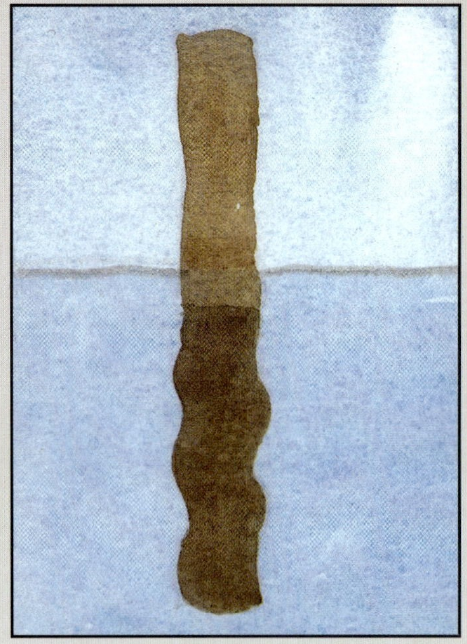

2 Eine leichte Brise läßt das Wasser sich an seiner Oberfläche kräuseln. Im Spiegelbild wird die ruhige Wellenbewegung in leichten Verzerrungen sichtbar.

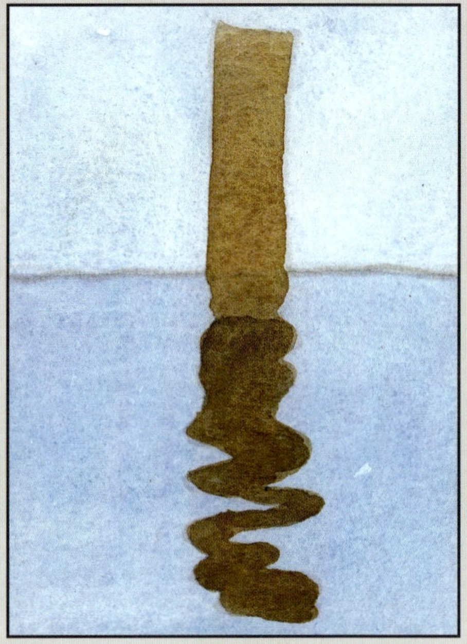

3 Die Brise wird steifer und verursacht ein leichtes Wogen. Das Spiegelbild schlägt heftiger aus, reißt aber noch nicht auf.

4 Die Wasseroberfläche wird vom Wind heftig bewegt. Das Spiegelbild löst sich in vereinzelte, schwungvolle Linien auf.

5 Das Meer ist kabbelig, vom Wind mächtig aufgewühlt, so daß das Spiegelbild nur noch vereinzelt aufblitzt.

6 Ein stürmischer Tag. Das Wasser ist wild bewegt und bildet hohe Wellenkämme. Das Spiegelbild ist ganz verschwunden. Auch ein Schiff würde sich nicht mehr spiegeln.

Die Strömung eines Flusses wirkt sich stark auf die Spiegelungen im Wasser aus: *Unten* spiegeln sich die Bäume und das Haus fast dekkungsgleich im Wasser, während *links* kaum noch zu erkennen ist, was sich spiegelt.

7 Malen Sie diese stille Szene nach, bei der sich die Brücke in absolut ruhigem Wasser spiegelt. Verwenden Sie Mischungen aus Kobaltblau, Umbra gebrannt und Zinnoberrot. Testen Sie die jeweilige Farbe, die Sie brauchen, vor dem Malen auf einem separaten Stück Papier.

8 Als letzte Vorübung malen Sie die Brückenszene ein zweites Mal. Das Wasser soll nun bewegter sein, so daß sich das Spiegelbild wellenförmig verzerrt. Das Geheimnis einer gelungenen Darstellung liegt im Pinselstrich: er muß schwungvoll sein und immer wieder abreißen. Heben Sie Ihre Übungsblätter auf!

EINE GRACHT IN AMSTERDAM

Die Wasseroberfläche des Kanals ist leicht bewegt, so daß die Spiegelungen von den langen Wellen nur ganz sanft verzerrt werden.

MATERIAL

Aquarellpapier mit mittlerem Korn
Bleistift (HB) und Radiergummi
Rotmarderpinsel, rund Nr. 12 und Nr. 7, Kunstfaserpinsel Nr. 1
Farben: Kobaltblau, Umbra gebrannt, Zinnoberrot, Kadmiumgelb
Wassergläser
Teller oder Palette zum Mischen

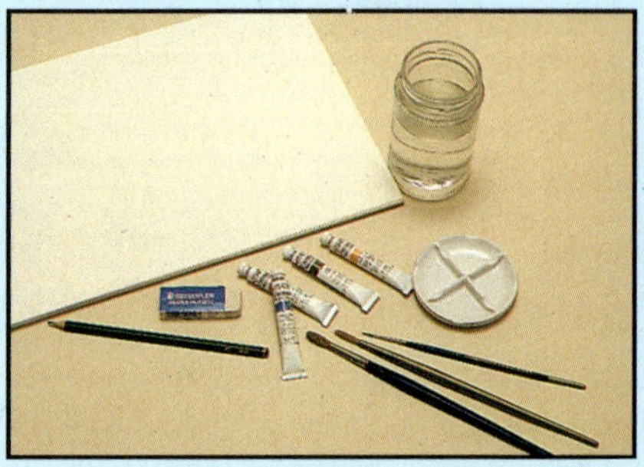

1

2

1 Zeichnen Sie die Umrisse der Szene zart mit Bleistift vor. Auch die Spiegelungen im Wasser werden angedeutet.

2 Bereiten Sie eine reichliche Menge Kobaltblau gemischt mit Wasser für den Himmel vor. Lavieren Sie den Himmel von oben beginnend mit einer ungleichmäßigen Farbschicht, die zum Horizont hin heller wird und vereinzelt wolkenartige, weiße Stellen offen läßt. Versuchen Sie, die Farbe bis dicht an die Häuser heranzuführen.

3 Für die Schleuse wird ein mittlerer Pinsel (Nr. 7) und eine recht intensive Kobaltblau-Zinnoberrot-Mischung verwendet. Testen Sie die Farbe zuerst auf einem separaten Stück Papier. Malen Sie mit nicht zu feuchtem Pinsel, damit Sie den Farbauftrag kontrollieren können und die Strichführung in der Farbschicht sichtbar bleibt. Für das Schleusentor fügen Sie der Mischung etwas Umbra gebrannt zu. Die Kaimauer rechts erhält einen Stich Kobaltblau.

3

4

4 Nun malen Sie mit schwungvollen Strichen die Spiegelungen im Wasser. Verwenden Sie jeweils dieselben Farbtöne, nur eine Spur dunkler. Lassen Sie die Spiegelungen in Wellenlinien auslaufen, so daß die Bewegung des Wassers sichtbar wird.

5 Malen Sie das linke Kanalufer mit einer hellen Mischung aus Zinnoberrot und Kobaltblau (Pinsel Nr. 12). Im Vordergrund wird etwas mehr Kobaltblau verwendet, um Schatten anzudeuten.

6 Die Schattenseiten der Häuser lasieren Sie mit relativ trockenem Pinsel (Nr. 7) in einem warmen Ton aus Zinnoberrot mit wenig Kadmiumgelb und Kobaltblau. Für die Fassade ganz rechts wird der Mischung eine Spur Umbra gebrannt zugesetzt.

7 Die von der Sonne beschienenen Dächer erhalten einen leuchtenden Zinnoberrot-Kadmiumgelb-Farbton.

8 Für die Spiegelbilder der Häuser benötigen Sie dieselben Mischungen wie für die Häuser selbst. Tönen Sie sie mit einer Spur Kobaltblau jedoch etwas dunkler. Malen Sie schwungvoll!

9

10

9 Nun wird mit Kobaltblau der übrige Teil des Kanals lasiert (Pinsel Nr. 12). Aber decken Sie nicht die Spiegelungen der weißen Hausfassaden zu! Geben Sie der Mischung etwas Farbe bei, und setzen Sie im Vordergrund dicke Pinselstriche auf die noch feuchte Farbschicht, um die Kräuselung des Wassers wiederzugeben.

10 Die Bäume im Hintergrund werden mit einem sehr hellen Farbton aus Kobaltblau und Umbra gebrannt angedeutet (Pinsel Nr. 7).

11

12

11 Ergänzen Sie mit feinem Pinsel (Nr. 1) und einem eher farbintensiven Grau aus Kobaltblau und Zinnoberrot die fehlenden Details, wie die Fenster und Türen der Häuser. Belassen Sie es bei Andeutungen, sonst verliert das Bild seine Frische.

12 Zum Abschluß ist nur noch das rechte, in der Sonne liegende Kanalufer zu malen. Verwenden Sie dazu eine helle Mischung aus Zinnoberrot, Kadmiumgelb und einem Hauch Kobaltblau.

Vielleicht ist es Ihnen bei dieser Arbeit aufgefallen: Wenn Sie Pinselstriche nicht ganz schließen, so daß immer wieder weiße Stellen frei bleiben, wirkt das Aquarell besonders luftig.

FARBEN MISCHEN

Der Charakter eines Aquarells hängt entscheidend von der Wahl der Farben ab. Farben besitzen eine eigene Aussagekraft. Sie können warm oder kalt sein, leuchtend oder stumpf. Hier erfahren Sie, was Sie über Farben wissen müssen und wie Sie aus wenigen Farben eine reiche Palette mischen.

Wie wir bereits in einer vorangegangenen Lektion besprochen haben (vgl. S. 9–14), kann man bei Farben drei Eigenschaften unterscheiden: den Farbton (Blau, Rot, usw.), den Farbwert (wie hell oder dunkel der Farbton ist) und die Intensität (die Leuchtkraft der Farbe). Zudem haben Farben eine gewisse Temperatur: Man empfindet sie als warm oder kalt. Alle Farbtöne von Rot über Orange bis zu Gelb gelten als warm, während Violett, Blau und Grün dem kalten Spektrum zugeordnet werden.

Farbwert, Farbintensität und Farbtemperatur erzeugen im Bild eine eigene Räumlichkeit: Die hellen, die intensiven und die warmen Farben kommen optisch nach vorne und rücken den gemalten Gegenstand stärker in den Vordergrund, indessen treten die dunklen, die stumpfen und die kühlen Farben zurück.

Das Wissen um diese Eigenschaften der Farben ist bei der Komposition eines Bildes ausschlaggebend: Die natürliche Farbe eines Gegenstandes, etwa das Violett von Weintrauben oder das Weiß einer Porzellanschale, läßt sich aufhellen oder verdunkeln, verklären oder trüben, wärmer oder kälter gestalten. Man kann dazu die ursprüngliche Farbe durch Beimischungen abtönen, oder aber den Farbton der Schatten und der Lichtreflexe entsprechend wählen.

Den passenden Farbton mischen

Zunächst sollten Sie die Farben in ihrem Farbkasten gut kennenlernen und herausfinden, welche Mischungen welche Farbtöne ergeben. Am besten legen Sie sich für Ihre Farben eine Farbtabelle an (wie auf der folgenden Seite gezeigt).

Die Helligkeit eines Farbtons läßt sich durch Zufügen von Wasser erzielen. Verdunkeln läßt sich ein Farbton, indem Sie mehr Farbe beimischen, mehrere Farbschichten übereinanderlegen (vgl. S. 9–14) oder eine weitere Farbe zufügen. Wir werden die Farbtheorie in späteren Lektionen

Aus diesem herrlich leuchtenden Aquarell (*oben*) von Annie Williams läßt sich viel lernen. Die natürliche Farbe des sonnenbeschienenen Holzbodens wird von hellen, warmen Lichtreflexionen und dunkleren, ins kalte Spektrum hineinreichenden Schatten verändert. Der weiße Grundton des Tischtuches zeigt sich nur in der Sonne. Die meisten Partien liegen im Schatten und wirken blauviolett. Man malt, was man sieht, und nicht, was man weiß. In unserem Stilleben (*links*) werden Sie üben, Farbtöne zu erkennen und entsprechend zu mischen.

Machen Sie sich durch diese Übungen mit Ihren Farben und den Mischungen vertraut.

VERÄNDERUNG DER HELLIGKEIT

Dunkle Farben aufzuhellen, ist einfach: Man fügt Wasser hinzu. Versuchen Sie es etwa mit Kobaltblau, Ultramarin, Chromoxidgrün, Krapp-Karmin und Umbra gebrannt (siehe *unten*).

Schwieriger ist es, Farben mittleren Farbtons, wie Siena natur oder Zinnoberrot, zu verdunkeln. Man fügt wenige Pigmente von zwei weiteren Farben hinzu (siehe *unten*).

Auch sehr hellen Pigmenten wie Kadmiumgelb müssen zwei weitere Farben zugemischt werden, um einen wirklich dunklen Farbton zu erhalten (siehe *unten*).

Helles Braun (Umbra gebrannt gemischt mit etwas Wasser)

Mittleres Braun (Umbra gebrannt gemischt mit etwas weniger Wasser)

Dunkles Braun (Umbra gebrannt gemischt mit sehr wenig Wasser)

Helles Rot (Zinnober gemischt mit etwas Wasser)

Mittleres Rot (Zinnober gemischt mit etwas weniger Wasser)

Dunkles Rot (Zinnober gemischt mit etwas Umbra gebrannt und Chromoxidgrün)

Helles Gelb (Kadmiumgelb gemischt mit etwas Wasser)

Mittleres Gelb (Kadmiumgelb gemischt mit etwas weniger Wasser)

Dunkles Gelb (Kadmiumgelb mit wenig Umbra gebrannt und Chromoxidgrün)

FARBMISCHUNGEN

Legen Sie sich eine Farbtabelle aller wichtigen Farben an, mit denen Sie häufig malen. Wir haben für unsere Farbtabelle die Farben aus dem folgenden Projekt gewählt.

Verwenden Sie Aquarellpapier, und zeichnen Sie mit Bleistift ein Raster (Abstand der Linien 2,5 cm). Malen Sie als erstes die obersten Quadrate mit reinen Farben mittlerer Helligkeit aus: Kadmiumgelb, Siena natur, Zinnoberrot, Krapp-Karmin, Kobaltblau, Chromoxidgrün, Umbra gebrannt). Bei den nach unten folgenden Quadraten mischt man zu gleichen Teilen die jeweilige Ursprungsfarbe (z.B. Kadmiumgelb) mit der rechts davon liegenden (z.B. Siena natur). (So besteht etwa das vierte Quadrat von oben in der dritten Reihe von links aus Zinnoberrot und Chromoxidgrün.)

Legen Sie eine zweite Farbtabelle an, in der Sie die Farben nicht mehr zu gleichen Teilen mischen, sondern im Verhältnis 1:2. Mischen Sie also etwa einen Teil Kadmiumgelb mit zwei Teilen Siena natur. Die Tabellen werden für Ihr weiteres Arbeiten nützlich sein.

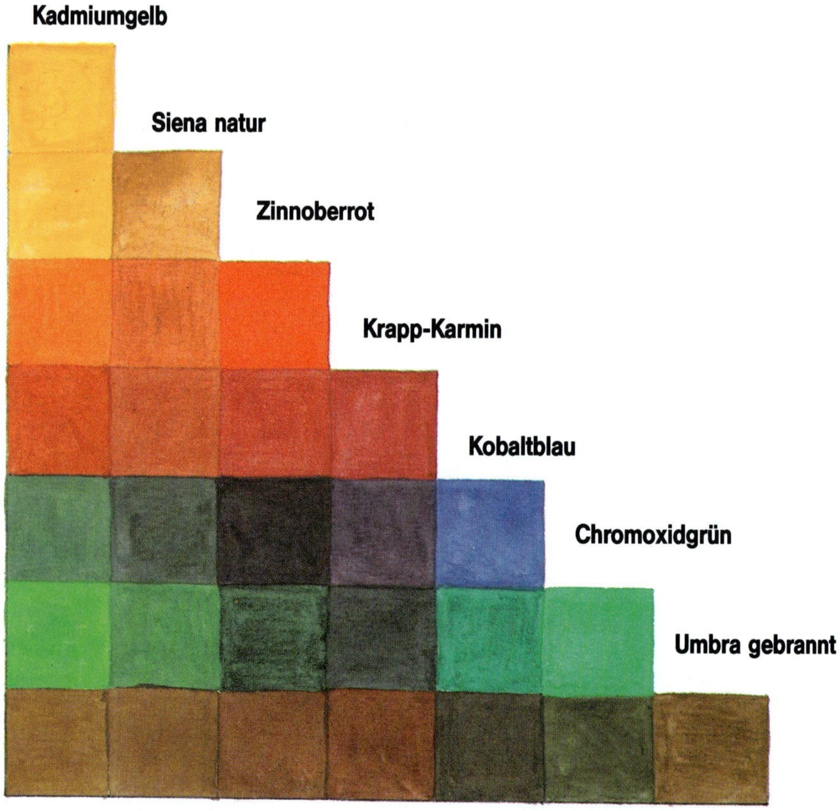

EINE OBSTSCHALE

MATERIAL

Aquarellpapier mit mittlerem Korn (300g)
Bleistift (HB) und Radiergummi
Rotmarderpinsel, rund Nr. 1, Nr. 7 und Nr. 12
Farben: Kadmiumgelb, Siena natur, Zinnoberrot, Krapp-Karmin, Kobaltblau, Chromoxidgrün, Umbra gebrannt
Skalpell oder Rasierklinge
Wassergläser
Teller oder Palette zum Mischen
Papiertücher

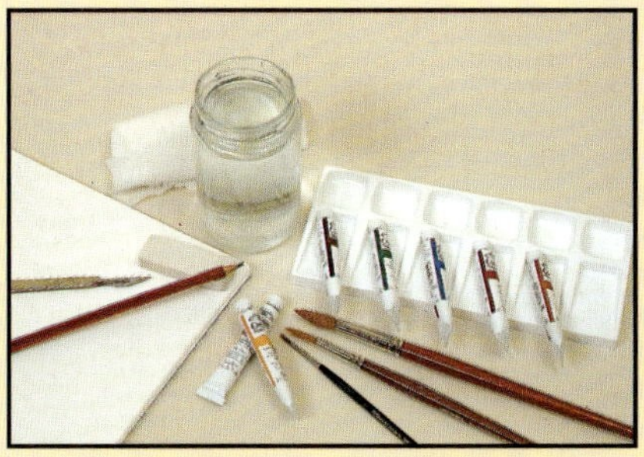

Wenn Sie aus frischem Obst ein ähnliches Stilleben arrangieren, können Sie vergleichen, was Sie sehen und wie hier die Farbtöne für Früchte, Lichtreflexe und Schatten gemischt wurden.

1

1 Zeichnen Sie mit Bleistift den Tisch, die Obstschale und die Früchte vor.

2

2 Mit einer hellen Krapp-Karmin-Mischung wird der Hintergrund laviert (Pinsel Nr. 12). Halten Sie dabei das Zeichenbrett etwas schräg, und beginnen Sie oben. Nach unten zu gehen Sie zu Kadmiumgelb über (die Farben werden direkt auf dem Papier gemischt). Ganz unten am Tisch fügen Sie einen Hauch Kobaltblau hinzu.

3

3 Für die Tischoberfläche verwenden Sie kräftiges Siena natur. Dicke waagrechte Pinselstriche unterstützen die Wirkung der robusten Holzplatte. Für die Tischkante wird Siena natur mit etwas Umbra gebrannt abgedunkelt.

4 Die Schattenzone unter dem Tisch erhält eine ebenso schwungvoll gemalte Farbschicht aus Kobaltblau, Krapp-Karmin und etwas Umbra gebrannt. Lassen Sie das Bild trocknen.

4

5

5 Bei den Früchten wird mit Pinsel Nr. 7 gemalt. Die Weintrauben leuchten in dunklem Kobaltblau-Krapp-Karmin, das durch vereinzelte Spuren von Zinnoberrot einen wärmeren Farbton erhält. In diesem Schritt werden die Früchte noch verhältnismäßig flach gemalt. Das Modellieren durch Licht und Schatten erfolgt später.

6

7

6 Mischen Sie einen intensiven Farbton aus Zinnoberrot und Kadmiumgelb (am besten Sie testen die Farbe auf einem separaten Blatt Papier), und malen Sie die Orangen. Die Lichtreflexe werden modelliert, solange die Farbe noch naß ist: Saugen Sie die Farbe mit einem trockenen, sauberen Pinsel ab.

7 Nun geben Sie der Birne einen Farbton aus intensivem Siena natur und Chromoxidgrün. Noch während die Farbe feucht ist, legen Sie an der Schattenseite einen dunkleren Ton über die erste Schicht. Fügen Sie hierfür der ersten Mischung etwas Kobaltblau zu.

8 Legen Sie über die Bananen eine Lasur aus Siena natur und einer Spur Zinnoberrot. Warten Sie, bis die Schicht trocken ist. Tönen Sie die Mischung mit zusätzlichem Siena natur ab, und übermalen Sie die dunkleren Seiten.

8

9

10

9 Für die Zitronen wird verdünntes Kadmiumgelb verwendet. Malen Sie wie bei den Orangen zunächst die ganze Form aus, und saugen Sie dann an den Lichtstellen die Farbe mit trockenem Pinsel ab. Die Schattenseiten werden mit dunklerem Kadmiumgelb modelliert, das aufgetragen wird, solange das Bild noch feucht ist.

10 Nun folgt die Schattenpartie der Obstschale. Für sie verwenden Sie eine helle Mischung aus Kobaltblau mit einem Hauch Krapp-Karmin. Übersehen Sie nicht das im Schatten liegende kleine Stück Schale, das rechts hinter den Trauben hervorragt.

11

12

11 Malen Sie die Erdbeeren mit Zinnoberrot, und gestalten Sie bei noch nasser Farbe mit etwas Krapp-Karmin die Schatten.

13

12 Die Pfirsiche malen Sie mit Siena natur und Zinnoberrot. Für die Schatten geben Sie mehr Farbe zu. Für den Pfirsich zwischen den Erdbeeren und Trauben, verdunkeln Sie die Mischung leicht mit Kobaltblau. Die helle Schnittfläche der aufgeschnittenen Zitrone erhält eine dünne Farbschicht aus Kadmiumgelb gemischt mit wenig Zinnoberrot. Für die Außenseite wird Kadmiumgelb mit Siena natur gemischt.

13 Besonders dunkel sind die Schlagschatten, die die Früchte auf den Tisch werfen. Sie erhalten eine intensive Tönung aus Siena natur mit etwas Umbra gebrannt.

14

14 Nun treten wir in eine ganz entscheidende Phase: Die Form der Früchte wird durch kleine Schatten und Dunkelheiten modelliert. Für diese zeitraubende Arbeit verwendet man einen feinen Pinsel (Nr. 1) und dunkle Farbmischungen. Im Kästchen (*unten*) sehen Sie, welche Mischungen Sie brauchen. Arbeiten Sie sorgfältig, und lassen Sie zuletzt das Bild trocknen.

Orangen: Siena natur, Kadmiumgelb und Zinnoberrot; **Zitronen:** Kadmiumgelb mit wenig Zinnoberrot; **Pfirsiche:** Zinnoberrot, Siena natur und wenig Umbra gebrannt; **teilweise verdeckter Pfirsich:** Umbra gebrannt mit Zinnoberrot; **Erdbeeren:** Krapp-Karmin mit wenig Umbra gebrannt; **Trauben:** Kobaltblau, Krapp-Karmin und wenig Umbra gebrannt; **Schaleninneres und Schattenkante rechts:** Kobaltblau und Krapp-Karmin.

15

15 Um die Glanzlichter der Trauben effektvoll herauszuholen, löst man zunächst mit feinem Pinsel und sauberem Wasser die Farbe etwas auf und tupft sie dann mit einem Tuch weg.

16

16 Malen Sie die Stengel der Erdbeeren mit einer dunklen Mischung aus Chromoxidgrün und Siena natur. Dasselbe Gemisch verwenden Sie für den Schatten, den die Trauben auf die Birne werfen. Die Segmente der Zitrone werden mit Chromoxidgrün und Kadmiumgelb eingezeichnet.

Wenn Sie diese Lektion bewältigt haben, werden Sie große Sicherheit im Mischen von Farben erworben haben. Es lohnt sich, gut gelungene Farbmischungen zu notieren.

17

17 Die Nüßchen auf den Erdbeeren werden, wenn die Farbe trocken ist, mit einem Messer herausgekratzt. Die kleinen Vertiefungen verdunkeln Sie mit einer Mischung aus Zinnoberrot, Krapp-Karmin und Kadmiumgelb. Zuletzt malen Sie die Blütenansätze der Orangen mit einer Mischung aus Krapp-Karmin und Siena natur.

LUFT, LICHT UND FARBE

Das Aquarell (*links*) von Henry Sutton Palmer (1854–1933) zeigt eine Moorlandschaft, die sich in weite Ferne erstreckt. Sie sehen deutlich den Einfluß der Entfernung: Die dunklen Farben des Vordergrunds gehen in mittlere im Mittelgrund über und werden gegen den Hintergrund zu so hell, daß sich die Farbunterschiede verlieren. Man sieht vor allem im Vordergrund auch, wie das gelbe Licht der Sonne die Farben verändert. Bei den Baumwipfeln verwandelt die Sonne ein mittleres Grün in ein Gelb, während das Laub im Schatten dunkelgrün ist.

Unser Projekt eines Fischerdorfs auf der griechischen Insel Lemnos (*oben*) wird Sie mit den Farbveränderungen durch Licht und Luft vertraut machen. Vorder-, Mittel- und Hintergrund lassen sich in dieser Szene gut voneinander trennen. Das gelbe Sonnenlicht am späten Nachmittag verändert die Farben der Felsen, die im Schatten bläulich wirken.

Wenn man einen Sonnenuntergang aufmerksam beobachtet, bemerkt man, wie sich die Farben allmählich wandeln. Die Farben einer Landschaft sind abhängig davon, welche Farbe das Licht hat, ob die Luft trokken oder feucht, klar oder staubig ist und wie groß die Entfernung ist.

Sie haben gelernt, wie wichtig es ist, die Farben so zu malen, wie man sie sieht, und sich nicht von Ihrem Wissen („Bananen sind gelb, Orangen sind orange, Blätter sind im Sommer grün") in die Irre leiten zu lassen. Als Maler muß man sich fragen, ob es wirklich Grün ist, was man sieht. Denn, wenngleich die Blätter an sich grün sein mögen, sie können je nach Licht, Entfernung oder Wetterlage einen ganz anderen Farbton annehmen.

Die Luft und die Entfernung

Die Luft ist voller Wasser- und Staubpartikelchen, die wie ein Filter wirken können und Farben sowie Formen verändern. Dieser Effekt der Luft wird umso wirksamer,

Nebel zu liegen. Die Formen verlieren ihre Schärfe und die Farben ihre Klarheit. Zudem wirken die Farben zunehmend heller. Dieses Phänomen nennt man Farbperspektive.

Das Licht

Auch Licht beeinflußt den Farbton. In hellem, hartem Licht wirken die angeleuchteten Teile eines Objekts heller als gewöhnlich, und die Schattenseiten erscheinen äußerst dunkel. Das heißt, helles Licht führt zu Kontrasten. Farbiges Licht verändert den Farbton der beleuchteten Fläche so stark, daß Schatten- und Lichtseiten ei-

Die Übungen auf dieser Seite werden Ihnen verständlich machen, wie die Luft und das Licht die Farben der Dinge beeinflussen. Zeichnen sie die Umrisse der Objekte zuerst mit Bleistift vor.

Luft

An nebligen Tagen ist der Wassergehalt der Luft hoch. Hier zeigt sich deutlich, wie Luft Farben und Formen verändern kann: Die Konturen verschwimmen, Farbkontraste verringern sich, Farbtöne gleichen sich einander an, so daß die Szene eine helle, monochrome Farbgebung zeigt.

Stellen Sie zunächst zwei Bäume im Sonnenschein dar: die Farben sind klar, die Umrisse scharf (**1**).

Übung **2** gibt die Szene an einem Nebeltag wieder: die Umrisse verschwimmen, die Farbkontraste verlieren sich.

Einen ähnlichen Effekt erlebt man bei Dingen, die weit entfernt sind. Bei Mittagssonne oder auch bei bedecktem Himmel wirken Objekte, die weiter als einen Kilometer entfernt sind, heller. Der Kontrast von Licht- und Schattenseite vermindert sich. Der Farbton geht ins Bläuliche über (Übung **3**).

1 ***Ein klarer Tag*** **Himmel: Kobaltblau; Lichtseiten der Bäume: Siena natur mit etwas Kadmiumrot; Schattenseiten: Umbra gebrannt; Gras in der Sonne: Chromoxidgrün, Siena natur, wenig Kobaltblau; im Schatten: mehr Kobaltblau.**

2 ***Nebeltag*** **Hintergrundlavierung: Kobaltblau, wenig Krapp-Karmin; Vordergrundlavierung und Baum im Hintergrund: dieselbe Mischung, etwas dunkler; Baum im Vordergrund: dieselbe Mischung mit etwas Kadmiumrot.**

3 ***Häuser*** **Dach ganz vorne rechts: Siena natur mit wenig Kadmiumrot sowie Umbra gebrannt mit wenig Kadmiumrot; die anderen Dächer: Kobaltblau und Krapp-Karmin; Fassaden in der Sonne: Kadmiumgelb, Kadmiumrot (im Vordergrund zusätzlich Krapp-Karmin); Fassaden im Schatten: Krapp-Karmin und Kobaltblau; Kirche: Kobaltblau, wenig Krapp-Karmin.**

Licht

Bei weißem Licht, ob natürlich (Mittagssonne) oder künstlich (Neonröhren), oder auch bei einem bedeckten Himmel haben die Licht- und die Schattenseite eines Gegenstandes denselben Farbton, der sich nur in der Helligkeit unterscheidet (Übung **4**). Ist das Licht hingegen farbig (wie bei Sonnenunter oder -aufgang, wenn das Sonnenlicht einen warmen Gelb- oder Rotton annimmt), zeigen sich nicht nur Ton-, sondern sogar Farbunterschiede zwischen Licht- und Schattenseiten eines einfarbigen Objekts. Die Lichtseite nimmt den Farbton der Lichtquelle an. In Übung **5** wird ein grüner Würfel gemalt, der auf einer Seite von warmem, gelbem Sonnenlicht beschienen wird. Die angestrahlte Seite leuchtet in goldenem Grün, während die Schattenseite einen kühlen, dunklen Grünton aufweist. In Übung **6** ist eine braune Schachtel dargestellt. Auch sie wird von gelbem Sonnenlicht beleuchtet, so daß eine Seite goldbraun erscheint, während die kühle Schattenseite dunkelbraun ist.

4 ***Grüner Würfel in weißem Licht*** **Würfel: helle, mittlere und dunkle Mischungen aus Chromoxidgrün; Hintergrund: Kobaltblau; Tisch: Siena natur, Umbra gebrannt (für den Schatten mehr Umbra gebrannt).**

5 ***Grüner Würfel in gelbem Licht*** **Lichtseite: Kadmiumgelb, wenig Chromoxidgrün; Oberseite: Chromoxidgrün, wenig Kadmiumgelb; Schattenseite: Chromoxidgrün, wenig Kobaltblau.**

6 ***Braune Schachtel in gelbem Licht*** **Lichtseite: Siena natur und wenig Kadmiumrot; Oberseite: Siena natur und Kadmiumrot; Schattenseite: Umbra gebrannt.**

GRIECHISCHES FISCHERDORF

Das Motiv dieser Lektion ist ein Fischerdorf auf der Insel Lemnos. Die Sonne des späten Nachmittags taucht die Szene in goldenes Licht. Die Farbe des blauen Himmels wird von der Sonne zum Horizont hin in ein blasses Türkis verwandelt. Im Meer spiegelt sich das Farbenspiel des Himmels. Die sonnenbeschienenen Felsen leuchten in warmem Gelb, während sie im Schatten einen kühlen Blauton zeigen.

1 Skizzieren Sie die wesentlichen Elemente der Szene mit dem Bleistift (HB).

MATERIAL

Aquarellpapier mit mittlerem Korn
Bleistift (HB) und Radiergummi
Rotmarderpinsel, rund Nr. 12, Nr. 7 und Nr. 2
Farben: Kadmiumgelb, Kadmiumrot, Krapp-Karmin, Kobaltblau, Siena natur, Umbra gebrannt, Chromoxidgrün
Wassergläser
Teller oder Palette zum Mischen
Papiertücher

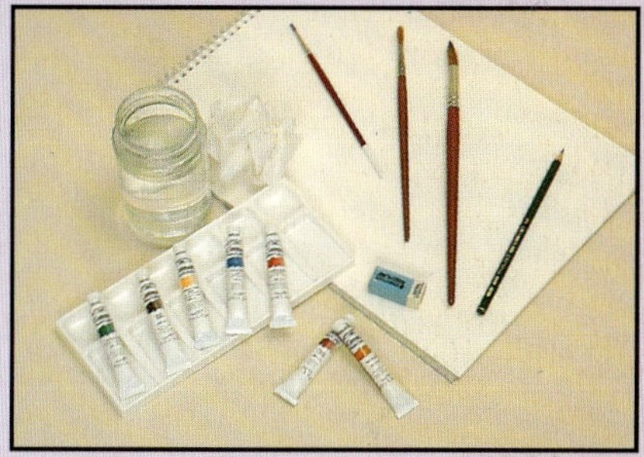

2 Bereiten Sie für den Blauton des Himmels ein mittleres Kobaltblau-Wasser-Gemisch und für den Türkiston eine Kobaltblau-Chromoxidgrün-Mischung vor. Neigen Sie Ihre Zeichenunterlage leicht, so daß die Farbe nach unten fließen kann, und lavieren Sie den Himmel mit dem Pinsel Nr. 12. Beginnen Sie oben, und fügen Sie, je mehr Sie sich dem Horizont nähern, Türkis zu. Um die Felsen herum müssen Sie vorsichtig malen. Überschüssige Farbe kann man mit einem trockenen Pinsel absaugen. Zuletzt tupfen Sie mit einem Tuch über die türkise Farbschicht, so daß ein heller, verwaschener Farbton entsteht.

3 Die sonnenbeschienenen Felsen im Mittelgrund werden mit einem mittleren Farbton aus Siena natur und wenig Kadmiumrot gemalt (Pinsel Nr. 7). Beginnen Sie der Mischung etwas mehr Kadmiumrot hinzu. Für die Felsen in der Mitte verwenden Sie ein dickeres Farbgemisch. Rechts wird der Felsen mit einem Hauch Chromoxid-

4

4 Die Insel im Hintergrund erhält eine zarte Farblasur aus Krapp-Karmin mit etwas Kadmiumrot. Die weit entfernten Berge schimmern in sehr hellem Kobaltblau mit einer Spur Krapp-Karmin. Bedenken Sie, daß die Farben um so blasser werden, je größer die Entfernung ist. Den hintersten Berg malen Sie also noch heller als den davorliegenden.

5 Ein intensives Kobaltblau brauchen Sie für das Meer. Man beginnt am Horizont und geht mit großzügigen Pinselstrichen vor (Pinsel Nr. 7), die man von rechts nach links und wieder zurückschwingen läßt. Malen Sie die Fläche nicht zu, sondern lassen Sie ruhig weiße Stellen stehen. Sie wirken wie Lichtreflexe.
Vorne spiegelt sich der Himmel im Wasser, so daß Sie hier mit etwas Chromoxidgrün dem Meer einen Türkiston verleihen. Malen Sie im Vordergrund mit möglichst trockenem Pinsel, oder saugen Sie überflüssige Farbe mit einem Tuch ab.

5

6

6 Lasieren Sie den Sandstrand rechts mit einer Mischung aus Kobaltblau, Krapp-Karmin und wenig Kadmiumgelb. Für den rechten Felsen im Vordergrund verwenden Sie Siena natur mit wenig Kadmiumrot und Kobaltblau. Der mittlere Felsen erhält eine Farbschicht aus Siena natur und Kadmiumrot, dessen Anteil nach rechts hin geringfügig verstärkt wird.

7 Die Schattenseite des Felsens im Mittelgrund wird mit relativ trockenem Pinsel und einem kühlen, intensiven Farbton aus Kobaltblau mit Krapp-Karmin unregelmäßig modelliert. Für die Schlagschatten innerhalb des Felsens verdunkeln Sie die Mischung.

7

8

8 Auf der entfernten Insel und den Bergen sind die Schatten kaum erkennbar. Verdünnen Sie für die Insel die eben verwendete Mischung mit viel Wasser. Die Schattenpartien der Berge malen Sie in sehr hellem, reinem Kobaltblau. Nun wendet man sich dem Licht- und Schattenspiel des Vordergrundes zu. Der Sandstrand erhält Schattenpartien aus Kobaltblau mit Umbra gebrannt. Für die Felsen im Vordergrund mischt man Kobaltblau, Krapp-Karmin und etwas Umbra gebrannt. Lassen Sie das Bild trocknen.

9

9 Da die meisten Häuser strahlend weiß sind, werden nur die Schattenseiten mit einem mittleren Kobaltblau angedeutet. Arbeiten Sie mit nicht zu nassem Pinsel, damit Sie den Farbfluß kontrollieren können.

10

10 Über das Dorf erstreckt sich ein langer Schatten, der wie die Schattenseiten der Häuser in reinem Kobaltblau gemalt wird. Zwei der Häuser fallen farblich aus dem Rahmen: Verwenden Sie für das blaue Gebäude ein mittleres Kobaltblau und für das rosafarbene Haus stark verdünntes Krapp-Karmin.

11

11 Die letzten Feinheiten werden ergänzt: Der helle Strand im Mittelgrund wird in sanftes Krapp-Karmin mit einem Hauch Kobaltblau getaucht. Für die Burg auf dem Hügel mischen Sie Krapp-Karmin mit wenig Kadmiumrot. Die Schattenpartien werden hier mit einer Mischung Kobaltblau und etwas Krapp-Karmin gestaltet. Arbeiten Sie mit feinem Pinsel (Nr. 2), um die Details des Dorfes wie Fenster, Türen und Hausdächer anzudeuten (Kobaltblau, Umbra gebrannt und etwas Chromoxidgrün). Gehen Sie nicht zu sehr in die Feinheiten, sonst verliert sich der spontane, frische Eindruck des Aquarells.

Inzwischen dürften Sie es sich zutrauen, selber die richtigen Farben wählen und mischen zu können. Denken Sie daran, jede Mischung auf einem separaten Stück Papier auszuprobieren, bevor Sie sie in Ihrem Bild verwenden.

SPEZIALEFFEKTE MIT WACHS

Striche, die von einer Kerze oder einem Wachsstift stammen, nehmen keine Farbe an. Der Eindruck von Gischt oder porösem Mauerwerk läßt sich auf diese Weise leicht erzeugen.

Im Gegensatz zu Maskierflüssigkeiten (vgl. S. 27–32), bei denen man die abgedeckte Stelle abrubbelt und sie dann mit Farbe ausarbeiten und übermalen kann, bleibt Wachs auf dem Papier und läßt sich nicht mehr überarbeiten.

Zeichnet man mit einer Kerze, einem Wachsstift oder mit Ölkreiden, die es in verschiedenen Farben gibt, auf rauhem Aquarellpapier, nehmen vor allem die Erhebungen im Papier das Wachs an, weniger die Vertiefungen. Geht man anschließend mit Aquarellfarbe darüber, erzielt man eine porös erscheinende Farbschicht, da sich die Farbe nur in den Vertiefungen der Papieroberfläche sammeln kann. Für diese Technik verwenden Sie also am besten relativ grobkörniges Papier.

Gewachste Partien lassen sich zwar nicht mehr übermalen, man kann jedoch die deutlichen Wachsspuren entfernen

warmen Bügeleisen so lange, bis alles Wachs verschwunden ist.

Die Kraft der Andeutungen

Der Reiz des Aquarells liegt in der Spontaneität, mit der die Dinge eher durch Andeutungen als durch detaillierte Ausarbeitung charakterisiert werden. Um diese Frische zu gewährleisten, verlangt die Aquarellmalerei einfache Methoden, die schnell und effizient eingesetzt werden können. Die Arbeit mit Wachs ist eine solche Methode. Mit wenigen Strichen lassen sich gewaltige Naturkräfte darstellen: ein tosender Wasserfall, Wellen, die gegen die Felsen schlagen, ein regenverhangenes Gebirge. Nicht weniger effizient ist diese Technik bei der Darstellung von Baumrinde, Sand und Felsen, bei Lichtreflexen im Wasser, auf Glas und glänzenden Oberflächen. Einfache Wachslinien genügen

Die Ruinen eines Klosters (*ganz oben*), gemalt von Charles Knight, demonstrieren überzeugend, wie ein Aquarell von der Wachstechnik profitieren kann. Die poröse, von Wind und Wetter angegriffene Struktur der Gemäuer läßt sich effektvoll darstellen, wenn man vor dem Malen den Untergrund mit dem Wachs einer Kerze oder eines Wachsstiftes behandelt.

In unserem Projekt (*oben*) werden Sie eine Kerze verwenden, um die Wasserflut darzustellen, wie sie stufenweise nach unten fällt, bis

Mit Wachs läßt sich in vielen Fällen beim Aquarellieren sehr effektvoll arbeiten. Sie finden hier einige Beispiele, von denen Sie sich inspirieren lassen können. Wir verwenden Kerzen, Wachsstifte und Ölkreiden, die aufgrund ihrer Farbigkeit vielseitig eingesetzt werden können. Malen Sie die folgenden Übungen nach, so daß Sie Erfahrung mit der Anwendung von Wachs sammeln, bevor Sie sich dem Projekt zuwenden. Unter jedem Beispiel ist angegeben, welches Material von uns benutzt wurde. In allen Übungen wird das Wachs oder die Ölkreide vor dem Aquarellieren aufgetragen. Notieren Sie sich bei den Übungen, auf welche Schwierigkeiten Sie gestoßen sind und wie Sie sie gelöst haben. Die Übungsblätter und die Notizen sollten Sie aufheben. Sie können Ihnen später hilfreich sein.

1 Fensterscheiben *Glas:* weiße Kerze; *Rahmen:* schwarze Ölkreide; *Blumentopf:* braune Ölkreide; *Pflanze:* farbige Ölkreiden. Legen Sie drei Farbschichten verfließend übereinander (Siena natur, Siena gebrannt, Paynesgrau).

2 Trauben *Glanzlichter:* weiße Kerze; *Trauben:* Schattierungen aus drei Farben (Siena gebrannt, Krapp-Karmin, Paynesgrau); *Stengel:* sehr verdünntes Saftgrün.

3 Grashalme Mit der Spitze einer weißen Kerze werden Striche gezogen. Es folgt eine Schicht Saftgrün. Ist die Farbe trocken, werden weitere Striche (Chromoxidgrün, Preußischblau, Siena natur) hinzugefügt und zuletzt Striche aus Paynesgrau.

4 Baumrinde Mit einem flachgelegten Stück Kerze werden auf rauhem Papier breite senkrechte Striche gezogen. Übermalen Sie die Wachsschicht anschließend naß-in-naß mit Siena natur, Umbra gebrannt und Paynesgrau.

5 Wasser Mit der Spitze einer weißen Kerze erzeugt man Zickzacklinien auf dem Papier. Übermalen Sie die Wachspartie mit kurzen, waagrechten Pinselstrichen, so daß die beiden Farben (Siena natur und Ultramarin) ineinander verfließen.

6 Nasser Boden, der farbiges Licht reflektiert. Verwenden Sie für die Lichtspiegelungen eine weiße Kerze, rote, gelbe und rosafarbene Ölkreide. Dann tragen Sie naß-in-naß Ultramarin, Paynesgrau und Siena natur auf.

7 Blumen Zeichnen Sie die gelben und orangen Striche mit Ölkreiden. Die Blumen werden in verschiedenen Rotschattierungen gemalt, wozu Kadmiumrot, Krapp-Karmin und Magenta verwendet werden. Lassen Sie das Bild trocknen. Im Hintergrund tupfen Sie Chromoxidgrün und Saftgrün auf. Zuletzt akzentuieren Sie die Blumen mit Paynesgrau.

8 Wolken Bei dieser Spezialtechnik wird ein Wattebausch mit Vaseline benetzt. Tupfen Sie damit über die Wolkenpartie. Wo die Wolken dichter sein sollen, drücken Sie fester auf. Mit einer Kerze arbeiten Sie die Wolkenzonen deutlicher aus. Legen Sie naß-in-naß mit Paynesgrau und Ultramarin eine Lavierung darüber.

RÖMISCHER BRUNNEN

Ein poröser Farbauftrag, wie man ihn für die Darstellung von Wasser oder altem Gemäuer benötigt, läßt sich einfach und äußerst effektvoll mit einer schlichten weißen Kerze erzielen.

1

2

3

1 Zeichnen Sie die wichtigsten Komponenten des Bildaufbaus mit dem Bleistift zart vor (HB).

2 Brechen Sie eine Kerze in zwei Teile, und gestalten Sie mit dem stumpfen Ende schwungvoll und frei das Wasser, wie es in Schleiern von Becken zu Becken fällt. Drücken Sie dabei fest auf, damit das Papier das Wachs gut annimmt. Das Wasser spritzt auch auf die Brunnensäule selbst, so daß sie naß glänzt. Auch das Gebäude im Hintergrund erhält Wachsspuren, damit das Gemäuer alt und porös wirkt.

3 Feuchten Sie mit klarem Wasser und dickerem Pinsel den Himmel an (hier wurde ein flacher Rotmarderpinsel Nr. 9 verwendet). Bereiten Sie eine dünne Mischung aus Ultramarin und Cölinblau vor, und lavieren Sie den Himmel von oben nach unten mit breiten waagrechten Strichen. Lassen Sie die Farbschicht zum Horizont hin immer heller werden, indem Sie der Mischung Wasser zufügen.

MATERIAL

säurefreies Aquarellpapier (190g)
Bleistift (HB) und Radiergummi
Rotmarderpinsel, flach Nr. 9
Farben: Ultramarinblau, Cölinblau, Siena natur, Siena gebrannt, Paynesgrau
Kerze aus weißem Wachs oder Wachsstift
Wassergläser
Teller oder Palette zum Mischen
Papiertücher

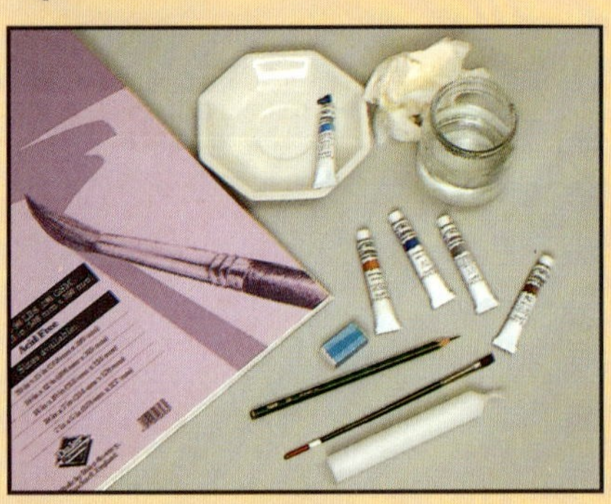

4

4 Lasieren Sie das hintere Gebäude mit einer Farbschicht aus Siena natur, Siena gebrannt und Ultramarin. Vermengen Sie die Farben dabei so, daß sie sich nicht ganz miteinander vermischen. Die Lasur soll eher fleckig werden. So entsteht der Eindruck von Licht und Schatten auf verwittertem Gestein. Eine homogene Farbschicht würde dies nicht suggerieren.

KLEINER TIP

Manchmal verirren sich Wachsklümpchen auf dem Papier. Wo sie stören, können Sie sie mit einem Messerchen vom Papier abkratzen.

5

5 Für das Haus rechts neben dem Brunnen werden nacheinander Siena gebrannt und Paynesgrau aufgetragen. Die Farben fließen auf dem Papier ineinander. Der Flachpinsel eignet sich gut, wenn man, wie hier am Dach, exakte Kanten ziehen will.

6 Die im Schatten liegende Fassade des niedrigen Hauses malen Sie aus Ultramarin gemischt mit Paynesgrau. Zuletzt werden ein paar Tupfen Siena gebrannt in die nasse Farbe gegeben.

6

7

7 Bereiten Sie ein farbintensives Gemisch aus Ultramarin und Siena gebrannt vor. Malen Sie die Schattenseite des Brunnens, die dunkelsten Stellen im Wasser und den Rand des großen Beckens.

8 Für die helleren Teile des Brunnens wird eine Mischung aus Siena natur, Siena gebrannt und Paynesgrau verwendet.

8

9

Die Stellen im Sonnenlicht erhalten eine Lasur

10 Nun wird das Wasser im Becken mit einem Gemisch aus Cölinblau und Ultramarin gemalt.

10

11 Verwenden Sie Siena natur gemischt mit Paynesgrau, um den seitlichen Beckenrand zu vollenden und auch das Wasser mit ein paar Tupfen entsprechend einzufärben.

12 Das rückwärtige Gebäude wird mit hellem Paynesgrau architektonisch gegliedert. Für ganz feine Striche wird der Pinsel an einem Tuch abgetupft. Für Fenster (rechts) und Schattenkanten (unterhalb der Dächer) benützen Sie dunkleres Grau.

11

12

Das fertige Aquarell zeigt, wie effektvoll mit Wachs gearbeitet werden kann. Man spürt förmlich das kühle Wasser spritzen und hört es in den Becken rauschen.

BÄUME: VOM LAUB BIS ZUR RINDE

Die naturgetreue Darstellung von Bäumen und Blattwerk kann den ganzen Künstler fordern. Hier zeigen wir Ihnen, wie Sie die Gestalt der Bäume erfassen, das Laub plastisch modellieren und den Charakter des Stamms und der Rinde wiedergeben können.

Aquarellfarben sind wegen ihrer besonderen Transparenz und Leuchtkraft hervorragend dazu geeignet, Licht und Atmosphäre einzufangen. Auch bei Bäumen konzentriert man sich nicht auf die Details, wie Blätter und Ästchen, sondern versucht, die Stimmung, das Licht- und Schattenspiel zu erfassen.

Sie sollten möglichst in der freien Natur arbeiten und nicht nach Fotografien, da Stimmung mit allen Sinnen erlebt wird: Man fühlt den Wind, hört das Laub rauschen, während über den Himmel schnelle Wolken gleiten und die Sonne allmählich wärmer wird. Am besten fangen Sie ein solches Erleben ein, wenn Sie zügig und spontan malen.

Stamm und Blattwerk bilden die Hauptbestandteile eines Laubbaumes. Der Stamm mit seiner klar umrissenen Form ist meist leicht wiederzugeben. Die Baumkrone hingegen bereitet größere Schwierigkeiten.

So bietet sie häufig kein geschlossenes Bild, sondern scheint in viele „Nebenwipfel“ zu zerfallen, die es dem Maler nicht einfach machen. Jeder Wipfel hat eine andere Form, eine andere Größe und zeigt eine andere Verteilung von Licht und Schatten.

Wenn Sie die Untergliederungen der Krone ignorieren, erstarrt der Baum zum Schema. Wenn Sie die Verschiedenartigkeit der Nebenwipfel nicht beachten, zersplittert der Baum in leblose Einzelteile, die ihren organischen Zusammenhalt verloren haben.

Bei Sonnenschein zeigt die Krone häufig ein ebenso faszinierendes wie verwirrendes Muster aus Licht und Schatten. Hier hilft es, die Augen etwas zusammenzukneifen und zu versuchen, die Formen der wichtigsten Licht- und Schattenpartien zu erkennen.

Auf den folgenden Seiten stellen wir

Lucy Willis malte dieses Aquarell (*oben*) an einem heißen Sommertag in Nordgriechenland. Der Betrachter spürt die wohltuende Kühle des Schattens, den der mächtige Laubbaum spendet. Bei näherer Betrachtung zeigt sich eine ganz einfache Technik: Eine Lavierung aus hellem Grün ist mit kurzen Strichen und Tupfen dunkleren Grüns übermalt worden. Kleinere, weiß gebliebene Papierflecken erzeugen die luftige, lichte Stimmung. In unserem Malprojekt (*links*) er-

Gehen Sie in die Natur, und schauen Sie sich die Bäume immer und immer wieder genau an. Studieren Sie die verschiedenen Baumarten, vergleichen Sie verschiedene Exemplare einer Art, und skizzieren Sie, soviel Sie können! Führen Sie Ihren Skizzenblock auf allen Spaziergängen mit sich. Wenn Sie beginnen zu malen, wird so Ihr Skizzenblock zu einem wertvollen Archiv.

Hier folgen Tips, wie Sie die Gestalt der Bäume am besten erfassen und wie Sie Licht und Schatten darstellen.

1

Skizzieren Sie die Nebenwipfel grob mit einem Bleistift (**1**).

2

Verfeinern Sie die Umrisse und untergliedern Sie sie weiter (**2** und **3**).

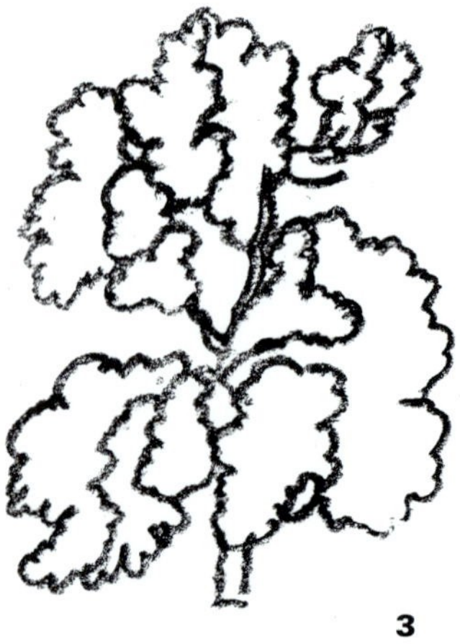

3

4

Die Lichtbereiche der Krone malen Sie in einem lichten Grün, das dem hellsten Farbton der Krone entspricht (**4**). Deuten Sie den Stamm und die größten Zweige an.

5

Nun folgen die ganze Schattenseite der Krone und die Schattenpartien innerhalb der Nebenwipfel (**5**). Modellieren Sie auch Stamm und Zweige.

6

Die Gestalt der Baumkrone

Um die individuelle Gestalt eines Baumes richtig zu erfassen, sollten Sie sorgfältig Höhe und Breite der Baumwipfel in Bezug zur Größe des Stammes betrachten – die Krone ist häufig größer als man denkt (**6**).

7

Ein natürliches, luftiges Aussehen erhält die Krone, indem man die Farbschicht nicht zu geschlossen aufträgt (**7**). Achten Sie auch auf große Lücken, die Zweige und Nebenstämme sehen lassen.

8

Stämme und Zweige
Baumstämme ragen nicht gerade und glatt wie Telegrafenmasten aus dem Boden. Statt dessen krallt sich der Stamm meist mit starken Wurzeln in den Boden und wächst mehr oder weniger gekrümmt empor (**10**). Beachten Sie die Licht- und die Schattenseite sowie den Schatten, den die Krone wirft. Lassen Sie helle und dunkle Farben ineinanderlaufen: Sanfte Übergänge verleihen Plastizität.

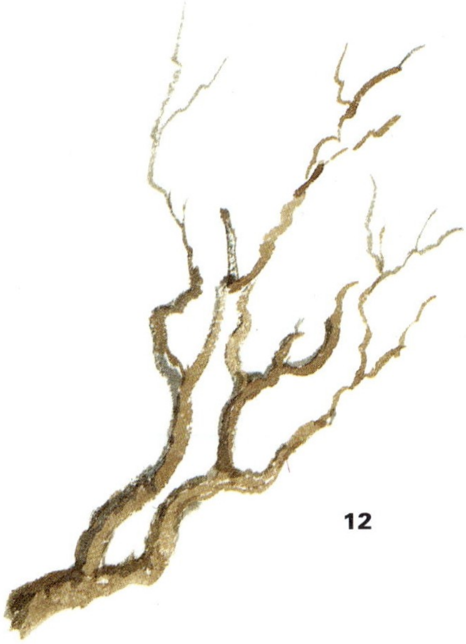

12

Leichte Tupfen mit recht trockener Farbe können belaubten Zweigen einen bewegten Charakter verleihen (**8**). Man arbeitet sich von Innen zur Zweigspitze vor und wird dabei im Strich immer lockerer und leichter.

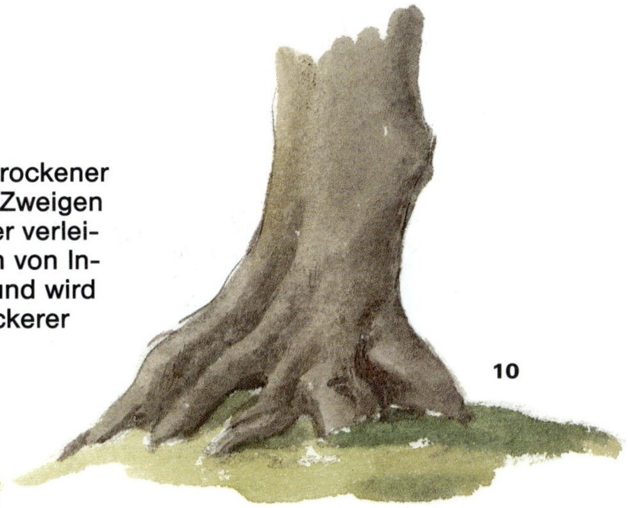

10

Bei Ästen und Zweigen muß man den Pinsel kontrolliert führen (**12**). Verwenden Sie für die Mischung der Farben wenig Wasser, und zeichnen Sie fein. Dicke Striche wirken zu klumpig. Beginnen Sie am Stamm, und arbeiten Sie sich bis zur Spitze der Äste vor. Dabei verringern Sie schrittweise den Druck auf den Pinsel, bis Sie schließlich zum Ende hin mit ganz feinen, leichten Strichen arbeiten.

9

Aus der Nähe betrachtet wirkt die Rinde des Stamms stark strukturiert (**11**). Malen Sie zuerst den Grundton des Stammes mit seinen hellen und dunklen Schattierungen. Warten Sie, bis das Bild trocken ist, und zeichnen Sie dann mit feinem Pinsel die Rindenstruktur ein.

11

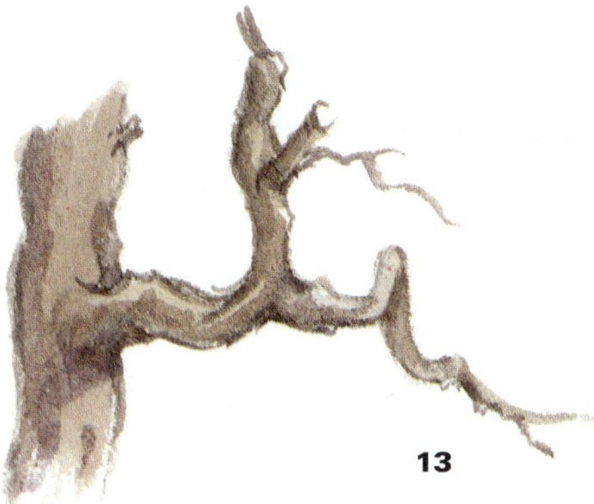

13

Sie können dichte Blattgruppen großzügig zusammenfassen, anstatt Tupfen aneinander zu reihen. Dies ist besonders wirkungsvoll, wenn man die Bäume aus größerer Entfernung sieht. Variieren Sie zudem die Richtung der Striche, und wenn Sie sie zum Zweigende hin lockerer werden lassen, scheint der Zweig wie vom Wind bewegt (**9**).

Zeichnen Sie die Zweige nicht nur rechts und links vom Baum, sondern lassen Sie sie auch nach hinten und vorne wachsen. So kommt die Räumlichkeit des Baumes besser heraus (**13**).

EINE PARKLANDSCHAFT

Eine sommerliche Parklandschaft läßt sich mit einfachen Lavierungen und Pinselstrichen überzeugend darstellen. Grüntöne sollten Sie nicht direkt aus dem Napf oder der Tube verwenden, sondern durch Mischen von Blau und Gelb erzeugen. So wirkt Ihr Bild lebendiger.

MATERIAL

Aquarellpapier mit mittlerem Korn
Bleistift (HB) und Radiergummi
Rotmarderpinsel, rund Nr. 12, Nr. 7 und Nr. 2
Farben: Kadmiumgelb, Kadmiumrot, Krapp-Karmin, Kobaltblau, Siena natur, Umbra gebrannt, Chromoxidgrün
Wassergläser
Teller oder Palette zum Mischen

1

1 Skizzieren Sie das Motiv mit Bleistift vor. Nehmen Sie einen Pinsel Nr. 12 und feuchten Sie die Himmelsfläche mit klarem Wasser an.

2

2 Lavieren Sie mit hellem Kobaltblau in breiten Strichen den Bereich des Himmels (Pinsel Nr. 12). Achten Sie darauf, daß die Lavierung oben am dunkelsten ist und zum Boden hin gleichmäßig heller wird. So erhält das Bild Tiefe. Malen Sie ruhig über die Bäume hinweg. Das Blau wird von dem Grün der Baumkrone später verschluckt werden.

3

3 Mit einer kräftigen Mischung aus Siena natur und Chromoxidgrün werden die Bereiche der Baumkrone gemalt, die von der warmen Abendsonne beschienen sind (Pinsel Nr. 7). Arbeiten Sie relativ trocken. Variieren Sie die Grüntöne, indem Sie die beiden Farben in unterschiedlichen Verhältnissen mischen und mehr oder weniger Wasser zufügen.

4 Von rechts ragen Zweige ins Bild: Mischen Sie Chromoxidgrün mit einem Hauch Siena natur, und deuten Sie mit breiten, schwungvollen Strichen die hellen Partien des Blattwerks an (zu viele Details würden die Aufmerksamkeit des Betrachters zu sehr vom Hauptmotiv ablenken). Der Baum in der Mitte erhält nun kühle, dunkle Schattenseiten aus Chromoxidgrün, gemischt mit Kobaltblau. Arbeiten Sie zügig und mit lockerer Hand. Denken Sie an die großen und kleinen weißen Stellen, die den Baum luftig wirken lassen.

4

5

6

5 Denselben Farbton verwendet man für die dunklen Bereiche des rechten Baumes. Mischen Sie einen feinen Grau-Braunton aus Kobaltblau, Krapp-Karmin und ein wenig Umbra natur. Mit der Spitze eines feinen Pinsels (Nr. 2) werden einige Zweige mit leichten, geschickten Strichen angedeutet. Die Zweige dürfen nicht zu dick werden. Geben Sie dem Baumstamm dieselbe Farbe, und modellieren Sie etwas dunkler seinen Schatten.

6 Weit hinten erscheinen die Bäume verschwommen und bläulich. Lasieren Sie sie schwungvoll in hellem Kobaltblau mit einer Spur Chromoxidgrün.

7 Gestalten Sie das Gras mit breiten Strichen aus nicht vollständig vermischtem Chromoxidgrün und Kadmiumgelb. Die verschiedenen Farbtöne in der Mischung geben das Licht- und Schattenspiel im Gras wieder.

8 Malen Sie den Bodenschatten im nahen Vordergrund Chromoxidgrün, vermengt mit Kobaltblau. Fügen Sie dann der Mischung mehr Blau zu, um den Baumschatten wiederzugeben. Wenn Sie die Farbe ziemlich trocken auftragen, können Sie die Bodenunebenheiten schön herausarbeiten.

7

8

9

10

9 Eine Art Bühneneffekt erzeugen die Zweige, die rechts vorne ins Bild ragen und so wie ein natürlicher Rahmen wirken. Malen Sie zuerst die hellen Blätter mit einer Mischung aus Siena natur und Chromoxidgrün.

10 Für die Blätter im Schatten mischen Sie Kobaltblau mit Chromoxidgrün. Sie können das Laub in leichte Bewegung versetzen, wenn Sie mit der Spitze des Pinsels an vereinzelte Stellen lokkere Tupfen setzen. Zarte Striche aus Umbra gebrannt, vermengt mit Siena natur, deuten ein paar dünne Ästchen an.

11

11 Jetzt fehlen nur noch Feinheiten. An manchen Stellen werden Dunkelheiten vertieft, an anderen verdeutlicht man die Laubstruktur. Vereinzelte Zweige können Sie mit feiner Spitze (Pinsel Nr. 2) und einer Mischung aus Chromoxidgrün und Kobaltblau betonen.

Sie wissen nun, wie man komplizierte Strukturen vereinfacht, ein verwirrendes Licht- und Schattenspiel einfängt und die leichte Bewegung des Blattwerks darstellt. Nun wird es Ihnen leichtfallen, auch nach der Natur zu malen.

VORDERGRUND UND ENTFERNUNG

Nur ein kleines Stück bemaltes Papier – und doch vermag es dem Betrachter die Illusion von Atmosphäre und weiten Entfernungen zu vermitteln! Sie lernen in dieser Lektion, wie Sie Farbe, Helligkeit und Schärfe variieren müssen, um in Ihren Arbeiten Tiefenwirkung zu erzielen.

Der atemberaubende Blick auf die italienische Stadt Como mit dem See und den Bergen im Hintergrund (*oben*) stammt von Thomas Rowbotham (1823–1875). Die Komposition ist in drei verschiedene Bereiche unterteilt: in einen kräftigen dunklen Vordergrund, einen hell beschienenen Mittelgrund und in die dunstigen blaugrauen Berge im Hintergrund. Die klaren Details und Kontraste im Vordergrund werden um so verschwommener, je weiter das Auge in die Ferne schweift. Doch nicht nur dieser Eindruck von Tiefe, sondern auch die märchenhafte Atmosphäre fesselt die Aufmerksamkeit des Betrachters.

Angenommen, Sie blickten eine Allee entlang, die schnurgerade auf den Horizont zuläuft, Sie würden dreierlei erkennen. Erstens: Die Bäume werden mit der Entfernung kleiner. Zweitens: Der Abstand zwischen den Bäumen verringert sich scheinbar mit zunehmender Entfernung. Drittens: Die Straße wirkt vorne breiter als am Horizont, so daß der Eindruck entsteht, die beiden Baumreihen würden sich in einem Punkt treffen. Man kann diese scheinbaren Verkürzungen mit Hilfe der Zentralperspektive sorgfältig konstruieren (vgl. S. 191-194). Wenn Sie sich lieber – wie viele Maler – auf Ihr Augenmaß verlassen wollen, unterschätzen Sie die Wirkung der Distanz nicht: Alle Höhen und Breiten nehmen mit der Entfernung ab, ebenso verändern sich die Farben, ihre Helligkeit und die Gestalt der Objekte. Die oben dargestellte Landschaft zeigt, wie helle, warme Farben in der Distanz zu verschwommenen, kalten Farbtönen verblassen.

Dieses Phänomen wird durch feinste Feuchtigkeitströpfchen und Staubteilchen in der Luft hervorgerufen. Der atmosphärische Dunst hüllt die Landschaft in eine Reihe bläulicher Schleier. Je weiter man sehen kann, desto mehr Schleier muß das Auge durchdringen.

Der beste Weg, eine weite Landschaft zu malen, ist es, sich von hinten nach vorne zu arbeiten. Beginnen sie mit einem blassen, bläulichen Farbton und weichen Naß-in-Naß-Effekten. Malen Sie den Mittelgrund etwas detaillierter und ein wenig stärker in

Edward Goodwin erzielte in seinem Landschaftsaquarell (*oben*) den Eindruck von Tiefe durch eine sorgsame Farbperspektive und die überlappenden Formen von Bäumen und Bergen. Das Gemälde ist auf natürliche Weise in Vorder-, Mittel- und Hintergrund unterteilt (siehe *rechts*). Man kann deutlich den Wechsel der Farben und Helligkeiten im Bild erkennen, wenn das Auge vom Vorder- zum Hintergrund wandert.

Um bei der Landschaftsmalerei ein Gefühl für die Luftperspektive zu entwickeln, sollten Sie ihr Bild in Vorder-, Mittel- und Hintergrund einteilen und die einzelnen Bereiche verschieden bearbeiten. Im folgenden beschreiben wir an dem oben abgebildeten Aquarell, wie sich die drei Bildbereiche von vorne nach hinten verändern.

VORDERGRUND

Die Farben sind kräftig und warm, Details und Strukturen klar definiert. Die Bäume, die Brücke und die Figuren erscheinen nah. Die in das Bild hineinragenden Bäume bilden einen natürlichen Rahmen, durch den wir die Szene betrachten. Die Bäume überschneiden einander und vermitteln den Eindruck von Tiefe durch unterschiedliche Farbintensität in den drei Bereichen Vorder-, Mittel- und Hintergrund.

MITTELGRUND

In der mittleren Distanz sind die Farben gedämpfter und kühler. Die Farbkontraste sind milder, die Strukturen weniger detailliert und die Umrisse unschärfer.

HINTERGRUND

In weiter Entfernung werden die Farben blaß und gleichartig. Die Bäume und Berge sind in bläulichen Dunst gehüllt, und sämtliche Einzelheiten in der Struktur haben sich aufgelöst. Man gewinnt den Eindruck, alles Gegenständliche würde sich im Hintergrund verlieren. Beachten Sie, daß auch die Wolken mit der Entfernung heller werden und so eine Ausdehnung in die Unendlichkeit vortäuschen.

BLICK ÜBER DIE LAGUNE

Für unser Projekt reisen wir nach Venedig. An einem grauen, nebligen Morgen werfen wir einen Blick vom Dogenpalast auf San Giorgio Maggiore. Die Szene wird mit einer Reihe einfacher Lavierungen eingefangen und vermittelt einen überzeugenden Eindruck von Entfernung und Weite.

1

1 Skizzieren Sie die Umrisse der Szene leicht mit Bleistift vor. Beachten Sie, auf welche Weise die Komposition den Eindruck von Tiefe erzeugt: Die Horizontlinie ist weit oben positioniert. Die drei Pfähle im Vordergrund rücken direkt an den Betrachter heran, so daß sie den Rahmen des Bildes sprengen. Je weiter der Vordergrund nach vorne gezogen wird, um so stärker treten die entfernten Gebäude zurück.

MATERIAL

Aquarellpapier mit mittlerem Korn
Bleistift (HB) und Radiergummi
Kunstfaserpinsel, rund Nr. 1, Rotmarderpinsel, rund Nr. 2, Nr. 4, Nr. 7 und Nr. 18
Farben: Kobaltblau, Ultramarin, Paynesgrau, Elfenbeinschwarz, Sepiabraun, Chromgelb
Maskiermittel
Gummiarabikum
Wassergläser
Teller oder Palette zum Mischen

2

2 Mit einem feinen Kunstfaserpinsel und Maskiermittel erzeugen Sie durch kleine Punkte und Striche das funkelnde Sonnenlicht auf dem Wasser. Am Horizont setzt man kleine Striche dicht aneinander; zum Vordergrund hin werden sie größer und entfernen sich voneinander. Lassen Sie das Maskiermittel etwa fünf Minuten trocknen. Säubern Sie den Pinsel sofort nach dem Gebrauch, um ein Antrocknen der Flüssigkeit auf den Borsten zu vermeiden (vgl. S. 28 zum Gebrauch des Maskiermittels).

3

3 Vergewissern Sie sich, daß das Abdeckmittel vollständig trocken ist, ehe Sie mit einem Pinsel Nr. 18 das ganze Bild in hellem Kobaltblau lavieren. Mischen Sie genügend Farbe an, damit Sie die Arbeit nicht unterbrechen müssen. Lassen Sie nun

4 Mit einer blassen Lavierung aus Paynesgrau, Elfenbeinschwarz und ein wenig Chromgelb wird die Silhouette der Gebäude gestaltet (Pinsel Nr. 4). Pinseln Sie ruhig über die Umrisse der Pfähle hinweg – sie werden später dunkel übermalt. Trocknen lassen.

5 Legen Sie eine zweite Farbschicht über die dunkleren Gebäude, die Dächer und die Schattenpartien der Häuser. Wenn das Bild trocken ist, ergänzen Sie mit feinem Pinsel die architektonischen Details.

4

5

6 Lavieren Sie nun mit einem dicken Pinsel (Nr. 18) und einer hellen Mischung aus Kobaltblau, Paynesgrau und einem Hauch Chromgelb großzügig die gesamte Wasserfläche. Sie sehen, wie die Farbmischung vom Maskiermittel abgestoßen wird. Lassen Sie die Farbe gut trocknen.

6

7

7 Das Wasser soll noch dunkler werden und leicht grünlich: Fügen Sie der Mischung Kobaltblau, Ultramarin und Chromgelb hinzu. Die Farbe wird mit lockeren Strichen (Pinsel Nr. 18) aufgetragen. Beginnen Sie gleich unterhalb der Horizontlinie; lassen Sie aber einen schmalen hellen Streifen frei, so daß hier ein Lichtstreifen entsteht.

8 Die Kräuselung des Wassers deuten Sie mit schnellen, kleinen Strichen an (Pinsel Nr. 4). Arbeiten Sie sich mit derselben Mischung wie eben wieder von hinten nach vorne. Etwa ab der Mitte des Wassers wechseln Sie den Pinsel und malen größere Striche (Pinsel Nr. 7). Die Wellen im Vordergrund werden noch größer und lockerer gestaltet (Pinsel Nr. 18). Lassen Sie das Bild trocknen.

8

9

9 Die Farbmischung wird durch Zugabe von Pigmenten intensiviert. Modellieren Sie die Wellenbewegungen noch deutlicher, indem Sie mit dem Pinsel Nr. 4 weitere Wellenkämme hinzufügen. Wie zuvor gestaltet man die Wellen größer und weniger dicht, je mehr man sich dem Bildvordergrund nähert. Variieren Sie die Winkel Ihrer Striche, um das Auf und Ab der Wellenbewegung anzudeuten.

10 Zum Abschluß setzen Sie mit noch dunklerer Farbe vereinzelte Akzente, so daß das Licht- und Schattenspiel auf dem Wasser betont wird.

10

11

12

11 Erst wenn das Bild völlig trokken ist, dürfen Sie das Maskiermittel durch vorsichtiges Rubbeln mit den Fingern entfernen. Die weißen Stellen, die nun zum Vorschein kommen, vermitteln den Eindruck einer lebhaft schimmernden Wasseroberfläche.

12 Für die Pfähle, die aus dem Wasser ragen, mischen Sie Paynesgrau mit Sepiabraun. Wenn Sie ein paar Tropfen Gummiarabikum hineingeben, wird die Farbe intensiver und sozusagen „griffiger". Mit einem Pinsel Nr. 4 beginnt man am entferntesten Pfahl und arbeitet sich dann bis an den vorderen Bildrand vor. Die Farbe wird dabei durch Zugabe von Sepiabraun immer dunkler abgemischt.

Das fertige Bild vermittelt einen überzeugenden Eindruck von Tiefe. Die dunklen Töne im Vordergrund scheinen zum Betrachter hin zu drängen, während sie gleichzeitig die blassen Farben zurück in die weite Ferne schieben.

HIMMEL UND WOLKEN

Wer Landschaftsaquarelle liebt, wird bald dem Zauber der vielgestaltigen, flüchtigen Wolkengebilde am Himmel erliegen. Hier zeigen wir Ihnen, wie man sie aufs Papier bannt, die zarten, federigen Streifen der Zirruswolken, die vom Wind getriebenen Türme der Kumuluswolken oder die magisch beleuchteten Wolkenbänke bei Sonnenuntergang.

Zwei Hürden werden Sie zu bewältigen haben: Sie müssen sehr schnell arbeiten, da die Wolken durch Wind und Sonnenlicht pausenlos ihre Lage und ihr Aussehen verändern. Und Sie müssen lernen, bei einer einmal getroffenen Entscheidung zu bleiben.

Wolkenstudien

Nehmen Sie jede Gelegenheit wahr, Wolkenfelder zu studieren und zu skizzieren. Der Landschaftsmaler John Constable (1776–1837) fertigte Hunderte von Himmelsskizzen an, sowohl in Öl als auch in Aquarell. Auf der Rückseite jeder Skizze notierte er das Datum, die Zeit, die Windrichtung und die Wetterlage – eine wertvolle Quelle für seine Gemälde.

Glückliche Zufälle

Für den Anfänger mögen die komplexen und sich ständig ändernden Wolkenformationen eine nur schwer zu meisternde Herausforderung sein. Es gibt aber einen einfachen Trick: Seien Sie nicht zu pedantisch, und ziehen Sie immer Vorteile aus den „glücklichen Zufällen", die bei der Arbeit mit Aquarellfarben auftreten. Zum Beispiel kann eine feuchte Lavierung ideal für Regenwolken sein, oder Sie können durch Absaugen der Farbe mit einem feuchten Schwamm oder Papiertuch blasse und zarte Wolken erzeugen.

Malen Sie nicht jede Wolke, und vereinfachen Sie die Formen – der Versuch, jede Einzelheit zu erfassen, führt nur zu Konfusion. Wenn Sie sich auf wenige Grundformen und Tönungen beschränken, erhält

Wolken können ihre Gestalt schnell ändern, jeder neue Effekt scheint schöner zu sein als der alte. Der Verlockung zu folgen, alle diese Formationen einzufangen, kann zu einem Desaster führen. Zu viele Veränderungen am Bild sind der sicherste Weg, das weiche, nebelartige Aussehen der Wolken zu zerstören. Sie sollten deshalb die Lavierungsschritte genau planen und sie dann entschlossen ausführen.

Mit der Zeit werden Sie erfahren, daß Aquarellmalerei gerade auch durch die Kombination von Fertigkeit und Glück so fesselnd ist.

Lucy Willis' Wolkenbild (*oben*) vermittelt einen Eindruck von Weite und frischem Wind. Die Wolken haben die Sonne im Rücken, so daß ihre Ränder in leuchtend weißes Licht getaucht sind.
In unserem Projekt (*unten*) verleiht der Kontrast zwischen dem kräftigen Blau des Himmels und dem strahlenden Weiß der Wolken, die nur teilweise getönt sind, dem Aquarell Frische und Leuchtkraft.

Die Wolkenformen sind vielfältig. Häufiger sieht man die leichten Zirruswolken, die in federigen Streifen hoch am Himmel stehen, die Kumuluswolken, die klar umrissene Wolkenhaufen mit weißen, blumenkohlartigen Spitzen bilden, und die dichten, dunklen Regenwolken. Zwischenformen sind etwa die bedrohlich aufgetürmten Kumulonimbus- und Amboßwolken, die Regen und Gewitter verheißen. Oft teilen sich mehrere Wolkenarten den Himmel und bieten dem Auge ein faszinierendes Panorama an Formen und Farben.

1 Kumulus- oder Haufenwolken
Haufenwolken vor blauem Himmel erinnern an milde Sommertage und Seewinde. Kumuluswolken haben ziemlich klare Grenzen und deutliche Licht- und Schattenbereiche. Umreißen Sie die Wolkenformen mit blauer Farbe. Der Pinsel muß relativ trocken sein, um zerfranste Umrisse zu erzeugen. An den hellsten Teilen der Wolken lassen Sie das Papier weiß. Die Schatten deuten Sie recht trocken mit einer hellen Mischung aus Kobaltblau und ein wenig Umbra gebrannt an. Zum Horizont hin werden die Wolken kleiner und grauer.

1

2 Zirrus- oder Federwolken
Zirruswolken stehen hoch am Himmel und sind fein und nebelartig. Der Wind formt sie zu zarten, federigen Streifen. Mit aufwärtsgeschwungenen, kobaltblauen Strichen malen Sie den Himmel. Die engen, gefransten Wolkenformen lassen Sie dabei weiß. Entfernte, dunstige Wolken werden blaßblau lasiert.

2

3 Sturmwolken
Sturmwolken lassen für die Gestaltung einen großen Spielraum. Zuerst lavieren Sie den Himmel kobaltblau, werden zum Horizont hin heller und arbeiten dabei um die Wolken herum. Mit einer Mischung aus Kadmiumgelb und einem Hauch Kadmiumrot lassen Sie die von der Abendsonne beschienenen Wolkenränder leuchten. Nach dem Trocknen malen Sie schwere Wolken aus Kobaltblau, gemischt mit Umbra natur und ein wenig Krapp-Karmin. Legen Sie dabei mehrere Farbschichten naß-in-naß auf- und nebeneinander. Die durchscheinenden Wolken tragen Sie dann eher trokken mit einem Borstenpinsel auf, indem Sie die Pinselstriche der Windrichtung folgen lassen.

3

4 Abendwolken
Ein bewölkter Himmel am späten Nachmittag ist besonders eindrucksvoll. Die tiefstehende Sonne läßt die Unterseiten der Wolken leuchten, während die Oberseiten im Schatten liegen. Malen Sie zuerst den Himmel: Beginnen Sie mit Kobaltblau, das Sie in ein ganz helles Kadmiumrot übergehen lassen. Um die Sonne herum, die weiß bleibt, legen Sie eine Lasur aus Kadmiumgelb. Mit einem sauberen, trockenen Pinsel saugen Sie nun die noch feuchte Farbe ab, um die hoch am Himmel stehenden, weißen Wolken darzustellen. Nach dem Trocknen geben Sie den Wolken mit eher trockenen, zum Teil tupfenden Pinselstrichen ein zerfranstes, dunstiges Aussehen. Für die goldenen Wolken nehmen Sie Kadmiumgelb und Kadmiumrot, für die dunklen Kobaltblau mit ein wenig Krapp-Karmin.

4

5 Regenwolken
Bei aufziehenden Regenwolken kann man die Farben naß-in-naß ineinanderfließen lassen. So wirkt die ganze Szene unscharf und dunstig. Nachdem Sie das Papier angefeuchtet haben, lavieren Sie schrittweise mit Kobaltblau, Umbra gebrannt und ein wenig Krapp-Karmin. Lassen Sie die Lavierungen ruhig ineinanderfließen, indem Sie das Papier in die Richtung kippen, in die die Farben laufen sollen. Benutzen Sie bei dieser Technik schwere Aquarellbögen.

5

6

6 Wolkenperspektive
Stellen Sie sich den Himmel als große Kuppel vor, die sich bis zum Horizont erstreckt. Das vereinfachte Diagramm zeigt, daß die Regeln der Perspektive auch hier gelten: Nahe Wolken erscheinen größer und klarer als weiter entfernte. Je weiter entfernt die Wolken sind, desto häufiger überlappen sie, scheinen dichter beieinander zu liegen und wirken kleiner und flacher.

EIN WINDIGER TAG

Die Szene wirkt so schlicht, so spontan und frisch, daß man das Gefühl hat, sie müßte ganz einfach zu malen sein. Aber das täuscht, denn die über den Himmel jagenden Haufenwolken verlangen schnelle und zugleich ausdrucksstarke Pinselstriche.

MATERIAL

Aquarellpapier, mittleres Korn
Bleistift (HB) und Radiergummi
Rotmarderpinsel, rund Nr. 0, Nr. 1, Nr. 7 und Nr. 12
Farben: Kobaltblau, Chromoxidgrün feurig, Krapp-Karmin, Umbra gebrannt, Kadmiumrot, Siena gebrannt

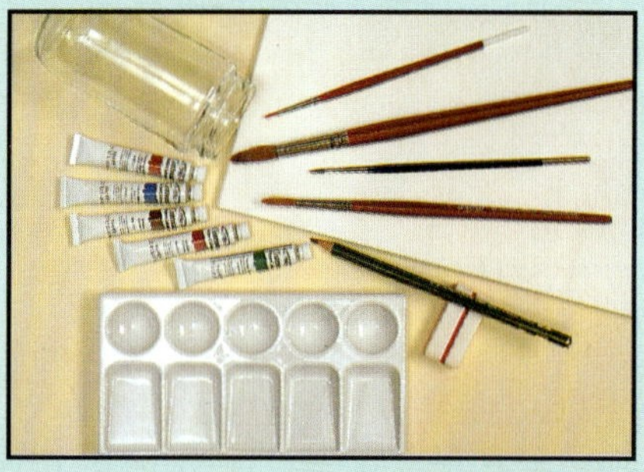

1 Skizzieren Sie die Konturen der Landzunge, der Windmühle und der Gebäude. Dann werden sehr fein die Umrisse der Wolken angedeutet. Die Bleistiftlinien sollten weder durch die dünne Lavierung scheinen, noch dürfen sie den Fluß der Pinselstriche behindern.

1

2

2 Mit einem Pinsel Nr. 12 und Kobaltblau malen Sie die Himmelsflecken im Vordergrund, wobei Sie zügig die Umrisse der Wolken umfahren. Tupfen Sie den Pinsel an einem Papiertuch ab, bis er relativ trocken ist, und modellieren Sie die zerfransten Wolkenkonturen.

3 Für den Himmel im Mittelgrund wird die Mischung mit etwas Chromoxidgrün abgetönt und mit Wasser aufgehellt. Durch das kühlere, blasse Blau bekommt der Himmel Tiefe. Lassen Sie die beiden Blautöne, wo sie zusammentreffen, ineinander verfließen, damit der Himmel als ein Ganzes erscheint.

3

4

4 In der Nähe des Horizonts verwenden Sie für den Himmel einen feineren Pinsel (Nr. 7) und verdünnen die blaue Farbmischung mit viel Wasser, bis sie nur noch eine Spur Farbe enthält. Arbeiten Sie wieder mit recht trockenem Pinsel, wenn Sie die Wolkenränder einfangen. Der Himmel ist fertig, und man kann jetzt beginnen, die Wolken zu modellieren.

5

5 Mischen Sie ein helles, bläuliches Grau aus Kobaltblau, Krapp-Karmin und ein wenig Umbra gebrannt. Mit dieser Farbmischung werden die Wolkenschatten geformt; setzen Sie mehr den Haarkörper des Pinsels als seine Spitze ein. Ein paar diagonale Striche in der unteren rechten Bildecke deuten Regen an, der in weiter Entfernung fällt.

6

6 Nachdem der Himmel getrocknet ist, wird der Turm der Windmühle mit einer Mischung aus Kobaltblau mit ein wenig Krapp-Karmin und Kadmiumrot gemalt. Für das angrenzende Gebäude gibt man etwas mehr Kadmiumrot zu. Diese Grundformen werden später verfeinert. Der grünliche Farbton der Landzunge wird aus Chromoxidgrün, Kobaltblau und Siena gebrannt gemischt. Der Pinsel sollte beim Malen wieder nicht zu feucht sein, damit der Strich aufreißt und so den wilden Wuchs des Grases nachempfindbar macht.

7

7 Verdunkeln Sie die grüne Mischung durch Zugabe von Farbe, und gestalten Sie die dunkleren Partien der Landzunge. Die Graslandschaft wirkt lebendiger, wenn man in manchen Bereichen mehr Siena gebrannt oder Kobaltblau verwendet.

8

8 Das Meer entsteht durch trockene Striche aus Kobaltblau mit wenig Krapp-Karmin. Sie sehen hier, wie flach der Pinsel gehalten wird, um den Strich aufreißen zu lassen. Die kleinen weißen Stellen täuschen funkelndes Licht auf dem Wasser vor. Mit einer Mischung aus Kobaltblau und Krapp-Karmin werden schließlich im Wasser die Spiegelbilder der Gebäude angedeutet.

9

9 Bereiten Sie ein Gemisch aus Kobaltblau, Umbra gebrannt und ein bißchen Krapp-Karmin vor, und ergänzen Sie mit feinem Pinsel (Nr. 0) das Fenster, die Tür, die Plattform und die Seile. Führen Sie den Pinsel nur ganz leicht

10 Verschiedene Mischungen aus Kobaltblau, Krapp-Karmin und Kadmiumrot werden für die entfernten Dächer und zur Vervollständigung des vorderen Gebäudes eingesetzt (Pinsel Nr. 1).

11 Jetzt werden die Wolken mit warmen und kühlen Grautönen modelliert. Man folgt mit einem feinen Pinsel (Nr. 1) sorgfältig den Formen, um zu schattieren. Das ist ein sehr zeitaufwendiger, aber in seinem Ergebnis lohnender Prozeß, denn Sie erleben mit jedem neuen Grauton, wie die Wolken Gestalt annehmen. Verwenden Sie verschiedene helle Mischungen aus Kobaltblau und Umbra gebrannt sowie aus Kobaltblau und Krapp-Karmin.

Wir hoffen, daß Sie mit Ihrem Bild zufrieden sind. Mit Übung und Erfahrung werden Sie sicherer und schneller. Sie werden bald einen individuellen Rhythmus in der Pinselführung entfalten und Wolkenformen intuitiv erfassen.

DAS PORTRÄT

Porträtieren ist eine besonders verlockende Herausforderung. In diesem Kapitel beschreiben wir Techniken, mit denen Sie schwierige Passagen wie Augen, Mund, Haut und Haare bewältigen können. Anschließend üben wir mit Ihnen schrittweise die Gestaltung eines Kinderporträts.

Aquarellfarben gelten als äußerst schwierig zu handhabendes Medium beim Porträtieren. Sie seien zu flüssig, argumentieren die Skeptiker, als daß man sie ausreichend kontrollieren könnte. Beim Porträt aber komme es auf Feinheiten an, die die Ähnlichkeit mit dem Modell erzeugen – oder eben verderben! Tatsächlich liegt darin eine Schwierigkeit. Aquarellfarben sind aber auch wegen ihrer zarten Transparenz besonders geeignet, die feinen, lebendigen Eigenschaften von Haut und Haaren wiederzugeben.

Die Darstellung der Haut

Aquarellporträts erfordern ein gewissenhaftes und systematisches Arbeiten. Die Farbmischungen müssen so klar und frisch wie möglich sein. Anfänger machen oft den Fehler, die Farbe zu dick aufzutragen. Dadurch erscheint die Haut schmutzig und fahl. Gerade die feinen und transparenten Lasuren der Aquarellfarben erlauben ein subtiles Reflektieren des darunterliegenden Papiers, wodurch der Haut ein natürlicher Schimmer verliehen wird. So beginnt man immer mit stark verdünnten Farben, die dann schrittweise von intensiveren Farbtönen überlagert werden.

In unserem Malprojekt benutzen wir Gummiarabikum (siehe etwa auch unser Projekt „Blick über die Lagune“ auf S. 71). Gummiarabikum ist als Bindemittel in Aquarellfarben bereits enthalten. Man kann es in jedem Fachgeschäft kaufen. Ein paar Tropfen einer Mischung zugefügt, machen die Farben satter und lassen sie Trocknen eine feine Struktur, vorteilhaft beim Malen von Haaren. Außerdem erhöht Gummiarabikum die Löslichkeit der Farbe, so daß man sogar nach dem Trocknen die Farbschicht wieder mit Wasser anfeuchten und Änderungen vornehmen kann. Dunkle Bereiche lassen sich aufhellen, indem man mit etwas Wasser angelöste Farbe wieder wegsaugt. Das erlaubt Ihnen, Fehler am Bild zu korrigieren.

Die frischen und zarten Aquarellfarben ermöglichen sehr lebendige Kinderporträts. Lucy Willis arbeitete bei ihrem Porträt (*oben*) mit weichen Lavierungen, die die rosige Haut des Kindes treffend wiedergeben. Die weiß gebliebenen Stellen tauchen die Szene in helles, freundliches Licht.

In unserem Malprojekt (*oben links*) werden feine Lasuren naß-auf-trocken aufgetragen, um ein ansprechendes und lebensechtes Porträt herzustellen. Zur Belebung von Haut und Haaren wird Gum-

HAARE, AUGEN, MUND

Haare sind einfacher zu malen, als man denkt. Augen und Mund sind charakteristisch und müssen sorgfältig modelliert werden.

HAARE

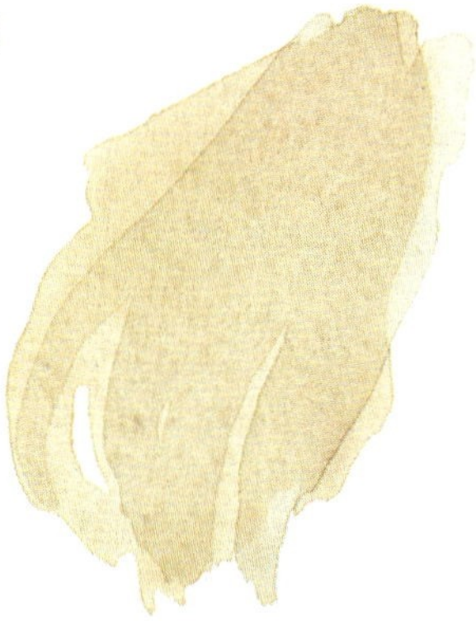

1 Die Haarpartie wird zunächst in dem hellsten Haarton, dann in einem dunkleren laviert. Mischen Sie dazu Lichten Ocker mit etwas Kadmiumgelb und Sepiabraun.

2 Dunkeln Sie die Mischung mit etwas Paynesgrau und Sepiabraun ab, und deuten Sie Haarsträhnen an. Variieren Sie dabei die Helligkeit des Farbtons.

3 Jetzt gibt man Paynesgrau und ein wenig Gummiarabikum in die Mischung und malt die dunkelsten Stellen im Haar. Nach dem Trocknen tauchen sie den Pinsel in sauberes Wasser und zeichnen sozusagen negativ helle Haarsträhnen.

AUGEN

1 Skizzieren Sie die Form des Auges. Tragen Sie eine stark verdünnte Lavierung aus Madderbraun und Lichtem Ocker um das Auge herum auf. Nach dem Trocknen gibt man eine Spur Sepiabraun in die Mischung und malt die Schatten.

2 Verstärken Sie die Schatten, indem Sie die Mischung mit Kobaltblau abdunkeln. Malen Sie die Iris mit einem hellen Sepiaton (das Glanzlicht freilassen!). Für die Augenbraue nimmt man Sepiabraun und ein wenig Paynesgrau.

3 Mit mehreren Farbschichten verstärkt man nun die Schatten um die Augen. Für die Wimpern und dunkleren Teile der Iris verwenden Sie Sepiabraun und Paynesgrau, für die Augenwinkel Madderbraun und für die Pupille Elfenbeinschwarz. Dunkeln Sie das Weiße des Auges mit einer hellen Tönung aus Lichtem Ocker und Paynesgrau ab.

MUND

1 Skizzieren Sie den Mund vor. Lavieren Sie die Gesichtspartie ganz hell (Madderbraun und Lichter Ocker). Die Zähne und das Glanzlicht auf der Oberlippe bleiben frei. Nach dem Trocknen modellieren Sie die dunkleren Bereiche durch weitere Farbschichten.

2 Die Lippen erhalten einen rötlichen Ton (Madderbraun, gemischt mit etwas Kadmiumgelb): Lichtstellen und helle Bereiche bleiben wie sie sind, die dunkleren und dunkelsten Schattierungen gestaltet man durch mehrere Farbschichten. Die Innenseite des Mundes wird mit einer Mischung aus Sepiabraun und Paynesgrau gemalt.

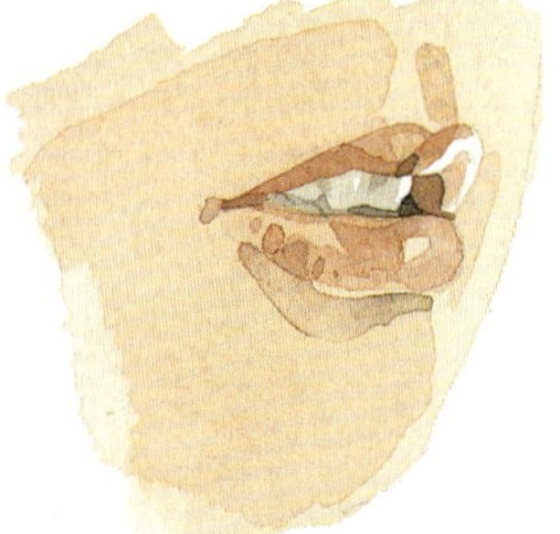

3 Tragen Sie zusätzliche Schichten aus verdünntem Madderbraun auf die Lippen auf. Dunkeln Sie die Farbe mit Kobaltblau ab, und malen Sie die Schatten unterhalb der Unterlippe. Verstärken Sie nun die dunklen Bereiche im Mundinneren mit Sepiabraun und Paynesgrau. Die Zähne werden mit einer hellen Mischung aus Lichtem Ocker und Paynesgrau abgetönt, nur die Glanzlichter bleiben weiß.

PORTRÄT VON ANNA

Unser Malprojekt ist ein entzückendes Porträt eines kleinen Mädchens mit seinem Schaukelpferd. Sie arbeiten von Hell zu Dunkel und legen blasse Farblasuren so lange übereinander, bis das Gesicht plastisch modelliert ist.

1

1 Man beginnt mit einer zarten, aber genauen Bleistiftzeichnung. Für den Anfänger ist es hilfreich, auch die Licht- und Schattenbereiche abzugrenzen.

2

2 Mischen Sie aus Madderbraun und Kadmiumorange einen sehr hellen Farbton, und lavieren Sie die Gesichtspartie (Pinsel Nr. 7). Augen, Zähne und die in die Stirn fallenden Haarsträhnen werden dabei ausgelassen. Lassen Sie das Bild trocknen!

Material

Aquarellpapier mit mittlerem Korn (300g)
Bleistift (2B) und Radiergummi
Rotmarderpinsel, rund Nr. 1, Nr. 4 und Nr. 7
Farben: Madderbraun, Kadmiumorange, Lichter Ocker, Chromgelb, Paynesgrau, Sepiabraun, Kobaltblau, Kadmiumrot, Elfenbeinschwarz, Cölinblau, Kadmiumgelb
Gummiarabikum
Wassergläser
Teller oder Palette zum Mischen

3

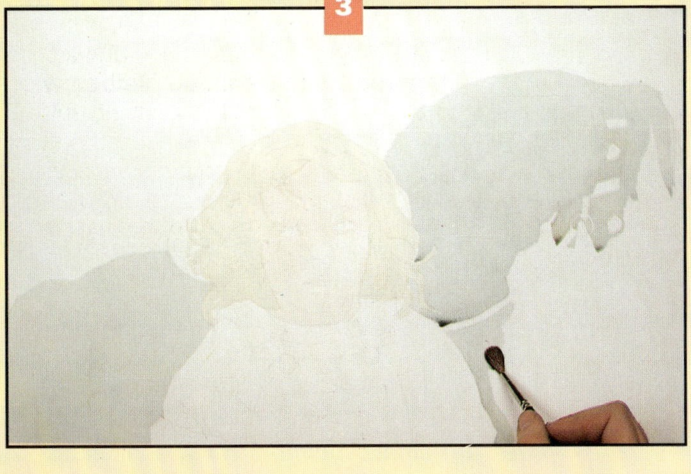

3 Mit einer dünnen Mischung aus Lichtem Ocker und Chromgelb grundiert man die Haarpartie. Nach dem Trocknen wird die Form des Schaukelpferdes mit einer blassen Lavierung aus Paynesgrau und Lichtem Ocker ausgefüllt. Lassen Sie Details wie Augen, Nüstern und Zaumzeug frei.

4

4 Mischen Sie jetzt Madderbraun, Kadmiumorange und wenig Kobaltblau. Damit verstärken Sie die gesamte Schattenseite des Gesichts sowie die einzelnen Schatten auf und unter der Nase und am Hals. Ziehen Sie die Lippen nach, aber lassen Sie dabei die Glanzlichter auf der Unterlippe frei. Lassen Sie das Bild trocknen!

5

5 Die Haarsträhnen arbeitet man in mehreren Schritten aus (Pinsel Nr. 1). Für die dunkleren Haarbereiche wird eine Basismischung aus Lichtem Ocker, Sepiabraun, Madderbraun und Paynesgrau verwendet. Um unterschiedliche Braun- und Grautöne zu erzeugen, variieren Sie die verschiedenen Farbanteile und den Wasseranteil der Mischung. Das Haar oben auf dem Kopf ist z.B. heller als die Locken zu seiten der Wangen.

6

6 Mit hell verdünntem Paynesgrau wird die Iris beider Augen gemalt. Lassen Sie die Glanzlichter frei, sonst wirken die Augen tot. Die Mundinnenseite wird mit einer Mischung aus Madderbraun und ein wenig Kobaltblau verdunkelt. Modellieren Sie nun mit dem Pinsel Nr. 4 unter Zugabe von Lichtem Ocker die Schatten in den Augenhöhlen sowie die Schatten auf den Nasenflügeln und auf dem Kinn. Allmählich wird das Gesicht plastisch.

7 Für die Pupillen verwenden Sie den Pinsel Nr. 1 und eine Mischung aus Paynesgrau und Elfenbeinschwarz. Nach dem Trocknen deuten Sie mit einer etwas aufgehellten Mischung die Schatten an, die die oberen Lider auf die Augen werfen. Mit Madderbraun und etwas Paynesgrau werden nach abermaligem Trocknen die Augenlider verstärkt und die Wimpern fein angedeutet.

7

8 In diesem Stadium ist es gut, wenn Sie ein paar Tropfen Gummiarabikum in die Farbmischung geben. Das macht bereits angetrocknete Farbe löslicher und ermöglicht Ihnen, im nachhinein Änderungen am Bild vorzunehmen. Mischen Sie Lichten Ocker mit etwas Gummiarabikum, und akzentuieren Sie die dunklen Haarsträhnen. Für die kleineren Strähnen nehmen Sie einen Pinsel Nr. 1, für die dickeren Nr. 4.

8

9

9 Verfeinern Sie die Schatten im Gesicht mit einer Mixtur aus Madderbraun, Kadmiumorange, wenig Kobaltblau und Gummiarabikum. Mit der gleichen Mischung, aber weniger verdünnt, wird der Mund modelliert. Nach dem Trocknen gestaltet man mit blassem Paynesgrau die Schatten der unteren Zähne und die Innenseite des Mundes (Pinsel Nr. 1).

10 Jetzt werden die Kleidung und der Hintergrund bearbeitet. Mit dem Pinsel Nr. 7 legen sie den rechten Ärmel des T-Shirts chromgelb an, den linken kadmiumrot und den Kragen cölinblau. Die Messingschnallen an der Latzhose malt man mit Lichtem Ocker und ein wenig Elfenbeinschwarz. Nach dem Trocknen werden der Sattel, das Zaumzeug und die Zügel des Schaukelpferdes mit einer Mischung aus Sepiabraun, Madderbraun und Lichtem Ocker gestaltet. Nehmen Sie hierzu einen Pinsel Nr. 1, da Sie sorgfältig um die Haarsträhnen des Mädchens herumarbeiten müssen. Ist das Bild trocken, erhält das Pferd sein scheckiges Fell aus verdünntem Paynesgrau, das schnell in lockeren Schichten aufgetragen wird (Pinsel Nr. 6). Das Elfenbeinschwarz für Mähne und Schweif arbeiten Sie wieder fein mit dem Pinsel Nr. 1 um die Haarsträhnen herum. Für die Nüstern und das Auge verwendet man Madderbraun und Kadmiumrot. Wenn Sie die Pupille schwärzen, beachten Sie das Glanzlicht!

KLEINER TIP

Paynesgrau ist – vor allem in seinen stärker bläulichen Varianten – eine vielseitige Farbe, die man aus Ultramarin und Schwarz mischen kann. Wenn Sie die Farbe fertig kaufen, wird Ihr Paynesgrau je nach Hersteller mehr oder weniger bläulich sein. Sie können dann nach Bedarf etwas Ultramarin zugeben.

10

11

11 Die Falten des gelben Ärmels werden mit einem Pinsel Nr. 4 und einer Mischung aus Kadmiumgelb, Kadmiumorange und etwas Elfenbeinschwarz modelliert, die Falten des roten Ärmels mit einer Mixtur aus Madderbraun und Kadmiumrot. Das Rotgemisch hellen Sie mit Wasser auf und überarbeiten die dunkelsten Partien des Gesichts und die Lippen. Für den Kragen vermengen Sie Cölinblau mit Paynesgrau.

12

12 Mischen Sie Madderbraun, etwas Elfenbeinschwarz und einen Tropfen Gummiarabikum, und malen Sie mit dem Pinsel Nr. 4 die Streifen auf der Latzhose. Das Gummiarabikum läßt die Farbe leichter fließen. Variieren Sie die Rottöne ein wenig, um das Licht- und Schattenspiel anzudeuten.

13 Tönen Sie den Hintergrund leicht mit stark verdünntem Paynesgrau (Pinsel Nr. 7). Zum Abschluß halten Sie den Pinsel waagrecht über das Papier und schütteln ihn leicht, so daß ein paar Farbtropfen das Fleckenmuster auf der Flanke des Pferdes andeuten.

Wenn Sie sich das erste Mal an ein richtiges Porträt wagen, etwa ein Selbstbildnis, werden Sie mit der Ähnlichkeit zu kämpfen haben. Aber lassen Sie sich nicht entmutigen! Achten Sie vor allem auf die charakteristischen Formen von Augen und Lippen.

13

AUSKRATZEN UND ABSAUGEN

Ob ein weiches Schimmern oder ein hartes Funkeln, ob sanfte Glanzlichter oder scharfe Lichtkanten – für alle diese Phänomene des Lichts gibt es beim Aquarellieren zwei hilfreiche Techniken: das Auskratzen und das Absaugen.

Auskratzen (auch bekannt als Sgraffito) ist eine Technik, bei der man mit einem scharfen Gegenstand, z. B. einem Messer oder einer Rasierklinge Linien in die trockene Farbe kratzt. Auf diese Weise kommt die darunterliegende Farbe oder das Papier zum Vorschein. Bei Aquarellen setzt man diese Technik gerne ein, um Glanzlichter zu erzeugen und in Licht getauchte Strukturen wie Rinde oder Gras darzustellen.

Das benutzte Instrument, z. B. ein Messer, sollte sehr scharf sein und mit wenig

die Rille hineinläuft oder das Papier reißt. Für das Auskratzen brauchen Sie ein schweres Papier (mindestens 250g) mit einem mittleren oder groben Korn.

Absaugen

Wenn Sie helle Bereiche mit Maskiermittel abdecken oder um sie herum malen, erhalten Sie harte Abgrenzungen von Hell und Dunkel. Weichere Lichteffekte erzeugt die Methode des Absaugens. Mit einem Wattestäbchen, einem Schwamm oder einem Papiertuch wird dabei die noch feuchte Farbe entfernt. Diese sanften Aufhellungen braucht man etwa für das Modellieren eines Wolkenhimmels oder auch für die matten Lichtzonen auf Früchten, die fließend ins Dunkle übergehen.

Durch Absaugen lassen sich Fehler korrigieren, unbeabsichtigte Farbtropfen oder mißlungene Farbflächen entfernen.

Man kann dabei ganz unterschiedliche Strukturen erzeugen. Ein zerknülltes Papiertuch wirkt anders als ein flaches Blatt Löschpapier oder ein Schwamm. Kleinere Farbpartien können mit einem Wattestäbchen oder einem sauberen Pinsel entfernt werden.

Einige Pigmente sind nur schlecht abzusaugen: Preußischblau ebenso wie das künstliche Phthaloblau und kräftiges Rot. Genauso wichtig ist der Malgrund: Wenn Sie Papier mit stark saugender Oberfläche

Aquarelle mit einem kontrastreichen Licht- und Schattenspiel wirken lebhaft und stimmungsvoll. Der vergrößerte Ausschnitt des herbstlichen Aquarells von Albert Goodwin (*oben*) zeigt, wie effektvoll Lichtreflexe auf dem Laub der Bäume durch Auskratzen erzeugt werden können.
In unserem Projekt (*links*) wenden wir beide Techniken an: Die Wolken im Himmel werden mit einem Tuch abgesaugt, die Lichtreflexe auf den Bäumen, dem See und dem Gras mit einer Klinge herausgekratzt.

TEICH MIT WASSERLILIEN – Auskratzmethode

Malen Sie zuerst das Schilf im Hintergrund mit verschiedenen Mischungen aus Kadmiumgelb, Paynesgrau und Chromoxidgrün. Die gleichen Farben verwendet man für das Wasser: Arbeiten Sie von hinten nach vorne. Um die Wasserlilienblätter herum wird stufenweise Paynesgrau zugegeben, im Vordergrund Ultramarinblau. Lassen Sie das Bild trocknen. Mit einer Rasierklinge kratzt man jetzt senkrechte Striche in das Schilf, während das Wasser Lichtreflexe aus waagrechten Zickzacklinien erhält, die nach vorne hin immer länger werden. Vollenden Sie zuletzt die Lilienblätter.

WOLKEN – Absaugmethode

Tragen Sie Cölinblau, Paynesgrau und Siena gebrannt naß-in-naß auf und saugen Sie anschließend mit einem Papiertuch leicht die Farbe ab (*unten*).

Lavieren Sie die Wolken mit einer Mischung aus Siena natur und Paynesgrau und den Himmel mit Ultramarinblau. Tupfen Sie die Wolken mit einem Papiertuch heraus, und verdunkeln Sie die nasse Farbe unter den Wolken (*rechts*).

FELSEN – Auskratzmethode

Modellieren Sie die Felsen naß-in-naß aus Paynesgrau, Umbra natur, Umbra gebrannt und Siena natur. Wenn die Farbe trocken ist, verwandeln Sie mit der Rasierklinge die glatten Felsen in rauhe Gesteinsbrocken.

RINDE –

Auskratzmethode

Zuerst wird der Hintergrund laviert (Siena natur gemischt mit Chromoxidgrün). Nach dem Trocknen malen Sie den Baumstamm mit einer Mischung aus Paynesgrau, Siena gebrannt und Umbra natur. Lange, geschwungene Striche aus Chromoxidgrün vermengt mit Paynesgrau geben das vom Wind bewegte Gras wieder. Aus dem trockenen Bild wird zuletzt mit der flachen Seite einer Rasierklinge die Rindenstruktur herausgekratzt. Die Lichtreflexe im Gras werden mit schnellen, tiefen Strichen der Klingenspitze eingeritzt.

OBST – Absaugmethode

Früchte mit ihren unregelmäßigen Formen und sanften Lichtreflexen lassen sich mit der Absaugtechnik überzeugend modellieren. Beginnen Sie in dieser Übung (*oben*) mit einer zarten Hintergrundlavierung aus Paynesgrau. Nach dem Trocknen malt man die Früchte einzeln mit verschiedenen Mischungen aus Paynesgrau und Scharlachrot für die dunkleren Töne, bzw. aus Kadmiumgelb mit einem Hauch Scharlachrot und Krapp-Karmin für die hellen Bereiche. Die Glanzlichter holt man mit einem angefeuchteten Wattestäbchen heraus, solange die Farben noch feucht sind.

Die Orange (*rechts*) entsteht auf ähnliche Weise. Auf den noch feuchten, aus Ultramarinblau und Paynesgrau abgestuft lavierten Hintergrund wird die Frucht mit Kadmiumgelb, Scharlachrot und Chromoxidgrün gemalt. Lassen Sie die Farben ineinander verlaufen. Die Glanzlichter modellieren Sie wieder mit einem

PROJEKT

Birken am See

Mit ihren Glanzlichtern und Schlagschatten, den schimmernden Rinden und dem funkelnden Wasser ist diese sonnendurchwirkte Szene ein Kaleidoskop verschiedener Lichtwirkungen. Eine zu große Herausforderung für den Anfänger? Sie werden sich wundern, wie leicht es ist, durch Auskratzen und Absaugen das vielfältige Lichtspiel wiederzugeben.

1 Skizzieren Sie die Szene mit einem weichen Bleistift.

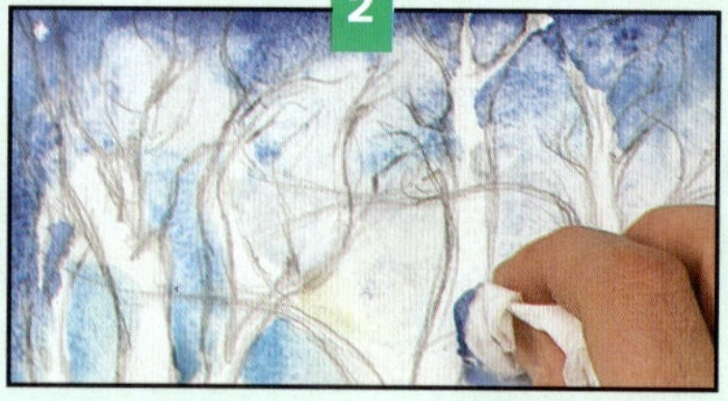

2 Lavieren Sie den Himmel mit Ultramarinblau und Cölinblau; lassen Sie die Farben verlaufen! Aus der noch feuchten Farbe holt man mit einem zerknüllten Papiertuch die Wolken heraus.

MATERIAL

Aquarellpapier
Bleistift (3B) und Radiergummi
Rotmarderpinsel, rund Nr. 6 und Nr. 8
Farben: Ultramarinblau, Cölinblau, Siena natur, Kadmiumgelb, Siena gebrannt, Paynesgrau
Wattestäbchen
Schneideklinge
Wassergläser
Teller oder Palette zum Mischen
Papiertücher oder Schwamm

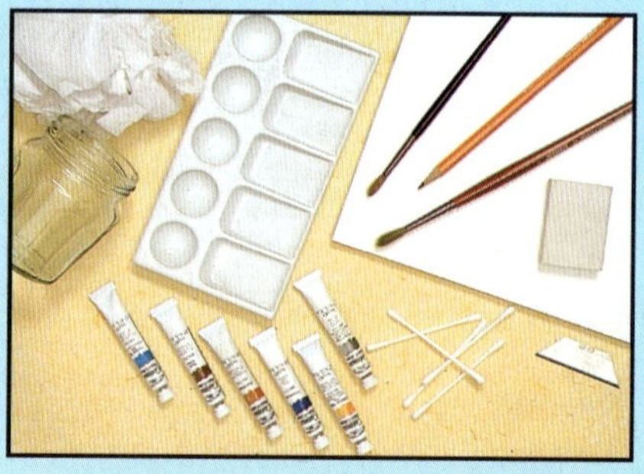

3 Während das Bild noch feucht ist, malen Sie die Schatten unter den Wolken mit Siena natur.

4 Nach dem Trocknen grundieren Sie die Hügelkette mit Kadmiumgelb und legen Cölinblau über die noch nasse Farbschicht (Pinsel Nr. 6). Die beiden Farben laufen ineinander, ohne sich allzu regelmäßig zu vermischen und verleihen auf diese Weise der Oberfläche Struktur und Plastizität. Diese Technik wird als vielfarbige Lavierung bezeichnet. Lassen Sie das Bild trocknen!

5

5 Der See erhält ein strahlendes Ultramarinblau, gemischt mit wenig Kadmiumgelb. Lassen Sie die Farbe zum Vordergrund hin sehr hell auslaufen.

6 Am Ufer färbt sich das Seewasser braun (Siena natur mit Ultramarinblau). Tupfen Sie die Farbe auf, und lassen Sie den hellen Untergrund durchschimmern.

6

7 Modellieren Sie den unebenen Vordergrund des Bildes mit Mischungen aus Siena natur und Ultramarinblau. Kurze, tupfende Pinselstriche geben die Erd- und Felsstrukturen wieder. Arbeiten Sie entspannt und frei. Falls weiße Papierflecken durchscheinen, lassen Sie sie stehen, denn eine der besten Seiten des Aquarellmalens sind die glücklichen Zufälle, die manchmal auftreten.

7

8

8 Nach dem Trocknen (Sie können den Vorgang mit einem Fön beschleunigen) formen Sie lange, dünne Grashalme mit rauhen, scharfen Strichen. Verwenden Sie eine Farbmischung aus Siena natur und wenig Ultramarinblau, und drücken Sie mit den Fingern die überschüssige Farbe aus dem Pinsel, so daß die Striche trocken werden.

9

9 Lassen Sie das Bild trocknen, und malen Sie die Bäume mit einer ausgewogenen Mischung aus Siena gebrannt und Paynesgrau. Nun saugt man an den Lichtseiten die Farbe mit einem Wattestäbchen ab. Ist die Farbe zu trokken, wird die Watte angefeuchtet.

10 Man verdunkelt die Farbmischung und modelliert die Schatten auf den Bäumen. Bleiben Sie spontan; malen Sie mit lockerer Hand, ohne Angst vor Fehlern. Denken Sie daran: Mit der Absaugtechnik können Sie Fehler leicht korrigieren.

10

11 Wenn das Bild vollständig trocken ist, bringen Sie den See zum Funkeln: Kratzen Sie mit der Spitze einer Messerklinge vorsichtig über die Wasserfläche.

12 Die schimmernde Rindenstruktur der Bäume holt man durch geschwungene Kratzlinien heraus. Auch beim Boden folgen Sie den Formen. Arbeiten Sie vorsichtig: Wird zu intensiv ausgekratzt, wirkt das Bild plötzlich matt.

13 Scharfe, schwingende Striche lassen die Kanten der Grashalme in der Sonne blitzen. Vervollständigen Sie das Bild, indem Sie im Vordergrund auffällige Glanzlichter herauskratzen.

Die Auskratzmethode ist es wert, so lange geübt zu werden, bis Sie sich sicher fühlen. Sie ist eine experimentelle Technik, die Ihren Bildern einzigartige Oberflächenstrukturen verleiht.

GRÜNTÖNE IN FREIER NATUR

Im Grünen zu malen, erfordert große Mischkünste. Denn das Grün der Natur – das Gras, die Hekken, die Büsche, die Bäume mit ihren vielen verschiedenen Arten – ist von einer geradezu unfaßbaren Mannigfaltigkeit, die nicht leicht im gemalten Bild wiederzugeben ist. Wie Sie diese Aufgabe bewältigen können, erfahren Sie in dieser Lektion.

Zuallererst muß das Auge trainiert werden, die feinen Unterschiede in den Grüntönen zu erkennen. Wir sind eine solche Arbeit des Auges nicht gewohnt, wie allein schon der magere Wortschatz an Farbbezeichnungen verrät.

Nutzen Sie Ihren nächsten Spaziergang im Grünen, und versuchen Sie, alle Grünnuancen, die Sie entdecken können, zu charakterisieren. Wenn Sie einen Garten oder einen Park in der Nähe haben, könnten Sie diese kleine Übung noch etwas

hältnissen, welchen Grünton diese Pflanzen zeigen. Denn, wie wir bereits besprochen haben (vgl. S. 51), verwandelt farbiges Licht, z.B. gelbes Sonnenlicht, tatsächlich die Farbe eines Objektes. So können Blätter im Sonnenlicht gelb aussehen, während sie an einem bewölkten Tag grün und im Schatten sogar stark dunkelgrün oder blau sind.

Wenn Sie sich mit diesen kleinen Übungen eingestimmt haben, suchen Sie sich in der Natur ein ruhiges Fleckchen und pro-

Das Aquarell von Erskine Nicol (*oben*) zeigt eine Vielfalt verschiedener Grüntöne: vom dunklen Blaugrün der Schattenbereiche über das braune Grün des Wegs bis hin zu dem lichten Gelbgrün der von der Sonne beschienenen Vegetation.
Wenn Sie lernen wollen, Farben ähnlich naturgetreu und differenziert einzusetzen, werden Ihnen eine Reihe von Grundlagenübungen nicht erspart bleiben. Sie werden Farbskalen brauchen, wie wir sie auf den nächsten beiden Seiten für einen Teil der Grüntöne anfertigen. Sie können anfangs auch nach Farbfotografien Farben mischen üben. Heben Sie sich die Fotos und Mischversuche mit den

GRÜNTÖNE MISCHEN

Wenn Sie ein Grün, das Sie in der Natur sehen, wiedergeben wollen, fragen Sie sich zuerst, ob der Farbton gelblich, schlicht grün oder bläulich ist. Grün kann viele Pigmente enthalten; durch Übung werden Sie eine Reihe von Grüntönen wiedererkennen und instinktiv wissen, wie sie zu mischen sind. Die fünf gebräuchlichsten Pigmente zum Mischen von Grün sind Chromoxidgrün feurig, Siena natur, Kobaltblau, Umbra gebrannt und Kadmiumgelb. Auf dieser Seite erfahren Sie die wichtigsten Regeln beim Mischen von Grüntönen.

CHROMOXIDGRÜN

Chromoxidgrün ist ein dunkles, intensives Grün, das normalerweise zu grell ist, um pur eingesetzt zu werden.

+

SIENA NATUR

Viele der natürlichen Grünnuancen erhalten Sie, wenn Sie Siena natur mit den Grüntönen Ihrer Palette mischen.

=

WARMES GELBGRÜN

Chromoxidgrün und Siena natur, zu gleichen Teilen gemischt, erzeugen das weiche, gelbliche Grün heller Blätter.

CHROMOXIDGRÜN

+

KOBALTBLAU

=

KÜHLES GRÜN

Chromoxidgrün und Kobaltblau zu gleichen Teilen ergeben das dunkle Blaugrün, wie es an kalten Tagen zu sehen ist.

CHROMOXIDGRÜN

+

KOBALTBLAU

+

SIENA NATUR

=

Mit Siena natur kann Blaugrün zu dem wärmeren Grün abgetönt werden, das man an wolkenverhangenen Tagen oft benötigt.

GRÜNTÖNE MISCHEN

CHROMOXIDGRÜN **KOBALTBLAU** **UMBRA GEBRANNT**

Chromoxidgrün, Kobaltblau und Umbra gebrannt ergeben ein dunkleres Grün, wie man es in der Dämmerung findet.

CHROMOXIDGRÜN **KADMIUMGELB** **SIENA NATUR**

Gras in der frühen Morgensonne zeigt ein frisches Hellgrün (Chromoxidgrün, Kadmiumgelb, wenig Siena natur).

FARBTAFEL

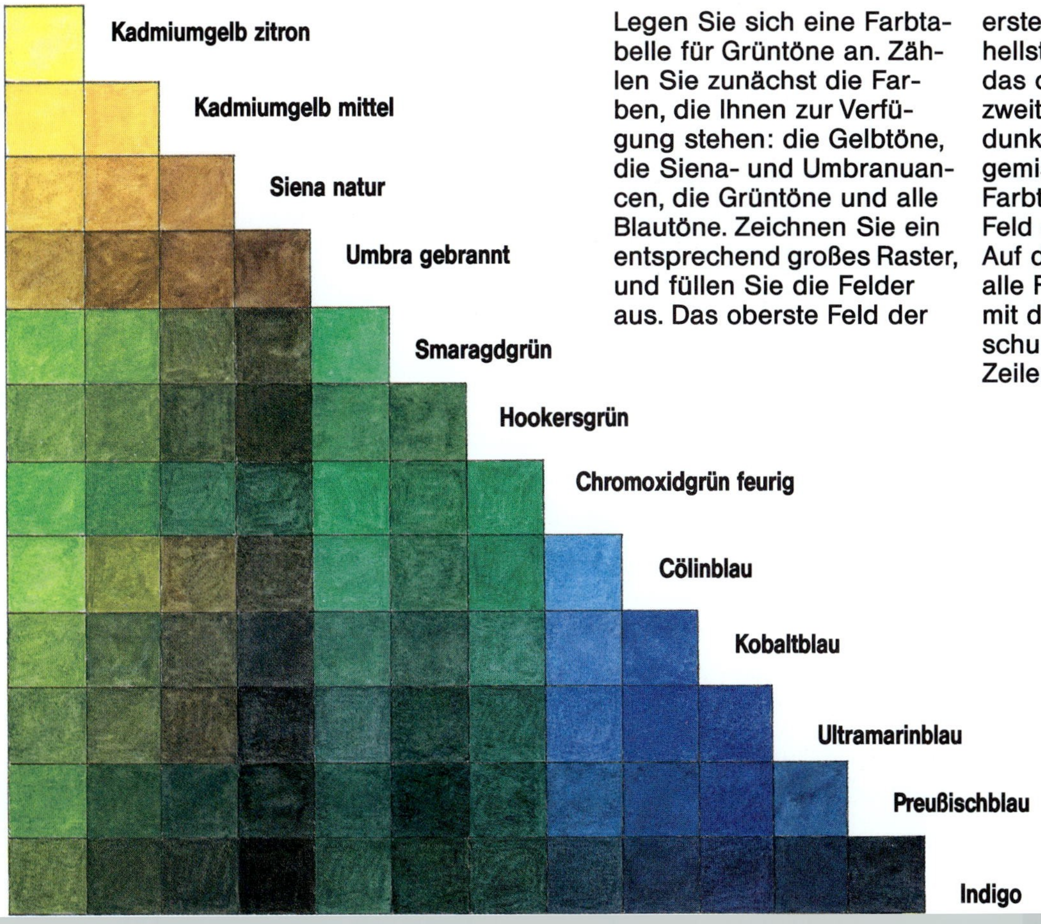

Legen Sie sich eine Farbtabelle für Grüntöne an. Zählen Sie zunächst die Farben, die Ihnen zur Verfügung stehen: die Gelbtöne, die Siena- und Umbranuancen, die Grüntöne und alle Blautöne. Zeichnen Sie ein entsprechend großes Raster, und füllen Sie die Felder aus. Das oberste Feld der ersten Spalte erhält das hellste Gelb Ihrer Palette, das oberste Feld der zweiten Spalte das nächst dunklere. Beide Farben gemischt ergeben den Farbton für das zweite Feld der ersten Spalte. Auf diese Weise werden alle Felder des Rasters mit der jeweiligen Mischung aus Spalten- und Zeilenfarbe aufgefüllt.

GRÜNE WIESEN

Auf dem Trainingsplatz des Schäferhundes ist das Gras bereits ein wenig abgetreten, während es auf dem hinteren Hügel ein saftiges Grün zeigt, das sich zum Horizont hin in einen blassen bläulichen Ton wandelt.

1 Skizzieren Sie die Umrisse der Szene mit einem Bleistift (HB). Decken Sie mit Maskiermittel die weißen Flächen des Schafhirtenhemdes, der Schafe und des Schäferhundes ab (vgl. S. 28). Lassen Sie das Bild trocknen!

1

2

2 Die am weitesten entfernten Hügel lavieren Sie in blassem Kobaltblau (Pinsel Nr. 9). Eine Mischung aus Chromoxidgrün mit etwas Kobaltblau und einem Hauch Siena natur gibt den Hügeln im Mittelgrund einen frischen Grünton.

Material

Aquarellpapier (190g)
Bleistift (HB) und Radiergummi
Rotmarderpinsel, flach Nr. 8 und Nr. 9,
Rotmarderpinsel, rund Nr. 0 und Nr. 6
Farben: Kobaltblau, Chromoxidgrün feurig, Siena natur, Umbra gebrannt, Krapp-Karmin, Kadmiumrot
Maskiermittel und alter Pinsel
Skalpell
Wassergläser
Teller oder Palette zum Mischen

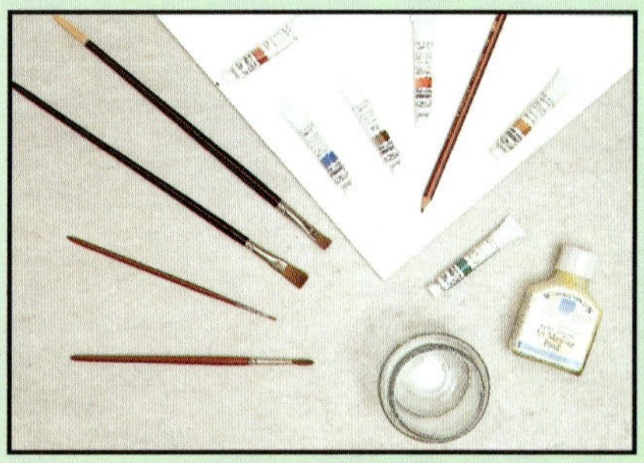

3

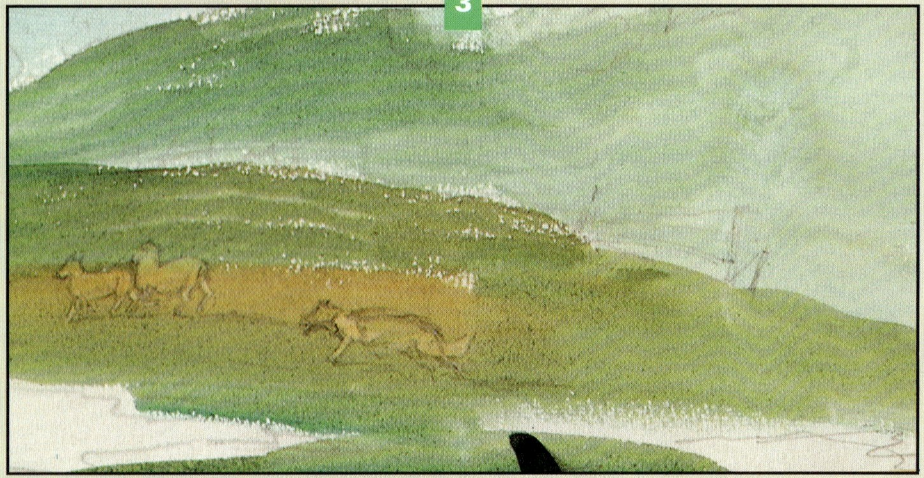

3 Für den Vordergrund vermengt man Chromoxidgrün und Siena natur im Verhältnis 60:40. Tragen Sie diese Mischung mit dem Pinsel Nr. 8 unregelmäßig auf. Malen Sie ruhig über die zuvor maskierten Flächen hinweg, aber lassen Sie im linken Vordergrund ein weißes Stück frei. Das ausgetretene Gras deuten Sie mit einem Strich Siena natur an.

4

4 Mit verschiedenen Mischungen aus Chromoxidgrün, Kobaltblau und Umbra gebrannt werden die Farbtöne der großen Baumgruppe erzeugt (Pinsel Nr. 6). Um das Laub anzudeuten, „zeichnet“ man mit heller und nicht zu nasser Farbmischung. Sorgen Sie für ausgefranste, lebendige Konturen der Baumkronen.

5 Eine helle bläuliche Mischung aus Kobaltblau und Chromoxidgrün wird für die Hecken im Hintergrund verwendet.

6 Mit trockenen, aufgerissenen Pinselstrichen aufgetragenes Kobaltblau läßt das Stück blauen Himmels entstehen (Pinsel Nr. 8).

5

6

7

7 Die großen, dunklen Wolken im Vordergrund erhalten einen Farbton aus Krapp-Karmin und Kobaltblau, gemischt mit wenig Umbra gebrannt. Zum Horizont hin werden die Wolken blasser: Verdünnen Sie die Mischung entsprechend mit Wasser.

8

8 Rubbeln Sie nun das Maskiermittel mit den Fingerspitzen oder einem Radiergummi weg.

9 Ergänzen Sie das erdige Stück Boden im Vordergrund (Siena natur mit wenig Chromoxidgrün). Geben Sie etwas Kobaltblau zu der Mischung, und überarbeiten Sie die Bäume (Pinsel Nr. 6).

9

10 Mischen Sie Umbra gebrannt mit wenig Chromoxidgrün, und malen Sie in Verdünnungen die Büsche und Zäune im Mittelgrund.

10

11

12

11 Denselben Farbton wie eben erhält auch die Hürde hinter dem Hirten. Für die dunklen Teile des Mannes, der Hunde und der Schafe mischen Sie Umbra gebrannt und Kobaltblau. Die Schlagschatten des Mannes und der Tiere gestaltet man in dunklem Grün (Chromoxidgrün mit wenig Umbra gebrannt). Hemd, Hut und Gesicht des Hirten werden mit Siena natur und einem Hauch Kadmiumrot hell gemalt.

12 Mit einem feinen Pinsel Nr. 0 werden die letzten Details wie die Hosenträger auf dem Hirtenhemd eingezeichnet. Zum Schluß kratzen Sie mit der Spitze eines Skalpellmessers den Hirtenstock aus.

Falls Ihnen das Malen von Bäumen Schwierigkeiten bereitet, finden Sie auf den Seiten 63–65 hilfreiche Erläuterungen.

GRANULIERENDE LAVIERUNGEN

In dieser Lektion dringen wir tief in die Geheimnisse des Aquarellierens ein. Sie erlernen eine Spezialtechnik, mit der Sie sehr stimmungsvolle, eigenartig körnige Lavierungen erzielen, da sich die Pigmente bestimmter Farbtöne gegenseitig abstoßen.

Wenn man zwei Farben miteinander vermischt, deren Pigmente einander aufgrund bestimmter physikalischer Eigenschaften abstoßen, entstehen unzählige kleine Pigmenthäufungen. Dadurch wirkt die Farbschicht nicht homogen, sondern körnig. Dieser interessante Effekt ist vor allem bei Erdfarben zu beobachten, die besonders grobe Teilchen absondern.

Die Spezialtechnik des Granulierens eignet sich hervorragend für die Darstellung wolkiger Himmel, nebliger Seeszenen oder dunstiger Industrielandschaften. Nicht weniger gut lassen sich grobe Oberflächenstrukturen erzeugen, wie z.B. rauhe, verwitterte Felsen, Sand oder frisch gefallener Schnee.

Noch stärker tritt der Körnungseffekt zutage, wenn Sie Salz über die nasse Lavierung streuen. Die Salzkristalle saugen die Farbe auf. Nach der Trocknung werden Sie weggewischt und hinterlassen ein feines Muster aus hellen Stellen.

Für diese Technik sollten Sie gutes, schweres Aquarellpapier mit grobem Korn verwenden. Probieren Sie verschiedene Papiere aus.

Die Vorgehensweise ist einfach: Man laviert das Papier mit der ersten Farbe und legt, solange diese noch naß ist, eine Farbschicht der zweiten Farbe darüber. Manchmal folgt sogar noch eine dritte Farblasur in wieder einer anderen Farbe. Das Papier

schleunigt werden, indem man etwa den Fön benutzt, sonst würde man das Granulieren der Farbe verhindern.

Ultramarinblau und Umbra gebrannt werden häufig kombiniert, da sie eine deutliche Körnung zeigen. Mischt man sie, können sie entweder einen kühlen blaugrauen Ton oder eine warme braungraue Nuance erzeugen.

Einige Pigmente granulieren auch ohne Zugabe einer zweiten Farbe – Cölinblau ist hierfür ein gutes Beispiel.

In diesem Aquarell (*oben*) vermischt sich der Rauch aus den Schloten mit dem sonnengeröteten Abendnebel. Charles Longbotham verwendete körnige Lavierungen.
Auch wir werden in unserem Projekt (*unten*) granulierende Farbmischungen einsetzen, um die geheimnisvolle Atmosphäre des Sees bei Mondlicht einzufangen.

NÜTZLICHE PIGMENTE

Einige Pigmente granulieren besser als andere. Wir stellen Ihnen neun Farben verschiedener Hersteller vor, die in Mischungen gute Körnungseffekte ergeben. Testen Sie, welche Ihrer eigenen Farben gut granulieren!

Ultramarinblau

Siena natur

Kobaltblau

Madderbraun

Venezianisch Rot

Saftgrün

Kobaltviolett

Umbra gebrannt

Winsor Violett

Hier sehen Sie eine Auswahl von zehn Zweifarben-Mischungen, die interessante, körnige Oberflächen bilden. Probieren Sie die Kombinationen selber aus. Experimentieren Sie auch mit anderen Mischungen dieser neun Grundfarben. Sie werden lernen, wie sich jedes dieser Pigmente unter verschiedenen Umständen anders verhält. Durch diese Erfahrung werden Sie die Farben geschickter und ausdrucksvoller einsetzen können. Alle Übungen wurden auf 600g schwerem Papier mit einer groben Oberfläche durchgeführt.

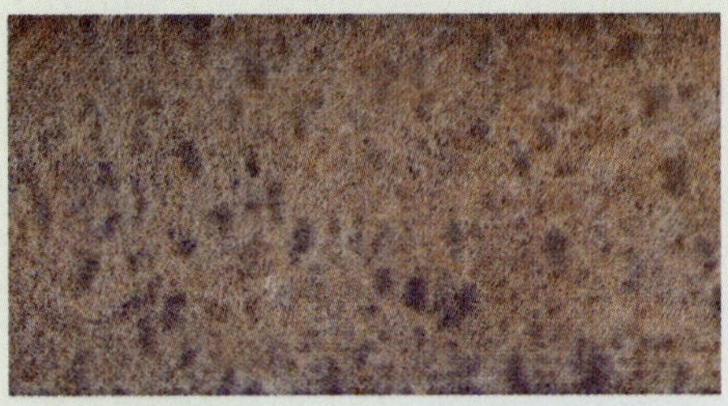
Ultramarinblau und Venezianisch Rot

Kobaltblau und Umbra gebrannt

Winsor Violett und Siena natur

Saftgrün und Umbra gebrannt

Ultramarinblau und Umbra gebrannt

Madderbraun und Umbra gebrannt

Ultramarinblau und Siena natur

Kobaltblau und Siena natur

Winsor Violett und Kobaltblau

Kobaltviolett und Kobaltblau

DIE SALZTECHNIK

Blumen, Moose, Flechten oder fallender Schnee lassen sich effektvoll mit der Salztechnik darstellen. Legen Sie eine gleichmäßige Lavierung an. Warten Sie, bis das Papier zwar noch feucht ist, aber nicht mehr naß glänzt, und streuen Sie grobes Salz auf die Farbschicht. Nach dem Trocknen schüttelt man das Salz vom Papier. Experimentieren Sie mit Tafelsalz und dem Zeitpunkt, zu dem Sie das Salz aufstreuen.

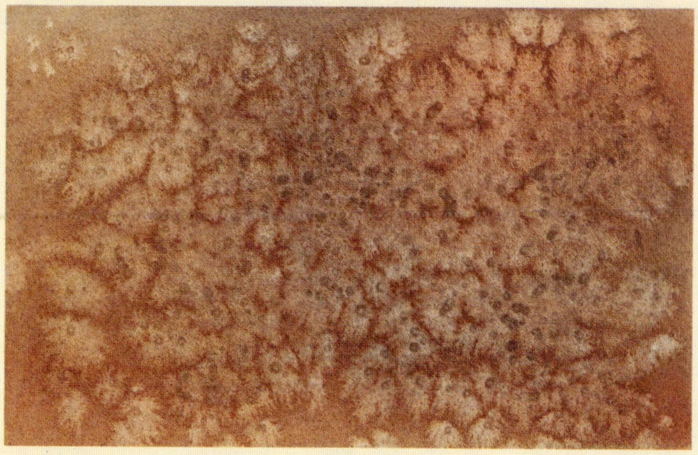

Salzspuren auf einer Lavierung aus Venezianisch Rot.

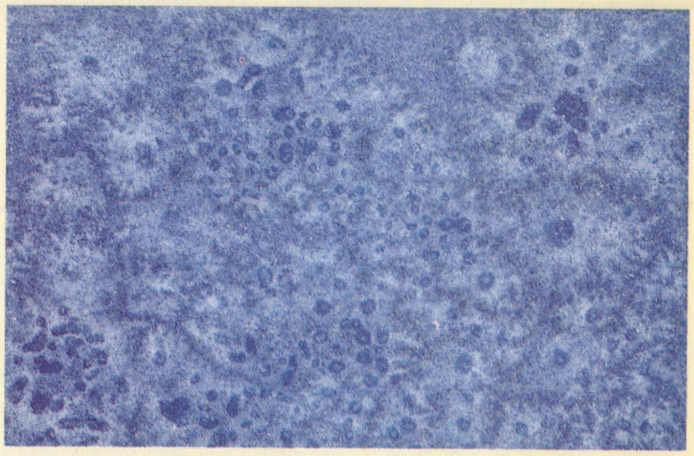

Salzspuren auf Lavierung aus Cölin- und Kobaltblau.

Für diese Darstellung des schottischen Hochlandes wurden ausschließlich gut körnende Pigmente gebrannt, Madderbraun, Neutraltinte und Siena natur. Der Himmel erhielt zunächst eine helle Grun- über die eine Lavierung aus Umbra gebrannt mit Ultramarinblau gelegt wurde. Das sehr grobkörnige

IM MONDSCHEIN

Der Mond erhellt den nächtlichen See. Vom düsteren Halbdunkel heben sich die Silhouetten der Berge und Boote ab. Die dämmerige Atmosphäre wird mit granulierenden Lavierungen eingefangen.

1 Fertigen Sie sich auf einem separaten Blatt Papier mit Bleistift (2B) eine Skizze zur Orientierung an. Das Aquarell malen Sie frei, ohne Vorzeichnung, damit die Unbestimmbarkeit der Szene nicht durch feste Umrisse gestört wird.

2 Mit dem breiten Pinsel feuchten Sie das Stück Himmel an, das hell bleiben soll. Lavieren Sie nun rundherum den Himmel mit einer Mischung aus Siena natur und Venezianisch Rot, so daß die Farbe in die feuchte Fläche läuft.

Material

Aquarellpapier mit grobem Korn (600g)
Bleistift (2B) und Radiergummi
Borstenpinsel (etwa 4 cm breit), Rotmarderpinsel, rund Nr. 7 und Nr. 10
Farben: Siena natur, Venezianisch Rot, Kobaltblau, Neutraltinte, Madderbraun
feiner, schwarzer Tuschestift
Blatt Papier mit einem kleinen, kreisrunden Loch
Wassergläser
Teller oder Palette zum Mischen

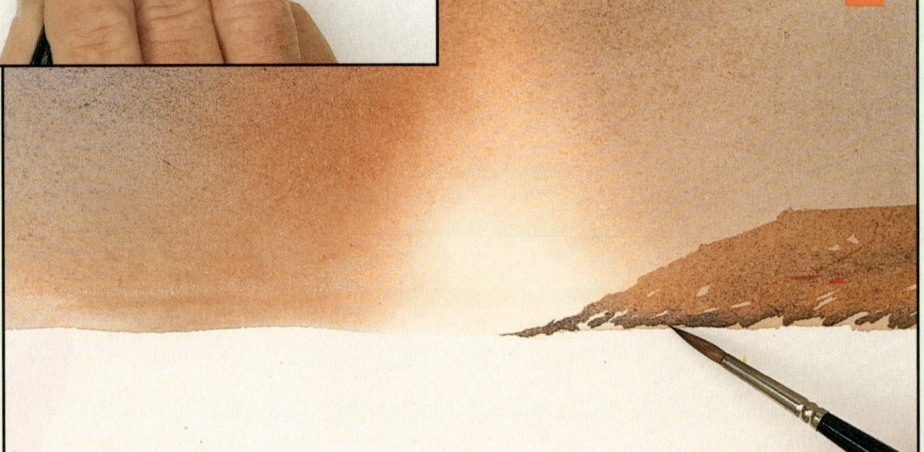

3 Bevor die Farbe trocken ist, wird eine zweite Farbschicht aus Kobaltblau gemischt mit Neutraltinte darübergelegt. Nun lassen Sie das Bild waagrecht in aller Ruhe trocknen. Der Körnungseffekt entsteht von alleine.

4 Mischen Sie Venezianisch Rot mit Neutraltinte, und malen Sie den rechten Hügel. Für den Fuß des Hügels verdunkeln Sie die Mischung mit etwas Kobaltblau.

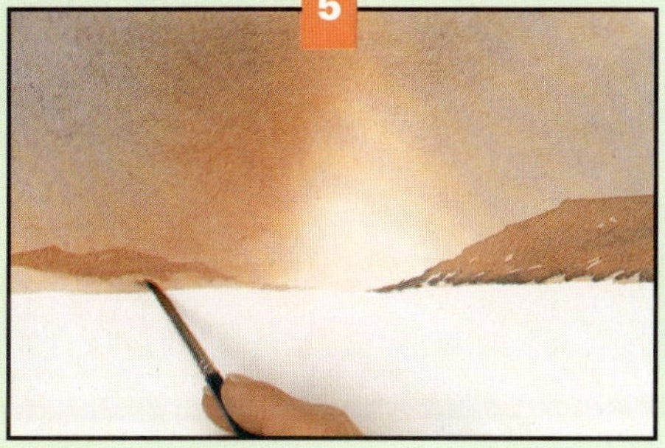

5 Der linke Hügel ist weiter entfernt und wirkt deswegen blasser als der rechte. Verwenden Sie die gleichen Mischungen wie eben, nur etwas verdünnter.

6 Beim See gehen Sie genauso vor wie beim Himmel. Die hellsten Bereiche werden mit Wasser angefeuchtet, die Farbe (Venezianisch Rot mit Siena natur) wird unregelmäßig außen herum gelegt, so daß sie leicht ins Nasse läuft.

7 Im Vordergrund wird etwas Neutraltinte in die nasse Farbe gegeben. Lassen Sie das Bild trocknen!

8 Auf der rechten Seite des Sees erheben sich dunkle Felsen aus dem Wasser, die frei mit einer Mischung aus Kobaltblau und Neutraltinte gemalt werden.

9 Für die Boote wird Madderbraun mit Neutraltinte gemischt. Wichtig ist, daß die Wasserlinie jedes Bootes waagrecht verläuft. Die kleine Flagge am Mast des mittleren Bootes malen Sie mit purem Madderbraun.

10 Die Spiegelbilder der Boote werden mit Neutraltinte grundiert und mit Madderbraun vertieft. Auch für die leichten Wasserwellen verwenden Sie verdünnte Neutraltinte. Lassen Sie das Bild trocknen!

11 Der Mond wird mit einem feuchten Tuch aus dem Himmel „herausgetupft“. Ein Papier mit

12 Jetzt wird die Takelage des mittleren Bootes mit schwarzem Tuschestift eingezeichnet.

13 Solange der Mond noch leicht feucht ist, tragen Sie einen Hauch Siena natur auf.

14 Ergänzen Sie Schatten und Wellen im Wasser mit verdünnter Neutraltinte.

Am besten wirken körnige Lavierungen bei ganz schlichten Bildkompositionen. Scheuen Sie sich nicht, wie in unserem Projekt, den Himmel die Hälfte oder sogar ein Drittel der Bildfläche einnehmen zu lassen.

GEBROCHENES LICHT

Wenn sich das Sonnenlicht seinen Weg durch ein Blätterdach bahnt, betören flirrende Licht- und Schattenspiele das Auge. Wie man diese lichtdurchflutete Szenerie einfängt, so daß das Licht warm wirkt und der Schatten kühl, ist Thema dieser Lektion.

Von einer Minute zur nächsten kann der Lichteinfall wechseln: Wolken schieben sich vor die Sonne, oder reißen plötzlich auf. Ein Windstoß versetzt die Blätter in Bewegung – und schon scheint unter dem Blätterdach die ganze Welt verändert.

Sie können eine Landschaft oder den Blick in einen Garten vollständig und formvollendet gemalt haben: wenn Sie die Launenhaftigkeit der leisen Bewegungen, die ständigen Veränderungen, das Flirren des Lichts nicht einfangen, wird ihr Bild kraftlos und flach erscheinen.

Auf den folgenden Seiten werden wir Ihnen zeigen, wie Sie die flüchtigen Licht- und Schattenmuster in den Griff bekommen, die entstehen, wenn das Sonnenlicht durch das Blätterdach gebrochen wird.

Am besten lernen Sie die verschiedenartigen Lichtmuster einzuschätzen, wenn Sie mit einem Skizzenblock und geschärftem Blick in die Natur gehen. Konzentrieren Sie sich auf die Schatten, und versuchen Sie, die verschiedenen Helligkeiten der Schatten zu unterscheiden: Es gibt tiefschwarze und auch ganz blasse Schatten. Manchmal überlagern sich mehrere Schattenformen, so daß Schatten in Schatten entstehen.

Unter einem Blätterdach, durch das die Sonne dringt, leuchten einige Blätter kräftig, andere sind so durchscheinend, als würden sie sich gleich auflösen. Manche Blätter reflektieren das Blau des Himmels, in anderen spiegeln sich die Wolken oder das umgebende Blattwerk.

Für das Malen von Blättern brauchen Sie einen feinen Strich. Malen Sie das Papier nicht mit geschlossenen Farbschichten zu, sondern lassen Sie weiße Stellen stehen. Das dichteste Blätterdach läßt

Lucy Willis' Gartenszene (*oben links*) ist voller Licht und Luft, obwohl man meinen könnte, die gesamte Papieroberfläche sei mit Farbe bedeckt. Bei näherem Hinsehen entdeckt man aber eine Unzahl kleiner weißer Flecken, die Licht und Bewegung ins Bild bringen. Die Komposition ist trickreich: Das kleine, von der Sonne beschienene Stück Rasen steigert die Empfindung für die Hitze, die draußen herrscht, und für die angenehme Kühle unter dem Blätterdach.

Das von den Blättern gefilterte Sonnenlicht wird durch feine, kontrastreiche Lasuren (*oben*) dargestellt. Auch wir verwenden diese

GEFILTERTES LICHT

Auf diesen Seiten geben wir Ihnen verschiedene Beispiele für Sonnenlicht, das von Blättern gebrochen wird. Malen Sie diese Übungen nach, und fertigen Sie selber nach der Natur viele kleine Studien an, in denen Sie mit anderen Farben und Mischungen experimentieren.

1

1 Die Sonne bescheint einige Herbstblätter. Für die verschatteten Blätter werden Siena gebrannt, Vandyckbraun, Olivengrün, Paynesgrau und Kadmiumorange, für die lichten Blätter Neapelgelb, Kadmiumgelb und Englischrot verwendet.

2

2 Frühlingsblätter im hellen Sonnenlicht. Die Blätter werden mit Neapelgelb, Kadmiumgelb, Olivengrün, und Englischrot gemalt, Baumstamm und Zweige mit Umbra gebrannt und Paynesgrau.

3

3 Von wenigen Lichtstrahlen beschienene Herbstblätter in einem Wald. Das dunkle Blattwerk entsteht aus Grüner Erde, Paynesgrau, Saftgrün, Umbra gebrannt und Siena gebrannt; Kadmiumgelb und Englischrot lassen die hellen Blätter blitzen.

4

4 Leuchtende Sommerblätter vor dunklem Wald. Paynesgrau und Grüne Erde gestalten den Hintergrund; die lichten Blätter malen Sie mit Neapelgelb, Kadmiumgelb und Saftgrün.

5 Die mit Eiskristallen überzogenen Zweige glitzern in der Sonne. Ultramarinblau ergibt den Himmel, Paynesgrau die Zweige und – sehr verdünnt – die Schatten im Eis, Karminrot das Funkeln.

5

6

7

6 Die untergehende Sonne taucht die Silhouetten der Bäume in ein warmes Rot. Für diese Übung brauchen Sie Neapelgelb, Kadmiumgelb, Permanentrot, Madderbraun und Neutraltinte.

7 Der Morgennebel läßt die Lichtstrahlen weich fluten. Als Farben werden Chromoxidgrün, Bergblau, Paynesgrau, Grüne Erde, Saftgrün, Chromgelb und Siena gebrannt verwendet.

8

8 Wenn das Sonnenlicht von sommerlichem Blattwerk gefiltert wird, entsteht ein grünes Licht, das der Baumstamm reflektiert. Gemalt wird mit Neapelgelb, Kadmiumgelb, Saftgrün, Chromoxidgrün und Rebenschwarz.

9

9 Der Kontrast zwischen hell leuchtenden und fast schwarzen, im Schatten liegenden Blättern wird mit Kadmiumgelb, Saftgrün, Rebenschwarz, Umbra gebrannt

10

10 Um einen wirklichkeitsnahen Eindruck von sonnenbeschienenen Blättern zu vermitteln, muß der Kontrast zwischen hellsten und dunkelsten Blättern stark sein. Dazu werden hier Neapelgelb, Kadmiumgelb, Saftgrün

Im kühlen Schatten

Man spürt die Hitze und den kühlenden Schatten, wenn man diese Szene betrachtet. Das von den Blättern gebrochene Sonnenlicht einzufangen, ist einfacher, als Sie denken. Probieren Sie es aus!

MATERIAL

Aquarellpapier mit mittlerem Korn
Bleistift (HB) und weicher Radiergummi
Rotmarderpinsel, rund Nr. 2 und Nr. 3, Kunstfaserpinsel, rund Nr. 12 und Nr. 2
Farben: Bergblau, Paynesgrau, Neutraltinte, Rebenschwarz, Neapelgelb, Grüne Erde, Siena gebrannt, Umbra gebrannt, Saftgrün, Vandyckbraun, Cölinblau, Permanentrot, Violett feurig, Madderbraun, Chromorange, Lichter Ocker, Chromgelb
Maskiermittel und alten Pinsel Nr. 2
Wassergläser
Teller oder Palette zum Mischen

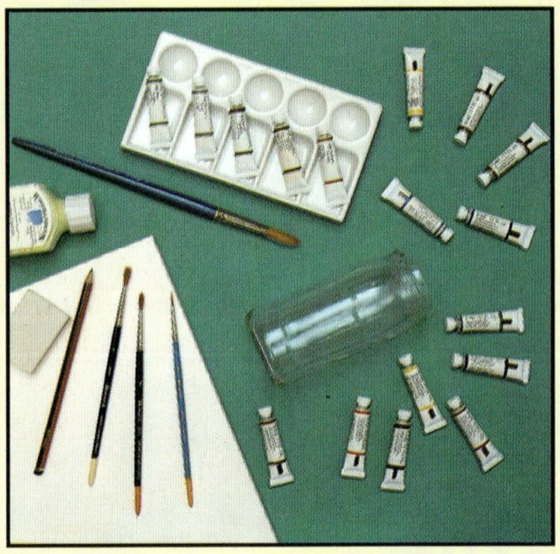

1

1 Skizzieren Sie die Hauptelemente der Komposition mit einem Bleistift (HB) zart vor.

2

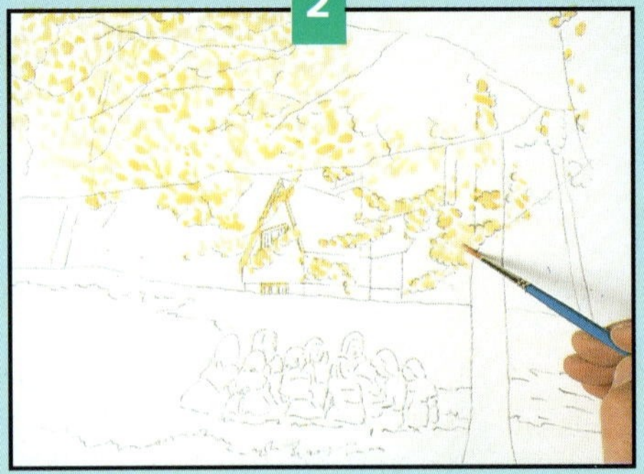

2 Decken Sie mit einem feinen Pinsel und Maskiermittel die lichten Blätter, die Fensterrahmen des Hauses und die leuchtenden Giebelkanten ab (vgl. S. 28 zum Gebrauch von Maskiermitteln). Nach dem Trocknen radieren Sie die überflüssigen Bleistiftlinien aus oder mildern sie zumindest ab.

3

3 Der Himmel wird mit stark verdünntem Bergblau laviert; malen Sie vorsichtig um das Haus herum (Pinsel Nr. 12). Lassen Sie das Bild trocknen!

4

4 Malen Sie mit stark verdünnter Grüner Erde das Blattwerk im Hintergrund (Pinsel Nr. 3). Vereinzelte Tupfen Cölinblau und Paynesgrau modellieren Schatten und beleben das Laub. Beachten Sie, daß das Licht von links scheint. Lassen Sie das Bild trocknen!

5

6

5 Nun mischt man Vandyckbraun mit Madderbraun und malt die Baumstämme; die Schatten gestaltet man mit Paynesgrau. Die dunklen Schatten des Baumes im Vordergrund werden mit Rebenschwarz naß-in-naß aufgetragen.

6 Die Sonne taucht die Hauswände und ein Dach in warmes Licht (Chromorange mit Siena gebrannt und Lichtem Ocker). Geben Sie etwas Madderbraun für den Schornstein hinzu. Das schattige Dach entsteht aus Umbra gebrannt mit Paynesgrau, die schattige Hauswand aus Neutraltinte mit Umbra gebrannt. Mit Paynesgrau ergänzen Sie Fenster und Fugen der Holzverschalung.

7

7 Eine dunkle Mischung aus Rebenschwarz und Neutraltinte läßt den angeschnittenen Stamm rechts oben silhouettenhaft wirken. Wenn das Bild trocken ist, rubbeln Sie das Maskiermittel ab. Die hellsten Blätter gestaltet man durch Neapelgelb mit Chromgelb, für die hellgrünen fügen Sie etwas Saftgrün hinzu (Pinsel Nr. 3). Den Boden grundieren Sie mit einer Mischung aus Neapelgelb und Chromgelb (Pinsel Nr. 12). Lassen Sie die Pfadfindergruppe frei. Warten Sie, bis das Bild trocken ist.

8

9

8 Der nahe Vordergrund wird durch Madderbraun gemischt mit Siena gebrannt betont. Malen Sie jetzt die im Schatten liegenden, dunklen Blätter mit einer Saftgrün-Paynesgrau-Mischung (Pinsel Nr. 3). Geben Sie ein paar Tupfen Grüne Erde naß-in-naß hinzu. Das Gras erhält eine Farblasur aus Saftgrün, gemischt mit Bergblau, die mit dem Pinsel Nr. 12 locker aufgetragen wird. Tupfen Sie in die nasse Farbe vereinzelt Cölinblau.

9 Für das fast schwarze Laub, rechts vorne im Bild, wird eine Mischung aus Paynesgrau, Rebenschwarz und Saftgrün verwendet (Pinsel Nr. 3).

10

10 Modellieren Sie mit leichten Strichen die Bodenschatten im Vordergrund (Neutraltinte mit Bergblau). Beleben Sie das Blattwerk durch wenige leichte Tupfen Violett und Cölinblau. Kleine Grasbüschel aus Saftgrün mit Paynes-

11 Mischen Sie Umbra gebrannt mit Siena gebrannt. Malen Sie mit dem Pinsel Nr. 3 die Pfadfinderuniformen. Die Gesichter und Arme der Mädchen erhalten einen Ton aus Permanentrot mit Neapelgelb, Chromgelb und Chromorange.

12 Haare, Augen, Falten in der Kleidung usw. werden mit einer Mischung aus Paynesgrau und Neutraltinte gezeichnet (Pinsel Nr. 2). Kleine Tupfen Cölinblau erzeugen Glanzlichter.

13 Ergänzen Sie mit Neutraltinte die feinen Zweige und mit Paynesgrau die Schatten auf dem Dach des Hauses. Ein Hauch Cölinblau genügt, und schon gleißen Giebel und Fensterrahmen in der Sonne und reflektieren das Blau des Himmels.

Claude Monet widmete der Kathedrale von Rouen 1890 einen ganzen Sommer und Herbst. Er malte sie immer wieder, zu jeder Tageszeit. Auch im kleineren Rahmen ist dies ein gute Übung.

ERSTE SCHRITTE ZUM ÖLMALEN

Wenn Sie je den Wunsch hatten, mit Ölfarben zu malen, tun Sie es einfach! Die vielseitigen und außerordentlich farbkräftigen Ölfarben sind auch für den Anfänger leicht zu handhaben. Welche Ausrüstung Sie brauchen, erfahren Sie auf den nächsten Seiten. Anschließend begeben Sie sich sogleich mit uns an Ihr erstes Ölbild.

Nicht ohne Grund haben sich Ölfarben über Jahrhunderte hinweg in der Kunst behauptet. Noch heute sind sie das wichtigste Malmittel. Die intensiven Farbtöne glühen, die matten schimmern sanft. Unergründlich tief wirken die dunklen Farben, während die lichten aus dem Bild zu springen scheinen. Man kann sie deckend mit Pinsel oder Spachtel zu einem dicken, strukturierten Impasto auftragen, oder man legt hauchdünne Lasuren übereinander. Mit Ölfarben können Sie ganz nach Stil und Stim-

Im Gegensatz zur gängigen Meinung sind Ölfarben auch für den Anfänger ideal: Ihre buttrige Konsistenz macht den Farbauftrag zu einer reinen Freude. Sie lassen die verschiedensten Techniken zu. Da Ölfarben sehr langsam trocknen, kann man in aller Ruhe korrigieren und experimentieren, abkratzen und umgestalten.

Im Laufe dieses Kurses führen wir Sie durch alle wichtigen Techniken der Ölmalerei. Wir beginnen mit einem einfachen Stilleben. Ihr erstes Projekt wird kaum ein Meisterwerk werden, aber schon nach we-

Gustave Courbet (1819–1877), Hauptvertreter des französischen Realismus, malte dieses Stilleben (*oben*), das Äpfel in einer Schale, einen Zinnkrug und ein Trinkglas zeigt. Courbet verfolgte das Ziel, die Wirklichkeit ungekünstelt zu erfassen. Darum sind keine Äpfel aus dem Füllhorn der Ceres dargestellt, auch hielt sich der Maler nicht mit Details auf. Seine Absicht war es, die Früchte in all ihrer Natürlichkeit wiederzugeben. Die Ölmalerei ermöglichte es ihm, Farbwirkungen zu komponieren, die den Eindruck erwecken, als würde die Sommerhitze noch ein letztes Mal in den reifen Früchten nachglühen: Das auf den ersten Blick schlichte Arrangement verwandelt sich so unversehens in

Zu viele Farben am Anfang verwirren. Beschränken Sie sich auf etwa zehn Farben und drei oder vier Pinsel. Wenn Sie gelernt haben, Farben zu mischen, können Sie Ihr Sortiment erweitern.

DIE WAHL DER FARBEN

Die meisten Hersteller bieten Ölfarben in zwei Qualitäten an: als hochwertige Künstlerfarben und als Akademiefarben. Letztere sind billiger, da weniger wertvolle Pigmente verwendet werden. Für den Anfang genügt diese Qualität völlig. Man kann beide Sorten zusammen verwenden, so daß Sie später nach und nach Farbtöne, die Ihnen ausgehen, durch die teurere Qualität ersetzen können. Bei den Künstlerölfarben variieren die Preise für die verschiedenen Farben beträchtlich, je nachdem, wie wertvoll das verwendete Pigment ist.

Der Anfänger sollte mit einer kleinen Auswahl an Farben beginnen und sein Sortiment erweitern, wenn sich Vorlieben für bestimmte Motive herausgebildet haben. Wer gerne Landschaften malt, wird andere Farben benötigen als derjenige, der Porträts vorzieht.

Wir raten Ihnen zu den Farben, die oben rechts abgebildet sind. In den folgenden Projekten werden von den Künstlern eine Reihe weiterer Farben eingesetzt, wie etwa Cölinblau, Preußischblau, Umbra gebrannt, Siena natur, Saftgrün, Elfenbeinschwarz und Paynesgrau. Farben, die Sie nicht besitzen, können Sie mischen. Schwarz aus der Tube ist schwierig zu handhaben, manche Künstler mischen es grundsätzlich selber.

***Rechts:* Für den Beginn raten wir Ihnen zu folgenden Farben (von links oben nach rechts unten): Titanweiß, Siena gebrannt, Lichter Ocker, Kobaltblau dunkel, Umbra natur, Kadmiumrot hell, Ultramarin dunkel, Kadmiumgelb Zitron, Karminrot, Chromoxidgrün feurig.**

MALMITTEL

Ölfarben können direkt aus der Tube verwendet werden. Will man mager malen, verdünnt man sie mit etwas Terpentin oder einer Mischung aus Terpentin und Leinöl. Das Mischungsverhältnis hängt vom Ziel ab: Terpentin (oder Spiritus) beschleunigt den Trocknungsprozeß und gibt dem Bild eine matte Oberfläche, Leinöl verlangsamt das Trocknen und läßt das Bild glänzen.

DIE WICHTIGSTEN UTENSILIEN

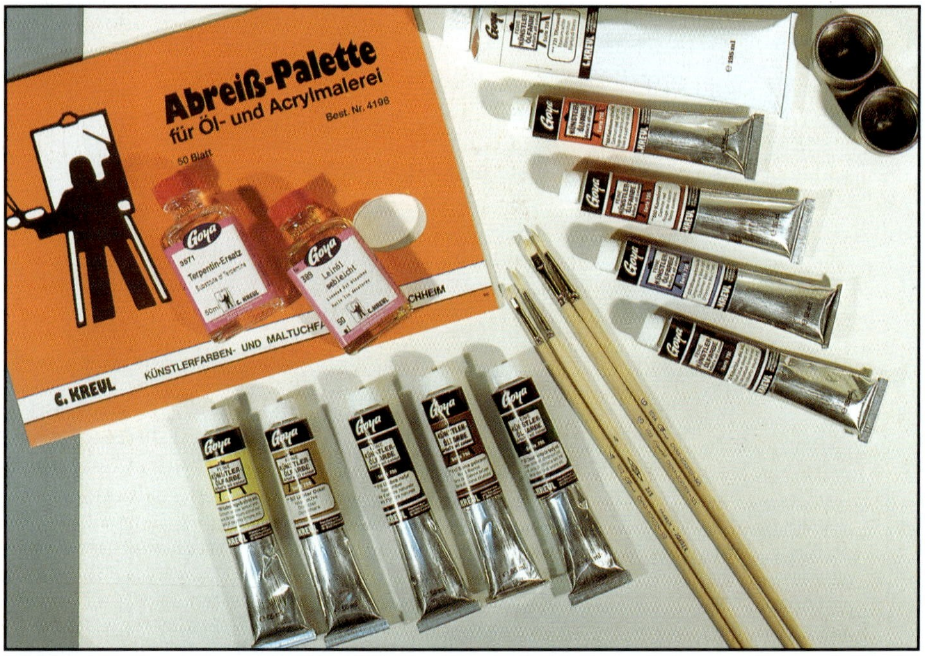

In der Abbildung (*oben*) sehen Sie alles, was Sie für den Anfang brauchen: zehn Tuben Farbe, vier Schweinsborstenpinsel (rund Nr. 4 und Nr. 6, flach, lang Nr. 4 und Nr. 6), eine Palette (aus Holz, Metall oder Papier), einen Palettstecker (oder zwei kleine Glasgefäße) für Terpentin sowie gereinigtes Leinöl und einen Malkarton. Zudem benötigen Sie ein Gefäß für Terpentin zum Reinigen der Pinsel und einige Lappen oder Küchentücher.

PALETTEN

Sie können als Palette jeden glatten, nicht saugenden Untergrund verwenden.

Die traditionellen Holzpaletten mit den ovalen Daumenlöchern finden Sie in vielen Formen und Größen im Fachhandel. Etwas billiger sind Metallpaletten. Künstler besitzen meist eine kleinere für Skizzen und Vorversuche und eine große für großformatige Bilder.

Gereinigt wird die Palette, sobald ein Werk beendet ist. Wenn Sie sich das Reinigen ersparen wollen, können Sie auch einen Block Papierpaletten kaufen.

PINSEL

Das Sortiment der Ölmalpinsel ist groß und vielfältig. Eine gute Qualität lohnt sich immer, da solche Pinsel lange halten und in Form bleiben. Ein schlechter Pinsel, der während der Arbeit Haare verliert und nicht die Striche zuläßt, die man benötigt, kann die Freude an der Arbeit stark mindern.

Man malt mit harten Schweinsborstenpinseln und den weicheren Haarpinseln (Rotmarderpinsel und Kunsthaarpinsel). Es gibt Flachpinsel mit längeren und kürzeren Haaren, Rundpinsel, katzenzungenförmige Pinsel und Fächerpinsel. Beginnen Sie mit vier Schweinsborstenpinseln und erweitern Sie das Sortiment Ihren persönlichen Neigungen entsprechend.

Von oben nach unten: **Rotmarderpinsel, flach Nr. 8; Rotmarderpinsel, rund Nr. 4 und 6; Schweinsborstenpinsel, flach, lang Nr. 2, Nr. 4 und Nr. 6; Schweinsborstenpinsel, katzenzungenförmig Nr. 2, Nr. 4 und Nr. 8, Schweinsborstenpinsel, rund Nr. 2, Nr. 4 und Nr. 8; Fächerpinsel Nr. 2 und Nr. 4.**

MALGRÜNDE

Traditionell wird zum Ölmalen auf Keilrahmen aufgespannte Leinwand verwendet. Sie können diese Bildträger fertig kaufen, was allerdings recht teuer ist. Billiger und für die ersten Skizzen und Übungen völlig ausreichend sind Malkartons oder Ölmalblöcke mit imitierter Leinenstruktur.

Wenn Sie über die Anfänge des Ölmalens hinausgewachsen sind, werden Sie möglicherweise Ihre Leinwand selber spannen wollen. Es gibt zu diesem Zweck fertig grundierte Leinwände zu kaufen, die meist weiß, manchmal aber auch getönt sind. Man findet auch Keilrahmen in verschiedenen Größen, auf die das Tuch mit Nägeln gespannt wird.

Anfänger greifen oft zu kleinen Formaten und erliegen dem Detail. Kaufen Sie sich lieber einen großen Malgrund (mindestens 60 x 90 cm), und malen Sie großzügig.

STAFFELEIEN

Eine Staffelei ist nicht billig und am Anfang nicht nötig. Sie können den Bildträger flach auf den Tisch legen oder an die Wand anlehnen, so daß er gekippt ist. Ölpapier befestigen Sie auf einem Zeichenbrett, das Sie auf Ihre Knie stellen und gegen den Tisch stützen.

STILLEBEN MIT TOMATEN

Rote Tomaten auf buntem Stoff sind ein ideales Übungsmotiv, wenn Sie noch nie mit Ölfarben gemalt haben. Am meisten lernen Sie, wenn Sie direkt nach der Natur malen. Versuchen Sie, dieses ebenso einfache wie farbenfrohe Stilleben nachzustellen.

1

2

1 Skizzieren Sie die Umrisse des Stillebens mit Bleistift vor. Beginnen Sie mit der Bildaufteilung, die durch die Tücher gegeben ist, und setzen Sie dann die Früchte hinein. Versuchen Sie, die Formen der Tomaten möglichst gut zu erfassen – sie sind selten kreisrund!

2 Beginnen Sie mit den Tüchern (Pinsel Nr. 6). Nach der Grundregel des Ölmalens „fett auf mager" werden in diesem Stadium alle Farben und Mischungen mit Terpentin verdünnt. Mit Titanweiß (und Terpentin) malen Sie den weißen Stoff. Für das gelbe Tuch vermischen Sie das Weiß mit ein wenig Kadmiumgelb zitron. Die rechte Ecke unten erhält einen Grünton aus Kadmiumgelb mit Chromoxidgrün, für das letzte Viertel links werden Chromoxidgrün, Umbra natur und Weiß vermengt. Den Schatten, den die linke Tomate wirft, gestalten Sie aus Weiß mit etwas Umbra natur.

MATERIAL

Leinwand (35 x 24 cm)
Bleistift und Radiergummi
Borstenpinsel: katzenzungenförmig Nr. 6, kurz, flach Nr. 4, Haarpinsel: rund Nr. 8
Farben: Kadmiumgelb zitron, Kadmiumgelb mittel, Karmin, Kadmiumrot, Ultramarin, Chromoxidgrün feurig, Umbra natur, Titanweiß
Palette
Terpentin
Palettstecker oder zwei kleine Gefäße

3

4

3 Reinigen Sie den Pinsel in Terpentin, und modellieren Sie die Tomaten mit einer Mischung aus Kadmiumgelb, Karmin, Umbra natur und – nach wie vor – ein wenig Terpentin. Sie brauchen noch nicht auf Licht und Schatten zu achten. Details sind überflüssig, auch die Pinselstriche dürfen noch ganz beliebig sein, denn in diesem ersten Arbeitsschritt wird nur die Basis für weitere Farbschichten gelegt. Lassen Sie das Bild trocknen! Da die Farben mit Terpentin verdünnt wurden, wird das nur ein paar Stunden dauern.

4 Wenn die erste magere Farbschicht getrocknet ist, können Sie mit etwas fetterer Farbe arbeiten. Man erhöht die Streichfähigkeit der Farben nun nicht mehr allein durch Zugabe von Terpentin, sondern auch von Leinöl. Die Schlagschatten der Früchte sind unterhalb der Tomaten am dunkelsten und laufen dann an den Rändern verschwommen aus. Teilweise überblenden sie sich. Malen Sie mit kurzen, nicht zu glatten Strichen, und verwenden Sie Mischungen aus Umbra natur und Ultramarin (Flachpinsel Nr. 4).

5 Säubern Sie den Pinsel, und modellieren Sie sorgfältig die roten Früchte. Man schaut beim Malen weniger auf das Bild als auf den Gegenstand, dessen Licht- und Schattenmuster man zu erfassen sucht. Achten Sie genau auf die Farbtöne. Wir verwendeten für die hellen Bereiche eine Mischung aus Kadmiumgelb, Kadmiumrot und einem Hauch Ultramarin, für die dunklen Kadmiumgelb, Karmin und etwas mehr Ultramarin. Bemühen Sie sich noch nicht um weiche Übergänge zwischen den Farben.

6 Reinigen Sie wieder den Pinsel, und gestalten Sie die leicht gelblich schimmernden Flächen auf den Tomaten. Dazu mischt man Kadmiumgelb zitron und Umbra natur. Allmählich wird die Richtung der Pinselstriche wichtig: sie sollen organisch der runden Form der Früchte folgen.

5

6

7

7 Vertiefen Sie das Rot der Tomaten (runder Haarpinsel Nr. 8) mit einer Mischung aus Kadmiumrot und Karmin. Die Farbe darf nun erneut etwas fetter sein, indem Sie den Anteil an Leinöl erhöhen. Mit leichten, stoßartigen Bewegungen sorgt man für fließende Übergänge zwischen den Farben.

8

8 Die vom Licht beleuchteten Stellen werden mit einer Mischung aus Kadmiumgelb zitron und Kadmiumrot aufgehellt und die Schattenseiten mit Karmin, Kadmiumgelb zitron und Ultramarin verdunkelt. Weiche Farbübergänge sorgen für runde Formen.

9

9 Es ist erstaunlich, wie sehr die kleinen Glanzlichter ein Bild beleben und alle Dinge sogleich viel plastischer erscheinen lassen: Dämpfen Sie das Weiß mit etwas Kadmiumgelb ab, damit die Lichter nicht unnatürlich wirken. Tupfen Sie die Farbe zart auf. Der Pinsel nimmt dabei Spuren Rot auf, mit denen dann die harten Übergänge gemildert werden können. Lassen Sie das Bild trocknen!

10 Nun werden die Stielansätze der Tomaten ergänzt: Tragen Sie mit dem runden Haarpinsel Nr. 8 eine Mischung aus Chromoxidgrün, Kadmiumgelb und etwas Umbra natur auf.

11 Mit feiner Pinselspitze entstehen die zarten, dünnen Schatten der Stielansätze. Mischen Sie dazu Kadmiumgelb, Chromoxidgrün, Ultramarin und Karmin. Arbeiten Sie ganz vorsichtig!

10

11

Wir hoffen, daß Ihnen Ihr erstes Ölgemälde gelungen ist und die Arbeit Ihnen Freude bereitet hat. Beachten Sie die Komposition: Das leuchtende Rot der Tomaten kontrastiert mit den kalten Farben der Tücher. Drei der Früchte formen eine Einheit, eine Frucht ist etwas ins Abseits gerollt und verleiht so dem Bild eine gewisse Spannung und Spontaneität.

PINSELTECHNIKEN

Ob ein Bild kräftig und spontan oder ruhig bis statisch wirkt, hängt ganz entscheidend von der Strichführung ab. In dieser Lektion lernen Sie die wichtigsten Pinseltechniken kennen.

Dieses Bild (*oben*) mit blühenden Pfirsichbäumen und weiten Feldern hat Vincent van Gogh (1853–1890) in der Provence gemalt. Van Gogh war begeistert von dieser Landschaft und versuchte, die flirrenden Lichtwirkungen durch energisch gesetzte, wirbelnde Striche und lebhafte Farben festzuhalten. Dabei geschieht es, daß der Betrachter des Bildes nicht nur etwas über das Aussehen der Landschaft erfährt, sondern auch über das Empfinden des Künstlers in dieser Landschaft. *Unten* erläutern wir im einzelnen, welche Stricharten Vincent van Gogh verwendete.

Wie sich eine Handschrift im Laufe des Lebens ausprägt, so bildet sich auch beim Malen im Laufe der Zeit ein ganz individueller Pinselstrich heraus. Die Parallele zum Schreiben führt noch weiter: Wie man anfangs die Formen der Buchstaben erlernen muß, so erfordert auch das Malen ein Einüben der grundlegenden Pinseltechniken, bevor sich ein Stil entwickeln kann. Lassen Sie sich nicht dazu verführen, Strichübungen zu vernachlässigen. Sie würden sich vielfältiger Ausdrucksmöglichkeiten berauben.

Jahrhunderte hindurch wurden die Ölmaltechniken immer weiterentwickelt. Es wurde viel experimentiert und neu erfunden. Manches geriet in Vergessenheit und wurde später wiederentdeckt. Frühe Meister wie Jan van Eyck (ca. 1390–1441) arbeiteten in der Lasiertechnik, bei der feine, mit einem Lasiermittel verdünnte Farbschichten übereinander aufgetragen werden, ohne daß ein einziger Pinselstrich zu sehen ist. Tizian (ca. 1487–1576) und Rembrandt (1606–1669) verknüpften die Lasiertechnik mit dem Auftrag dicker Farbschichten, in denen der Pinsel eine Zeichnung hinterläßt. Diese Technik ist

John Constable (1776–1837) inspiriert, verließen französische Maler im 19. Jahrhundert ihre Ateliers, um unter freiem Himmel zu arbeiten. Ziel der Impressionisten, die aus dieser Bewegung hervorgingen, war es, das Spiel des Lichts in der Laune des Moments einzufangen. Dazu entwickelten sie eine Malweise, bei der die Farbflächen in Punkte und Striche aus verschiedenen Farben aufgelöst sind.

Heute können Sie zwischen vielen Techniken wählen. Sie sollten sich mit verschiedenen Stricharten vertraut machen, um allmählich eine Ihren Neigungen entsprechende Malweise zu finden.

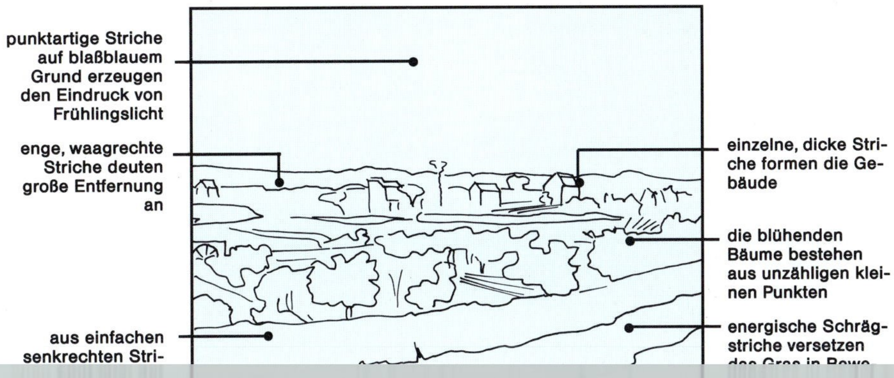

Um ein Gefühl für die Pinsel und ihre Eigenarten zu entwickeln, ist es am besten, wenn man immer wieder neue Stricharten ausprobiert. Sie können jede Art Malgrund verwenden, Malkarton oder einfach ein festes, billiges Papier.

Jeder Pinsel setzt je nach Form und Größe seine ganz charakteristischen Zeichen. Schweinsborstenpinsel werden für die Ölmalerei am häufigsten verwendet, da sie fest genug sind, die schwere Farbe zu halten, und ausreichend flexibel, sie gut zu verstreichen. Die weichen Rotmarderpinsel oder Kunsthaarpinsel werden meist eingesetzt, um dem Bild durch feine Details seinen letzten Schliff zu geben.

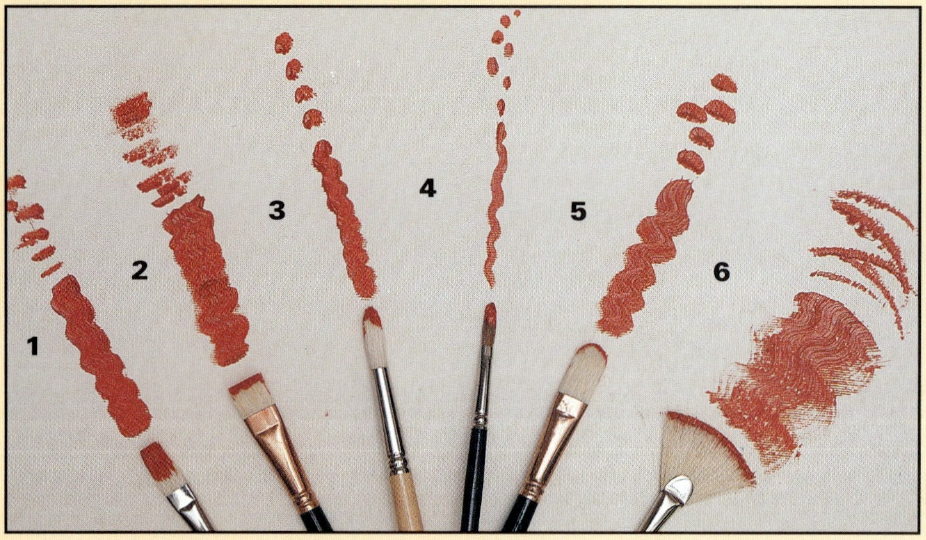

1 Langer, flacher Schweinsborstenpinsel Dieser Pinsel ermöglicht einen lockeren Farbauftrag auf großen Flächen. Die Pinselspur verändert sich, je nachdem, in welchem Winkel der Pinsel gehalten wird.

2 Kurzer, flacher Schweinsborstenpinsel Der kurze Haarkörper ist sehr steif und eignet sich besonders gut für kräftige Tupfen.

3 Runder Schweinsborstenpinsel Dieser sehr haltbare Pinsel mit seiner abgerundeten Spitze ist geschmeidig und kann viel Farbe aufnehmen.

4 Runder Rotmarderpinsel Mit diesem weichen Pinsel arbeitet man Details aus.

5 Katzenzungenförmiger Schweinsborstenpinsel Der lange elastische Haarkörper ist an der Spitze abgerundet. Er kann viel Farbe aufnehmen und hinterläßt feine, harmonische Werkspuren.

6 Schweinsborstenpinsel in Fächerform Der Fächerpinsel ist eher eine Randerscheinung. Man setzt ihn gerne ein, um feine Verläufe von einer Farbe in eine andere zu gewährleisten oder Pinselspuren zu verwischen.

Impasto
Eine strukturierte Farboberfläche erhält man durch dicken Farbauftrag mit dem Pinsel oder einem Palettmesser. Probieren Sie es aus: Tragen sie reichlich Farbe mit kräftigen Strichen oder Tupfen auf den Malgrund auf.

Transparenter Farbauftrag
Manchmal trägt man stark verdünnte Ölfarbe mit schrubbenden Bewegungen auf, so daß eine dünne Farbschicht entsteht. Man nutzt dieses Verfahren, um den Malgrund abzutönen oder Farben zu dämpfen.

WIE MAN DEN PINSEL HÄLT

Es gibt mehrere Haltungen. Aber halten Sie den Pinsel nie zu weit vorne am Griff! Die Bewegung geht fließend von der Schulter aus. Bei der hier gezeigten Haltung setzt der Pinsel fast senkrecht auf dem Papier auf. Einen spitzen Winkel erhalten Sie, wenn Sie den Pinsel in die nach oben gedrehte Handinnenfläche legen.

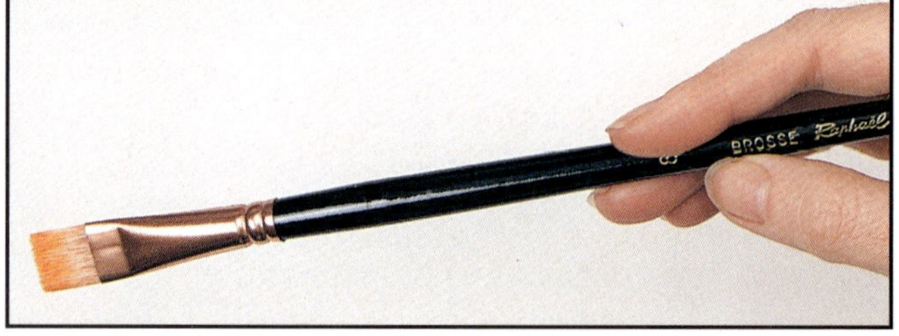

Schrägstriche
Kurze Schrägstriche, die sich weder vermischen noch einander überlagern, bringen Bewegung ins Bild. Probieren Sie verschiedene Arten aus – von kurzen Tupfen bis zu flüssigen, langen Strichen.

Naß-in-Naß
Bei dieser Technik malt man in eine noch nasse Schicht mit neuer Farbe hinein, so daß sich die beiden Farben teilweise miteinander vermischen.

Abdämpfen
Beim Abdämpfen wird eine spröde, halbtransparente Farbschicht über eine bereits trockene gelegt. Man arbeitet mit kräftigen, schrubbenden Bewegungen und so trockener Farbe, daß der Untergrund sichtbar bleibt.

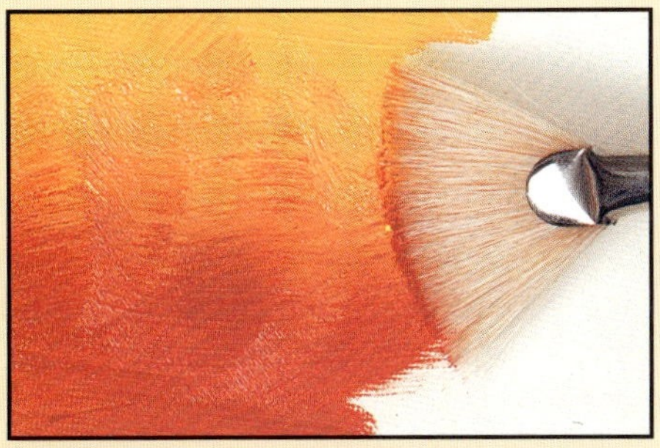

Verläufe
Legen Sie zwei breite Farbstreifen nebeneinander, und verwischen Sie den Übergang mit einem sauberen Pinsel. Farbe, die sich auf dem Pinsel ansammelt, streifen Sie mit einem Tuch ab. Ein Fächerpinsel eignet sich besonders gut für weiche Verläufe.

Trockener Pinselstrich
Beim trockenen Pinselstrich soll die Struktur des Untergrundes sichtbar bleiben. Die Leinwandtextur prägt den Farbauftrag. Die Ölfarbe wird nicht oder nur wenig verdünnt und in kleinen Mengen mit dem Pinsel aufgenommen. Man schrubbt über den Malgrund und hinterläßt einen gebrochenen Farbauftrag. Diese Technik ist interessant, weil man mit wenig Mühe markante Effekte erzeugen kann.

Farbtupfen
Diese Technik wandten vor allem die Impressionisten an. Die Farben werden in isolierten Tupfen rein aufgetragen. Die Farbmischung entsteht optisch, wenn man das Bild aus einer gewissen Entfernung betrachtet. Die Farbe wird dick und trocken aufgetragen, damit die Tupfen ihre Form bewahren.

REINIGUNG DER PINSEL

Wenn Sie Ihre Pinsel gut pflegen, werden sie Jahre halten. Die Pinsel müssen nach der Arbeit immer gut gesäubert werden, sonst trocknet die Farbe ein.

1 Wischen Sie den Pinsel mit einem Lappen ab. Schwenken Sie ihn in Terpentin oder Spiritus, reiben Sie die Haare dabei am Rand des Behälters entlang. Trocknen Sie den Pinsel mit einem Tuch gut ab. Nun wird er unter Wasser gehalten und über ein Stück Seife gerieben. (Verwenden Sie nie heißes Wasser – der Metallschaft könnte sich dehnen und einen Ausfall der Haare auslösen.)

2 Reinigen Sie ihn – mit sanften kreisenden Bewegungen – in der hohlen Hand, bis sich Schaum gebildet hat. Spülen Sie ihn aus, und wiederholen Sie den Vorgang, bis der Schaum klar ist.

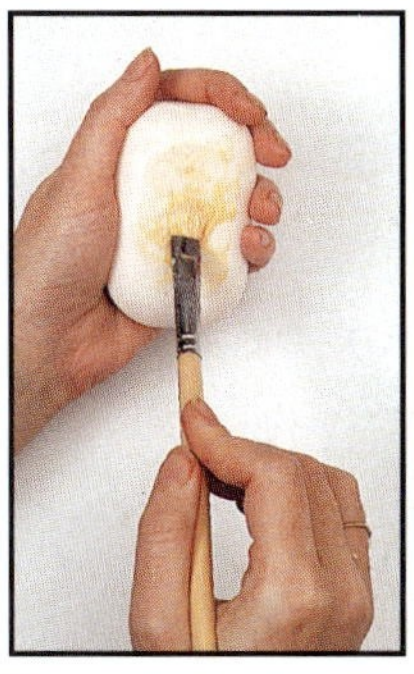

1

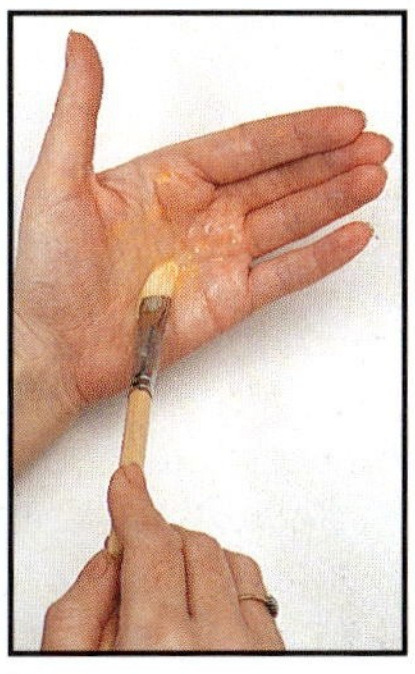

2

PROJEKT

GETREIDE-FELDER

Die wogenden Ähren, der staubige Weg, das volle, fein ziselierte Laub des herbstlich goldenen Baumes, die dichten Baumgruppen und die Mauer im Vordergrund – alle diese Elemente werden Ihnen reichlich Gelegenheit bieten, lebendige Strichvarianten auszuprobieren.

1 Skizzieren Sie die Elemente der Komposition mit einem weichen Bleistift.

2 Das stechende Weiß des Malgrundes kann sich störend auf das Farbempfinden auswirken. Häufig grundiert man deswegen das Bild (Flachpinsel Nr. 4). Verdünnen Sie zu diesem Zweck die Farben mit viel Terpentin: Für die Getreidefelder nehmen Sie Neapelgelb, für das Gras im Vordergrund und den Laubbaum Kadmiumgelb zitron, gemischt mit wenig Ultramarin. Das Grau der Mauer entsteht aus Cölinblau und Vandyckbraun, gemischt mit Weiß, der Weg aus Lichtem Ocker mit Vandyckbraun.

3 Der Sommerhimmel leuchtet in zartem, mit Weiß abgetöntem Cölinblau. Schwungvolle, kurze Striche formen die Baumgruppen im Mittelgrund (Chromoxidgrün mit Ultramarin, Flachpinsel Nr. 2). Verwenden Sie ziemlich trockene Farbe, und versuchen Sie, Leben in das Grün zu bekommen.

4 Die Bäume werden ins Sonnenlicht getaucht: Tragen Sie wieder mit kurzen Schwüngen eine Mischung aus Kadmiumgelb zitron und Cölinblau auf. Die Hecken in der Ferne werden mit dem Rundpinsel Nr. 2 gemalt. Geben Sie der Mischung ein wenig Blau und Weiß hinzu und kein Verdünnungsmittel, so daß die Pinselstriche sichtbar bleiben. Für die Schatten in den Hecken verdunkeln Sie die Mischung mit Chromoxidgrün.

MATERIAL

Malkarton (61 x 51 cm)
Bleistift und Radiergummi
Borstenpinsel: flach Nr. 2 und Nr. 4, rund Nr. 2 und Nr. 6
Farben: Ultramarin, Kadmiumgelb zitron, Neapelgelb, Cölinblau, Titanweiß, Lichter Ocker, Vandyckbraun, Chromoxidgrün feurig, Karmin, Kadmiumgelb mittel, Kadmiumrot
Leinöl gereinigt
Terpentin
Palettstecker
Palette

5 Der zarte, goldgelbe Ton der entfernten Felder besteht aus nur unvollkommen vermengtem Neapelgelb und Weiß (Flachpinsel Nr. 4). Beleben Sie die Fläche mit einzelnen Strichen aus Weiß, gemischt mit Cölinblau und Chromoxidgrün. Tragen Sie die Farbe unverdünnt mit einem sehr flach angesetzten Pinsel nur ganz leicht auf, und folgen Sie dabei den Formen der Hügel.

5

6 Der Weg erhält eine scheckige Mischung aus Vandyckbraun, Lichtem Ocker und Weiß, die recht trocken mit dem Rundpinsel Nr. 2 aufgetragen wird. Nach vorne hin laufen die Striche flüchtig aus. Dieser Bereich wird später gemalt. Für die Mauer wird die Mischung mit Weiß aufgehellt.

6

7 Noch fehlt dem Weg Tiefenwirkung. Man erreicht sie, indem man nach hinten hin die waagrechten Pinselstriche immer enger aneinander setzt. Verwenden Sie verschiedene Mischungen aus Vandyckbraun, Lichtem Ocker und Weiß, und variieren Sie die Brauntöne und die Pinselstriche, um dem Weg eine ungleichmäßige Oberfläche zu verleihen.
Für die Kornfelder im Vordergrund brauchen Sie einen warmen, nicht zu homogenen Gelbton, der aus Lichtem Ocker, Neapelgelb und Weiß gewonnen wird. Lange, waagrechte Striche vor der Mauer (Flachpinsel Nr. 4) gehen in kurze, senkrechte Striche im Vordergrund (Rundpinsel Nr. 2) über. Dieser feine strukturelle Kontrast verleiht dem Bild Tiefe. Achten Sie darauf, daß sich während des Malens Gelb und Weiß nicht vollständig vermischen, damit das Bild lebhaft bleibt. Schatten deuten Sie vereinzelt aus Lichtem Ocker, gemischt mit Cölinblau an. Am Rain wird der harte Farbübergang mit wischenden Pinselstrichen abgemildert.

7

8

8 Kurze, blockartige Pinselstriche bauen die Mauer im Vordergrund auf. Mischen Sie dazu Karmin, Vandyckbraun und Cölinblau mit Weiß (Flachpinsel Nr. 4). Die entfernte Mauer erhält denselben Farbton mit einer Spur mehr Blau (Flachpinsel Nr. 2).

9

9 Rötliche und graue Farbtöne modellieren das rauhe, von der Sonne beschienene Mauerwerk. Der Grauton wird aus Cölinblau, Vandyckbraun und etwas Weiß gemischt. Der dunkle Rotton entsteht aus Neapelgelb, Lichtem Ocker und Karmin, der helle aus der gleichen Mischung mit etwas Weiß. Zuletzt setzen Sie mit Vandyckbraun dunkle Schatten in die Mauerritzen.

10

10 Die rissige Rinde des mächtigen Baumstammes entsteht durch trockene Striche in kräftigem Vandyckbraun (Flachpinsel Nr. 4). Die Lichtstellen gestalten Sie mit dem Rosaton der Mauer (Flachpinsel Nr. 2).

11 Die prächtige Krone des Baumes füllt sich mit Laub: Tragen Sie mit dem Rundpinsel Nr. 6 dicke Tupfen unverdünnter Farbe auf (Kadmiumgelb zitron und Weiß, gemischt mit Chromoxidgrün). Der Pinsel wird senkrecht gehalten.

11

12

12 Dunkeln Sie die Mischung mit etwas Chromoxidgrün ab, und gestalten Sie die Schattenbereiche der dichten Krone. Weg und Kornfeld werden von dem Baum beschattet: Mischen Sie Cölinblau mit etwas Vandyckbraun. Beschwingte Striche ergänzen das lange Gras im Vordergrund. Verwenden Sie dafür dieselben Farbtöne, in denen das Laub des Baumes gemalt wurde.

13 Nun ist das Bild fast fertig, nur der Himmel harrt noch seiner malerischen Gestaltung. Modellieren Sie Wolken aus Cölinblau, gemischt mit Weiß (Flachpinsel Nr. 2). Vermeiden Sie harte Übergänge!

13

14

14 Zarte Tupfen aus Kadmiumrot lassen zwischen dem langen Gras Mohnblumen erblühen (Rundpinsel Nr. 2).

Wenn Sie dieses Projekt beendet haben, sind Sie mit den meisten wichtigen Pinseltechniken des Ölmalens vertraut – und Sie sollten sich nun in der Lage fühlen, es mit fast jedem Motiv aufzunehmen!

LICHT UND SCHATTEN

Stilleben stellen hohe Anforderungen an Beobachtungsgabe und Kunstfertigkeit, sind aber einfach zu arrangieren: Man kann sie aus allen möglichen Dingen zusammenstellen. Sind sie aufgebaut, läßt man sie stehen, bis das Werk vollendet ist. An einem Stilleben können Sie ausgiebig üben, in Ruhe die Farben mischen, Oberflächenstrukturen sowie Licht und Schatten studieren.

Die Formen zu modellieren, ist nicht einfach und verlangt ein geübtes Auge. Zuerst sind sie perspektivisch korrekt zu erfassen. Sie würden jedoch trotzdem platt wie der Malgrund bleiben, wenn es dem Maler nicht gelänge, Licht und Schatten exakt anzulegen. Unser Auge erfaßt die Räumlichkeit von Objekten über die Wahrnehmung von Schatten, Lichtseiten und Glanzlichtern. Wenn sie – wie etwa bei Nebel – fehlen, können wir ihre Räumlichkeit kaum noch einschätzen.

Wie bereits ausführlich erläutert (vgl. S. 9), haben Farben drei Eigenschaften: den Farbton (rot oder grün usw.), den Farbwert (hell oder dunkel) und die Intensität (leuchtend oder stumpf). Beim Modellieren der Form ist der Farbwert wichtig. Licht beeinflußt aber auch den Farbton. So können Schattenseiten eines einfarbigen Gegenstandes einen ganz anderen Farbton aufweisen als die Lichtseiten.

Bei runden Objekten kommt eine besondere Schwierigkeit hinzu: Licht- und Schattenbereiche sind nicht scharf voneinander getrennt und verlangen eine sorgsame Verlaufstechnik. Die buttrige Konsistenz der Ölfarben kommt dem Maler hier entgegen, wenn die Farben naß-in-naß aufgetragen werden.

Stilleben sind eine Herausforderung für jeden Künstler. Die Darstellung lebloser unbewegter Dinge erfordert genaue Beobachtung und sorgfältige Komposition. Besonders wichtig ist es, das Entstehen und Wirken von Licht und Schatten zu studieren.

Beachten Sie, mit welcher Lebendigkeit und doch genau beobachteter Präzision die Schatten in diesem Ausschnitt eines Stillebens von Lucy Willis eingesetzt sind (*links*). Die ausgefeilte Modellierung verleiht den Gegenständen ein hohes Maß an Plastizität und dem Bild Tiefe. Mit welchen Techniken Sie dies erreichen, lernen Sie in unserem

ABSTUFUNGEN

Ein kleiner Versuch wird Ihnen verdeutlichen, wie Licht und Schatten den Tonwert verändern. Biegen Sie ein weißes Blatt Papier so, daß es eine halbe Röhre beschreibt, und beleuchten Sie diese von der Seite mit einer Lampe. Es zeigt sich ein Helligkeitsverlauf von strahlendem Weiß auf der Seite der Lichtquelle bis zu dunklem Grau auf der Schattenseite, **1**.
Einen solchen Verlauf erfassen Sie beim Malen leichter, wenn Sie sich vorstellen, er bestünde aus getrennten Tonwertbereichen, **2**.

1

2

VERLÄUFE

Da Ölfarben langsam trocknen, lassen sie sich in aller Ruhe zu gleichmäßigen Verläufen (Übergang zweier Farben, *oben*) und Abstufungen (eine Farbe, deren Helligkeit sich ändert, *unten*) vermalen. Im ersten Fall legen Sie zwei breite Bänder der beiden Farben direkt nebeneinander, im zweiten Fall lösen Sie die Helligkeitsabstufung, wie *links* beschrieben, in mehrere Farbbänder auf, die direkt aneinander stoßen. Verstreichen Sie nun mit dem Pinsel die Grenzen zwischen den Farben, bis sie kontinuierlich ineinander übergehen. Lebhaft ist der Effekt, wenn die Pinselstriche sichtbar bleiben (*oben rechts*).

EIN STILLEBEN AUSLEUCHTEN

Wenn Sie ein Stilleben arrangieren, achten Sie auf eine eindeutige Lichtquelle, die klar definierte Schatten entstehen läßt. Auch zwei seitliche Lichtquellen können interessante Kompositionen ergeben, die jedoch schwieriger zu malen sind. Am besten wirkt ein Licht, das von hinten kommt (*links*). Liegt die Lichtquelle vor dem Gegenstand, kann es dem Anfänger leicht passieren, daß der Gegenstand flach und formlos wirkt (*oben*).

MEDITERRANES STILLEBEN

Das Licht des Südens läßt vielgestaltige Wirkungen zu: Mittags kann die Sonne das Auge mit gleißendem Licht und harten Schlagschatten quälen, abends dagegen, wie in unserem Stilleben, taucht sie die Gegenstände in warmes Licht, das die Oberflächen sanft modelliert.

1

1 Deuten Sie mit einem weichen Bleistift die Komposition an.

2 Der Himmel wird mit einem Gelbton grundiert, der später unter dem Blau hindurchschimmern soll: Mischen Sie Kadmiumgelb mit Lichtem Ocker, und verdünnen Sie das Ganze mit etwas Terpentin. Mit einem sauberen Tuch wischt man die Farbe ab, bis nur noch eine leichte Tönung übrigbleibt.

MATERIAL

Ölmalpapier
Bleistift (2B) und Radiergummi
Borstenpinsel: flach Nr. 4, katzenzungenförmig Nr. 8, Haarpinsel: rund Nr. 6
Farben: Kadmiumgelb, Lichter Ocker, Cölinblau, Titanweiß, Ultramarin, Umbra natur, Scharlachlack, Siena gebrannt
Palette
Terpentin (oder Spiritus)
Palettstecker oder ein kleines Gefäß
Lappen zum Reinigen

2

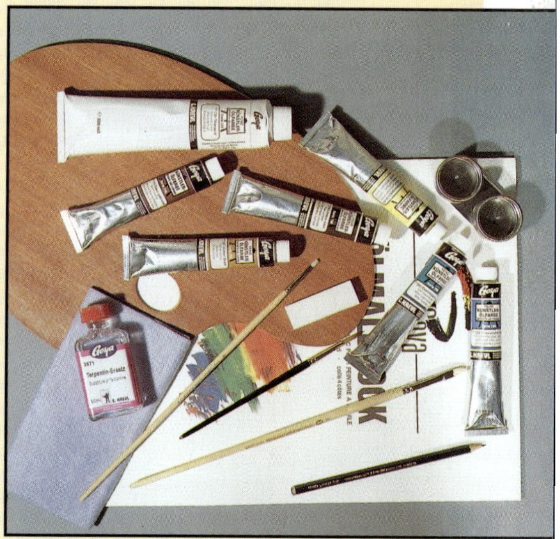

3

3 Nun legen Sie eine dicke Farbschicht aus Cölinblau, Titanweiß und wenig Ultramarin über den gelben Untergrund. Decken Sie ihn nicht ganz ab, er belebt den Hintergrund und taucht ihn in ein warmes Licht. Zudem wird das durchscheinende Gelb mit dem gelb-rötlichen Ton des Vordergrundes harmonieren, was dem Bild Geschlossenheit verleiht. Die französischen Impres-

4 Nun wendet man sich der Gestaltung des Tischtuches zu. Verwenden Sie Kadmiumgelb mit einem Hauch Lichten Ockers und Titanweiß. Arbeiten Sie frei von Hell zu Dunkel. Die Schatten legen Sie naß-in-naß mit einer Mischung aus Umbra gebrannt und Ultramarin an.

5 Die feinen Tonwertübergänge des Kruges lassen sich in einen dunklen, einen mittleren und einen hellen Bereich aufteilen. Verwenden Sie für die hellen Töne eine Mischung aus Scharlachlack mit Siena gebrannt und Lichtem Ocker. Für die mittleren wird mehr Siena zugegeben und für die dunkleren ein Hauch Ultramarin.

4

5

6

6 Wo die Sonne den Krug bescheint, glüht er in warmem Goldton. Diesen Eindruck erzeugt man, indem man mit Lichtem Ocker die noch nasse Farbe aufhellt (Pinsel Nr. 8). Lassen Sie ruhig die Pinselspuren sehen! Um den Rand leuchten zu lassen, mischen Sie Kadmiumgelb, Lichten Ocker, Umbra natur und Siena gebrannt. Die dunkle Öffnung zur Innenseite des Kruges erhält einen Ton aus Umbra natur, während für die helleren Bereiche Lichter Ocker mit Titanweiß vermischt wird.

7

7 Schatten unter dem Henkel und dem Krugrand sorgen für Plastizität. Mischen Sie Siena gebrannt mit Ultramarin für die sehr dunklen Schatten (Rundpinsel Nr. 6). Wo sie etwas heller werden, fügen Sie eine Spur Weiß zu. Testen Sie die Mischungen auf einem separaten Stück Papier.

8 An vereinzelten Stellen werden die Konturen des Kruges mit einer Mischung aus Siena gebrannt und Umbra natur verstärkt. Geben Sie Lichtem Ocker eine Spur Scharlachlack zu, und malen Sie mit dem Pinsel Nr. 8 die hellen Partien der Orangen. Die Farbe wird locker aufgetragen.

9 Für die mittleren Töne fügen Sie der Orange-Mischung etwas Ultramarin zu und die hellsten gestalten Sie aus Scharlachlack mit Kadmiumgelb. Mit Cölinblau leicht abgetöntes Titanweiß ergibt die Glanzlichter.

10 Modellieren Sie die Schattenbereiche mit einer Mischung aus Umbra natur, Ultramarin, Kadmiumgelb und Scharlachlack. Zum Abschluß werden die Blütenansätze mit Ultramarin und dem weichen Pinsel Nr. 6 eingezeichnet.

11 Die Unterseite der Schale wird mit einer Mischung aus Titanweiß, Ultramarin und Umbra natur bedeckt. Bemalen Sie auch die Innenseite der Schale mit dieser Farbe. Wo sich die Orangen spiegeln, geben Sie einen Hauch Orange (Lichter Ocker und Scharlachlack) hinzu. Für den Schalenrand mischt man Titanweiß mit

12 Modellieren Sie nun mit dem weichen Rundpinsel Nr. 6 die feinen Abstufungen von Licht und Schatten an der Schale. Studieren Sie die Übergänge genau: Wo sind sie hart, wo weich? Die tiefsten Schatten auf der Unterseite erhalten einen Ton aus Umbra natur und Siena gebrannt.

13 Feine Details geben dem Bild seinen letzten Schliff. Der Rand des Kruges blitzt außen und innen im Licht (Titanweiß mit Cölinblau). Die dunklen Schatten auf der Unterseite der Schale werden durch Ultramarin mit einem Hauch Umbra natur verstärkt. Dieselbe Mischung verwenden Sie für die tiefen Schatten unter dem Rand und am Fuß des Kruges. Überarbeiten Sie noch einmal die Oberfläche des Kruges mit einer Mischung aus Kadmiumgelb, Scharlachlack und Titanweiß.

Sie haben nun Erfahrung mit der Naß-in-Naß-Technik gesammelt und wissen, wie man weiche Verläufe und Helligkeitsabstufungen erreicht, so daß die Gegenstände plastisch geformt erscheinen.

DIE SPRACHE DER FARBEN

Die Farben eines Bildes sprechen unmittelbar zu uns. Sie können beruhigend wirken, oder aber heftige Gefühle auslösen. Der Maler muß ihre Wirkung kennen und die Farben gezielt mischen können. In dieser Lektion führen wir Sie in die Farbenlehre ein und zeigen Ihnen, wie sie anzuwenden ist.

In der Regel können wir einer Schwarzweißfotografie alle Informationen entnehmen, die wir zur Identifikation von Gegenständen brauchen. Die Abstufungen in der Helligkeit geben uns Aufschluß über Entfernung und Räumlichkeit von Objekten. Welche Rolle spielen dann noch die Farben? Farben versorgen uns mit Zusatzinformationen. So verrät uns etwa der Farbton eines Laubbaums die Jahreszeit. Aber abgesehen von diesen Zusatzinformationen liegt die Kraft der Farbe in einem anderen Bereich: Farben sprechen unsere Gefühle an. Rot wird als aggressiv empfunden, als heiß, gefährlich, laut oder auch als vulgär. Blautöne wirken ruhig, kühl, zurückweichend, defensiv. Diese Farbwirkungen kann man beim Malen bewußt einsetzen, um beim Betrachter bestimmte Gefühle auszulösen (zu warmen und kalten Farben vgl. S. 165–170).

Auch das Zusammenspiel der Farben wird sorgfältig bedacht: Farben, die harmonieren – wie etwa Komplementärfarben –, rufen angenehme Gefühle hervor, während disharmonische Farbtöne das Auge empfindlich stören können. Verwenden Sie zu viele leuchtende Farben, wird das Resultat schreiend grell. Lauter ruhige Töne miteinander kombiniert, langweilen den Betrachter.

In dieser Lektion führen wir Sie in die

wenigen Farben viele Töne zu mischen. Maler wie Tizian (1487–1576), Rubens (1577–1640) und Rembrandt (1606–1669) hatten weit weniger Farben auf Ihrer Palette, als uns heute zur Verfügung stehen. Aber sie kannten Ihre Farben gut und erzielten durch geschicktes Mischen ein reiches Farbenspektrum. Wir besprechen auf den folgenden Seiten vor allem auch die Komplementärfarben, die einen wichtigen Beitrag zur Gesamtwirkung eines Bildes leisten können.

In unserem Projekt „In einer Bucht“ (*oben*) beschränken wir uns auf drei Farbtöne und Weiß. Sie lernen, durch gezieltes Mischen verschiedenste Farbtöne zu erzeugen. Auch L. Tuxen (1853–1927) begnügte sich mit einer kargen Palette, als er das Meer vor der Küste Albaniens malte (*unten*).

Rot, Blau und Gelb sind nach der Farbenlehre die drei Grundfarben, die zusammen mit den Farben zweiter Ordnung, Orange, Grün und Violett, den sogenannten Farbkreis ergeben (**1**). Wie Sie sehen, liegen die mischbaren Zweitfarben zwischen den Grundfarben, aus denen sie gewonnen werden: Rot und Gelb ergeben Orange, Gelb und Blau führt zu Grün, Blau und Rot läßt Violett entstehen. Farben dritter Ordnung (etwa Gelbgrün, Orangerot usw.) erhalten Sie, wenn Sie Farben miteinander mischen, die direkt nebeneinander liegen. Der Farbkreis läßt sich auf diese Weise unendlich erweitern. Als Leitlinie ist der Farbkreis beim Mischen sehr nützlich. Allerdings ist zu bedenken, daß in allen Farben, die Sie benutzen, Spuren anderer Farben enthalten sind. Sie werden in Ihrem Sortiment kein reines Rot finden. Der Farbton der Zweit- und Drittfarben hängt aber von den Farbnuancen der Erstfarben ab.

Der Farbkreis sagt uns auch etwas über das Verhältnis der Farben zueinander. Farben, die einander gegenüberliegen, werden Komplementärfarben genannt. Komplementärfarben steigern sich gegenseitig in ihrer Leuchtkraft. Vergleichen Sie die Zusammenstellung von Blau und Orange mit der von Rot und Orange (**2**): Im ersten Fall springen beide Farben lebhaft ins Auge, während sie im zweiten Fall unauffällig bleiben. Man meint, auch einen leichten Helligkeitsunterschied zwischen den beiden eingeschlossenen Orangetönen wahrzunehmen.

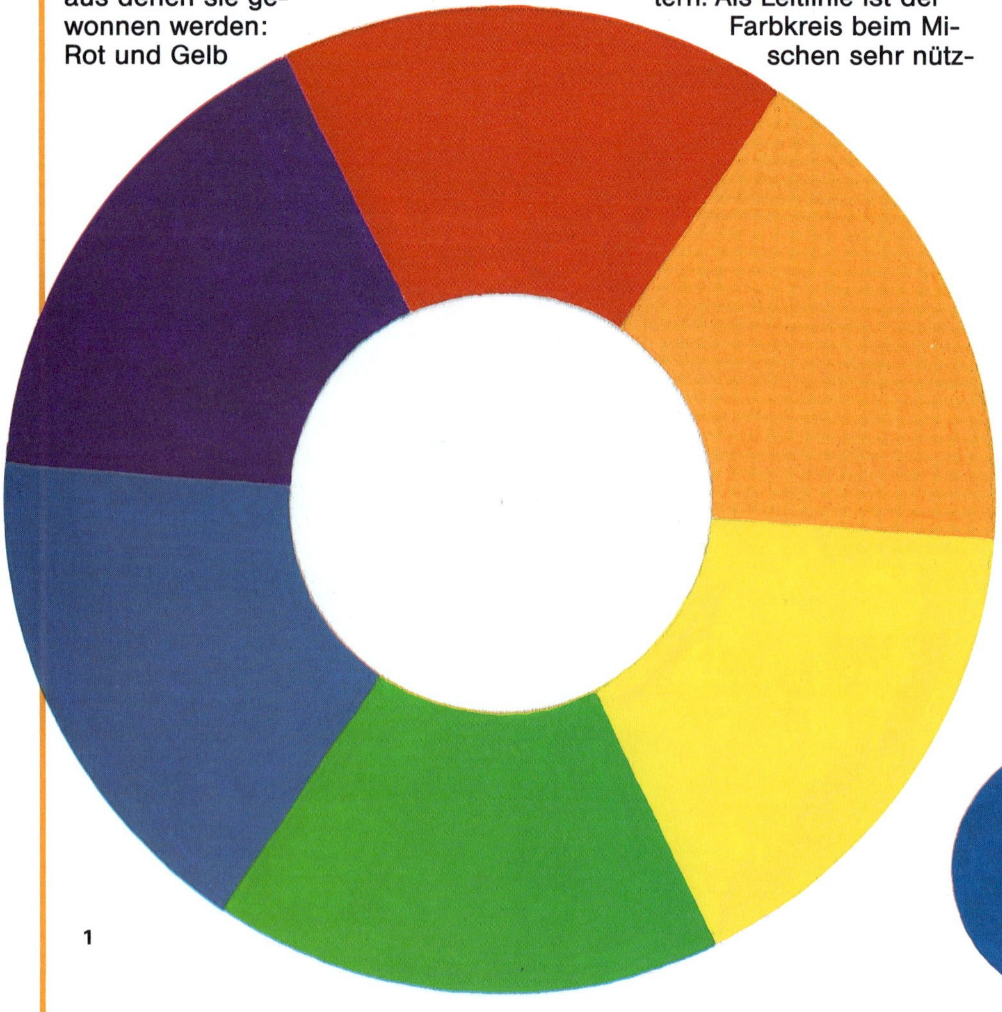

1

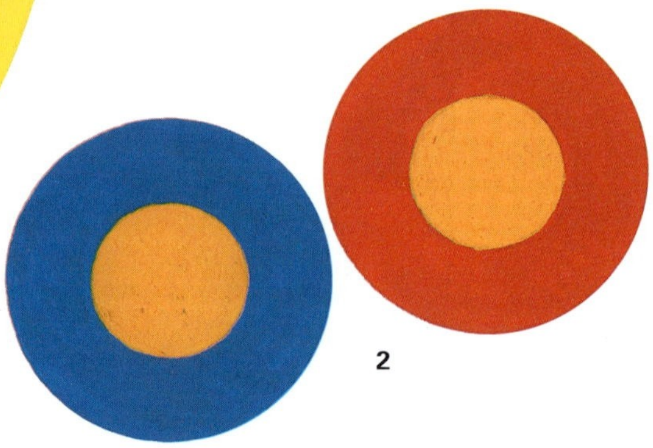

2

KOMPLEMENTÄRFARBEN

Die Entdeckung der komplementären Farben geht auf Michel-Eugène Chevreul zurück, einen Gelehrten des 19. Jahrhunderts. Er zeigte, daß eine kräftige Farbe, wie etwa Rot, ihre Umgebung mit einem Farbton ihrer komplementären Farbe Grün überstrahlt. Immer sind die Wirkungen von Farben abhängig von der Farbumgebung, in der sie stehen. Wenn Sie daran zweifeln, wird Sie das folgende Experiment überzeugen.

Die Komplementärfarbe entdecken
Halten Sie das Buch auf Armeslänge entfernt, und fixieren Sie den roten Kreis rechts (**3**) etwa 30 Sekunden lang. Wenn Sie danach sofort auf ein weißes Blatt schauen, werden Sie einen leichten Widerschein des Kreises in seiner Komplementärfarbe entdecken. Betrachten Sie den roten Kreis lange genug, können Sie sogar direkt sehen, wie er die Umgebung überstrahlt: an seinem Rand bildet sich ein grüner Kranz.

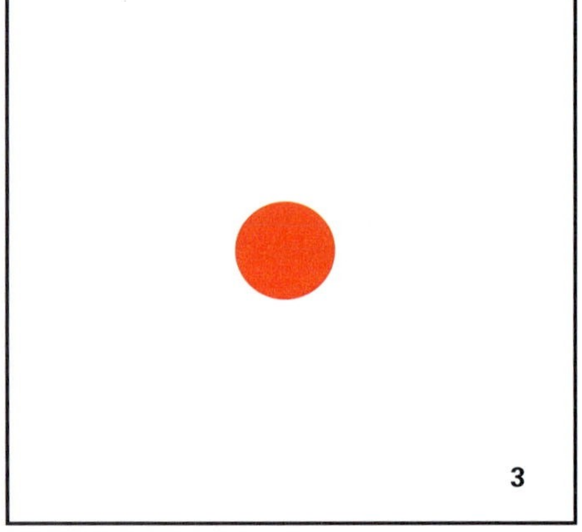

3

IN DER BUCHT

Unser Projekt führt uns in eine farbenfrohe, von der Sonne beschienene Bucht. Sie lernen ein kräftiges Blau, ein mildes Gelb und einen warmen Rotton so geschickt miteinander zu mischen, daß sich ein reiches Farbenspiel ergibt. Mit Weiß modellieren Sie Licht und Schatten und beeinflussen die Intensität der Farben. Daß diese Szene trotz blasser Farben ungewöhnlich leuchtet, verdankt sie den Komplementärfarben.

MATERIAL

Leinwand oder Malkarton
Bleistift (3B) und Radiergummi
Borstenpinsel: katzenzungenförmig Nr. 6, rund Nr. 2, Kunsthaarpinsel: rund oder flach Nr. 1
Farben: Titanweiß, Ultramarin, Lichter Ocker, Rotocker
Palette
Leinöl und Terpentin (oder Spiritus)
Palettstecker oder zwei kleine Gefäße
Lappen zum Reinigen

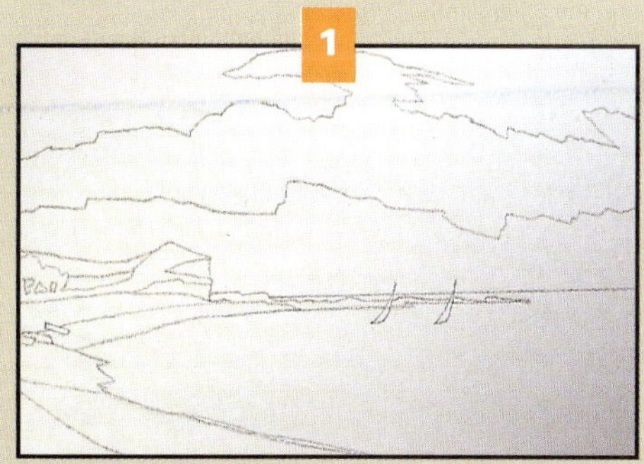

1 Zeichnen Sie mit einem weichen Bleistift (3B) die Konturen der Szene vor.

2 Den strahlenden Himmel im Vordergrund malen Sie mit einer mittelblauen Mischung aus Ultramarin und Titanweiß. Arbeiten Sie mit langen Strichen, und verdünnen Sie eventuell die Farbe (Pinsel Nr. 6). Ein Rechtshänder trägt die Farbe von links nach rechts auf. Die Wolkenränder werden sorgfältig mit der Kante des Pinsels modelliert.

3 Tönen Sie für das entferntere Himmelsstück unterhalb der Wolken die Mischung mit wenig Weiß und Lichtem Ocker ab.

4 Reinigen Sie den Pinsel mit einem Tuch, und legen Sie über die nasse hellblaue Farbschicht am unteren Rand der Wolken ein paar Striche der ersten mittelblauen Mischung

5 Wischen Sie den Pinsel wieder ab, und mildern Sie den Übergang zwischen den beiden Blautönen mit leichten Pinselstrichen. Bemühen Sie sich nicht um eine per-

6 Die Horizontlinie wird mit Mittelblau akzentuiert. Verwischen Sie wieder den harten Übergang zwischen den beiden Farbtönen

6

mit dem sauberen Pinsel. Der Himmel entfaltet inzwischen eine starke Tiefenwirkung. Wenden Sie sich der Wolke zu, und gestalten Sie mit nicht zu regelmäßigen Blau-Weiß-Mischungen das Innere. Die Ränder läßt man frei.

7 Die zarten Wolkenränder entstehen aus Lichtem Ocker, gemischt mit Titanweiß. Führen Sie die Farbe bis ans Blau heran, und lassen Sie vorerst die harten Übergänge stehen. Wenn der Pinsel dabei blaue Farbe aufnimmt, wischen

7

Sie ihn ab und nehmen wieder Gelb auf. Zuletzt setzen Sie mit Lichtem Ocker und nur wenig Weiß dunklere Akzente. Säubern Sie den Pinsel mit dem Tuch, und mildern Sie zu harte Farbübergänge ab.

8

8 Die Sonne läßt den oberen Wolkenrand hell strahlen. Überarbeiten Sie den Rand mit Titanweiß und dem Rundpinsel Nr. 2. Überlegen Sie sich, wo kleine Lichtreflexionen sein müssen, wenn die Sonnenstrahlen von rechts oben auf die Wolke treffen. Betrachten Sie die Wirkung des bisher Gemalten, und ergänzen Sie mit reinen Farben den einen oder anderen leuchtenden Akzent.

9

9 Ein stumpfes Grün erhalten Sie aus Lichtem Ocker, Ultramarin und Titanweiß. Malen Sie Gras und Bäume. Den entfernten Feldern verleihen Sie einen Ton aus Lichtem Ocker und Titanweiß. Zuletzt legt man mit Ultramarin Schatten in das Grün.

10 Für das Meer am Horizont wird ein dunkles Mittelblau gemischt. Nach der Landzunge folgt ein heller Ton, der nach vorne hin in kräftige Blau- und Grüntöne übergeht. Die Farbfläche soll am Horizont gleichmäßig sein und zum Vordergrund hin die Pinselstriche sehen lassen.

11 Die Klippen und die Felsen im Meer erhalten einen Farbton aus Rotocker, Lichtem Ocker und Titanweiß (Pinsel Nr. 2).

10

11

12 Der steinige Strand wird aus mehreren blassen Rosa-, Blau- und Grautönen zusammengesetzt. Verwenden Sie Mischungen aus Rotocker, Ultramarin und Titanweiß, und setzen Sie die Striche dicht aneinander und teilweise auch übereinander. Glätten Sie die Pinselstriche und Farbunterschiede nicht! Wenn Sie nachträglich Partien aufhellen oder abdunkeln wollen, arbeiten Sie einfach in die nasse Farbe hinein.

13 Das Meer wird im Vordergrund mit dunklen Farben und langen Pinselstrichen weiter ausgearbeitet. Die Wellenbewegungen geben Sie mit blauen und grünen Strichen wieder.

14 Nun werden Farbtöne besser einander angepaßt. Klippen und Felsen wirken im Verhältnis zum Meer zu hell und rücken deswegen zu weit nach vorne. Sie werden mit Orange abgemildert. Vielleicht erscheint bei Ihnen der Himmel zu blaß und strahlt nicht. Wenn Sie den Anteil des Lichten Ockers in den Wolken erhöhen, bringt der Orangeton das Blau besser zum Leuchten.

15 Die runden Steine am Strand werden mit reinem Ultramarin konturiert. Malen Sie mit dem feinen Rundpinsel Nr. 2. Lassen Sie die Steine nach hinten hin immer kleiner werden, bis sie in leichte Pinseltupfen auslaufen. Kleine Stellen aus Lichtem Ocker, gemischt mit Rotocker, beleben den Strand. Dickes Ultramarin mit wenig Weiß modelliert die Wellentäler im

16 Die Wellenkämme werfen Schatten nach links, während ihre rechte Seite im Licht leuchtet. Modellieren Sie die Wellen im Rhythmus des Auf und Ab der Wasserbewegung. Verwenden Sie Blautöne aus Ultramarin mit Titanweiß und Grüntöne aus Lichtem Ocker, Ultramarin und Weiß. Der Vordergrund rückt durch kräftige Farben näher. Wenige Tupfen aus Lichtem Ocker und Weiß deuten Sonnenlicht an.

16

17

17 Die Schaumkronen werden reliefartig mit wilden, variantenreichen Bewegungen in die nasse Farbe gesetzt (Pinsel Nr. 6). Man nimmt so viel Titanweiß, daß der Pinsel selbst den Malgrund nicht berühren muß. Wenn Sie die Farbe schwungvoll hochziehen, bilden sich Fäden, die wie Gischtspritzer aussehen. Säubern Sie den Pinsel häufig.

18 Zuletzt werden die Boote auf dem Strand und im Meer mit der Kante des Flachpinsels Nr. 1 in das Bild eingefügt. Wenn die Wolken am Horizont im Vergleich zu den Schaumkronen zu blaß erscheinen, werden sie mit Titanweiß deutlicher modelliert. Lassen Sie das Bild trocknen! Kleine Details und feine Farbveränderungen lassen sich im nachhinein leicht vornehmen.

Das fertige Bild liegt vor Ihnen, und Sie werden überrascht sein, wie pulsierend farbig und leuchtend es wirkt, obwohl Sie nicht mehr als vier Farben verwendet haben.

18

IMPRESSIONISTISCHE MALTECHNIK

Das bewegte Spiel von Licht und Schatten einzufangen, ist das Ziel der impressionistischen Malweise. Die verschiedenen Farbtöne werden nicht auf der Palette fertig gemischt, sondern durch Farbtupfen erzeugt, die sich zu bestimmten Farbwirkungen erst im Auge des Betrachters zusammenfügen.

Die kleine Seine-Insel La Grenouillère gab den Anstoß: Um das funkelnde Licht auf dem Wasser und die beweglichen Lichtmuster unter dem Blätterwerk einzufangen, erfanden Claude Monet (1840–1926) und Pierre-Auguste Renoir (1841–1919) im Sommer 1869 die impressionistische Maltechnik. Bis dahin hatten die Künstler die Farben auf ihren Paletten gemischt, bevor sie auf die Leinwand kamen. Licht und Schatten modellierten sie in zarten Verläufen.

Ein Farbmosaik

Die Impressionisten brachen radikal mit dieser über Jahrhunderte bewährten Tradition. Sie verließen Ihre Ateliers und begaben sich in die freie Natur. Dort reihten sie – ohne Verläufe – Tupfen und fleckige Pinselstriche in reinen Farben aneinander und überließen die Mischung der Farben dem Auge des Betrachters. Keine andere Kunstrichtung hat sich so den Farben und dem Licht verschrieben wie der Impressionismus. Das Objekt und seine Form tritt völlig in den Hintergrund, der Künstler sieht nicht einen Baum, ein Haus usw., sondern – wie es Monet formulierte – hier einen Tupfen Blau, dort einen Streifen

Die impressionistische Maltechnik wird heute noch verwendet, manchmal in reiner Form, häufig gemischt mit anderen Techniken. Auf den nächsten beiden Seiten stellen wir Ihnen einige Methoden vor, wie Sie einen zerlegten Farbauftrag erzeugen können.

Alphonse Asselbergs (1839–1916) Mohnblumenfeld (*oben*) setzt sich aus vielen Tupfen und Strichen verschiedener Farben zusammen, die sich erst im Auge des Betrachters zu Gegenständen zusammenfügen. Solche Bilder müssen aus einer gewissen Entfernung betrachtet werden, damit sich die Punkte und Striche optisch verbinden können.
Unser Projekt (*links*) zeigt einen Marktstand mit südlichen Früchten und farbenfrohen Gemüsesorten. Die Sonne erzeugt ein reiches Licht- und Schattenmuster. Wir malen in einem freien Stil, der

ZERLEGTE FARBE

Auf diesen Seiten finden Sie eine Reihe von Anregungen, wie Sie Farben zerlegen können. Probieren Sie diese Übungen und eigene Ideen auf Ölmalpapier aus, und notieren Sie sich, welche Pinsel und welche Farben Sie verwendet haben. Solche Studien können bei späteren Bildern hilfreich sein. Vergessen Sie nicht, den Pinsel zwischen den Arbeitsgängen immer wieder zu reinigen.

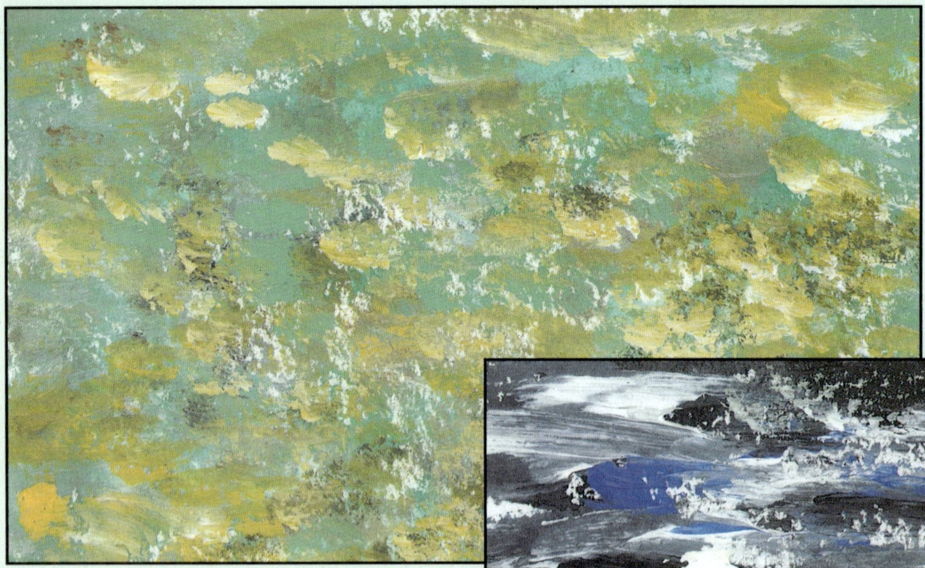

1 Grundieren Sie eine Fläche mit stark verdünntem Chromoxidgrün feurig (Flachpinsel Nr. 6), und lassen Sie die Farbschicht trocknen. Tupfen Sie mit kurzen Strichen Kadmiumgelb, Lichten Ocker, Titanweiß und Paynesgrau auf das Grün.

2 Mit seitlich gedrehtem Flachpinsel Nr. 4 werden lange, waagrechte Striche aus Paynesgrau, Kobaltblau und Titanweiß neben- und übereinander gesetzt.

3 Bemalen Sie eine Fläche mit Kadmiumgelb, und tupfen Sie mit einem kleinen Schwamm Kobaltblau, Elfenbeinschwarz, Lichten Ocker und Titanweiß hinein.

4 Legen Sie naß-in-naß Farbschichten aus Paynesgrau, Kobaltblau und schließlich aus Lichtem Ocker übereinander. Zuletzt tupfen Sie mit der Spitze des Pinsels Titanweiß auf (Flachpinsel Nr. 6).

5 Verwenden Sie Kadmiumrot und Kadmiumgelb direkt aus der Tube, und verstreichen Sie die Farben mit dem Palettmesser, ohne daß sie sich ganz vermischen.

6 Paynesgrau wird sehr dünn mit kurzen Pinselstrichen aufgetragen, die in verschiedene Richtungen gehen. Der Pinsel soll dabei so trocken sein, daß der Malgrund durchscheint. Auf dieselbe Weise folgen nacheinander Kobaltblau und dann Kobaltblau, gemischt mit Titanweiß.

7 Grundieren Sie eine Fläche mit Paynesgrau (Flachpinsel Nr. 10). Nun wird mit trockenem Pinsel und ganz leichtem Strich Kadmiumrot darübergelegt.

8 Senkrechte, überlappende Striche aus Chromoxidgrün, Kobaltblau, Paynesgrau und Weiß werden naß-in-naß aneinandergereiht.

MARKT-STAND

Wir bauen diese farbenfrohe Szene auf einem französischen Markt aus leuchtenden Farbflecken auf, die das Licht- und Schattenmuster auf Obst und Gemüse lebhaft betonen und die fröhliche Stimmung einfangen.

DAS BILD GRUNDIEREN

Grundieren Sie die Malfläche einen Tag, bevor Sie mit diesem Projekt beginnen, so daß sie genügend Zeit zum Trocknen hat. Mischen Sie Paynesgrau mit Titanweiß im Verhältnis 3:2, und verdünnen Sie die Farbe mit Terpentin. Bestreichen Sie die Malfläche mit einem breiten Pinsel.

1 Skizzieren Sie das Motiv auf dem präparierten Untergrund mit Bleistift. Bereiten Sie aus Elfenbeinschwarz, Siena gebrannt und Terpentin eine Mischung vor, und konturieren Sie alle Schattenkanten (Pinsel Nr. 6). Die größten Schattenflächen werden dunkel getönt. Lassen Sie das Bild etwa 20 Minuten trocknen (mit dem Fön können Sie den Trocknungsprozeß beschleunigen).

MATERIAL

Malkarton (61 x 51 cm)
Bleistift
Borstenpinsel: flach Nr. 3, Nr. 6 und Nr. 9
Farben: Titanweiß, Elfenbeinschwarz, Paynesgrau, Lichter Ocker, Chromorange, Kadmiumgelb, Kadmiumrot, Siena gebrannt, Umbra natur, Saftgrün, Kobaltblau, Chromoxidgrün feurig
Palette
Terpentin (Spiritus)
Palettstecker oder zwei kleine Gefäße
Lappen zum Reinigen

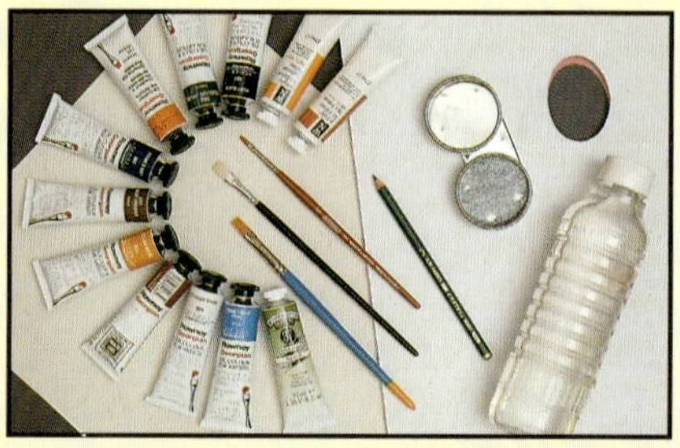

2 Farbflecken aus Kadmiumrot, Chromorange und Titanweiß, verdünnt mit Terpentin, ergeben die hellen Bereiche auf den Gesichtern und nackten Armen der Personen (Pinsel Nr. 6). Für die hellsten Lichtstellen geben Sie der Mischung Weiß zu, für die dunklen Hautpartien eine Spur Umbra natur und Kobaltblau.

3 Säubern Sie den Pinsel, und malen Sie alle Früchte, die einen gelben Ton haben: Verwenden Sie verschiedene Mischungen aus Kadmiumgelb und Weiß.

4

4 Der Pinsel wird gereinigt. Das Hemd des Verkäufers setzt man aus mehreren Graublautönen zusammen (Kobaltblau und Paynesgrau, gemischt mit Titanweiß). Dunkeln Sie die Mischung mit Paynesgrau stark ab, und malen Sie die fast schwarz wirkende Markise im Vordergrund, die Auberginen, die Trauben und alle weiteren dunklen Stellen (vgl. Bild 5).

5 Vorne ist der Tisch mit einem dunklen, grünlichen Tuch verhängt. Verwenden Sie Chromoxidgrün. Für die Schatten wird Paynesgrau zugemischt.

5

6 Mit dem Pinsel Nr. 9 tragen Sie schließlich alle roten Teile des Bildes auf, die Markisen, die Paprikaschoten usw. Verdünnen Sie dazu Kadmiumrot mit Terpentin. Modellieren Sie mit dieser Farbe auch die Schattenseiten der Zitronen im Vordergrund.

6

7

7 Die vereinzelten Baumstämme und Zweige im Hintergrund erhalten einen Ton aus Umbra natur und helle Tupfen Weiß. Malen Sie die Obstkisten mit

8 Arbeiten Sie die Licht- und Schattenseiten der Früchte im Vordergrund heraus: Für die Schatten verwendet man jeweils die ursprünglichen Mischungen und verdunkelt sie mit Paynesgrau. Glanzlichter setzen Sie mit Titanweiß. Nun folgen alle Grüntöne: Die Weintrauben gestaltet man aus Saftgrün (mit Paynesgrau für die Schatten), die kräftig grünen Gemüse aus Chromoxidgrün (und Paynesgrau). Glanzlichter formen Sie wieder mit Titanweiß.

9 Das Bild ist fast fertig. Die gelben Früchte in der Bildmitte erhalten durch Chromorange eine große Leuchtkraft. Das Laub der Bäume tupfen Sie aus Saftgrün, Umbra natur und Weiß auf. Titanweiß mit einem Hauch Kobaltblau läßt die helle Kleidung der Verkäuferinnen im Licht schimmern. Dasselbe Weiß verwenden Sie auch für den Hintergrund. Überarbeiten Sie das Bild, und ergänzen Sie Details. Wo nötig, werden Lichter betont und Schatten vertieft.

BLUMEN UND IHRE FARBEN

Die Schönheit der Blumen, ihre Zartheit und leuchtende Farbigkeit laden besonders dazu ein, zum Pinsel zu greifen. Blumen verlangen hohe Mischkünste. Wir geben Ihnen Tips, mit denen es Ihnen gelingen wird, die Farben der schönsten Gartenblumen anzumischen.

Wählen Sie für Ihr erstes Stilleben Blumen einer einzigen Sorte. So können Sie sich ganz darauf konzentrieren, die charakteristischen Formen und Farben wiederzugeben.

Die Blumenvase sollte schlicht sein, unauffälliger als die Blumen, damit diese ihre Wirkung ungestört entfalten können. Meistens sind einfarbige Vasen am schönsten. Verwenden Sie ein hohes Gefäß, so daß die Stengel bis zur Hälfte im Wasser stehen. Da sie mehrere Tage an dem Stilleben ma-

länger, wenn sie über Nacht bis zum Blütenkopf in kaltes Wasser gelegt werden. Am nächsten Tag kürzt man die Stengel mit einem scharfen Messer und entfernt alle unteren Blätter, so daß nur Stengel im Wasser stehen. Generell ist zu beachten, daß Blätter am Blumenstengel den Blüten Wasser und damit Kraft nehmen.

Blumen arrangieren

Wer ein kunstvolles Arrangement komponieren will, findet in Blumenläden Blumenhalter und Blumendraht. Blumenhalter sind Metallplatten mit langen Stacheln, auf die die Stengel gesteckt werden, damit sie nicht mehr verrutschen können. Blumen mit weichen oder verletzten Stengeln können durch Blumendraht verstärkt werden. Man fädelt dazu den Draht durch den Stengel bis zum Kopf.

Ihr Blumenarrangement sollte jedoch nicht zu künstlich aussehen. Häufig ist ein einfacher, ganz natürlicher Blumenstrauß am schönsten.

Stellen Sie die Blumen an ei-

Wie frisch gepflückt wirkt der Rosenstrauß (*oben*) von Henri Fantin-Latour (1836–1904). Die samtigen, leuchtenden Farben der zarten Rosenköpfe kontrastieren mit den saftigen, dunklen Farben der Blätter. Der Hintergrund ist einfach gehalten, damit der Blick nicht von den Blüten abgelenkt wird. Für unser Projekt (*unten*) haben wir verschiedenfarbige Gerbera-Blüten ausgesucht, die in einer schlichten Vase stehen.

DIE FARBEN DER BLUMEN

Blumen haben charakteristische Farben, die möglichst genau getroffen werden müssen. Sie finden hier einige Farbmischungen für besonders beliebte Gartenblumen. Wer häufiger Blumen malen möchte, sollte sein Farbsortiment mit Violett- und Orangetönen erweitern.

LILIEN

1 **2** **3** **4** **5** **6** **7**

1 Titanweiß, Kadmiumgelb zitron, Lichter Ocker; **2** Titanweiß, Kadmiumgelb zitron, Lichter Ocker, ein Hauch Karmin; **3** Kadmiumgelb zitron, Kadmiumgelb, Lichter Ocker; **4** Kadmiumgelb, Lichter Ocker; **5** Kadmiumgelb, Lichter Ocker, Scharlachlack; **6** Kadmiumgelb, Lichter Ocker, Scharlachlack, Titanweiß; **7** Kadmiumgelb, Karmin, Siena gebrannt;

ROSEN

1 **2** **3** **4** **5** **6** **7**

1 Titanweiß, Kadmiumgelb zitron, Lichter Ocker; **2** Kadmiumgelb zitron, Lichter Ocker, Titanweiß; **3** Titanweiß, Karmin; **4** Kadmiumgelb zitron, Karmin, Kadmiumorange; **5** Kadmiumgelb zitron, Karmin, Kadmiumorange, Titanweiß; **6** Krapplack rosa, Titanweiß; **7** Scharlachlack, Karmin;

WICKEN

1 **2** **3** **4** **5** **6** **7**

1 Titanweiß, Krapplack rosa, Echtviolett; **2** Titanweiß, Echtviolett; **3** Titanweiß, Magenta oder Kobaltviolett dunkel, Krapplack rosa; **4** Titanweiß, Magenta oder Kobaltviolett dunkel, Kadmiumgelb zitron; **5** Titanweiß, Magenta oder Kobaltviolett dunkel; **6** Echtviolett, ein Hauch Titanweiß; **7** Karmin, Umbra natur, Magenta oder Kobaltviolett dunkel;

IRIS

1 2 3 4 5 6 7

1 Kadmiumgelb zitron, Kadmiumgelb; **2** Titanweiß, Kobaltblau; **3** Kobaltblau, wenig Titanweiß; **4** Titanweiß, Siena gebrannt, Echtviolett; **5** Cölinblau, Titanweiß; **6** Echtviolett, Kobaltblau; **7** Siena gebrannt, Chromorange;

NELKEN

1 2 3 4 5 6 7

1 Kadmiumrot, Siena gebrannt; **2** Kadmiumgelb zitron, Kadmiumgelb, Siena gebrannt, Titanweiß; **3** Krapplack rosa, Lichter Ocker, Titanweiß; **4** Titanweiß, Magenta, Echtviolett; **5** Titanweiß, Magenta oder Kobaltviolett dunkel, Lichter Ocker; **6** Karmin, Siena gebrannt; **7** Karmin, Titanweiß;

ANEMONEN

1 2 3 4 5 6 7

1 Echtviolett; **2** Kobaltblau, Titanweiß; **3** Kadmiumrot, Rubinlack; **4** Magenta oder Kobaltviolett dunkel, Titanweiß; **5** Echtviolett, Titanweiß;
6 Magenta oder Kobaltviolett dunkel, Umbra gebrannt; **7** Karmin, Umbra gebrannt;

GERBERA

Für Gerbera sind die leuchtenden Pastelltöne der zum Strahlenkranz angeordneten Blütenblätter besonders charakteristisch. Der Hintergrund darf nicht zu unruhig und zu grell werden, damit er die Blüten nicht erdrückt.

1 Skizzieren Sie mit dem Bleistift Blüten, Stengel, Vase und Tisch. Bereiten Sie auf Ihrer Palette vier Farben für die Tischplatte vor: Titanweiß, Kadmiumgelb, Lichten Okker und eine kleine Menge Umbra gebrannt. Die Farben werden nicht auf der Palette gemischt, sondern auf dem Malgrund: Tauchen Sie die Pinselspitze in die drei ersten Farben und malen Sie zügig (Pinsel Nr. 4). Auf diese Weise erhält der Tisch eine unregelmäßige, holzartige Struktur. Wischen Sie den Pinsel ab, und setzen Sie den Schatten der Vase in die nasse Farbe (Kobaltblau gemischt mit Umbra gebrannt). Säubern Sie erneut den Pinsel. Für den Hintergrund nehmen Sie mit der Pinselspitze Chromoxidgrün, Cölinblau, Kobaltgrün und Weiß auf und vermengen die Farben erst beim Malen.

MATERIAL

Feinkörniges Ölmalpapier (41 x 30 cm)
Bleistift (H) und Radiergummi
Borstenpinsel: flach Nr. 4 und Nr. 7,
Kunsthaarpinsel: rund Nr. 5
Farben: Titanweiß, Kadmiumgelb, Lichter Ocker, Siena gebrannt, Kadmiumorange, Krapplack rosa, Cölinblau, Kobaltblau, Kobaltgrün, Chromoxidgrün feurig, Umbra gebrannt
Palette
Terpentin (oder Spiritus)
Palettstecker oder zwei kleine Gefäße
Lappen zum Reinigen

2 Um die Blütenblätter herum muß sehr vorsichtig gemalt werden (Rundpinsel Nr. 5). Tragen Sie die Farbe so dick auf, daß der Malgrund nicht durchscheint.

3 Mischen Sie Kadmiumgelb mit Lichtem Ocker, und beleben Sie den Hintergrund durch dicke helle Striche, die zügig und frei aufgepinselt werden (Pinsel Nr. 4).

4

4 Setzen Sie weitere Striche aus Chromoxidgrün dazwischen (Pinsel Nr. 5). Der Hintergrund wirkt auf diese Weise nicht geschlossen fest, sondern luftig aufgelöst.

5

5 Säubern Sie den Pinsel. Beim Modellieren der Stengel und der Deckblätter der Blüten arbeitet man von Hell zu Dunkel. Für die hellen Bereiche mischen Sie Kadmiumgelb, Lichten Ocker und Kobaltgrün mit Weiß. Umbra gebrannt verdunkelt die Mischung für die Schatten.

6

6 Die Vase strahlt in einem Kobaltblau, das mit Weiß und Terpentin abgemischt ist (Pinsel Nr. 4). Die Schattenseite enthält mehr Blau. Für die ganz dunklen Schatten fügen Sie der Mischung einen Hauch Krapplack rosa zu.

7

7 An den Stellen, an denen die Blumen den Rand der Vase überschneiden, wird das Blau vorsichtig mit dem Rundpinsel Nr. 5 vermalt. Das Glanzlicht entsteht aus verdünntem Weiß. Die zarten Rosatöne der Blüten mischt man aus Titanweiß mit mehr oder weniger Krapplack rosa. Die Mitte der Blüten lassen Sie noch frei. Die hellgelben Blütenköpfe erhalten einen Ton aus Weiß und Kadmiumgelb. Eine Mischung aus Weiß, Krapplack rosa und Umbra gebrannt ergibt die dunklen Rosatöne, eine zweite aus Weiß, Kadmiumgelb und Kadmiumorange die Orangetöne.

8

8 Modellieren Sie die dunkleren Bereiche aller Blüten. Mischen Sie die ursprünglichen Farben mit

9

9 Die hellen Blütenköpfe erhalten ein Zentrum aus Kadmiumgelb, gemischt mit etwas Weiß. Für die dunklen Blüten verwenden Sie Krapplack und Kadmiumgelb. Die Farbe wird mit der Pinselspitze punktartig aufgetupft.

10

12

10 In den Blütenmitten werden die Dunkelzonen modelliert. Man nimmt dieselben Mischungen wie eben und dunkelt sie mit Umbra gebrannt ab.

11 Gestalten Sie Schatten und Vertiefungen der Blütenblätter. Die Farbe (Kobaltgrün gemischt mit Umbra gebrannt) wird dabei mit flach gelegtem Pinsel von innen nach außen gezogen.

12 Die Blütenblätter reflektieren an manchen Stellen das Licht (Weiß, gemischt mit der jeweiligen Grundmischung der Blüte).

13 Das Licht- und Schattenspiel wird noch einmal sorgfältig mit hellen und dunklen Farbtönen, die auf die jeweilige Blüte abgestimmt sind, überarbeitet.

11

13

Dieses Blumenstilleben wird Sie ein paar Tage beschäftigen. Aber die Mühe lohnt sich: Sie werden so viel über das Blumenmalen lernen, daß es Ihnen zukünftig wesentlich leichterfallen wird.

DIE ALKYDFARBEN

Alkydfarben sind eine Neuentwicklung auf dem Gebiet der Ölfarben. Bilder in Öl von Alkydbildern zu unterscheiden, ist höchstens einem Spezialisten möglich. Aber Alkydfarben haben einen wesentlichen Vorteil: sie trocknen deutlich schneller, was manche spezielle Technik erleichtert.

Die synthetisch hergestellten Alkydfarben sind speziell als Alternative zu den traditionellen Ölfarben entwickelt worden. Sie haben dieselben Eigenschaften wie diese, trocknen aber in kürzester Zeit. Ein Alkydbild ist nach 24 Stunden trocken und kann in einer einzigen Sitzung gemalt werden. Dahingegen kann man bei den normalen Ölfarben häufig erst am nächsten Tag weiterarbeiten. Manche Techniken erfordern sogar zwischenzeitliche Trocknungsphasen von einer Woche oder länger. Auf der Palette bleiben Alkydfarben etwa vier Stunden vermalbar, wodurch ein ruhiges Arbeiten ermöglicht wird.

Besondere Effekte

Die kurze Trocknungszeit der Alkydfarben erleichtert einige spezielle Techniken, wie etwa Lasieren oder das Abdämpfen von Farben. Bei diesen Techniken legt man eine hauchdünne Farbschicht über eine bereits trockene Farbe.

Ein weiteres Beispiel ist das Impasto, bei dem Farbe sehr dick, häufig mit dem Palettmesser aufgetragen wird. Will man über ein Impasto eine zarte Lasur legen, muß man bei den traditionellen Ölfarben sehr lange warten. Zudem bekommen die Farbschichten häufig Risse, da die verschiedenen Töne der Ölfarben unterschiedliche Trocknungszeiten haben. Bei den synthetischen Alkydfarben sind alle Trocknungszeiten gleich.

Für die Arbeit im Freien sind Alkydfarben ideal, da das Bild an einem Tag beendet werden kann. Ölbilder müssen hingegen häufig nach Skizzen oder Fotos im Studio vollendet werden.

Man kann beide Farbarten für ein Bild verwenden. Viele Maler grundieren oder untermalen ihr Bild mit Alkydfarben und gehen dann zu Ölfarben über. Wie bei den Ölfarben beachtet man auch hier die Regel

Die feine Modellierung des im Halbdunkel liegenden Waldes, in den vereinzelte Lichtstrahlen fallen (*oben*), stellte Adrian Stokes' (1854–1935) Geduld auf die Probe. Denn die weichen Strukturen des Nadelbodens und die mit Moos bewachsenen Felsen wurden aus übereinanderliegenden Farbschichten aufgebaut, die zwischen den einzelnen Arbeitsschritten trocknen mußten.
Wir verwenden dieselbe Technik für unser Projekt (*links*). Doch da wir mit Alkydfarben malen, wird

FARBTAFEL FÜR ALKYDFARBEN

Auf dieser Seite sind beispielhaft verschiedene Alkydfarbtöne abgebildet. Die Auswahl ist beschränkter als bei den traditionellen Ölfarben. Doch, wie Sie in unserem Projekt sehen werden, kann man viele weitere Farbtöne leicht mischen. Da sich Alkyd- und Ölfarben vertragen, lassen sich fehlende Farbtöne auch durch Ölfarben ersetzen. Für bestimmte Techniken, wie Lasieren und Abdämpfen von Farben, sind Alkydfarben sehr hilfreich.

SCHOTTISCHE LANDSCHAFT

Ein leichter Nebel dämpft die Farben über der schottischen Landschaft. Dieser stimmungsvolle Blick läßt sich durch einen abdämpfenden Farbauftrag einfangen.

MATERIAL

Malkarton (61 x 46 cm)
Haarpinsel: rund Nr. 2, Nr. 5 und Nr. 6,
Borstenpinsel: lang, flach Nr. 4 und Nr. 6, katzenzungenförmig Nr. 10, kurz, flach Nr. 12
Alkydfarben: Saftgrün, Olivengrün, Umbra natur, Lichter Ocker, Kadmiumgelb zitron, Ultramarin, Krapp-Karmin Englischrot, Titanweiß
Palette
Palettmesser
Leinöl und Terpentin
Lappen zum Reinigen

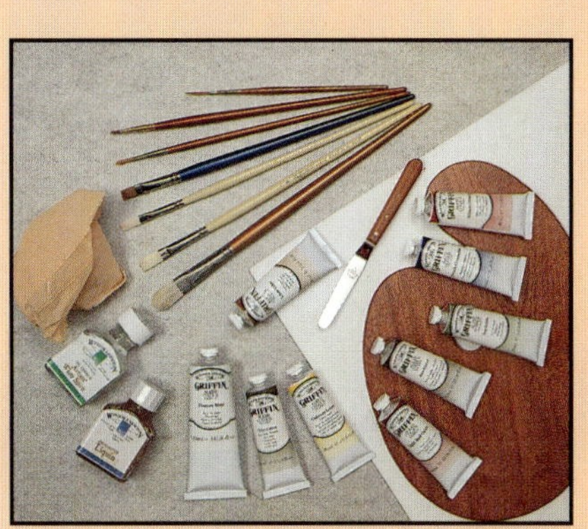

1 Skizzieren Sie die Landschaft mit stark verdünntem Ultramarin und einem Rundpinsel Nr. 6.

1

2

2 Ultramarin, Titanweiß und ein Hauch Krapp-Karmin werden gemischt und über den Himmel gelegt. Verwenden Sie für die Wolken verschiedene Mischungen aus Kadmiumgelb zitron, Lichtem Ocker und Titanweiß. Die Wolkenschatten werden in die nasse Farbe hineinmodelliert (Ultramarin und Titanweiß).

3

3 Die hellblaue Mischung wird mit etwas Englischrot abgetönt. Gestalten Sie die Gipfel der entfernten Berge, geben Sie mehr Titanweiß hinzu, und malen Sie den Rest.

4

4 Am Fuß der Berge wird eine lockere Lasur über die erste Farbschicht gelegt. Tönen Sie dazu die ursprüngliche Mischung mit Kadmiumgelb zitron und Lichtem Ocker ab. Mit einem intensiveren

Schatten am Berghang. Die Bäume hinter dem Haus entstehen aus Lichtem Ocker mit Englischrot. Geben Sie Umbra natur hinzu, und deuten Sie die Zweige fein an. Für das Dach des Hauses

und Lichtem Ocker. Den Kamin läßt man in reinem Weiß leuchten, während die helle Hausfassade einen Stich Kadmiumgelb zitron enthält und die Vorderfront etwas Englischrot und Lichten Ocker. Setzen Sie

5 Gestalten Sie nun die Felder und den steilen Hang im Mittelgrund mit einer Mischung aus Ultramarin, Lichtem Ocker, Kadmiumgelb zitron und etwas Englischrot (Pinsel Nr. 10). Geben Sie der Mischung Kadmiumgelb zitron zu, und modellieren Sie die Flächen erneut mit der Technik des dämpfenden Farbauftrags. Legen Sie nun nacheinander drei dämpfende Schichten über den rechten Steilhang: Zuerst geben Sie der Mischung Englischrot zu, dann Olivengrün und zuletzt Umbra natur. Der Weg vor dem Haus erhält eine Schicht aus Ultramarin und Englischrot, gemischt mit Titanweiß.

6 Die Grasfläche, die links neben dem Haus zum Fluß abfällt, wird, wie unter 5 beschrieben, mit mehreren Farbschichten behandelt. Für das angrenzende Feld mischen Sie Lichten Ocker, Englischrot und Titanweiß. Verdünnen Sie Umbra natur mit Leinöl, und malen Sie die Zaunpfähle; an den Lichtseiten wird der Mischung etwas Lichter Ocker und Titanweiß zugegeben (Pinsel Nr. 10). Die Mauer entsteht aus einem Gemisch von Umbra natur mit Titanweiß. Mischen Sie Lichten Ocker, Kadmiumgelb zitron, Englischrot mit Weiß, und malen Sie rechts den Vordergrund. Nun wird Lichter Okker zugegeben und die Farbschicht abgetönt (Flachpinsel Nr. 6). Bearbeiten Sie die Fläche noch dreimal, indem Sie der Mischung erst Englischrot, dann Olivengrün und zuletzt Umbra natur zufügen. Mit der dunklen Farbe wird schließlich auch das Flußufer betont.

ABDÄMPFEN

Beim Abdämpfen wird eine halbtransparente Farbschicht über eine andere, bereits trokkene oder noch nasse Farbe gelegt. Mit dieser Technik will man stimmungsvolle, etwas dunstige Effekte erzeugen. Man verdünnt die Farbe mit Terpentin oder Spiritus und arbeitet mit sehr trockenem Pinsel.

Wenn Sie kurze Striche machen oder tupfen, erhalten Sie eine gänzlich andere Struktur, als wenn Sie mit langen, eher bürstenden Strichen malen. Wesentlich ist, daß Sie die Farbe nicht gleichmäßig vermalen, sondern die Pinselspuren sichtbar stehenlassen, und daß die erste Farbe zwar bedeckt ist, aber durchschimmert. Probieren Sie verschiedene Stricharten aus.

7 Der Fluß wird mit Titanweiß angelegt und erhält Spiegelungen aus Olivengrün mit Titanweiß (Pinsel Nr. 12). Modellieren Sie mit dieser Farbe die Stromschnellen im Wasser. Die Mischung wird mit Weiß aufgehellt: waagrechte Striche erzeugen Bewegung. Auch der Himmel spiegelt sich: Verwenden Sie Ultramarin, gemischt mit Weiß.

8

8 Der linke Vordergrund erhält eine Farbschicht aus Ultramarin, gemischt mit Englischrot, Lichtem Ocker, Kadmiumgelb zitron und Titanweiß (Pinsel Nr. 6). Legen Sie drei weitere dünne Farbschichten darüber: die erste aus Lichtem Ocker, gemischt mit Weiß, die zweite aus Olivengrün, gemischt mit Ultramarin und Englischrot und die dritte aus Umbra gebrannt, verdünnt mit Leinöl. Den letzten Farbton mischen Sie mit etwas Englischrot ab und malen die Steine am Ufer. Die Schilfgräser werden mit Saftgrün angedeutet (Pinsel Nr.4). Zuletzt ergänzen Sie Glanzlichter (Kadmiumgelb zitron und Lichter Ocker).

9 Zickzackstriche aus Olivengrün mit Saftgrün, verdünnt mit Leinöl, ergeben die Spiegelbilder der Bäume im Wasser. Das Inselchen erhält eine Farbe aus Kadmiumgelb zitron, Lichtem Ocker und Titanweiß. Für die Lichtseiten wird mehr Kadmiumgelb und ein Hauch Saftgrün zugegeben. Für die dunklen Schatten vermengen Sie Umbra natur mit Englischrot. Mit Saftgrün und Kadmiumgelb zitron wird der rechte Vordergrund weiter bearbeitet. Die dunkelsten Stellen erhalten einen Ton aus Ultramarin, Olivengrün und Titanweiß.

9

10

10 Modellieren Sie die Schattenseiten der Bäume (Olivengrün mit Titanweiß). Die Lichtseiten werden aus Olivengrün und Titanweiß, gemischt mit Lichtem Ocker, gestaltet. Für die feinen Zweige sollten Sie einen dünnen Pinsel verwenden. Glanzlichter vollenden die Bäume: Fügen Sie der Mischung Titanweiß bei (Pinsel Nr. 5). Mit Spuren von Englischrot wird der

11 Die restlichen Bäume werden mit Tupfen von Saftgrün und einer Mischung aus Kadmiumgelb zitron mit Lichtem Ocker belebt. Die Kamine erhalten kleine Hauben aus Englischrot. Das Laub der Bäume wird mit kurzen Strichen aufgetupft (Mischungen aus Lichtem Ocker, Kadmiumgelb zitron und Titanweiß). Geben Sie etwas Grün zu, und malen Sie weitere Blätter. Die linke Seite der Baumkronen wird von der Sonne beleuchtet: Ergänzen Sie Tupfen aus Kadmiumgelb zitron mit Titanweiß.

12 Zuletzt wird der Berg im Hintergrund mit einer Mischung aus Kadmiumgelb zitron, Lichtem Ocker und Titanweiß modelliert. Vereinzelte Glanzlichter aus Kadmiumgelb zitron, gemischt mit Titanweiß, runden das Bild ab.

Diese erste Erfahrung mit Alkydfarben wird Ihnen vor Augen geführt haben, wie praktisch die kürzeren Trocknungszeiten für manche Arbeitsschritte sind.

DIE UNTERMALUNG

Um die Tonwerte mit Bedacht aufeinander abstimmen zu können und so dem Bild innere Harmonie zu verleihen, entwickelten die alten Meister die Technik der Untermalung, die vor allem in der Porträtmalerei hilfreich ist.

Die Untermalung ist eine Art Skizze in Ölfarbe, die sehr verdünnt aufgetragen wird. Man hält die wesentlichen Bildelemente fest, ohne auf Details einzugehen, und notiert Licht und Schatten. Häufig legt man die Untermalung monochrom an und verwendet neutrale Blau-, Grau- oder Erdtöne. Manche Maler wählen Farbtöne, die zu der endgültigen Farbgebung einen Kontrast bilden (warme Farben unter kalten) oder sogar komplementär zu ihr sind (Grüntöne unter Rot).

Die Technik der Untermalung bringt verschiedene Vorteile mit sich: Die Bildkomposition kann durchdacht und noch verändert werden. Korrigiert man in einem späteren Stadium, werden die Farben leicht schmutzig.

Da bei der Untermalung alles Wesentliche festgehalten wird – auch Licht und Schatten –, kann man sich danach ganz und gar auf die Auswahl der Farben und die Ausarbeitung der Details konzentrieren. Zudem würde ohne Untermalung der grell weiße Malgrund, der auch durch Grundierungen irritierend hindurchschimmert, die Farbgebung empfindlich stören.

Bei der Untermalung sind einige Richtlinien zu beachten. Halten Sie sich strikt an die Regel „fett auf mager", und verdünnen Sie die Farben nicht mit dem fetten Leinöl, sondern dem mageren Terpentin. Legen Sie die Untermalung großzügig an, mit einem ziemlich dicken Pinsel.

Die Licht- und Schattenmodellierung sollte exakt sein, aber eine Ausarbeitung der kontinuierlichen Abstufungen unterbleiben. Helle, mittlere und dunkle Farbwerte werden fleckenhaft nebeneinander gesetzt, so daß man bei der Übermalung eine deutliche Orientierung hat.

Halten Sie sich bei der Untermalung an die Grundregel „Vom Allgemeinen ins Besondere". Wenn die Untermalung zu genaue Details enthält, blockieren Sie sich bei der Ausarbeitung. Sie würden den

Rembrandt (1606–1669) wählte für seine Untermalungen meist Grau- oder Brauntöne und Grüne Erde, über die er dann dünne Lasuren legte. *Oben* sehen Sie eines seiner zahlreichen Selbstporträts. Das Farbspektrum reicht von leuchtendem Weiß über mittlere Fleischtöne und bräunliche Nuancen bis zum tiefen Schwarz. Der Gegensatz von hell und dunkel verleiht Rembrandts Bildern oftmals eine eigentümliche Dramatik, die dem Betrachter die Seelenzustände der Dargestellten ins Bewußtsein ruft. Die Untermalung gibt den Bildern Geschlossenheit und Tiefe.
Bis ins späte 19. Jahrhundert war es Tradition, Ölbilder schichtweise aufzubauen. In unserem Projekt (*links*) lernen Sie diese bewährte Technik der alten Meister kennen.

DIE TONWERTE DER FARBEN

Eine Untermalung mit Grautönen setzt Helligkeiten und Dunkelheiten verschiedener Farben in Grauwerte um. Man kann diesen Vorgang mit der Schwarzweißfotografie vergleichen. Allerdings werden bei der Untermalung fließende Übergänge zwischen Helligkeiten vermieden. Bevor Sie sich an das Projekt begeben, ist es hilfreich, diese Umsetzung von Farbe in Graunuancen zu üben.

1

2

3

1 Legen Sie zuallererst eine Farbwertskala für Grau an. Beginnen Sie mit reinem Paynesgrau und fügen Sie nach und nach Weiß hinzu. Verwischen Sie die Übergänge nicht, und versuchen Sie, die Mischung von Stufe zu Stufe gleichmäßig aufzuhellen. Am besten gelingt dies, wenn Sie mit einem Palettmesser möglichst gleichgroße Mengen Weiß zugeben. Unsere Skala hat 14 Farbwerte, Sie können aber auch mehr oder weniger Stufen anlegen.

2 Nun malen Sie eine entsprechende Skala mit Kadmiumrot und Titanweiß. Die Helligkeit einer Farbe läßt sich leichter einschätzen, wenn man die Augen beim Betrachten etwas zukneift.

3 Wenn Sie das Gefühl haben, mit der Aufhellung einer Farbe zurechtzukommen, versuchen Sie es einmal mit einer Farbmischung aus zwei Farben und Weiß. Ein hautfarbener Ton läßt sich aus Lichtem Ocker, Kadmiumrot und Weiß mischen. Legen Sie eine Skala für diesen Ton an. Diese Grundmischung wird – wie Sie nachher in unserem Projekt sehen werden – beim Porträtieren durch Zugabe von anderen Farben verändert.

FARBE IN GRAU

Da sich Farben in der Helligkeit voneinander unterscheiden, entspricht jeder Farbe ein anderer Grauton. Suchen Sie nach passenden Grautönen für Kadmiumgelb (**1**), Chromoxidgrün (**2**), Kobaltblau (**3**), Violett (**4**) und Kadmiumorange (**5**). Denken Sie daran: Wenn Sie die Augen etwas zukneifen, können Sie die Helligkeit der Farbe besser abschätzen! Probieren Sie auch, weitere Farben, die Sie gerne benutzen, in Grauwerte umzusetzen. Diese Übung wird Ihnen helfen, mit Ihren Farben vertraut zu werden.

Augen sind ein besonders charakteristisches Merkmal von Gesichtern, und Ohren haben eine etwas schwierig wiederzugebende Form. Zwei kleine Studien werden Ihnen als Vorübung zum Projekt dienen.

DAS AUGE

1 Die Augenpartie wird skizziert. Mit einer Mischung aus Kobaltblau, Kadmiumrot und Elfenbeinschwarz malt man Schatten, tiefe Falten und die Iris (Pinsel Nr. 3).

2 Hellen Sie die Mischung mit Titanweiß und ein wenig Lichtem Ocker auf, und gestalten Sie die mittleren Schatten. Geben Sie Schwarz zu, und verdunkeln Sie die Pupille.

3 Der helle Fleischton entsteht aus Kadmiumrot, Lichtem Ocker und Titanweiß. Für die Glanzlichter werden kleine Mengen Kadmiumrot und Lichter Ocker zugegeben.

1

2

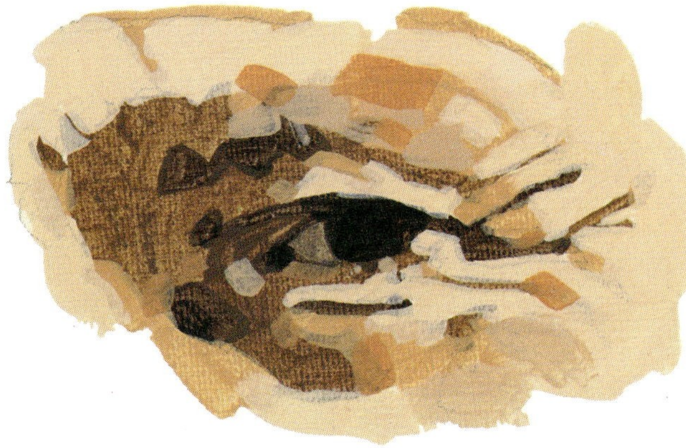

3

DAS OHR

1 Nach der Vorzeichnung bereiten Sie eine größere Menge einer hellen, fleischfarbenen Basismischung (Lichter Ocker, gemischt mit Kadmiumrot und Titanweiß) vor. Malen Sie die hellsten Bereiche, und gehen Sie zu den mittleren Tonwerten über (Zugabe von Kobaltblau).

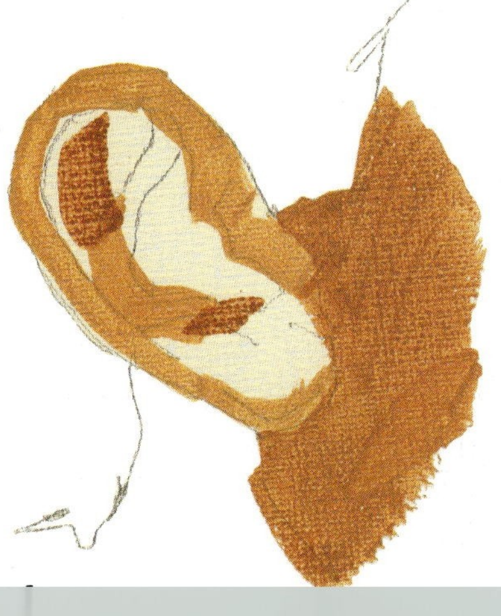

2

3

2 Mit Umbra gebrannt wird der Schatten unter dem Ohr modelliert. Für die Vertiefungen in der Ohrmuschel wird die Basismischung mit wenig Kadmiumrot verdunkelt. Malen Sie die Haare (Schwarz mit Umbra gebrannt).

3 Für den tiefsten Teil im Ohr verdunkeln Sie etwas Basismischung mit Elfenbeinschwarz und Kadmiumrot. Zuletzt überarbeitet man Licht (Basismischung mit Weiß) und Schatten (Basismischung und Schwarz).

PORTRÄT

Sie werden dieses Projekt in der traditionsreichen Technik der Untermalung anfertigen und so dem Gesicht eine überzeugende Plastizität verleihen. Die Schattierungen werden in der Untermalung überlegt aufgebaut, ehe sie – in Farbe übersetzt – ein lebendiges Inkarnat ergeben.

MATERIAL

Leinwand oder Malkarton
Holzkohle
Kunsthaarpinsel: lang, flach Nr. 6 und Nr. 3, Borstenpinsel: flach Nr. 4
Farben: Titanweiß, Elfenbeinschwarz, Kadmiumgelb, Lichter Ocker, Chromorange, Kadmiumrot, Umbra natur, Siena gebrannt, Kobaltblau, Paynesgrau
Palette
Terpentin (oder Spiritus)
kleines Gefäß
Lappen zum Reinigen

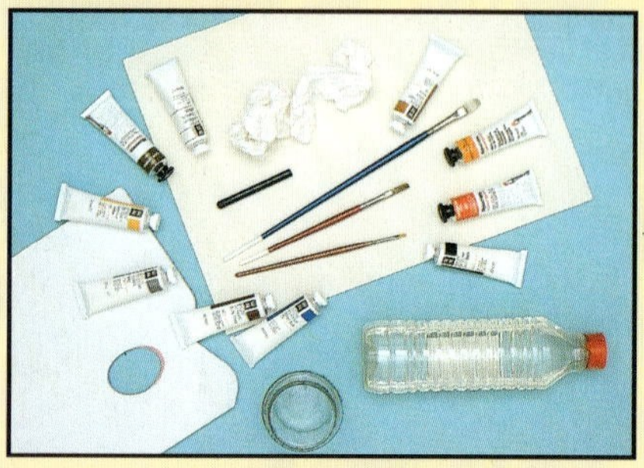

1

1 Legen Sie eine Skizze in Kohle an. Wenn Sie fertig sind, pinseln Sie vorsichtig den Kohlenstaub weg.

2

2 Für die Untermalung werden die Farben stark mit Terpentin verdünnt. Legen Sie als erstes die dunkelsten Schatten an (Paynesgrau, Pinsel Nr. 6). Beachten Sie immer, woher das Licht kommt! Denselben Farbton erhält das dunkle Jackett (Pinsel Nr. 4).

3

4

3 Nun folgt mit Zugabe von etwas Weiß die nächste Stufe der dunklen Grauwerte (Pinsel Nr. 6). Der Hintergrund wird mit derselben Farbe ausgemalt (Pinsel Nr. 4).

4 Mischen Sie der Farbe Weiß zu: Malen Sie rechts die Glanzlichter und links die zweite Stufe der Grauwerte (Pinsel Nr. 6).

5

6

5 Hellen Sie die Mischung wieder einen Grad auf, und ergänzen Sie die hellsten Lichtbereiche auf der linken Gesichtshälfte und der Stirn. Für die Glanzlichter und die Haare des Mannes wird Titanweiß mit sehr wenig Paynesgrau abgetönt. Überprüfen Sie die Gesamtwirkung des Porträts. Falls nötig, werden Schatten vertieft oder einzelne Stellen aufgehellt. Lassen Sie das Bild einen Tag lang trocknen. Es muß wirklich trocken sein, bevor Sie weiterarbeiten.

6 Malen Sie als erstes die Augen aus Siena gebrannt, gemischt mit Elfenbeinschwarz (Pinsel Nr. 3). Das Auge auf der linken Seite wird detaillierter gestaltet. Geben Sie etwas Kadmiumrot und Titanweiß zu. Nun wird die Basismischung für die Hautfarbe vorbereitet: Vermengen Sie Lichten Ocker, Kadmiumrot und Titanweiß, und legen Sie die hellsten Hautpartien an. Für dunklere Töne wird etwas Kadmiumrot und Titanweiß zugegeben und für die noch dunkleren ein wenig Siena gebrannt. Überlagern Sie die Farben, aber glätten Sie die Übergänge nicht.

7

7 Die linke Gesichtshälfte und die Stirn werden weiter durchmodelliert. Dazu greift man immer auf die Basismischung zurück und tönt sie je nach Bedarf mit Chromorange, Kadmiumgelb, Titanweiß, Kadmiumrot, Kobaltblau oder Siena gebrannt ab. Für größere Partien verwenden Sie den Pinsel Nr. 6, für die feinen Details den Pinsel Nr. 3.

8 Bei der Gestaltung der rechten Gesichtshälfte benötigt man dieselben Mischungen wie für die linke Seite, tönt sie aber durch kleine Mengen Umbra natur und Kobaltblau dunkler. Für die tiefsten Schatten geben Sie Elfenbeinschwarz, Kobaltblau und einen

8

9

9 Reines Titanweiß verleiht den Haaren des Mannes einen strahlenden Glanz. Für Schattenbereiche im Haar geben Sie Kadmiumgelb, Elfenbeinschwarz und Kobaltblau zu. Die Lichtpartien des Hemdes malen Sie mit Kobaltblau und Titanweiß, den Rest unter Zugabe von Paynesgrau.

10 Tönen Sie die Mischung mit Elfenbeinschwarz ab, und malen Sie das Jackett (Pinsel Nr. 4 für die Flächen, Pinsel Nr. 3 für die Konturen). Schließlich kann der Hintergrund ausgemalt werden (Kadmiumgelb, gemischt mit Elfenbeinschwarz, Kadmiumblau, Titanweiß und Paynesgrau). Um den Kopf herum wird sorgfältig mit feinerem Pinsel gearbeitet.

10

11

11 Betrachten Sie das Porträt aus einem gewissen Abstand: Müssen Glanzlichter gehöht werden? Sind starke Vertiefungen und Schatten dunkel genug?

Vielleicht wollen Sie Ihre neuerworbenen Künste an jemandem ausprobieren, den Sie kennen. Falls Sie kein geduldiges Modell finden, setzen Sie sich vor den Spiegel. Auch die bekannten Meister malten nicht aus purer Eitelkeit häufig Selbstporträts.

MIT DEM PALETTMESSER

Die Vielfalt der Strukturen in dieser Arbeit von Les Nind (*links*) ist charakteristisch für eine gelungene Spachteltechnik. Die breit aufgebauten Farbschichten fördern häufig den Eindruck des Dreidimensionalen. Details werden mit der Spitze des Spachtels eingesetzt.

Leuchtkräftige Farben und strukturierte Oberflächen kennzeichnen Ölbilder, die mit dem Palettmesser gemalt wurden. Im Nu lassen sich rauhe Gebirge, Meere mit Lichtreflexen oder Grashügel auf die Malfläche zaubern.

Das Malen mit dem Spachtel oder dem Palettmesser ist ein Erlebnis für sich. Die Farbe wird direkt aus der Tube mit freien, breiten Strichen aufgetragen. Diese Technik erfordert Mut und führt zu befreiter Kreativität. Viele Leute entfalten plötzlich eine Spontaneität, die sie weit über das bloße Abmalen hinausträgt. Die glatten Spachtelspuren geben den Ölfarben eine noch größere Brillanz, der dicke Impastoauftrag führt zu aufregenden Oberflächeneffekten.

Mit dem Palettmesser lassen sich große Flächen mit schwingender Bewegung zügig anlegen. Strukturen werden geschickt mit den Kanten und der Spitze des Spachtels in die dicke Farbe eingeprägt.

Entschlossenheit

Die Spachteltechnik empfiehlt sich nicht für detailfreudiges Arbeiten. Atmosphäre, Stimmung, das malerische Spiel von Licht und Schatten, die Farbigkeit – das alles sind Aspekte, die mit der Spachteltechnik besonders treffend eingefangen werden

das Motiv herantasten noch in größerem Umfang korrigieren. Der Spachtelauftrag wirkt nur, wenn er spontan ist. Verwenden Sie als Malgrund am besten Leinwand, da ihre Flexibilität der Biegsamkeit des Palettmessers entgegenkommt.

Unser Projekt (*unten*) ist ein mit dem Palettmesser gemaltes Stillleben mit Stiefmütterchen. Sie werden in diesem Projekt lernen, wie vielseitig der Spachtel eingesetzt werden kann.

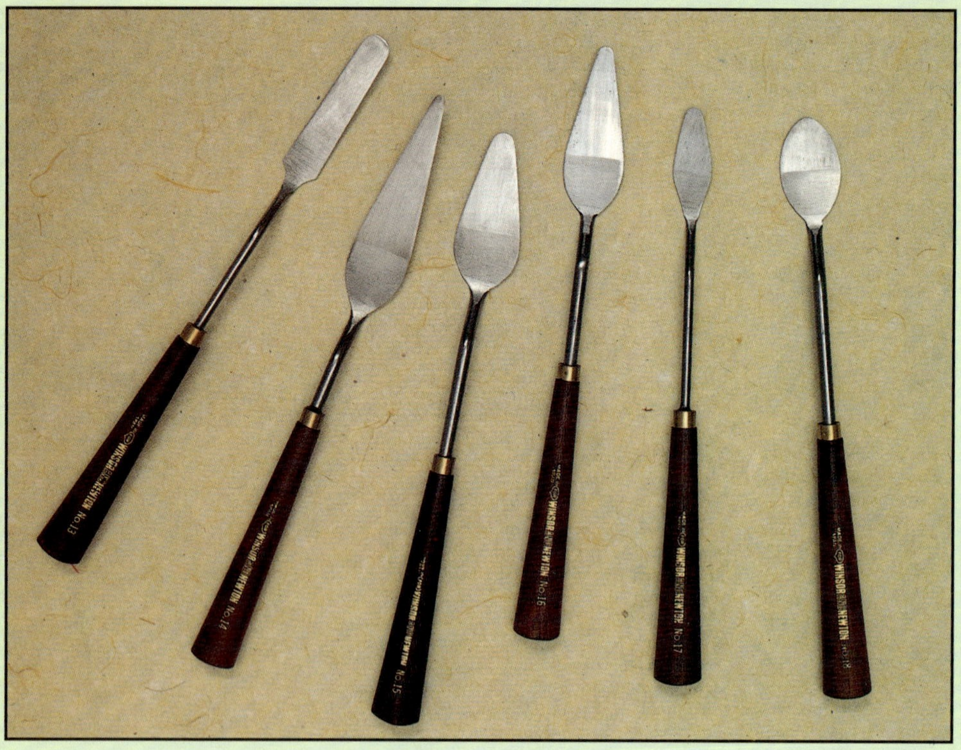

PALETTMESSER

Palettmesser haben elastische Klingen in verschiedenen Größen und Formen. Die Klingen sind gewöhnlich an der Spitze abgerundet. Sie bestehen aus biegsamem Stahl und haben einen Holzgriff. Zum Reinigen der Palette benötigt man eine härtere Klinge, für Arbeiten auf der Leinwand die weicheren Sorten.
Der schmale Spachtel (*ganz links*) eignet sich nicht zum Malen. Er dient zum Mischen von Farben und zum Abkratzen bzw. Reinigen von Farbflächen.
Für die Spachteltechnik braucht man eine biegsame Klinge. Am besten eignen sich Palettmesser, die wie eine Maurerkelle einen gebogenen Griff haben, so daß die Hand von der Malfläche ferngehalten wird.

SPACHTELSPUREN

Das Palettmesser kann auf verschiedene Weisen verwendet werden. Man kann den Druck variieren, kann flach oder angewinkelt über den Malgrund streichen, kann den unteren Teil fest aufsetzen und die Spitze in einer Kreisbewegung wandern lassen. Experimentieren Sie ein wenig. Die folgenden drei Beispiele dienen zur Anregung.

1 Halten Sie das Palettmesser nicht ganz waagrecht, und tragen Sie die Farbe mit so viel Druck auf, daß die Leinwandstruktur durchschimmert.

2 Mit der Spitze des Palettmessers wird die Farbe eher aufgekratzt als gemalt. Mit dieser Methode lassen sich erstaunliche Effekte erzeugen.

2

3

1

3 Tragen Sie mit der ganzen Unterseite des Spachtels Farbe auf. Die Farbe wird zügig verteilt. Sie erhalten eine leuchtende, glatte Oberfläche.

IMPASTO UND LASUR

Das Impasto und die Lasur sind Techniken, die sowohl mit dem Pinsel als auch mit dem Palettmesser ausgeführt werden können. Wir werden beide Techniken in unserem Projekt einsetzen.

1

1 Impasto Beim Impasto wird die Farbe so dick aufgetragen, daß sich eine dreidimensionale Struktur ergibt. In diesem Beispiel wurden Umbra gebrannt, Lichter Ocker und Titanweiß direkt auf der Leinwand mit dem Spachtel in wellenartigen Bewegungen vermengt.

2 Lasur Eine Lasur ist eine transparente Farbschicht. Hier wird zuerst mit dem Palettmesser ein Impasto aus Saftgrün aufgetragen. Anschließend legen Sie Titanweiß sehr vorsichtig hauchdünn über die nasse Farbe. Glätten Sie die Spachtelspuren nicht, sie verleihen der Fläche Struktur.

2

EIN APFEL IN SPACHTELTECHNIK

Gewöhnen Sie sich in einer kleinen Vorübung an den Umgang mit dem Palettmesser, bevor Sie sich an das Projekt begeben.

1

1 Skizzieren Sie den Apfel. Füllen Sie mit dem Spachtel die Lichtseite aus (Gelb und Weiß).

2 Legen Sie eine hauchdünne Schicht Karmin in das noch nasse Gelb. Bewegen Sie die Spitze des Spachtels kreisförmig.

2

3 Modellieren Sie den Apfel: Für die dunklen Teile verwenden Sie Karmin, für die Glanzlichter eine Mischung aus Karmin und Weiß. Den Stengel malen Sie aus Saftgrün, gemischt mit Umbra natur. Die Einbuchtung am Stil erhält einen Ton aus Gelb, Weiß und Saftgrün. Farbe nicht glätten!

3

STIEFMÜTTERCHEN

So facettenhaft und fein nuanciert, so reich an Details dieses Bild auch wirken mag, es entsteht mit dem Palettmesser. Der Reichtum an Tönen kommt durch eine spezielle Mischtechnik zustande.

KLEINER TIP

Für dieses Projekt werden die Farbmischungen absichtlich unvollkommen ausgeführt. Die Farben werden nur leicht miteinander verrührt, so daß sich kein homogener Farbton ergibt. Verwenden Sie viel Farbe beim Arbeiten mit dem Spachtel!

MATERIAL

Leinwand oder Malkarton
Borstenpinsel: lang, flach Nr. 4, Kunsthaarpinsel: kurz, flach Nr. 6
Farben: Siena gebrannt, Siena natur, Kadmiumgelb, Brillantgelb, Kadmiumorange, Ultramarin, Karmin, Umbra natur, Saftgrün, Titanweiß
Palettmesser Nr. 16
Palette
Terpentin (oder Spiritus)
Palettstecker oder kleines Gefäß
Lappen zum Reinigen

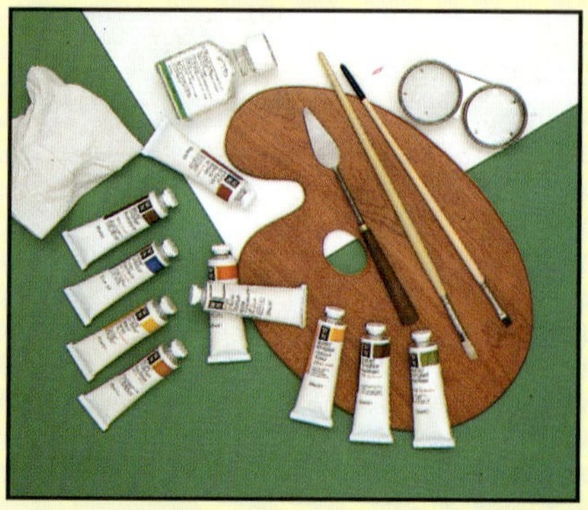

1

2

1 Für die Skizze dürfen Sie Pinsel benutzen. Verdünnen Sie Ultramarin mit viel Terpentin, und umreißen Sie die Gefäße und Äpfel (Pinsel Nr. 4). Die Blütenköpfe werden nur grob angedeutet (Pinsel Nr. 6).

2 Zuerst wird mit dem Spachtel der Tonkrug modelliert. Verwenden Sie verschiedene, nur flüchtig vermengte Mischungen aus Titanweiß, Siena natur und Siena gebrannt. Die Glanzlichter erhalten zusätzlich Kadmiumgelb. Man trägt die Farbe dick auf und arbeitet zügig. Zwischen den Arbeitsgängen wischt man den Spachtel ab. Die Tontöpfe malen Sie in Farbtönen aus Umbra natur, Siena gebrannt und Titanweiß; bei den Glanzlichtern gibt man Kadmiumgelb zu.

3

4

3 Das Zeitungspapier, in das die Stiefmütterchen gewickelt sind, wird aus Ultramarin gemischt mit Titanweiß, Siena gebrannt und Kadmiumgelb gemalt. An den Lichtstellen geben Sie Weiß zu.

4 Die Innenseite des Kruges erhält Titanweiß mit Umbra natur und Siena natur; den Rand gestalten Sie aus Siena natur mit Titanweiß. Verfeinern Sie die Modellierung des Kruges mit den Mischungen unter 2.

5

5 Der blasse Hintergrund enthält alle Farben, die für dieses Projekt verwendet werden. Wenn Sie in der Nähe der Objekte Komplementärfarben verwenden (vgl. S. 130), treten diese leuchtend hervor. Den Rest des Hintergrundes können Sie ganz frei nach Gefühl gestalten. Aber vermeiden Sie Ungleichgewichte in der Verteilung der Farben!

6

6 Malen Sie zunächst die Erde unter den Stiefmütterchen (Ultramarin, Siena gebrannt, gemischt mit Kadmiumgelb). Der grüne Apfel erhält eine Schicht Saftgrün mit Titanweiß. Für die Glanzlichter wird die Mischung mit Brillantgelb aufgehellt, ein Hauch Karmin deutet die Spiegelung des roten Apfels an.

7

7 Malen Sie die roten Äpfel mit einer Mischung aus Brillantgelb, Titanweiß und einer Spur Saftgrün. Der Schlagschatten der Zeitung wird aus Ultramarin gemischt mit Titanweiß und wenig Umbra natur modelliert. Etwas mehr Umbra natur ergibt den Ton der Schatten unter den Äpfeln. Legen Sie nun eine feine Karminlasur über die roten Äpfel. Gestalten Sie die Stengel sowie die Blütenansätze aus Umbra natur und die Einbuchtungen aus Saftgrün.

8

8 Mischen Sie das dunkelste Grün, das die Stiefmütterchen zeigen, aus Umbra natur und Titanweiß. Die mittleren Grüntöne erhält man durch Saftgrün, Umbra natur, Siena natur und Titanweiß, die hellsten durch Saftgrün, Brillantgelb und Titanweiß. Geben Sie noch etwas Brillantgelb zu, und ziehen Sie mit der Spitze des Spachtels die Blumenstengel.

9

9 Mit derselben Farbe und der ganzen Klingenfläche setzt man die Blätter. Das Gelb der Stiefmütterchen mischen Sie aus Brillantgelb und Titanweiß und tra-

10

10 Die blauen Blüten entstehen aus Ultramarin mit Weiß und einem Hauch Karmin. Ergänzen Sie die dunkle Zeichnung der gelben Blüten (Umbra natur), und akzentuieren Sie die Mitte aller blauen Blüten (Brillantgelb).

11 Ist die Komposition ausgewogen? Hier schien etwas zu fehlen, das Bild wirkte zu gestellt. Die herabgefallene gelbe Blüte und die beiden blauen Blüten zwischen den gelben verändern diesen Eindruck sofort. Der Untergrund wird gemalt (Titanweiß mit kleinen Mengen Ultramarin und Umbra natur). Mit etwas mehr Umbra natur entstehen die Schatten der Töpfe.

12 Gestalten Sie die letzten Teile des Hintergrundes wie unter 5 beschrieben. Die Spiegelungen der Äpfel in der Vase werden ergänzt (grüner Apfel: Saftgrün und Weiß, roter Apfel: Karmin und Weiß). Der moosartige Belag auf den Töpfen wird aus Saftgrün, gemischt mit Brillantgelb, angedeutet. Verfeinern Sie die Modellierung der Töpfe durch eine Mischung aus Karmin mit Siena gebrannt und ein paar Tupfen Titanweiß.

11

12

Die Farbe braucht viel Zeit zum Trocknen. Wenn Sie das Bild an einen warmen Platz stellen, ist die Farbe nach einem Monat angetrocknet. Den Schlußfirnis dürfen Sie erst ein halbes Jahr später auftragen.

WARME UND KALTE FARBEN

Wenn ein Bild beruhigend wirkt, wenn es erheitert, aufwühlt oder provoziert, liegt dies nicht allein am dargestellten Motiv, sondern auch an der Temperatur, die den Farben innewohnt. Durch die Wahl der Farben kann man gezielt Gefühle im Betrachter auslösen.

In diesem stimmungsvollen Interieur von Jane Corsellis (*oben links*) dominieren kühle Blau- und Grüntöne, nur vereinzelt unterbrochen von warmen Gelbnuancen, an Stellen, an denen das Sonnenlicht einströmt. Der Blick schweift durch einen Korridor, ehe er hinter der Stirnseite des Gangs einen kleinen roten Fleck ausmacht. Dieser rote Fleck rückt das Außen in greifbare Nähe. Wenn Sie es abdecken, verändert sich das Bild. In unserem Projekt (*oben*) verwenden wir warme und kalte Farben in einem ausgewogenen Verhältnis, so daß Sie beide Farbspektren kennenlernen

Ob man Farben als warm oder kalt empfindet, ist keine Frage der subjektiven Einschätzung. Psychologische Experimente haben bewiesen, daß Menschen und sogar Tiere auf die sogenannte Farbtemperatur reagieren.

Als warm werden Farben mit Rotanteil empfunden: Braun, Rot, Rosa, Orange und Gelb. Man assoziiert sie mit Feuer und Erde. Blau-, Grün- und Violettnuancen gelten als kalt und werden häufig mit Wasser in Verbindung gebracht.

Auch innerhalb der Rot- oder Blautöne lassen sich wärmere und kältere Nuancen entdecken. So ist etwa ins Violett gehendes Ultramarin wärmer als das grünliche Preußischblau, und Kadmiumrot ist wärmer als Karmin mit seinem leichten Blau-

Man empfindet Bilder, die in diesen Farben gehalten sind, als stimmungsvoll, manchmal als geheimnisvoll oder melancholisch. Warme Farben hingegen erinnern an Sonnenlicht und Leben.

Beim Malen kann man diese Farben bewußt einsetzen, um im Betrachter bestimmte Gefühle zu wecken.

Farben sind auch perspektivisch wirksam: Warme Farben rücken in den Vordergrund, können manchmal fast aus dem Bild springen, während kalte Farben zurückweichen. So erhöht sich die Tiefenwirkung eines Bildes allein dadurch, daß im Vordergrund warme und im Hintergrund kühle Farben eingesetzt werden. Im 17. Jahrhundert erhoben viele Landschaftsmaler dies zum Prinzip: sie verwendeten

Warme Farben enthalten rote Pigmente. Dazu zählen die verschiedenen Nuancen von Braun, Rot, Rosa, Orange und Gelb. Zu den kühlen Farben gehören Blau-, Grün- und Violettöne.

Betrachten Sie die beiden Farbbänder (*oben*), und fragen Sie sich, woran Sie dabei denken müssen, was Sie fühlen. Rottöne werden oft mit Erde, Feuer und Sonnenlicht assoziiert, blaue Töne mit Meer und Himmel. Rot ist aufregend, Blau beruhigend. Merken Sie, wie das rote Band hervorzutreten scheint, während das blaue nach hinten weicht?

In unserem Projekt wird eine Gartenszene gemalt. Probieren Sie als Vorübung aus, Gräser und Laub mit kühleren und dann mit wärmeren Farben wiederzugeben. Sehen Sie den Unterschied? Unser Beispiel zeigt warme, herbstliche Farben, die voller Leben sind (*ganz oben*), während die kühleren Farben ruhiger wirken und sich dem Auge weniger aufdrängen (*oben*).

DIE LASUR

Bei der Lasur werden durchscheinende Farbschichten über trockene Farbe gelegt (manchmal auch über nasse Schichten wie bei der Spachteltechnik, vgl. S. 161). Man erzeugt dabei Farben, die von innen her zu glühen scheinen, die satt und transparent zugleich wirken. Bei dieser Technik lassen sich reizvoll warme und kalte Farben kombinieren.

ZWEI NÜTZLICHE HILFSMITTEL

Abkleben mit Tesaband

Tesaband ist nützlich, wenn man gerade Linien ziehen will. Es haftet gut auf Leinwand und getrockneten Farbschichten, ohne diese beim Abziehen zu zerstören. Sie können es aber nur verwenden, wenn Sie saubere und harte Grenzlinien erzielen wollen. Um es anzubringen, schneidet man das benötigte Stück ab, fixiert das eine Ende in der gewollten Position, hält den Rest straff gespannt und streicht ihn mit einer einzigen Bewegung fest. Beim Malen muß der Pinsel möglichst trocken sein, damit die Farbe nicht unter das Band dringt. Lassen Sie die Farbe einige Minuten antrocknen, bevor Sie das Band abziehen.

Der Malstock

Der Malstock (*unten*) dient der malenden Hand als Stütze, wenn man großformatige Bilder bearbeitet oder gerade Linien ziehen will, ohne Tesaband benützen zu können. Man stützt das wattierte Ende gegen die Leinwand und hält den Stock mit der linken Hand so, daß der rechte Arm bequem und sicher darauf liegen kann.

In der traditionellen Ausführung besteht er aus einem Bambusstock, dessen Ende wattiert und mit Leder umspannt ist. In der modernen Version ersetzen Aluminium den Bambusstock und Kunststoff das Leder.

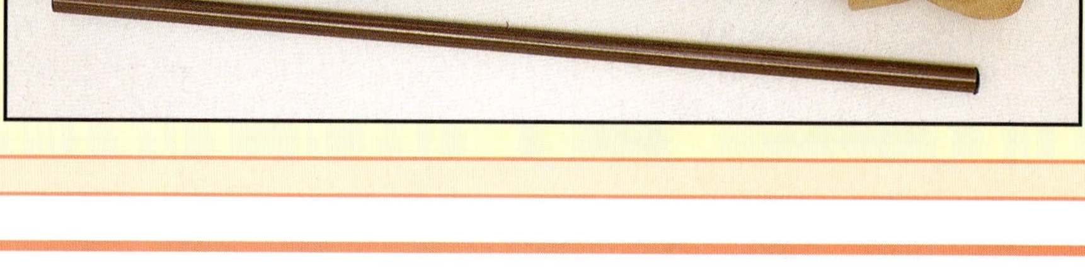

BLICK IN DEN GARTEN

Es sind die kalten und die warmen Farbtöne, die nahelegen, wie angenehm kühl es im Atelier des Künstlers ist, während draußen die Sonne brütet. Doch auch der Garten ist mit kühleren Farbtönen durchsetzt, um den Eindruck üppigen Pflanzenwachstums zu erwecken.

1

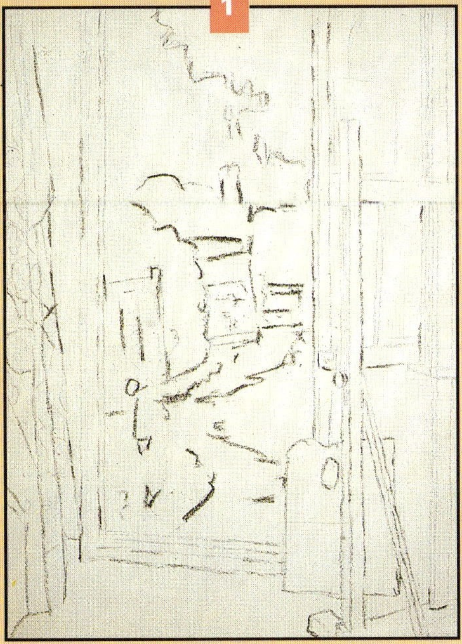

1 Skizzieren Sie die Szene mit einem Kohlestift, und befreien Sie anschließend die Malfläche vom Kohlenstaub.

2

2 Die Innenansicht des Raumes wird mit verschiedenen Mischungen aus Elfenbeinschwarz und Weiß untermalt. Für die Details wird der lange Flachpinsel Nr. 5 verwendet, für die größeren Flächen der Pinsel Nr. 4. Die geraden Konturen der Tür und der Staffelei werden mit Hilfe des Tesabandes gezogen.

3

4

3 Kleben Sie mit Tesaband auch die waagrechten Konturen von Türstock und Staffelei sorgfältig ab, sofern der Untergrund trocken ist. Wo nasse Farbe daran hindert, wird der Malstock so über das Bild gehalten, daß er der malenden

MATERIAL

Malkarton (51 x 71 cm)
Holzkohle
Borstenpinsel: kurz, flach Nr. 4, Marderhaarpinsel: kurz, flach Nr. 5, lang, flach Nr. 5, Kunsthaarpinsel: kurz, flach Nr. 1, lang, flach Nr. 8
Farben: Elfenbeinschwarz, Titanweiß, Ultramarin, Preußischblau, Cölinblau, Kadmiumrot hell, Kadmiumrot dunkel, Kadmiumgelb mittel, Kadmiumgelb zitron, Vandyckbraun
Palette
Leinöl und Terpentin (oder Spiritus)
Palettstecker oder zwei kleine Gefäße
Tesaband
Malstock
Lappen zum Reinigen

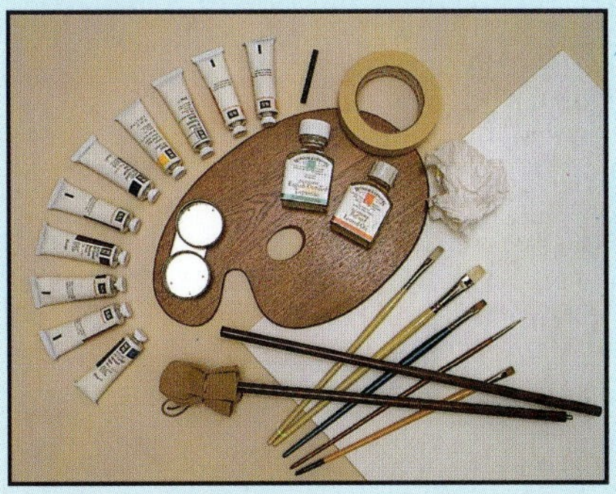

Die Untermalung in Grautönen

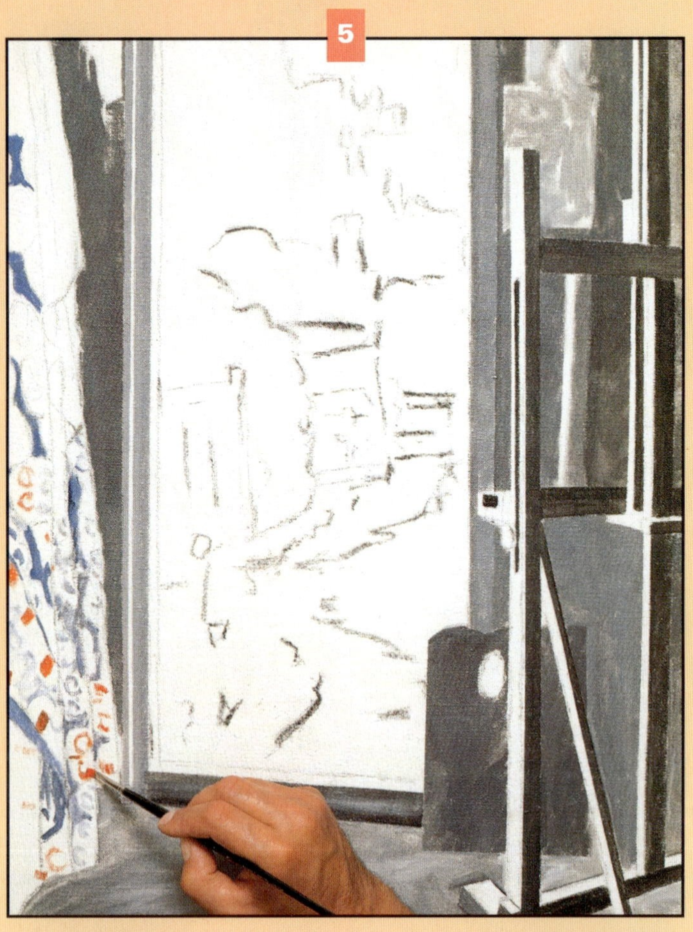

5 Das Muster des Vorhanges wird schwungvoll angedeutet (Pinsel Nr. 1). Verwenden Sie Ultramarin und eine Mischung aus Kadmiumrot dunkel mit Kadmiumgelb. Der Pinsel wird bei jedem Wechsel der Farben abgewischt. Lassen Sie das Bild trocknen (das kann bis zu zwei Tage dauern).

6 Kleben Sie die bisher nicht bemalten Innenflächen des Türstockes ab, um sie zu schützen. Bereiten Sie eine Mischung aus Leinöl und Terpentin im Verhältnis 3:2 vor. Verdünnen Sie damit Ultramarin, und legen Sie eine dünne Lasur über die Schattenbereiche des Vordergrunds (Pinsel Nr. 8). Entfernen Sie das Tesaband.

7 Wo der Vorhang vom Licht beschienen ist, wird das Muster in warmem Gelb vollendet (Kadmiumgelb mit wenig Kadmiumrot hell und Titanweiß, Pinsel Nr. 1). Nun verdünnen Sie Preußischblau mit der Leinöl-Terpentin-Mischung und arbeiten die Falten im Vorhang heraus (Pinsel Nr. 8). Lasieren Sie mit derselben Farbe die Bereiche hinter der Staffelei und der Palette, damit sie nach hinten zurückweichen.

8

8 Kleben Sie den Türstock zum Garten hin ab, und legen Sie eine dicke Schicht Titanweiß über den Himmel und die Bäume. Bis zu den Baumwipfeln wird nun der Himmel naß-in-naß mit kräftigen Strichen und einer Mischung aus Ultramarin, Titanweiß und etwas Cölinblau eingetönt.

9

9 Modellieren Sie die Bäume, indem Sie Mischungen aus Ultramarin, Kadmiumgelb und Titanweiß in die nasse, weiße Schicht einarbeiten. Tönen Sie die Mischung mit etwas Elfenbeinschwarz dunkler, und deuten Sie Zweige an. Glanzlichter werden mit Titanweiß gesetzt.

10

10 Das Holz der Pergola und die Beine des Tisches im rückwärtigen Teil des Gartens malen Sie mit feinem Pinsel (Nr. 1) aus Kadmiumrot hell, gemischt mit Ultramarin. Für die Lichtreflexe auf der Pergola wird Kadmiumgelb mit Kadmiumrot hell gemischt.
Der Sichtschutz erhält einen hellen Braunton aus Kadmiumgelb und

11

11 Die Schatten im hölzernen Sichtschutz werden mit einer Mischung aus Ultramarin, Elfenbeinschwarz und Titanweiß gemalt. Ein paar Tupfen aus Kadmiumrot hell mit Titanweiß beleben das Holz. Aus lockeren Pünktchen wird der Busch aufgebaut (Ultramarin mit Kadmiumgelb zitron) und zum Blühen gebracht (Kadmiumrot hell mit Weiß). Geben Sie der Mischung Kadmiumrot dunkel zu, und verdichten Sie das Blütenmeer. Im Schatten zeigen die Blätter des Busches eine dunkle Färbung (Ultramarin, Kadmiumgelb, Elfen-

12

12 Verleihen Sie dem Boden unter der Pergola einen Rotton aus Kadmiumrot dunkel und Weiß. Das Beet im Vordergrund wird mit verschiedenen Mischungen aus Ultramarin, Titanweiß und Kadmiumgelb gestaltet, der Weg mit unterschiedlichen Zusammensetzungen aus Kadmiumrot hell, Kadmiumrot dunkel, Titanweiß und Kadmiumgelb. Verteilen Sie die Farbtöne spontan mit festen Strichen (langer Flachpinsel Nr. 5). Für die Tulpen im

13

14

13 Ergänzen Sie im Beet mit dem kurzen Flachpinsel Nr. 5 die hellsten Blätter (Kadmiumgelb mit Titanweiß), dann die dunkleren (zusätzlich Ultramarin) und schließlich die dunkelsten (zusätzlich Vandyckbraun). Modellieren Sie die langen Schatten auf dem Weg mit Vandyckbraun.

14 Ein paar Tupfen Kadmiumgelb mit Titanweiß und anschließend Kadmiumrot dunkel mit Titanweiß geben das helle Sonnenlicht auf dem Weg wieder. Kleine Punkte aus Kadmiumrot dunkel deuten herabgefallene Blütenblätter an. Der Tisch erhält ein Tuch aus Kadmiumrot hell mit Titanweiß. Das Laub des Baumes, das von oben in den Türausschnitt schneidet, wird durch schnelle, lichte Tupfen aus Ultramarin, gemischt mit Kadmiumgelb und Elfenbeinschwarz angedeutet. Hellen Sie die Mischung nach und nach mit Kadmiumgelb auf. Zuletzt entfernen Sie das Tesaband und vollenden den Türstock mit einer Farbe aus Kadmiumgelb, Titanweiß und einem Hauch Kadmiumrot hell.

Wenn Sie ein Bild malen wollen, dessen Farben eine gleichbleibende Temperatur haben (wie etwa eine Wüste oder eine arktische Szene), so sollten Sie auch Farben der konträren Temperatur einstreuen, um dem Bild Tiefe und Kraft zu verleihen.

LASIEREN

Das Lasieren ist eine der ältesten Techniken der Ölmalerei. Diese ausgefeilte Methode der alten Meister, bei der hauchdünne, durchscheinende Farbschichten übereinandergelegt werden, verlangt Geduld und Überlegung; aber es lohnt sich. Mit keiner anderen Technik erhalten Sie tiefgründigere und glühendere Farben.

Eine Lasur ist eine durchscheinende Farbschicht, die über einer anderen Farbe liegt. Man kann beim Ölmalen mehrere dieser transparenten Schichten übereinanderlegen – bei Tizian (ca. 1489–1576) sind es bis zu dreißig – und so raffinierte Farbmischungen erzeugen. Farben, die durch Lasuren aufgebaut werden, wirken tief und glühend, völlig anders als auf der Palette gemischte Farben. Das liegt daran, daß das Licht durch die Farbschichten dringen kann und von den tieferen Farbschichten reflektiert wird.

Lasuren werden auf verschiedene Weise angewandt: Man kann sie über eine Untermalung legen, über transparente oder satte Farben. Auch ein dickes Impasto läßt sich lasieren, was den Struktureffekt betont. Mit einer Lasur können Sie Farbtöne verändern, Kontraste abmildern und flache Farben beleben. Schatten, die ja selten wirklich dicht sind, lassen sich durch Lasuren überzeugend darstellen.

Bis ins 19. Jahrhundert war das Lasieren eine der wichtigsten Techniken der Ölmalerei, man denke an Rembrandt, Rubens und Turner. Seither werden spontanere

einzigen Sitzung mit kühnen Pinselstrichen – häufig ohne Untermalung oder Vorskizze – auf die Malfläche gesetzt wird. Im Gegensatz zu dieser spontanen Naß-in-Naß-Technik ist das Lasieren eine Naß-auf-Trocken-Technik, die viel Zeit kostet. Da die zugrundeliegende Farbe völlig trokken sein muß, bevor die neue Farbschicht angebracht werden kann, muß man oft tagelang warten, bis man weitermalen kann. Wenn sich – aus Ungeduld – die Farbschichten mischen, ist die reflektierende Wirkung der Lasuren zerstört.

Beim Lasieren wird die Farbe mit einem Lasiermittel verdünnt, das ihr einen weichen Glanz verleiht. Terpentin hingegen läßt sie stumpf werden und kann Risse in den Schichten erzeugen. Für den Farbauftrag

Das metallische Glänzen des Kupfergefäßes in diesem Stilleben mit Tulpen (*oben*) von Joe Anna Arnett beruht auf Lasuren aus Rot- und Goldtönen, die mit einem traditionellen Lasiermittel verdünnt wurden. Wir verwenden für unser Stilleben (*unten*) ein normales, im Fachhandel erhältliches Lasiermittel.

Lasiermittel und Farben werden etwa im Verhältnis 1:1 vermengt. Mischen Sie die Lösung gründlich durch! Die verdünnte Farbe soll eine flüssig ölige Konsistenz haben. Wenn Sie die Farbe nicht gänzlich im Lasiermittel lösen, werden einzelne Pigmentanhäufungen den Effekt der Lasur zerstören.

Denken Sie daran, daß Sie Lasuren nur auf völlig getrocknete Farbe auftragen dürfen. Die Leinwand muß beim Lasieren flach liegen, oder höchstens leicht geneigt, damit die Farbe nicht hinunterlaufen kann und Tropfen bildet. Verwenden Sie einen weichen Flachpinsel mit langen Haaren.

Mischen Sie Paynesgrau mit Titanweiß und Terpentin, und grundieren Sie damit vier kleine Flächen. Das Grau soll abgestuft sein (oben heller als unten). Lassen Sie die Farbe trocknen. Legen Sie über das Grau eine feine Lasur aus folgenden Farben:

LASIERMITTEL

Beim Lasieren wird die Farbe mit Lasiermittel verdünnt, so daß sie leichter verstreichbar ist. Für den Anfang empfehlen sich die alkydhaltigen Lasiermittel, die Sie im Fachhandel finden und direkt mit der Farbe vermischen können. Sie beschleunigen die Trocknungszeit und bilden einen leichten Film, der den Farben Glanz verleiht.

Traditionelle Lasiermittel enthalten Substanzen wie Standöl, Bienenwachs, Dammarfirnis, Mastixfirnis usw. Man kann auch Leinöl und Terpentin zu etwa gleichen Teilen mischen, muß dabei aber das Mischungsverhältnis sorgfältig beachten: Zu viel Leinöl läßt die Farben unnatürlich glänzen, zu viel Terpentin läßt sie stumpf werden.

1 Kadmiumgelb

2 Chromoxidgrün feurig

3 Kobaltblau

4 Karmin

Überraschende Effekte erzielen Sie, wenn Sie beim Lasieren mit Farbmischungen arbeiten. Lassen Sie sich von den folgenden beiden Beispielen zu eigenen Versuchen mit anderen Farben anregen.

Mischen Sie Karmin mit Titanweiß, ohne die beiden Farben zu einem homogenen Gemenge durchzurühren. Grundieren Sie zwei Flächen. Ist die Farbe trocken, lasieren Sie die beiden Flächen mit einer Mischung aus Kobaltblau und Lasiermittel (**5a**) und einer Mischung aus Kadmiumgelb mit einem Hauch Karmin und Lasiermittel (**5b**). Malen Sie zwei Felder mit Ultramarin und Titanweiß aus. Verwenden Sie dicke Farben, und mischen Sie sie direkt auf der Leinwand. Lassen Sie die Flächen trocknen! Lasieren Sie die erste Fläche mit Kobaltblau und Karmin, verdünnt mit Lasiermittel (**6a**), und die zweite mit Kadmiumgelb, verdünnt mit Lasiermittel (**6b**).

5a

5b

6a

6b

HIMMEL LASIEREN

Von warmem Sonnenlicht beleuchtet wirkt ein Himmel, wenn Sie ihn gelb grundieren und über die getrocknete Farbe eine dünne blaue Lasur legen.

1 Aus Kadmiumgelb und Titanweiß wird ein reich strukturierter Untergrund angelegt. Vermischen Sie die Farben erst auf der Leinwand.

2 Ist die gelbe Schicht trocken, folgt eine Lasur aus Kobaltblau, Titanweiß und Lasiermittel.

HAUTFARBEN

Haut hat einen feinen Schimmer und etwas leicht Transparentes, das in der Lasiertechnik lebensecht wiedergegeben werden kann. In vielen Meisterwerken wurde Haut mit Grün unterlegt, also mit der Komplementärfarbe zu Rot.

1 Legen Sie aus Chromoxidgrün mit Titanweiß eine abgestufte Fläche an. Lassen Sie die Farbe trocknen!

2 Mischen Sie Karmin, Titanweiß und etwas Kadmiumgelb. Fügen Sie Lasiermittel zu, und legen Sie eine zarte, hautfarbene Schicht über das Grün.

KUPFERKESSEL

Wir werden das metallische Glänzen des Kupferkessels und der Backformen durch eine Reihe verschiedenfarbiger Lasuren erzeugen, die über eine monochrome Untermalung gelegt werden.

1

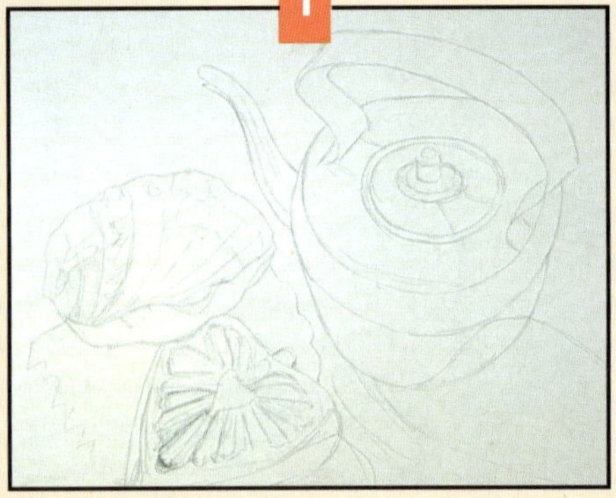

1 Skizzieren Sie die Umrisse der drei Objekte mit einem harten Bleistift (4H).

MATERIAL

Ölmalpapier oder Leinwand
Bleistift (4H) und Radiergummi
Kunsthaarpinsel: rund Nr. 6, kurz, flach Nr. 6, Borstenpinsel: kurz, flach Nr. 4
Farben: Titanweiß, Paynesgrau, Siena natur, Siena gebrannt, Umbra natur, Kobaltblau
Wingel oder ein anderes schnelltrocknendes Lasiermittel
Palette
Terpentin (oder Spiritus)
kleines Gefäß
Lappen zum Reinigen

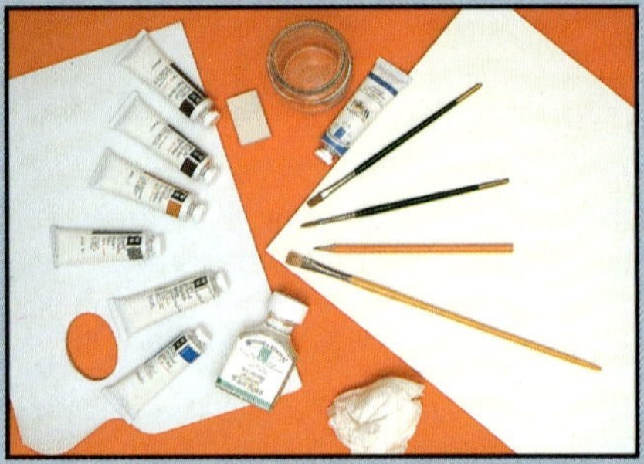

2

2 Wo keine Schatten sind, wird der Boden mit Titanweiß ausgemalt (Pinsel Nr. 4). Schattieren Sie den Hintergrund mit einem hellen Grauton (Titanweiß und Paynesgrau). Direkt unter den Objekten sind die Schlagschatten ganz dunkel und lösen sich dann allmählich auf. Beginnen Sie mit purem Paynesgrau, und geben Sie immer mehr Weiß zu. Am Rand der Schatten werden die Farbübergänge mit dem Finger verwischt.

KLEINER TIP

Die Lasuren und Glanzlichter werden um so leuchtender wirken, je tiefer die Schatten sind. Deswegen werden Schatten sorgfältig behandelt.

3

3 Konturieren Sie die Muschel mit Paynesgrau (Flachpinsel Nr. 6). Licht und Schatten im Innern der Muschel werden mit Paynesgrau und Titanweiß sorgfältig modelliert.

4

4 Auch für das Herz verwenden Sie verschiedene Mischungen von Paynesgrau und Titanweiß.

5

6

5 Der Kessel erhält zuerst die dunklen Schatten (Paynesgrau mit Titanweiß). Für die dunkleren Bereiche von Griff und Schnabel wird die Mischung etwas aufgehellt. Vollenden Sie den Kessel unter Zugabe von viel Weiß.

6 Die Untermalung des Bildes ist fertig. Nun müssen Sie etwa eine Woche warten, bis die Farbe trocken ist und Sie weitermalen dürfen.

7

8

7 Siena natur wird mit Lasiermittel gut verrührt und in einer feinen Schicht über die gesamte Innenseite der Muschel gelegt (Pinsel Nr. 4). Das Herz erhält eine Lasur aus Siena gebrannt und Lasiermittel.

8 Verdünnen Sie Umbra natur mit Lasiermittel, und lasieren Sie die Unterseite der Muschel (Flachpinsel Nr. 6). Wenn sich die Lasur bei Berührung klebrig anfühlt, kann man mit einem Tuch die Lichtstellen herauswischen. Benützen Sie für jeden Wischer eine neue saubere Stelle des Tuches.

9

10

9 Wie zuvor, die Muschel, wird nun der Kessel mit Siena gebrannt lasiert. Für die Flächen verwendet man einen Flachpinsel Nr. 6, für die Details einen Rundpinsel Nr. 6.

10 Beleben Sie den Schattenwurf der Objekte durch etwas Farbe: Siena natur, verdünnt mit Lasiermittel (Flachpinsel Nr. 6). Das Tischtuch wird durch ein paar leichte Pinselstriche aus seiner Starrheit gelöst (Kobaltblau, gemischt mit Umbra natur und Lasiermittel). Die Halter der beiden Formen deuten Sie in Umbra natur an (Rundpinsel Nr. 6). Lassen Sie das Bild trocknen!

11

11 Nun werden mit feinen Strichen des Rundpinsels Nr. 6 die Details am Kessel betont (Umbra natur mit Lasiermittel). Zuletzt holen Sie mit Titanweiß die glänzenden Lichtstellen am Kessel und an der Herzform heraus.

Sie haben nun die Lasiertechnik erfolgreich angewendet und werden sich fragen, wie Sie bislang ohne Lasuren auskamen. Holen Sie alte Bilder hervor, die Ihnen nicht ganz geglückt erschienen, und überlegen Sie, ob sie sich durch Lasuren überarbeiten lassen.

ABSCHNITT 2

Zeichnen

BLEISTIFT

FARBSTIFT

FEDER & TUSCHE

PASTELL

ÖLKREIDE

TUSCHE & GOUACHE

3 Zum Teil werfen die Früchte Schatten aufeinander. Diese wie auch die Schlagschatten auf dem Tisch werden nun vertieft. Wo die Dunkelheit sehr stark ist, können sich die Umrisse der Früchte im Schwarz verlieren. Verdunkeln Sie diese tiefen Schattenpartien mit groben, schwungvollen Schraffuren, die Schatten und Früchte miteinander verbinden. Hier eignen sich durchgehende Zickzacklinien.

4 Betrachten Sie Ihre Zeichnung kritisch. Am besten Sie stellen sie neben das reale Stilleben und vergleichen beides aus größerer Entfernung. Der Kontrast zwischen Licht und Schatten mußte in unserem Beispiel verstärkt werden. Die Modellierung erweckt immer mehr einen körperhaften Eindruck. An den besonders verschatteten Stellen wird mit stärkerem Druck gezeichnet.

5 Verfeinern Sie die Licht- und Schattenkontraste immer weiter, aber achten Sie darauf, daß Sie die Lichtstellen nicht überzeichnen. Wenn eine Stelle zu dunkel wird, kann man sie durch Tupfen mit einem Knetgummi aufhellen. Dasselbe gilt für die weißen Stellen, falls sie durch den Graphitstaub schmutzig werden. Sie sollten aber vor allem bei den letzten Schritten Papier unter die Hand legen oder freihändig zeichnen, um die Zeichnung nicht zu verwischen. Verfeinern sie die Modellierung der Früchte, bis das Obst plastisch wirkt.

Sie wissen nun, wie man ein Stilleben arrangiert, wie man auf Licht und Schatten achtet und wie die Tonwerte modelliert werden. Zeichnen verlangt einige Übung. Am besten legen Sie sich einen kleinen, handlichen Skizzenblock zu und nutzen alle Möglichkeiten, um Alltagsszenen zu skizzieren. Im Handel erhalten Sie Fixative, mit denen die fertigen Zeichnungen besprüht werden, um sie vor Verwischen zu schützen.

NATÜRLICHE STRUKTUREN

In dieser Waldszene (*links*) wurde durch das Zeichnen von Strukturen stimmungsvoll eine Vielzahl verschiedener Blatt- und Gräserformen eingefangen. Der Künstler verwendete einen 4B- und einen 8B-Stift.

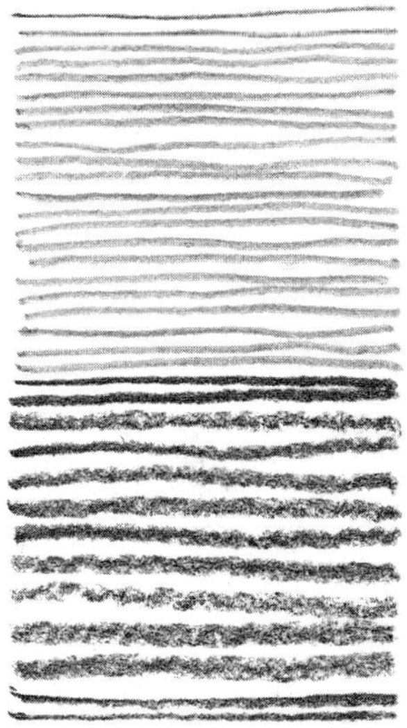

Struktureffekte (*oben*) sind auch abhängig vom Härtegrad des Stiftes und der Körnigkeit des Papiers. Die grauen Linien stammen von einem HB-Stift, die breiten schwarzen von einem 8B-Stift auf rauhem Aquarellpapier.

Wie erfaßt man das dichte Laub einer Buche, die Nadeln eines Tannenbaumes, die üppige Vielfalt einer Wiese, die feine Samtigkeit des Mooses oder die rissige Oberfläche der Rinde?
In dieser Lektion führen wir Sie in die Technik des Zeichnens von Strukturen ein.

Die Welt, die wir in unseren Arbeiten wiedergeben wollen, besteht nicht allein aus Farben, Licht und Formen, sondern auch aus Strukturen. Die vielen Blätter eines Baumes oder die Gräser einer Wiese bilden ein Muster, das es wiederzugeben gilt. Man zeichnet nicht jedes Blatt, jeden Grashalm, sondern versucht, die Gesamtwirkung der Baumkrone oder der Wiese zu treffen. Jedes Ding hat zudem eine eigene, ganz charakteristische diese Eigenschaften wollen zeichnerisch nachempfunden werden. Der Betrachter einer Zeichnung soll nicht nur sehen, sondern auch fühlen. Dies erreicht man durch verschiedenste Zeichentechniken, durch Pünktchen und Häkchen, Strichelchen und Schlaufen usw.

Phantasie statt Regeln

Auf der nächsten Seite finden Sie einige Beispiele, die Sie anregen werden, bei Bedarf weitere Strukturen zu entwickeln. Sie können Strukturen nach Lust und Laune erfinden, aber wenn Sie zu viele unterschiedliche Stricharten in einer Zeichnung verwenden, kann die Wirkung verlorengehen. Regeln gibt es keine. In der einen Zeichnung können bewegt aufreißende Strichlein fernes Blattwerk andeuten, in der nächsten Zeichnung das Kräuseln eines Sees, über den der Wind streicht.

Wenn Sie das Bild oben betrachten, werden Sie sehen, daß das Zeichnen von Strukturen nicht nur Pflanzen charakterisieren, sondern dem Bild auch Bewegung verleihen kann. Wichtig ist zudem, daß Sie zwischen Vorder-, Mittel- und Hintergrund unterscheiden: Mit der Entfernung verlie-

Je nach Papiersorte erzielt man unterschiedliche Effekte (2B und 6B): gutes Schreibpapier (*oben links*), Ingrespapier (*oben

EINFACHE STRUKTUREN (4B-Stift)

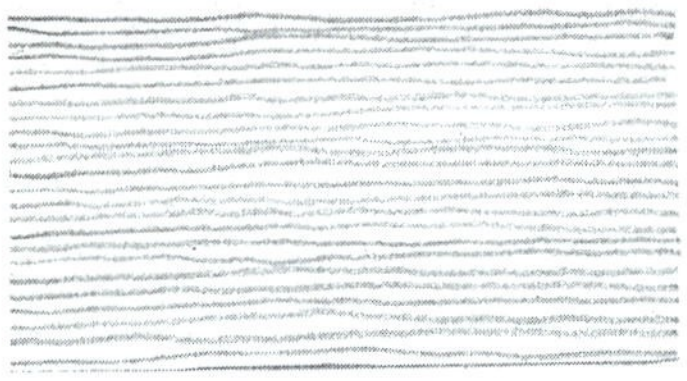

1

2

1 Fließende, parallele Linien verlangen einen kontrollierten Strich. Sind sie zu eng, wird der Eindruck leblos dunkel. Sind sie zu weit voneinander entfernt, verlieren die Striche ihren Zusammenhang.

2 Die feinen, parallelen Linien reißen immer wieder auf, so daß wie auf einer leise bewegten Wasseroberfläche Lichtreflexe entstehen.

3

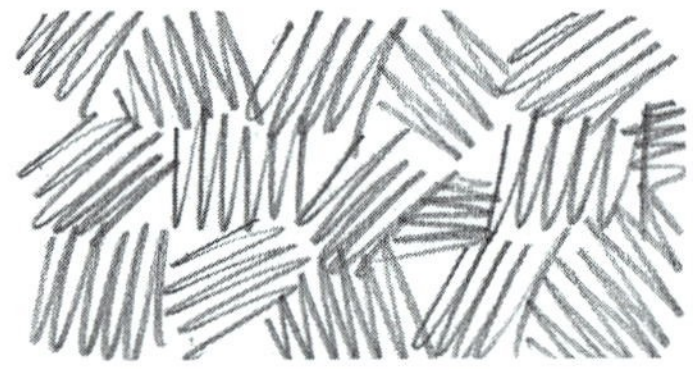

4

3 Gegeneinander versetzte Bänder aus kurzen parallelen Strichen erzeugen den Eindruck eines luftigen Gewebes.

4 Obwohl dieses Muster dem darüberliegenden gleicht, ist die Wirkung völlig anders: Man spürt eine heftige Bewegung. Die Zickzacklinien scheinen kleine, weiße Pfeile hervorzubringen, die sehr dynamisch wirken.

5 Pünktchen sind vielseitig einzusetzen. Wenn man schnell zeichnet, übernehmen sie den Schwung der Hand. Im unteren Teil sind sie zu kleinen Strichen verlängert, wodurch eine dichtere Textur entsteht.

6 Der Einsatz von kleinen Kreisen beschränkt sich gewöhnlich auf runde Objekte, wie Kiesel oder Blätter. Ein dunklerer Tonwert wird durch ausgefüllte Kreise erreicht.

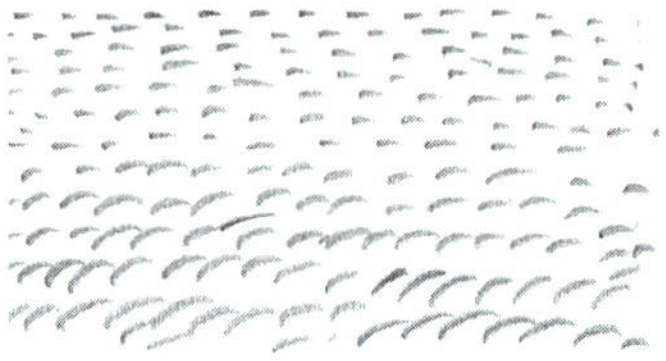

5

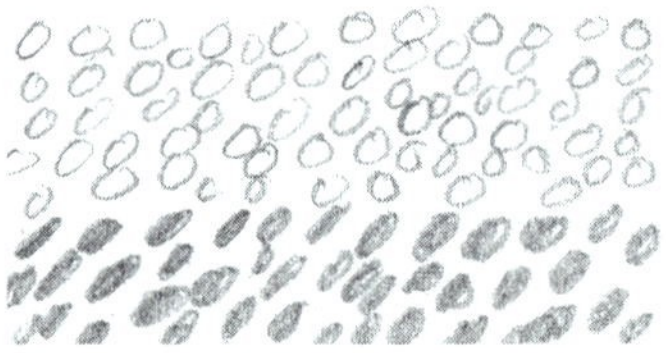

6

7 Die Form der Linie prägt genauso den Ausdruck wie die weißen Formen, die dabei entstehen. Man kann die Schlangenlinien flacher und wellenförmiger gestalten oder sie überlappen lassen.

8 Dunkle Bereiche mit rauher Oberfläche lassen sich durch dieses dichte Kritzelmuster wiedergeben. Der Stift vollführt dabei Schlaufen und Kreise, ohne je abgesetzt zu werden.

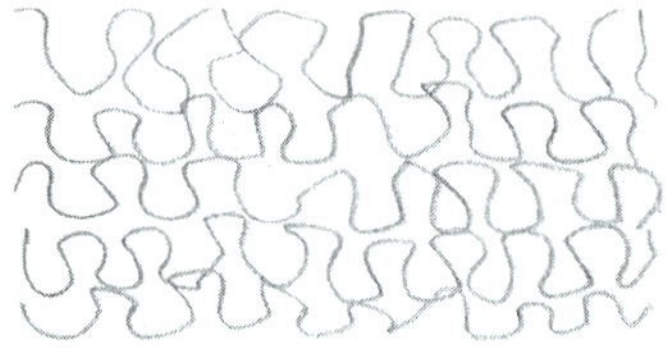

7

8

KOMPLEXE STRUKTUREN

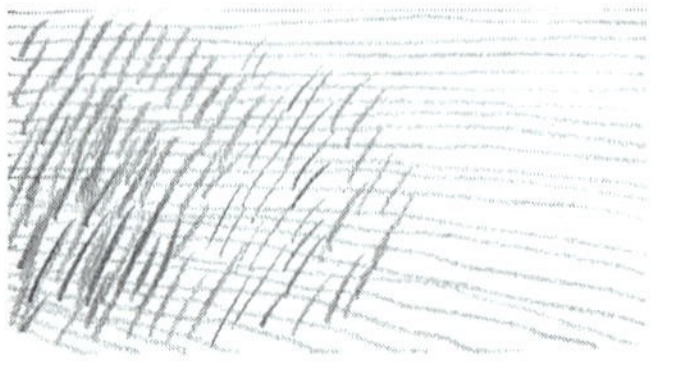

1

2

1 Weiche Linien beschreiben einen sanften Bogen (4B). Kontrastiert wird das gleichmäßige Fließen von quer gesetzten, energischen Strichen.

2 Hier wird der Druck während des Zeichnens variiert. Am besten gelingt diese organische Zeichentechnik mit weichen Stiften (hier 4B).

3

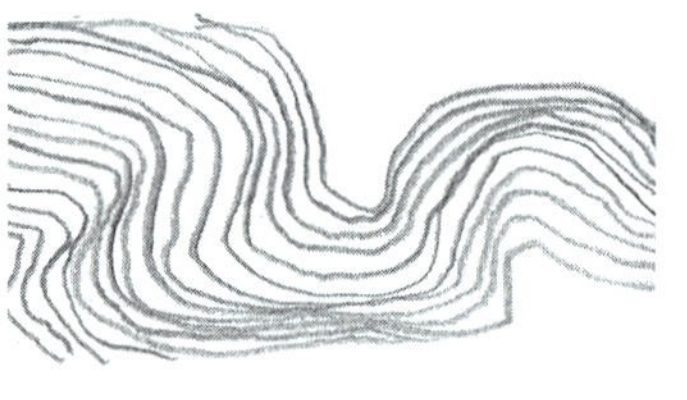

4

3 Geschwungene Linien werden mit dem 4B-Stift schichtweise übereinandergelegt, so daß sich dynamische Muster aus weißen, viereckigen Feldern ergeben.

4 Stark geschwungene Linien, die mehr oder weniger parallel verlaufen, erzeugen einen schichtartigen Eindruck (4B).

5 Kräftige, kurze Striche (8B) ergeben eine grobe, kantige Struktur. Wo die Striche länger werden, scheint das Muster nach vorne zu drängen. Die Variation der Striche erzeugt eine perspektivische Wirkung.

6 Durch die flächigen schwarzen Stellen, die mit dem 8B-Stift gezeichnet werden, tritt hier das weiße Gittermuster dominant hervor.

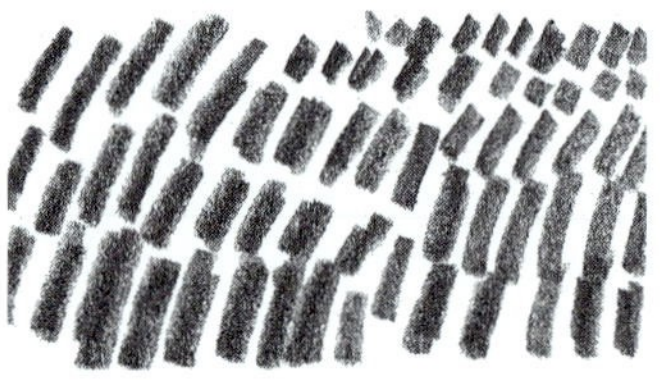

5

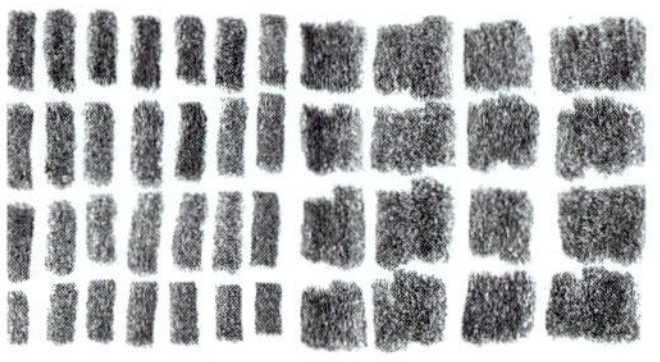

6

7 In Zeichnungen kann die individuelle Stimmung eine Rolle spielen. Man kann sanft und ruhig zeichnen oder, wie bei diesem ausdrucksstarken Kreuzmuster, heftig und aufgewühlt.

8 Die weichen Linien des 4B-Stifts werden von heftigen schwarzen Strichen mit dem 8B-Stift durchkreuzt. Eine solche Technik läßt ein Bild vital wirken.

7

8

WALDSPAZIERGANG

MATERIAL

rauhes Aquarellpapier
Bleistifte: 4B und 8B
Radiergummi
Spitzmesser

Der Wald steckt voller Überraschungen – auf jeden Fall für denjenigen, der mit offenen Augen nach Strukturen sucht. Er wird eine unerschöpfliche Vielfalt vorfinden. Sie sollten auf Ihren Waldspaziergang viel Skizzenpapier mitnehmen. Es lohnt sich, zunächst einige Strukturübungen durchzuführen. Entwickeln Sie Strukturen, die dem Charakter von Moos, Gräsern, Tannen, kleinblättrigen oder großblättrigen Baumkronen usw. entsprechen. Beachten Sie dabei, daß entfernte Motive kontrastärmere Strukturen zeigen als nahe Blätter und Gräser!

1

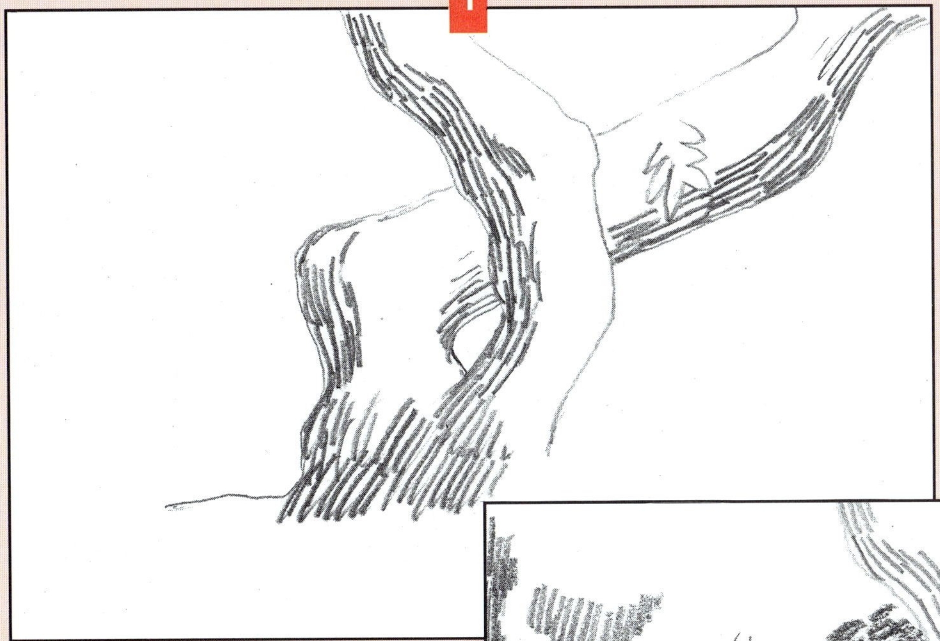

2

1 Die beiden sich umschlingenden Baumstämme bilden das Zentrum der Komposition. Sie werden als erstes skizziert (4B). Dann wird die Rindenstruktur an den Schattenseiten angedeutet.

2 Die Umgebung wird skizziert. Details und Flächen, die fast weiß bleiben sollen, werden mit Linien umschrieben. Die dunkelsten Partien deutet man durch entsprechende Strukturen oder mit Schraf-

3

3 Die Baumstämme werden stärker modelliert und im Mittelgrund Details ergänzt. Überlegen Sie sich, wo die dunkelsten Konturen und Partien des Motivs sind. Arbeiten Sie diese mit dem 8B-Stift heraus. Sie werden bemerken, daß die hellen Bereiche stärker hervortreten, wenn Sie dunkle Akzente setzen. Bedenken Sie bei der Wahl der Stifte: Der 4B-Stift hinterläßt auch bei starkem Aufdrücken weniger schwarze Zeichen als der 8B-Stift. Er eignet sich also besser für die Ausarbeitung des Hintergrundes, während der weiche 8B-Stift für den Vordergrund eingesetzt wird.

4

4 Nun werden der Hintergrund (4B) und der Mittelgrund (4B und 8B) in den Einzelheiten gestaltet. Aber versuchen Sie nicht, einzelne Blätter zu zeichnen. Konzentrieren Sie sich auf die Muster, die vom Licht- und Schattenspiel und von den Pflanzen gebildet werden. Zeichnen Sie kleinere Details, wie Blätter, nur im Vordergrund.

5

5 Ergänzen Sie das Bild Schritt für Schritt um weitere Einzelheiten. Wie Sie sehen, werden manche Flächen, wie etwa die Wiese links und rechts hinter dem Baum oder Teile des Himmels, weiß gelassen. Malen Sie nicht Ihre Zeichnung zu!

6

6 Hören Sie lieber zu früh auf als zu spät. Zuviel Ausarbeitung kann das Bild leblos erscheinen lassen. Nur ein winziger Schritt trennt die Vollkommenheit von der Erstarrung.

LICHT UND SCHATTEN

Sie wissen bereits, wie man mit einem Bleistift verschiedene Tonwerte dadurch erhält, daß man mehrere Schraffuren übereinanderlegt und stärker oder weniger stark aufdrückt. Hier werden wir Ihnen zeigen, wie man mehrere Bleistifte einsetzt, um Licht und Schatten zu modellieren.

Vom Aufbau her ist die Zeichnung einer Brücke in einer italienischen Landschaft (*oben*) von Sir Augustus Wall Callcott (1779–1844) durchaus schlicht. Ihr Reiz liegt in der feinen und differenzierten Ausarbeitung der Tonwerte. Von vorne nach hinten wird die Zeichnung zunehmend heller, so daß der Eindruck großer Tiefe entsteht.

Auch wir beschäftigen uns in unserem Projekt mit einer Brücke (*oben links*). Das alte Gemäuer und der in der Sonne glitzernde Flußlauf werden mit mehreren Bleistiften verschiedener Härtegrade modelliert. Auf der nächsten Seite finden Sie eine Tabelle mit fünfzig verschiedenen Tonwerten, die mit zehn Stiften erzielt werden können. Derart feine Differenzierungen der Tonwerte sind jedoch nicht nötig, um einer Zeichnung eine überzeugende Plastizität zu verleihen. Man beschränkt sich beim Zeichnen häufig auf drei bis fünf Tonwerte.

Die Kunst des Zeichnens ist weniger ein Können der Hand als des Auges. Gewöhnlich beachten wir Licht und Schatten nicht bewußt. Betrachten Sie einmal aufmerksam einen Gegenstand, auf den Licht fällt. Die hellsten Stellen, die Sie sehen, sind kleine Glanzlichter oder gleißende Lichtkanten. Im Vergleich dazu ist die der Helligkeit nur zugewandte Seite schon etwas dunkler, und am dunkelsten ist die Schattenseite. Bei runden Gegenständen werden Sie kontinuierliche Übergänge von Lichtseiten zu Schattenbereichen feststellen.

Wenn wir den Schatten eines Gegenstandes genau untersuchen, stellen wir fest, daß auch er nicht gleichmäßig dunkel ist. Am Fuß des Objekts ist er am dunkelsten und läuft dann immer heller aus.

Die Welt um uns herum ist farbig. Beim schränkt. Die Farben sind je nach Helligkeit in Grauwerte umzusetzen. Auch dies ist ein Vermögen des Auges, das trainiert sein will. Nach einiger Zeit werden Sie sich nicht mehr von den Farben irritieren lassen, sondern automatisch Helligkeiten und Dunkelheiten unterscheiden, Licht und Schatten richtig identifizieren.

Auf der nächsten Seite sehen Sie ein Foto in einer farbigen und in einer schwarzweißen Version. Versuchen Sie, das Farbfoto in eine einfache Zeichnung mit etwa fünf verschiedenen Tonwerten umzusetzen, und vergleichen Sie danach Ihre Zeichnung mit dem Schwarzweiß-Foto. Solche Übungen sind eine effektive Schule für das Auge.

Bevor wir in unserem Projekt eine Brücke über einen im Licht glitzernden Fluß zeichnen, lernen Sie auf der nächsten

TONWERTE

Unten: **Sie können mit einem einzigen Bleistift verschiedene Tonwerte erzeugen. Hier wurde ein 6B-Stift eingesetzt.**

Diese Tabelle zeigt fünfzig Grautöne. Es wurden zehn Stifte verwendet und fünf Druckstärken. Zeichnen Sie zur Übung eine ähnliche Skala.

TONWERT UND FARBE

Es ist nicht immer einfach, die Helligkeit einer Farbe korrekt zu identifizieren. Folgende Übung wird Ihnen dabei helfen: Decken Sie das Schwarzweiß-Foto ab. Fertigen Sie nun nach dem Farbfoto eine Skizze an. Versuchen Sie, fünf verschiedene Tonwerte zu unterscheiden, und füllen Sie die Zeichnung aus.

Vergleichen Sie Ihre Zeichnung nun mit dem Schwarzweiß-Foto, und überprüfen Sie, ob es Ihnen gelungen ist, die Farben in ihrer Helligkeit richtig einzuschätzen. Wie bereits mehrfach angedeutet, lassen sich Tonwerte besser erkennen, wenn man die Augen beim Betrachten der Gegenstände leicht zusammenkneift.

DIE ALTE BRÜCKE

Das Motiv der aus verschiedenen, teils unregelmäßigen Steinblöcken errichteten Brücke, die sich über ein langsam fließendes Flüßchen spannt, stellt unsere technischen Fähigkeiten auf die Probe. Wir modellieren mit vier Bleistiften schrittweise Licht und Schatten, bis das Gemäuer und das Sonnenlicht greifbar werden.

MATERIAL

Zeichenpapier
Bleistifte: HB, B, 2B und 3B.
Radiergummi
Spitzmesser

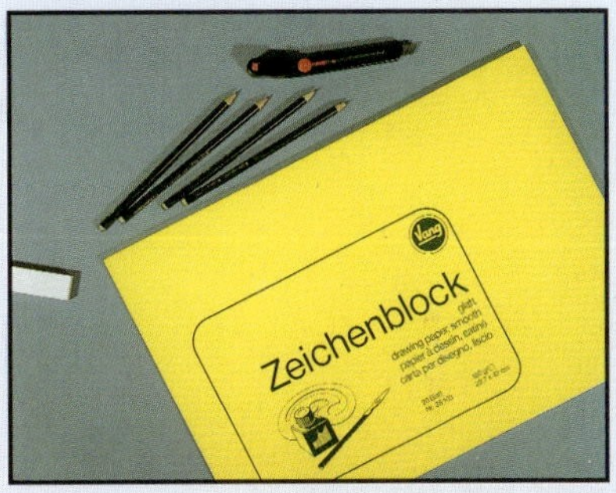

1

2

1 Mit dem HB-Stift wird die Szene frei skizziert. Zuerst legt man die Brücke fest, anschließend werden der Verlauf des Flusses und der Hintergrund angedeutet.

2 Kneifen Sie die Augen etwas zu, und studieren Sie die Tonwerte. Versuchen Sie, helle, mittlere und dunkle Tonwerte voneinander zu unterscheiden. Lassen Sie die hellsten Bereiche weiß, und schraffieren Sie zart mit hellem Strich alle mittleren und dunkleren

3 Nun verdichtet man die Schraffuren (B). Dunklere Stellen werden herausmodelliert. Legen Sie besonderes Gewicht auf die Gestaltung des Gemäuers der Brücke und die Schatten am Ufer des Flusses.

4 Die Schraffuren werden mit dem 2B-Stift weiter verfeinert. Arbeiten Sie nach wie vor mit wenig Druck. Nur bei den Schlagschatten wird etwas dunkler gezeichnet. Mildern Sie die Konturen mit dem weichen Stift ab.

3

4

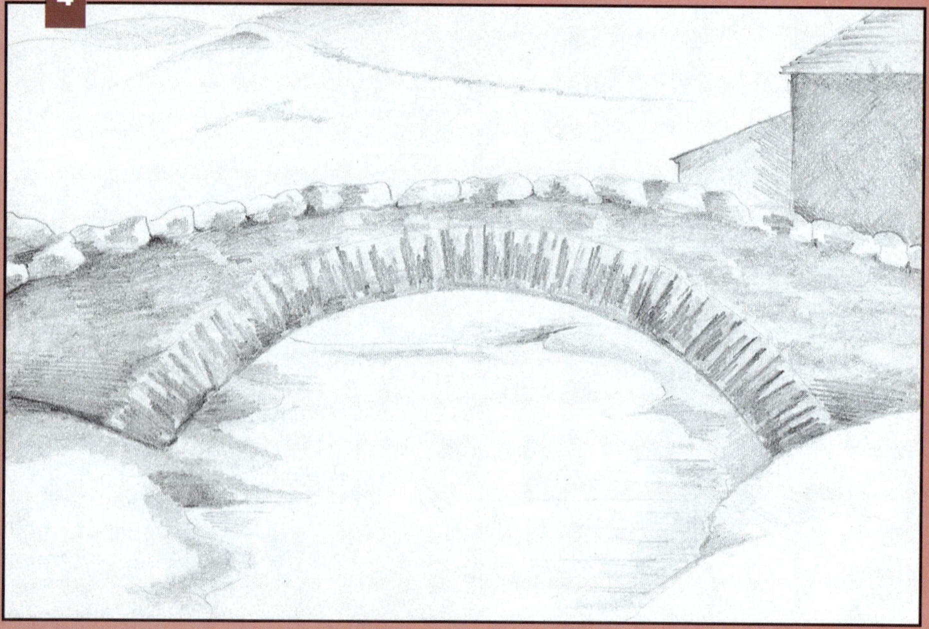

Widerstehen Sie der Versuchung, die Zeichnung an einer Stelle präzise durchzumodellieren, während andere Bereiche noch skizzenhaft angelegt sind. Nur wenn Sie gleichmäßig und Schritt für Schritt arbeiten, fügt sich das Bild zu einem harmonischen Ganzen zusammen.

5 Im letzten Schritt arbeitet man mit einem gut gespitzten 3B-Stift die Details aus. An den Ufern werden Gräser angedeutet, die Wasseroberfläche erhält Struktur. Große Sorgfalt gilt der Brücke, dem Hauptmotiv der Zeichnung. Hier wird die Struktur des Mauerwerks dunkel hervorgehoben, bei den Steinen werden auch kleinere Schatten genau beachtet. Die Steine des Brückenbogens werden mit stärkerem Druck betont.

5

PERSPEKTIVE

Erschrecken Sie nicht! Perspektive ist viel einfacher, als Sie denken. Wir erklären Ihnen hier die grundlegenden Gesetzmäßigkeiten der Perspektive und zeigen Ihnen, wie Sie ohne aufwendige Konstruktionen und Berechnungen die wichtigsten Fluchtlinien und die Horizontlinie finden.

Diese Zeichnung einer ländlichen Straße in England hat eine überzeugende Tiefenwirkung, die durch geschickte Komposition unterstützt wird. Ohne den Zaun mit den Pfosten ginge der Zug in die Tiefe weitgehend verloren. Der erste Pfosten links im Bild ist stark angeschnitten und drängt so mächtig in den Vordergrund.
Wenn Sie die Schrägen der in Wirklichkeit parallel verlaufenden Straßenränder, des Zaunes, der Dachtraufen und der Fensterbretter durch Fluchtlinien verlängerten, würden Sie entdecken, daß sie sich alle auf der Horizontlinie treffen.
Tatsächlich hat der Künstler diese Zeichnung mit Hilfe der Horizontlinie und verschiedener Fluchtlinien sorgfältig konstruiert. Man zeichnet dabei am besten so fein, daß die Linien später nicht mehr sichtbar sind.

Wenn Sie über eine weite Landschaft blicken, fällt als erstes auf, daß die Dinge mit der Entfernung kleiner erscheinen. Diese ganz grundlegende Gesetzmäßigkeit der Perspektive ist immer wirksam, auch bei nahen Gegenständen. Probieren Sie es aus: Legen Sie ein Buch auf den Tisch, und „messen“ Sie mit Hilfe des Bleistifts die optische Länge der Kante, die Ihnen näher ist. Wenn Sie nun die optische Länge der hinteren Kante messen, werden Sie feststellen, daß sie ein ganzes Stück kürzer ist. Daraus ergibt sich, daß die beiden Seitenkanten des Buches optisch nicht parallel verlaufen können. Würde man sie über das Buch hinaus verlängern, so müßten sie sich in einem Punkt treffen.

Horizont bildet eine waagrechte Linie. Die Straßenränder laufen aufeinander zu und treffen sich am Horizont in einem Punkt. Eine solche Straße zu zeichnen, ist nicht schwierig: Sie fixieren zuerst die Horizontlinie, schätzen die Schrägen der Straßenränder und zeichnen sie so ein, daß sie sich am Horizont im Fluchtpunkt treffen.

Verringerung der Abstände

Wie gesagt: Mit der Entfernung nehmen die Maße der Gegenstände augenscheinlich ab, also ihre Breiten, ihre Längen und ihre Höhen. Was leicht vergessen wird, ist, daß sich auch die Abstände zwischen den Dingen scheinbar verringern. So werden etwa in der Zeichnung (*oben*) die Pfosten des Zaunes nicht nur zunehmend schma-

DIE HORIZONTLINIE

Wenn Sie eine Zeichnung beginnen, positionieren Sie als erstes die Horizontlinie (**1**). Sie entspricht Ihrer Augenhöhe: Dinge, die über ihr liegen, sehen Sie von unten, Objekte, die unter ihr liegen, von oben. Die Schienenstränge einer Eisenbahnstrecke verjüngen sich nach hinten, bis sie sich am Horizont in einem gemeinsamen Fluchtpunkt treffen (**2**). Stellen Sie sich vor, neben der Eisenbahnlinie verliefe eine Reihe von Masten. Die Abstände zwischen ihnen würden sich verringern, ihre Höhe abnehmen, bis sie in demselben Fluchtpunkt am Horizont verschwinden würden, an dem auch die Schienen zusammenlaufen (**3**).

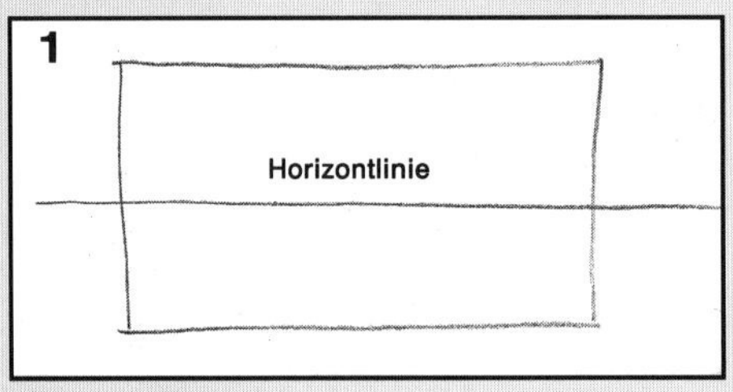

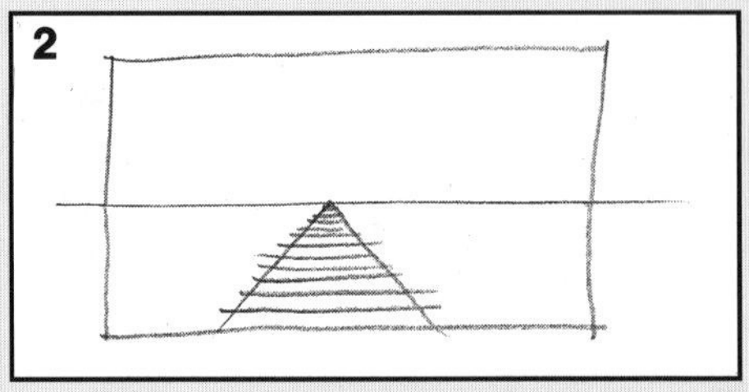

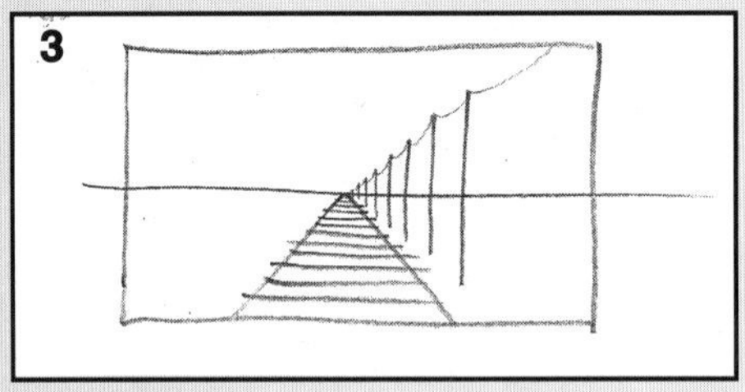

Zur Erinnerung fassen wir die wichtigsten Gesetzmäßigkeiten noch einmal zusammen: Die Horizontlinie entspricht Ihrer Augenhöhe. Linien, die von Ihrem Standpunkt aus parallel nach hinten verlaufen, wirken optisch so, als würden sie aufeinander zuflüchten. Sie treffen sich auf der Horizontlinie in einem Fluchtpunkt. Oberhalb des Horizontes laufen sie nach unten, unterhalb streben sie nach oben.

GEBÄUDE

Wenn Sie ein Haus leicht von der Seite sehen (**4**), haben Sie gewöhnlich zwei Wände vor sich, die in Wirklichkeit (aber nicht optisch) einen rechten Winkel zueinander bilden. Während die senkrechten Kanten auch optisch senkrecht bleiben (es sei denn, Sie stehen ganz nah vor einem hohen Haus), fluchten die waagrechten Kanten schräg zur Horizontlinie. Für beide Wände wird ein eigener Fluchtpunkt benötigt.

Die Zeichnung beginnt man mit der Horizontlinie. Dann fixiert man gewöhnlich die vorderste senkrechte Kante. Von hier aus schätzt man z.B. am Sockel des Hauses die Schrägen der Fluchtlinien ab, die zu den beiden Fluchtpunkten F1 und F2 führen. Sind diese Fluchtpunkte gefunden, lassen sich mit ihrer Hilfe alle weiteren Hauskanten mühelos ergänzen.

Oft liegt der Fluchtpunkt nicht mehr innerhalb der Zeichnung (**5**). Vor allem für den Anfänger ist es günstig, möglichst große Zeichenblätter zu wählen, die es erlauben, auch diese entfernten Fluchtpunkte zu fixieren. Bei sehr nahen Gegenständen ist dies allerdings nicht mehr möglich. Hier müssen alle Schrägen frei geschätzt werden.

Parallele Linien, wie hier der Giebel, die Dachtraufe und der seitliche Sockel des Hauses, fluchten einem gemeinsamen Fluchtpunkt entgegen (**6**).

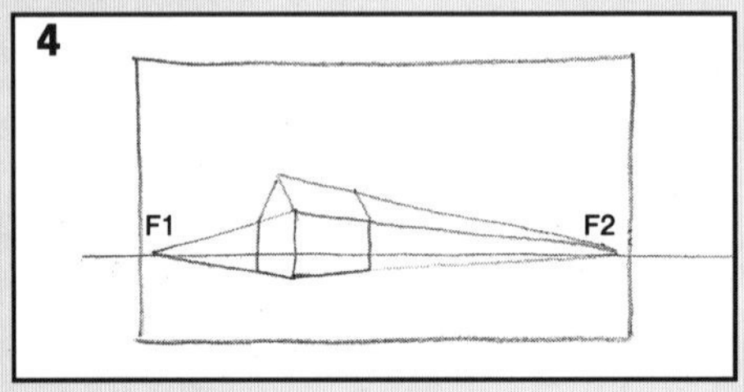

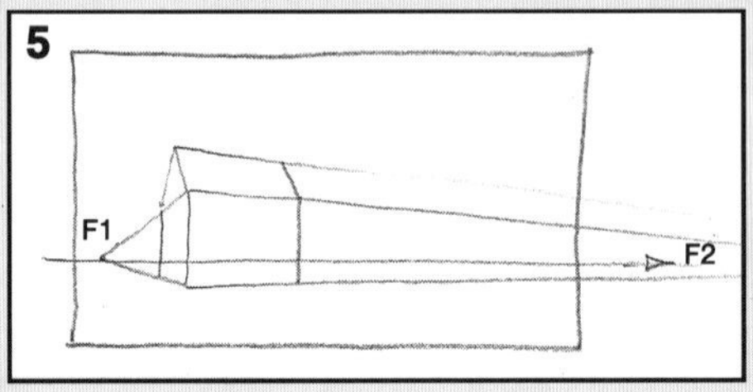

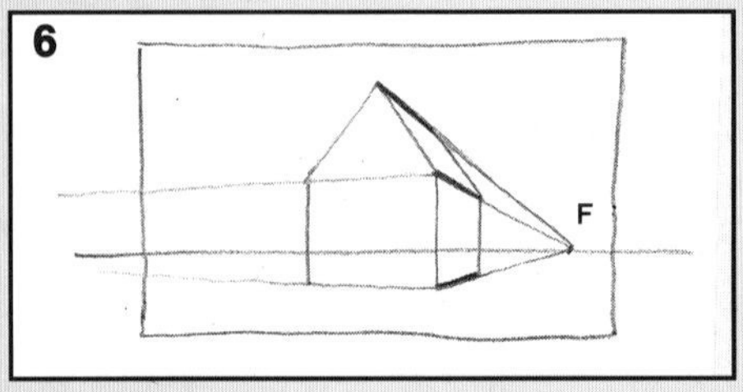

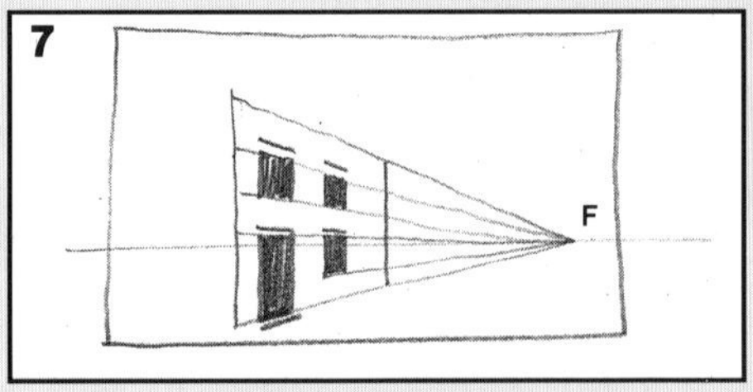

Fenster und Türen einer Hauswand teilen sich mit ihr den Fluchtpunkt (**7**).

Mehrere Fluchtpunkte

Wenn Sie Häuser zeichnen, die nicht exakt parallel zueinander stehen, müssen Sie für jedes Haus von neuem die nötigen Fluchtpunkte bestimmen. Ihr Bild wird sich allmählich mit vielen Hilfslinien füllen und unübersichtlich werden. Dies ist jedoch kein Problem: Feine Bleistiftlinien lassen sich spurlos ausradieren. Mit der Zeit werden Sie die Hilfslinien zudem nicht mehr bis zum Horizont durchziehen. Geübte Zeichner verzichten ganz auf sichtbare Hilfslinien und verwenden statt dessen unauffällige Markierungspünktchen.

Wenn Sie zu unserem Projekt eine Vorübung machen wollen, blättern Sie noch einmal eine Seite zurück: Versuchen Sie, in unserer Zeichnung der Straßenszene, die Horizontlinie zu bestimmen. Suchen Sie nach dem Fluchtpunkt F1 für das vorderste, angeschnittene Haus. Fixieren Sie die Fluchtlinien für die Straße und den vorderen Zaun. Zeichnen Sie nun alle weiteren Fluchtlinien in das Bild, die zur Konstruktion der Häuser mit ihren Fenstern und Schornsteinen nötig waren.

AUF DEM DORF

Wenn Sie das nächste Mal aufs Land fahren, nehmen Sie Ihren Zeichenblock mit. Es gibt noch immer malerische Dorfstraßen, die man einfach zeichnen muß. Versuchen Sie, die Perspektive möglichst exakt zu erfassen, bevor Sie die Zeichnung ausgestalten.

1

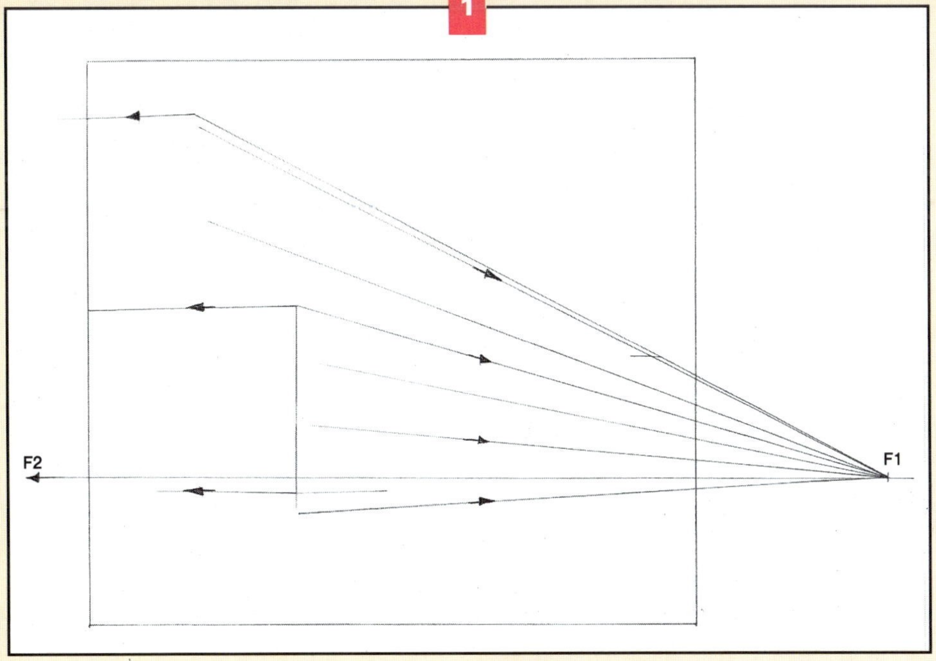

MATERIAL

Zeichenpapier
Bleistifte: HB und 4B
Lineal
Radiergummi und Spitzmesser

1 Verwenden Sie ein Blatt Papier, das deutlich größer ist, als Ihre Zeichnung werden soll. So können Sie die Fluchtpunkte fixieren, auch wenn sie außerhalb der Zeichnung liegen. Als erstes wird die Horizontlinie bestimmt. Sie entspricht der Augenhöhe. Oberhalb von ihr fluchten Linien, die in Wirklichkeit waagrecht sind, nach unten, unterhalb von ihr streben sie nach oben. Die vordere Ecke des Hauses wird als Senkrechte eingezeichnet. Auf der Frontseite des Hauses fluchten alle waagrechten Linien zu F1, während sie seitlich auf F2 zulaufen.

2

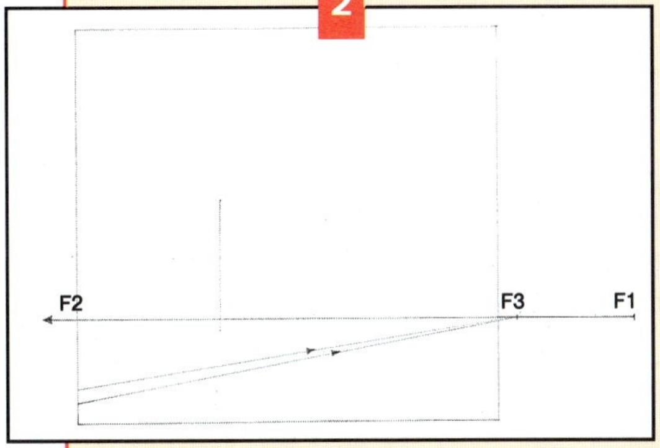

2 Da die Zäune parallel rechts und links an der Straße entlanglaufen, haben sie und die Straßenränder einen gemeinsamen Fluchtpunkt (F3). Man findet F3, indem man die Schräge einer der Umzäunungen oder eines Straßenrandes bestimmt. Dann zeichnet man entsprechend die erste Fluchtlinie. Nun muß man vorne nur noch die Abstände messen Abstand der Zäune ein und kann alle weiteren Fluchtlinien zu F3 ziehen.

3

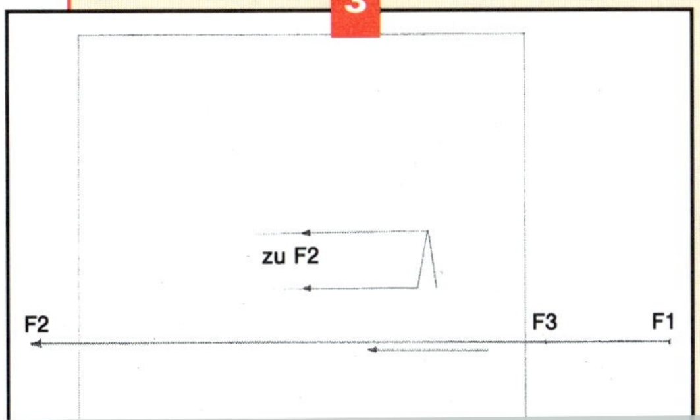

3 Auf dieser Zeichnung sehen Sie, wie das hintere Haus und die vorspringende Mauer konstruiert werden. Auf den ersten Blick könnte man meinen, der Giebel verliefe parallel zur Horizontlinie, aber in Wirklichkeit fluchtet diese Linie unmerklich auf die Horizontlinie zu. Da der Dachfirst des hinteren Hauses parallel zu der fensterlosen Wand des vorderen Hauses verläuft, gilt für ihn der Fluchtpunkt F2. Auch die Mauer mit dem Torbogen fluchtet zu F2. Liegt ein Fluchtpunkt so weit außerhalb des Bildes wie hier F2, so bleibt dem Zeichner nichts anderes übrig, als die Schrägen der Fluchtlinien abzuschätzen und aufeinander abzustimmen.

4 Nun können alle wichtigen Elemente wie Mauern, Fenster, Türen, Schornsteine, Zaunpfähle usw. ergänzt und verfeinert werden. Achten Sie darauf, daß Sie die richtigen Fluchtpunkte verwenden. So gilt etwa für die Fenster des vorderen Hauses der Fluchtpunkt F1. Die Neigung der Dachschrägen zeichnet man nach Augenmaß. Wenn die Fluchtlinien Sie stören, dürfen Sie sie vorsichtig ausradieren. Sind sie fein genug, ist das nicht nötig, da sie immer mehr in den Hintergrund treten, je detaillierter Sie die Zeichnung ausarbeiten.

4

5 Wenden Sie sich nun Licht und Schatten zu. Beschränken Sie sich dabei auf drei Tonwerte. Wenn Sie damit Schwierigkeiten haben, hilft eine Sonnenbrille oder leichtes Zukneifen der Augen. Dunklere Partien erscheinen dadurch noch dunkler und trennen sich besser von helleren. Modellieren Sie zuerst die weit entfernten Bäume. Schraffieren Sie dann die Schattenseiten und dunkleren Bereiche an Häusern und Mauern. Gestalten Sie die Pfosten und alle weiteren Details.

5

6 Alle Schraffuren werden nun vertieft und die Details sorgfältig ausgearbeitet. Vergessen Sie die Schlagschatten nicht. In den Schattenbereichen werden die Konturen akzentuiert. Beleben Sie zuletzt die Zeichnung mit vereinzelten Strukturelementen, wie Mauerwerk, angedeuteten Blättern, Gräsern oder Steinchen.

6

Oft zeichnet man den Hintergrund heller als den Vordergrund, weil mit der Entfernung die Farben verblassen. Man kann aber auch in umgekehrter Weise vorgehen.

PORTRÄTIEREN: DER KOPF

In dieser Lektion wollen wir uns der Welt des Lebendigen zuwenden. Wir beginnen mit dem Kopf, erklären Ihnen auf der nächsten Seite, was Sie über seine Anatomie wissen sollten, und werden als Projekt ein Selbstporträt anfertigen.

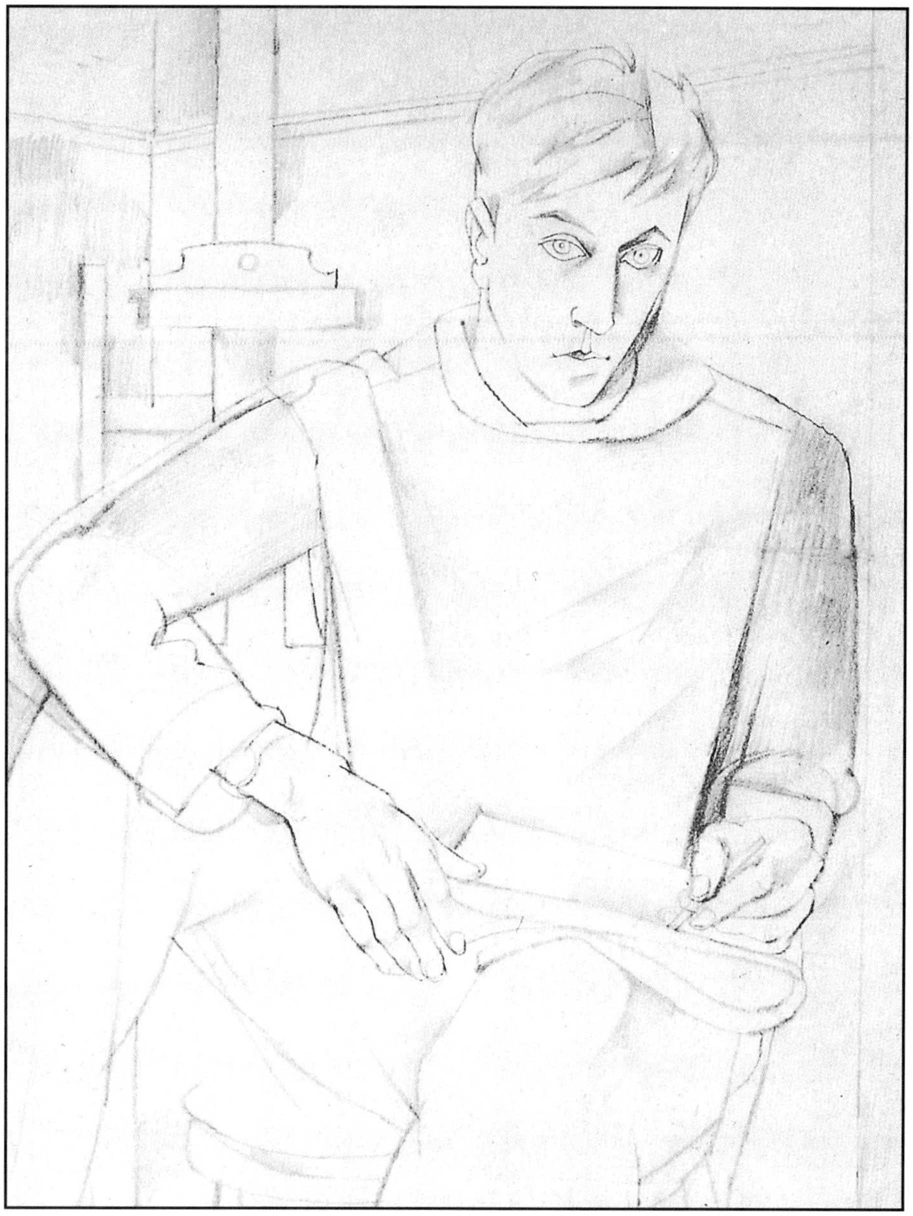

Das Selbstporträt als Einstieg zum Porträtieren birgt viele Vorteile: Sie können gleich anfangen, ohne jemanden suchen zu müssen, der bereit ist, Modell zu sitzen. Selbst wenn sie viel Zeit brauchen, läuft Ihnen das Modell nicht weg, und Sie müssen auch keine Angst haben, ihr Modell zu beleidigen.

Eine bequeme Haltung

Es ist wichtig, daß Sie eine Pose finden, in der Sie es lange aushalten. Vermutlich ist es sinnvoll, sich auf einen härteren Stuhl mit Lehne zu setzen. Der Spiegel sollte groß genug sein und die Beleuchtung gut. Ein kontrastreiches Licht- und Schattenspiel ist leichter zu erfassen als unbestimmtes, diffuses Licht. Kommt das Licht von der Seite, werden die Formen betont, was für den Anfang günstig ist. Sanftes Licht von unten erzeugt Dramatik. Sie sollten sich im Spiegel sehen können, ohne den Kopf drehen zu müssen.

Das Porträt wird schrittweise aufgebaut: Man beginnt mit einem Oval, das nach und nach der Kopfform angepaßt wird. Augen, Nase, Mund und Ohren werden erst sorgfältig positioniert, bevor man sie ausarbeitet. Hier können Details, wie Fältchen, Glanzlichter in den Augen oder auf den Lippen charakteristisch sein.

John Minton blickt uns in seinem Selbstporträt (*oben*) mit großen Augen an. In David Michies Selbstporträt (*links*) ist die Ähnlichkeit durch zahlreiche Feinheiten erfaßt.

Bevor Sie sich an Ihr Selbstporträt begeben, wollen wir uns mit den allgemeinen Merkmalen des menschlichen Kopfes beschäftigen. Auf diese Weise können Sie Anfängerfehler von vornherein vermeiden. Anfänger zeichnen oft zu flache Köpfe mit zu niedrigem Hinterkopf; die Augen sind häufig zu groß und die Ohren zu kurz.

Vergleichen Sie einmal verschiedene Köpfe, und versuchen Sie, die Schädelform zu sehen. Legen Sie Transparentpapier über Fotos, und ziehen Sie Gesichter nach. Sie werden überrascht sein.

Die Gesichtspartie nimmt im Kopf eines jungen Erwachsenen (**1**) nur einen relativ geringen Platz ein. Der Schädel ist hoch und wölbt sich weit nach hinten.

Bei einem Baby (**2**) wirkt der Schädel im Verhältnis zum Gesicht noch größer. Zudem ist die Partie von Nase zu Kinn kürzer, da die Zähne noch fehlen.

Mit dem Erwachsenwerden (**3**) verlängert sich die Gesichtspartie und der Abstand zwischen Nase und Kinn erweitert sich.

Im hohen Alter (**4**) verschieben sich die Proportionen erneut. Die Gesichtspartie zieht sich zusammen, vor allem wenn die Zähne fehlen.

1

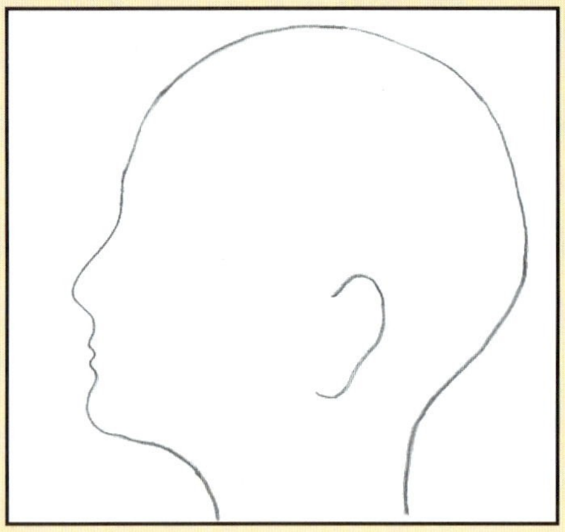

2

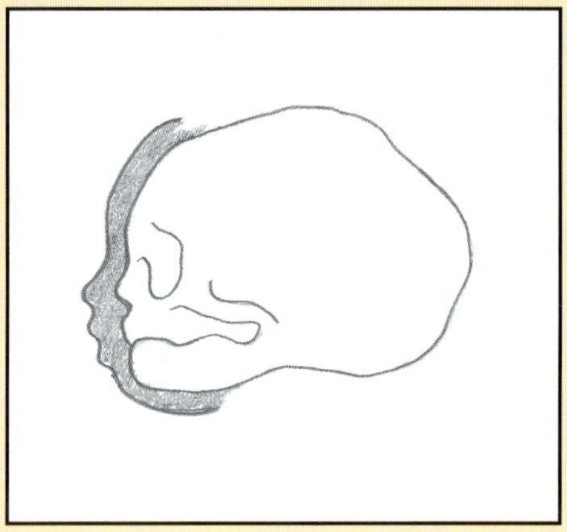

3

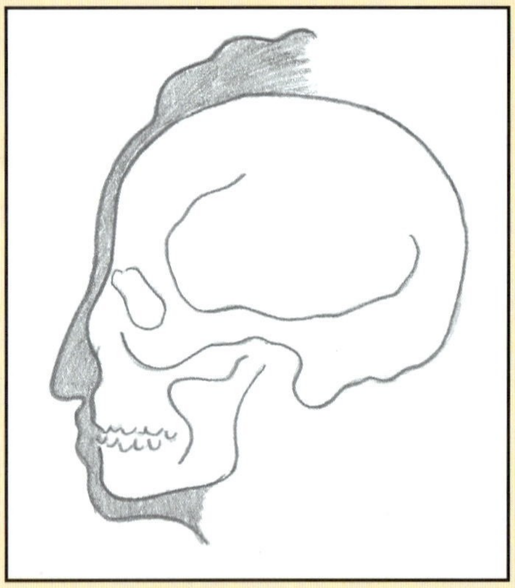

4

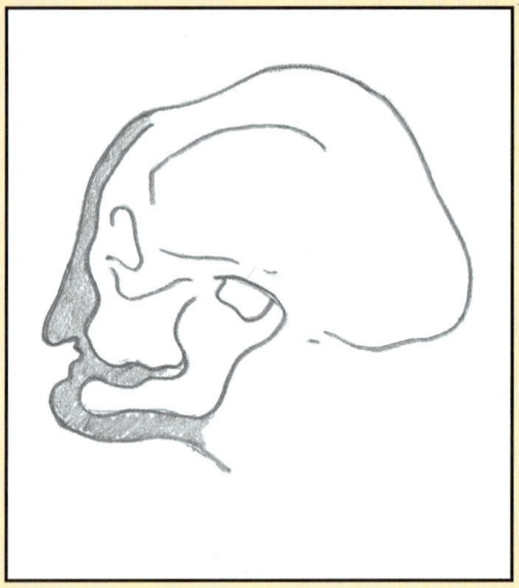

KLASSISCHE PROPORTIONEN

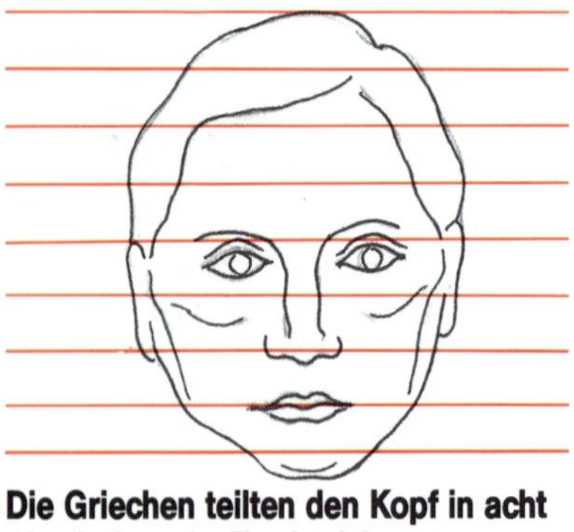

Die Griechen teilten den Kopf in acht Abschnitte ein. Zwei reichen vom Scheitel bis zum Haaransatz, zwei bis zu den Augenbrauen, zwei bis zur Nasenspitze sowie bis zu den Ohrläppchen und zwei bis zum Kinn.

DIE GESICHTSMUSKELN

Das Gesicht wird von einer großen Zahl an Muskelsträngen geformt und bewegt, die uns eine variantenreiche Mimik erlauben (*rechts*). Wir können lachen, schmunzeln, die Nase rümpfen, die Stirn runzeln oder die Brauen drohend zusammenkneifen. Muskeln um den Mund herum erlauben die für das Sprechen nötigen vielfältigen Lippenbewegungen. Mit den Augen können wir rollen, mit den Lidern zwinkern, und wir können nach Belieben die Blickrichtung ändern. Der große Muskel, der hinter dem Ohr zum Nacken verläuft, läßt uns den Kopf drehen, wobei er deutlich sichtbar hervortritt. Stellen Sie sich vor einen Spiegel, schneiden Sie Grimassen, und versuchen Sie herauszufinden, wo die Muskeln sitzen.

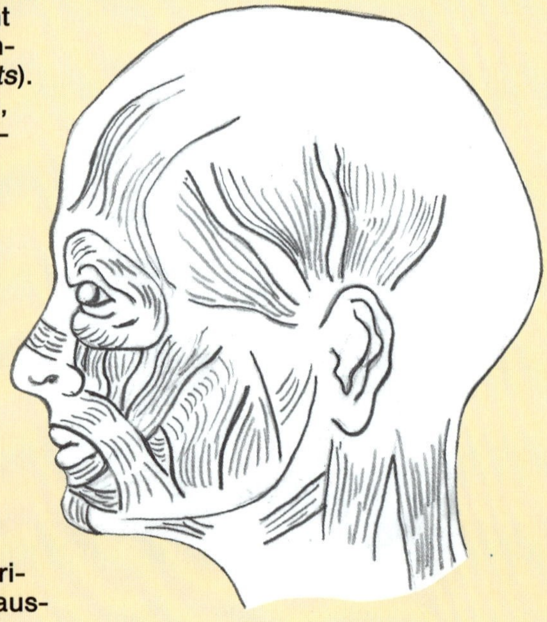

SELBSTPORTRÄT

1 Setzen Sie sich vor einen Spiegel. Zeichnen Sie mit dem HB-Stift ein großes Oval, das Ihren Kopf einschließlich der Haare umfaßt. Markieren Sie mit gebogenen Linien die Position von Augen, Nase und Mund.

2 Skizzieren Sie den Haaransatz, die Augenbrauen und Augen, die Nase und den Mund. Vergessen Sie die Ohren nicht. Das auf der linken Seite vorgestellte klassische Schema ist dabei hilfreich.

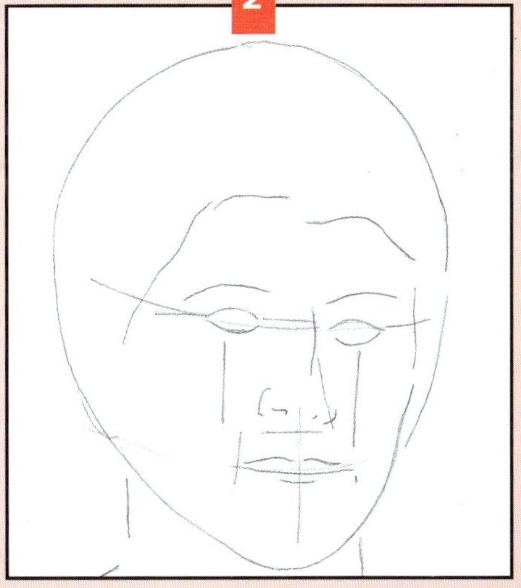

Das eigene Gesicht zu zeichnen, ist ein richtiges Abenteuer. Man entdeckt Formen und Eigenheiten, die man zuvor nie bewußt wahrgenommen hat. Der Anfänger wird zwar mit der Ähnlichkeit seine Schwierigkeiten haben, dafür hat er an sich selbst ein besonders geduldiges Modell.
Konzentrieren Sie sich bei diesem ersten Versuch vor allem darauf, die Gesamtform und die richtige Position von Augen, Nase, Mund und Ohren zu erfassen.

MATERIAL

Zeichenpapier
Bleistifte: HB und 4B
Radiergummi

3 Korrigieren Sie die Kontur des Kopfes, und überarbeiten Sie Augen, Nase, Mund und Ohren. Festigen Sie die Linien mit dem

MUND UND AUGEN

Die Linie zwischen den Lippen ist besonders charakteristisch und sollte deswegen möglichst genau getroffen werden. Bedenken Sie auch, woher das Licht kommt. Bei einer Beleuchtung von oben liegt die Oberlippe im Schatten, die Unterlippe bleibt hell. Für die Augen sollten Sie sich viel Zeit nehmen. Arbeiten Sie erst heller, dann dunkler.

4

5

4 Augen, Nase, Mund und Ohren müssen sorgfältig charakterisiert werden. *Links* finden Sie ein paar nützliche Tips. Schraffieren Sie mit dem 4B-Stift die Schattenbereiche. Die Schraffurrichtung folgt dabei in etwa den Rundungen des Gesichts.

5 Modellieren Sie die Haare. Dabei zeichnet man nicht jedes einzelne Haar, man deutet nur den Richtungsverlauf von Strähnen an. Zuletzt werden die Schraffuren verfeinert, Konturen in Schattenbereichen betont, die Pupillen akzentuiert.

Bewahren Sie sich Ihr erstes Porträt auf, auch wenn es Ihnen mißlungen erscheint. Ein Vergleich mit späteren Selbstbildnissen ist aufschlußreich.

MENSCHEN ZEICHNEN

Die gelungene Zeichnung einer Person basiert auf genauer Beobachtung und einem Verständnis für die Anatomie des menschlichen Körpers.
Der Körper wird weniger von seinen Konturen her als vielmehr aus seinem inneren Aufbau erfaßt. Man beachte die Körperachsen, die Gelenke, die Richtungen der Glieder!

Für Ihren ersten Versuch einer Menschendarstellung werden Sie etwa zweieinhalb Stunden benötigen. Sie sollten also sicherstellen, daß Ihr Modell die nötige Geduld aufbringt. Günstige Gelegenheiten finden Sie beim Fernsehen, Lesen oder Musikhören im Familien- oder Freundeskreis. Auch wenn Sie darauf achten, daß Ihr Modell bequem sitzt, wird nach einer halben Stunde das bewegungslose Sitzen sehr anstrengend. Am besten wäre es, Sie könnten etappenweise über mehrere Tage verteilt jeweils eine Stunde lang mit einer halben Stunde Pause dazwischen arbeiten.

Bevor Sie sich an ein ausgefeiltes Porträt begeben, sollten Sie schnelle Fünf-Minuten-Skizzen von beliebigen Leuten anfertigen. So lernen Sie Anatomie und Proportionen des menschlichen Körpers am besten kennen.

Zeichnen ist Beobachtung
Einen Menschen zu porträtieren, verlangt mehr als einfaches Abzeichnen. Man muß verstehen, was man zeichnet, wie der menschliche Körper aus Sehnen und Muskeln aufgebaut ist und in welchem Größenverhältnis die einzelnen Glieder zueinander stehen.

Wenn Sie unsere Einführung in die Anatomie auf S. 200 gelesen haben, betreiben Sie am besten etwas Feldforschung: Beobachten Sie aufmerksam, wie Menschen gehen, sitzen, stehen, und versuchen Sie dabei, sich die Knochen und Gelenke in ihrer Funktion vorzustellen.

Ähnlichkeit beim Porträtieren. Wenn Sie gelernt haben, zu „sehen" anstatt zu „wissen", stellt sie sich von alleine ein.

Je mehr Zeit Sie sich für die Beobachtung lassen, desto besser wird Ihnen die Zeichnung gelingen. In unserem Projekt werden Sie lernen, die Zeichnung eines Menschen Schritt für Schritt aufzubauen.

Dieses Porträt einer sitzenden Frau von David Hockney (*oben*) besticht durch feine und präzise Linienführung.

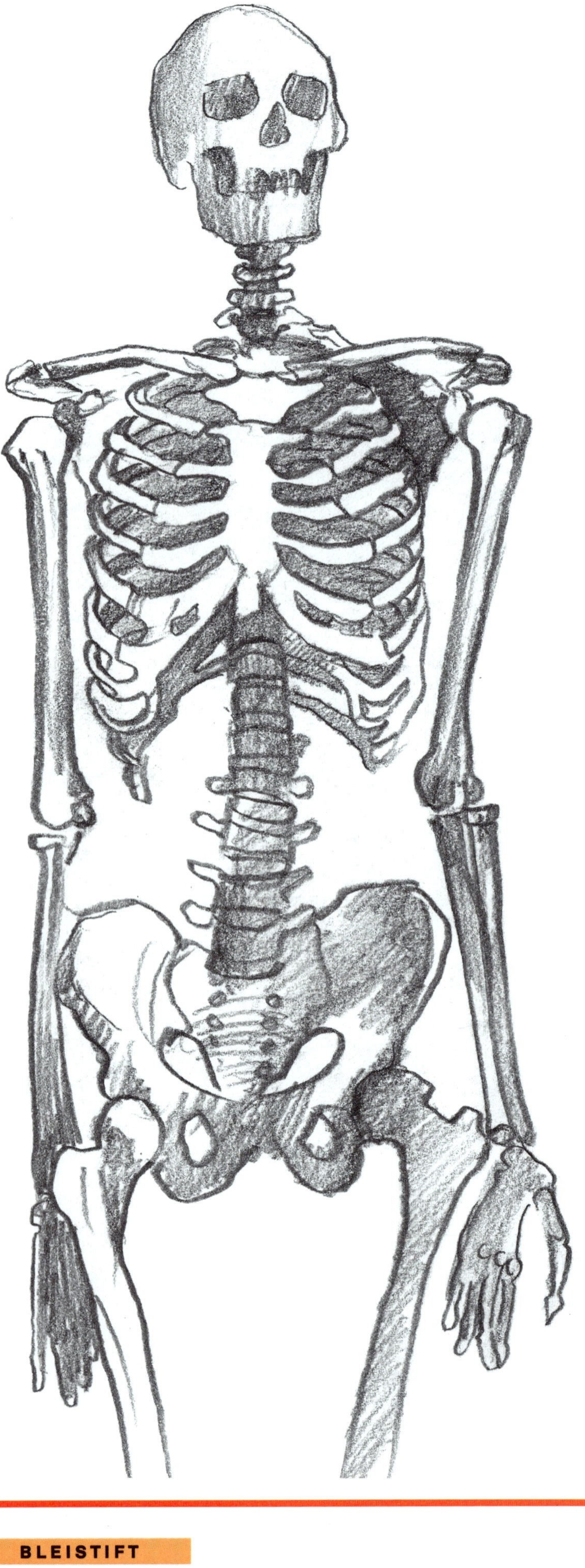

Der menschliche Körper ist ein höchst kompliziertes, sehr bewegliches Gebilde. Sie müssen, um gute Zeichnungen anzufertigen, zwar kein Experte der menschlichen Anatomie werden, aber ein paar Grundkenntnisse werden hilfreich sein.

Form, Halt und Beweglichkeit erhält der Körper durch das Skelett (*links*). Die Knochen werden von unzähligen Muskeln bewegt, wobei die Möglichkeit der Bewegung von den Gelenken abhängt.

Kopf, Ober- und Unterkörper sind durch die Wirbelsäule verbunden. Der Oberkörper erhält seine Form durch den Brustkorb, während der Unterkörper vom Becken geprägt ist.

Ein aufrecht stehender Körper ist bei einem Erwachsenen etwa acht Kopflängen hoch und an der Hüfte sowie an den Schultern zwei Kopflängen breit. Ober- und Unterkörper umfassen drei Kopflängen, die Oberschenkel und die Unterschenkel mit den Füßen je zwei.

Beim Zeichnen sollten Sie sich immer den Verlauf der wichtigsten Knochen vergegenwärtigen: Wie ist der Schulterbogen ausgerichtet? Wie verläuft die Wirbelsäule, wie die Knochen in Ober- und Unterarm, Ober- und Unterschenkel? Welche Neigung hat die Hüftachse? Es ist ausgesprochen hilfreich, die Positionen der Achsen und Knochen durch feine Hilfslinien anzudeuten. Wenn Sie sich zudem überlegen, welche Art der Bewegung die Gelenke zulassen, kann die Zeichnung nicht mißlingen.

GLIEDERPUPPE

Im Fachhandel gibt es kleine hölzerne Gliederpuppen mit korrekten Proportionen. Sie eignen sich gut für das Studium von Bewegungen und Haltungen.

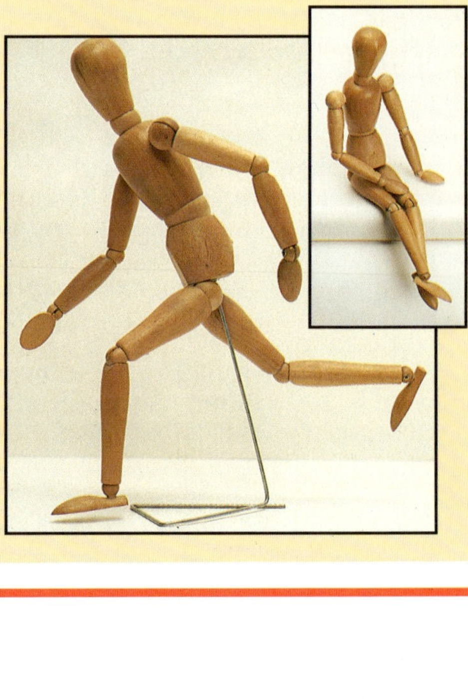

DAS MASSVISIEREN

Beim Maßvisieren schätzt man Größen und Abstände mit Hilfe des Stiftes ab (vgl. unten rechts „Maße korrekt schätzen"). Will man etwa die Abstände zwischen Scheitel, Brustmitte und Fußspitze (*links*) exakt bestimmen, nimmt man wie folgt Maß: Man hält den Bleistift senkrecht mit gestrecktem Arm so vor das Modell, daß der Abstand von Scheitel zu Brust sich mit dem Teil des Stiftes deckt, den man nach oben ragen läßt. Ohne die Position zu verändern, senken Sie nun den Stift (weiterhin mit gestrecktem Arm), bis sein Ende mit der Brustmitte übereinstimmt. Vergleichen Sie, um wieviel länger oder kürzer der zweite Abstand ist.
Diese Art des Maßnehmens funktioniert nur, wenn Sie den Stift in einem konstanten Abstand vor Ihrem Auge halten, ansonsten verändern sich die Maße. Auf dieselbe Weise können Sie alle wichtigen Maße in Relation zueinander bestimmen und zum Beispiel abzählen, wie viele Kopflängen der Körper bei der sitzenden Person umfaßt (*unten links*).

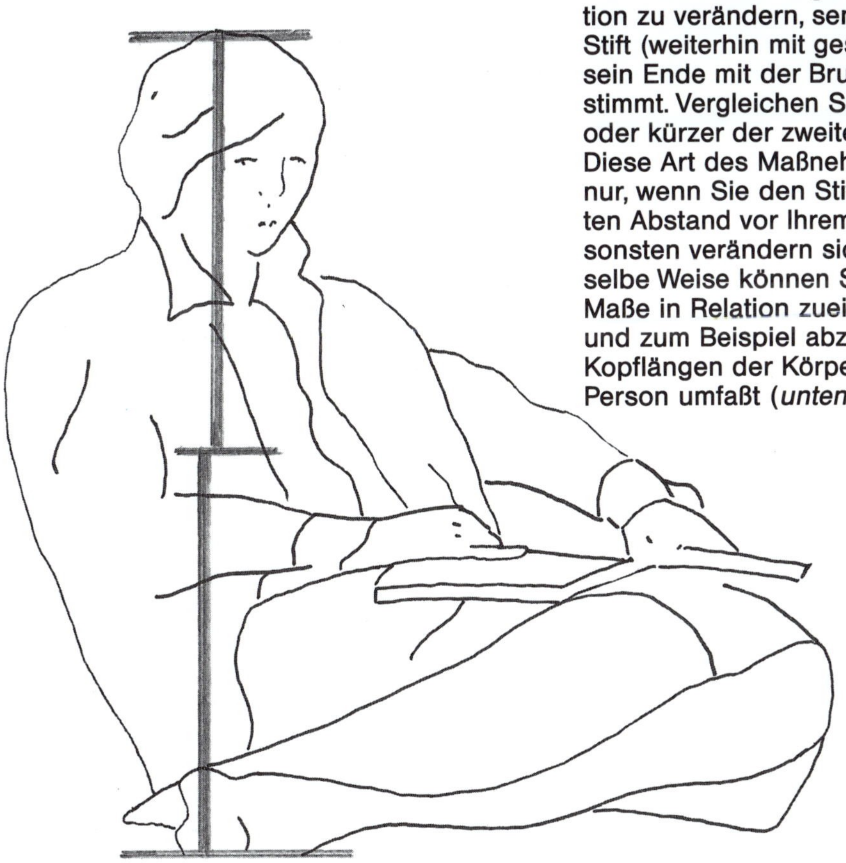

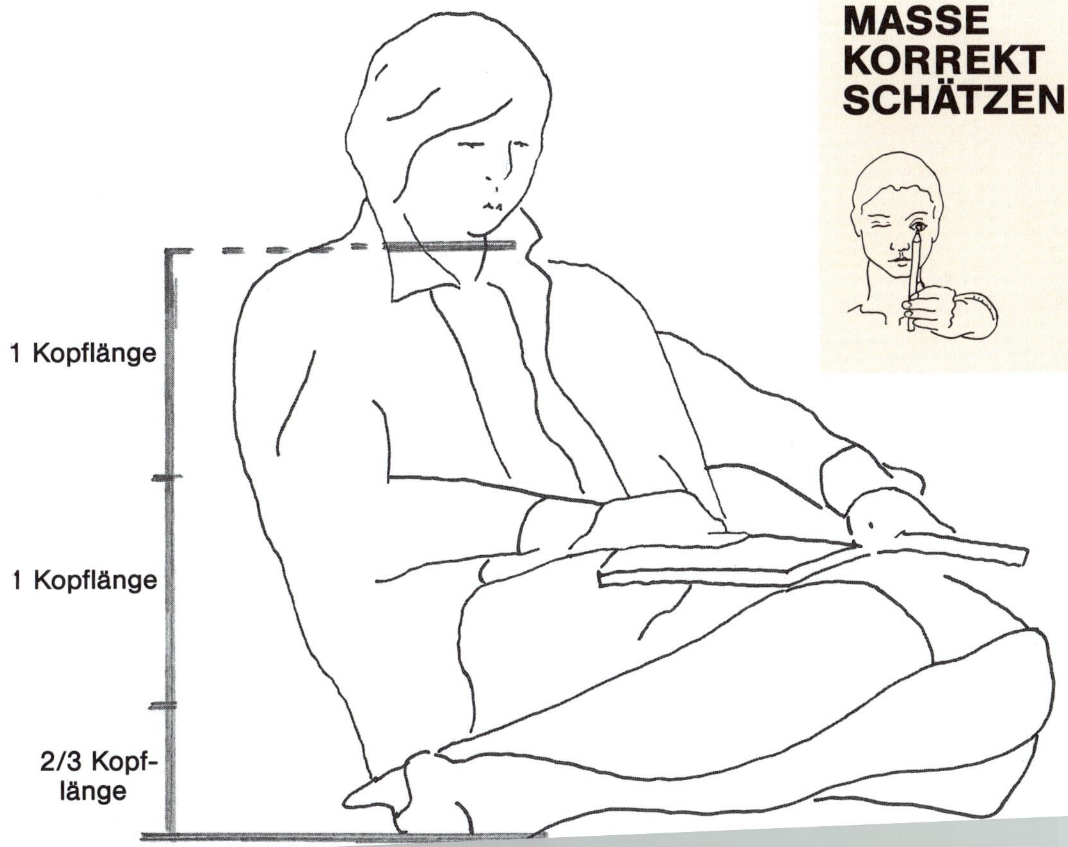

PERSPEKTIVE DES KÖRPERS

Sie können Ihr Modell von jedem beliebigen Blickpunkt aus zeichnen. Besonders schön sind Dreiviertelansichten, bei denen das Modell weder ganz von vorne, noch ganz von der Seite zu sehen ist.
Falls Ihr Modell liest, bitten Sie es, den Kopf beim Umblättern nicht zu bewegen. Wählen Sie eine Position, die nach einer Pause leicht wiederzufinden ist. Nützlich kann es sein, die Sitzposition mit Klebeband zu markieren.
Die größten Schwierigkeiten bereiten Perspektiven, bei denen Arme oder Beine direkt nach vorne ragen. Bei solchen Stellungen kommt es zu starken perspektivischen Verkürzungen, die viel Können und Erfahrung erfordern. Wenn Sie Anfänger sind, raten wir Ihnen von solchen Perspektiven unbedingt ab!

MASSE KORREKT SCHÄTZEN

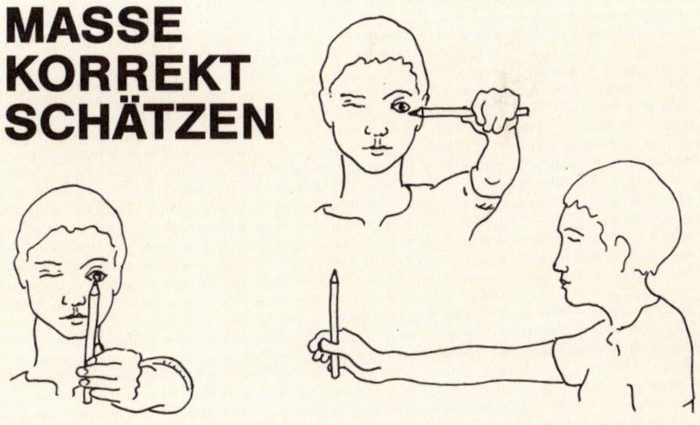

TIP

Wenn die horizontale Achse des Porträts mit der unteren Kante des Papiers übereinstimmt, können Sie sich an den Kanten orientieren.

SITZENDE FRAU

Wir haben hier eine Sitzhaltung ausgewählt, die auch einem nicht professionellen Modell zugemutet werden kann. Bitten Sie Ihr Modell, sich so bequem hinzusetzen, daß für eine halbe Stunde die Haltung unverändert bleiben kann. Zeichnen Sie das Modell etwa aus einer Dreiviertelansicht.

MATERIAL

Zeichen- oder Aquarellpapier
Bleistifte: 4B und 8B
Radiergummi
Spitzmesser

1 Fertigen Sie als erstes auf einem großen Blatt (hier mißt das Originalpapier 25 x 35 cm) eine Skizze der markantesten Orientierungslinien an. Auf diese Weise lernen Sie die Haltung und die Maße kennen. Lassen Sie sich viel Zeit. Es kommt vor allem auf die Beobachtung an, die Zeichnung entsteht aus nur wenigen Strichen.

1

2

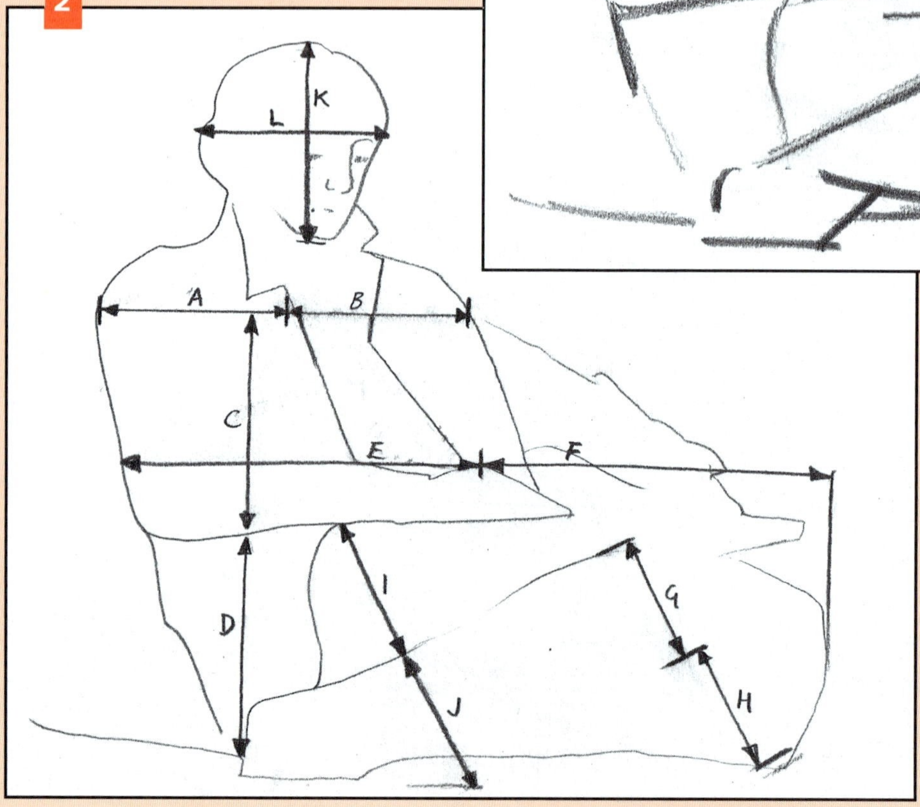

2 Nehmen Sie ein zweites Blatt Papier zur Hand, und fertigen Sie eine sogenannte Referenzskizze an: Sie zeichnen die Konturen des Modells und notieren die wichtigsten Maße. Ein simples Verfahren besteht darin, mit der Methode des Maßvisierens (vgl. Seite 201) nach gleichen Längen zu suchen: Hier etwa sind die Strecken A und B gleich lang, dasselbe gilt für C und D, E und F, G und H sowie I und J. Auf diese Weise können Sie beim Zeichnen die Proportionen ständig überprüfen.

3 Für den Anfänger empfiehlt sich noch eine dritte Vorübung: Versuchen Sie, das Bild aus zweidimensionalen Flächen zusammenzusetzen, die die wichtigsten Partien beschreiben: die Haare, das Gesicht, die Halspartie, die beiden Seiten der Jacke usw. Aus dieser Vorübung werden Sie großen Nutzen ziehen, denn sie hilft Ihnen, sich ganz auf das zu konzentrieren, was Sie sehen.

3

4

4 Jetzt können Sie mit der richtigen Zeichnung beginnen. Inzwischen haben Sie eine ungefähre Vorstellung über den Aufbau der Zeichnung, die Maße und Proportionen des Modells. Zeichnen Sie die Konturen Ihres Modells mit hellem Strich. Überprüfen Sie die Maße, indem Sie die Referenzskizze zu Rate ziehen. Wenn die Konturen stimmen, können Sie die plastische Modellierung in Angriff nehmen.

5 Bearbeiten Sie beim Schraffieren immer das ganze Bild, sonst besteht die Gefahr, daß es disharmonisch ausfällt. Man schraffiert schichtweise: erst hell, dann etwas dunkler. Die tiefsten Schwärzen entstehen ganz zuletzt. Vergessen sie nicht, Stellen auch ganz weiß zu lassen. Den Hintergrund können sie nach Belieben mehr oder weniger ausarbeiten.

6 Die Schraffuren werden weiter vertieft, die Umrisse zum Teil nachgezogen und manches Detail ergänzt. Achtung: Sie zeichnen einen ganzen Menschen und nicht nur ein Porträt des Kopfes! Der Kopf ist ein Teil des Ganzen, also arbeiten Sie das Gesicht nicht zu fein aus, sonst müssen sie – um wieder das Gleichgewicht herzustellen – die ganze Figur in allen Details gestalten!

5

6

Begreifen Sie Linien als Orte, an denen eine Form oder eine Gestalt sich Ihrem Blick entzieht. Tatsächlich markieren Linien beim Zeichnen zumeist das Ende oder den Beginn einer Gestalt oder auch einen plötzlichen Wechsel in der Helligkeit. Wenn Sie zu verstehen beginnen, daß Linien eigentlich gar nicht existieren, ist die größte Schwierigkeit beim Zeichnen überwunden.

EINEN INNENRAUM ZEICHNEN

Wie man Straßen und Häuser mit Hilfe von Fluchtpunkten zeichnet, wissen Sie bereits. Auch Innenräume und deren Ausstattungen können mit Hilfe der Fluchtpunktperspektive konstruiert werden.

Mit zunehmender Entfernung erscheinen Objekte kleiner. Bei Innenräumen und ihrer Einrichtung gilt dies natürlich auch, wie man deutlich anhand der oben abgebildeten Zeichnung einer Galerie erkennen kann.

Aufgrund dieser Gesetzmäßigkeit verkürzen sich die Gegenstände je nach Blickwinkel: Einen Tisch, der einen Meter breit und zwei Meter lang ist, würden Sie von oben gesehen wie in Figur **1** abgebildet zeichnen. Sitzen Sie ein Stück entfernt von dem Tisch auf einem Stuhl, so verkürzt sich die Tischplatte optisch, da die vordere Kante Ihnen viel näher ist als die hintere Kante. Der Tisch würde etwa wie in Figur **2** aussehen. Anfänger neigen dazu, den Tisch zu lang zu zeichnen (**3**), da sie zeichnen, was sie über einen Tisch wissen, und nicht das, was sie sehen.

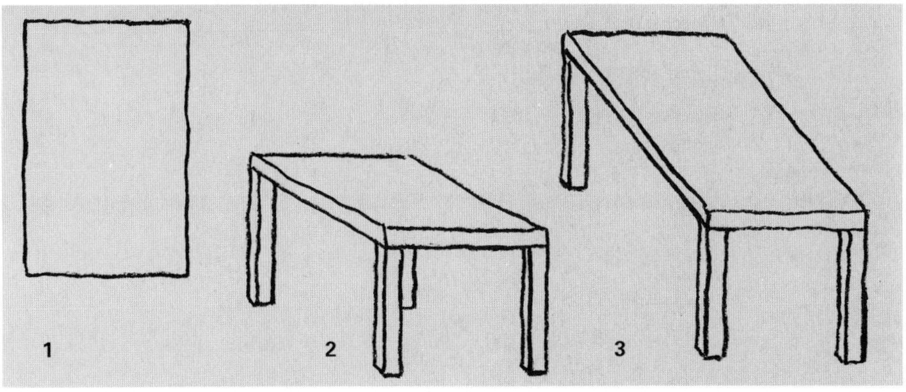

Auf der nächsten Seite geben wir Ihnen mehrere Tips, wie man die perspektivische Verkürzung immer besser in den Griff be-

In dieser Zeichnung der Galerie seines Hauses Strawberry Hill bei Twickenham (*oben*) von Horace Walpole (1717–1797) sieht man, wie der langgestreckte Raum in die Tiefe fluchtet. An den Tischen und den Chaiselongues können Sie die Wirkung perspektivischer Verkürzung besonders gut studieren. In unserem Projekt (*links*)

Wenn Sie einen Tisch oder einen Stuhl zeichnen wollen, ist das Phänomen der perspektivischen Verkürzung zu beachten. Flächen, die sich in den Raum hinein erstrecken, sich also von Ihnen entfernen, wirken optisch kürzer, als sie in Wirklichkeit sind. Die folgenden Übungen werden Sie mit diesem perspektivischen Prinzip vertraut machen.

Tisch

In diesem Beispiel sehen Sie einen Tisch erst ganz von oben, dann immer mehr von der Seite, und schließlich ganz von der Seite. Beachten Sie, wie die Tischlänge **a** scheinbar zunehmend schrumpft.

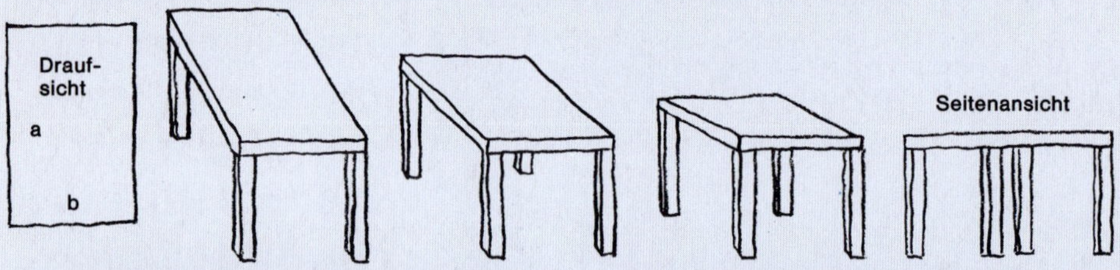

Ein Buch auf dem Tisch

Legen Sie ein dickes Buch schräg auf eine Tischecke (*rechts*) und skizzieren Sie die Anordnung aus verschiedenen Blickwinkeln.

Messen Sie durch Maßvisieren (vgl. Seite 201) alle wichtigen Maße und Abstände.

Die Kante **a** ist aus der hier gezeigten Sicht optisch verkürzt, so daß sie kaum länger ist als die Buchbreite **b**. Auch der Winkel zwischen **a** und einer angenommenen Horizontalen ist kleiner, als man denkt. Die Entfernung zwischen Buchrücken und Tischkante **c** wird gewöhnlich überschätzt.

Wenn Sie gelernt haben, ein Buch aus verschiedenen Perspektiven zu zeichnen, versuchen Sie es mit mehreren Büchern (*rechts*).

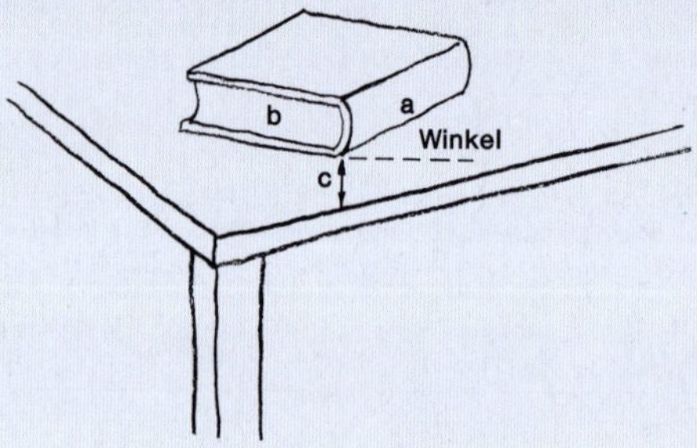

Schrägen korrekt schätzen

Beim Maßvisieren hält man den Stift so vor das Objekt, daß seine Neigung mit der abzumessenden Schräge übereinstimmt.

Eine andere Methode ist hier demonstriert: Schließen Sie ein Auge, und kneifen Sie das andere etwas zu. Halten Sie das Papier waagrecht, und rücken Sie es ganz nah ans Objekt. Jetzt können Sie die Schräge, die Sie brauchen, einfach übertragen (*unten links*).

Die Schräge auf dem Papier befindet sich noch nicht an der richtigen Stelle. Ziehen Sie einfach eine parallele Linie am gewünschten Ort (*unten rechts*).

Geflieste Böden

1 Ein regelmäßig gefliester Boden weist Linien auf, die in gleichen Abständen schräg nach hinten fluchten.

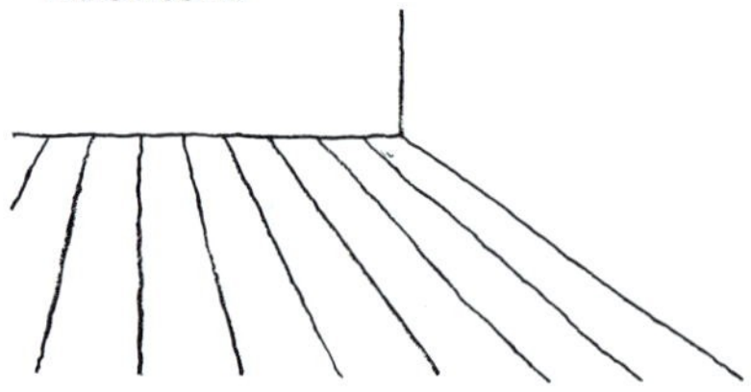

2 Die vorderste Reihe der Fliesen wird nach Augenmaß (die Tiefe müssen Sie sorgfältig schätzen) durch zwei horizontale Linien eingezeichnet.

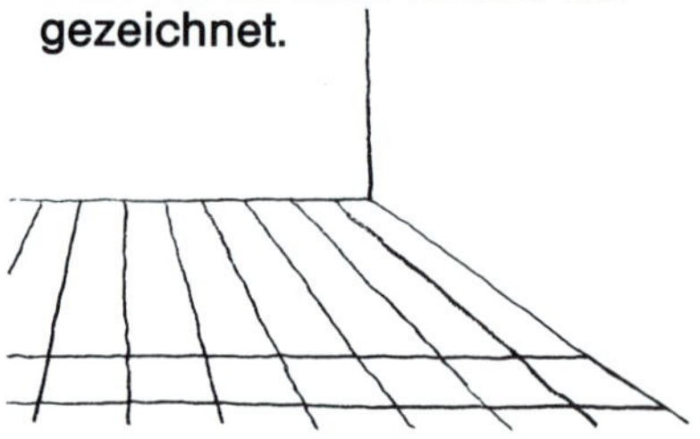

3 Ziehen Sie eine Diagonale durch die Ecken der ersten Kachel ganz links, und verlängern Sie die Diagonale, so weit es geht.

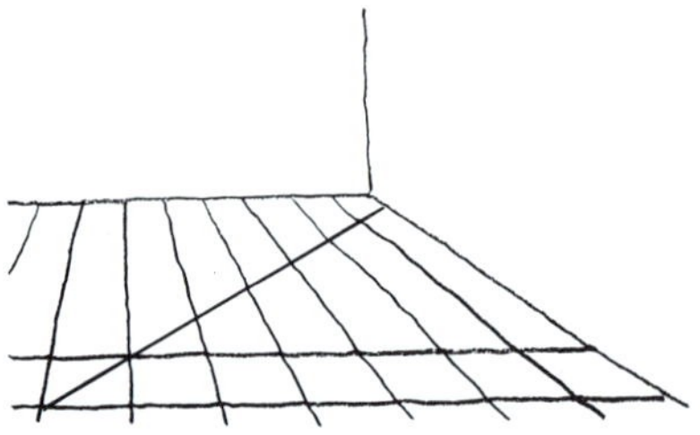

4 Die Diagonale bildet mit den fluchtenden Linien Schnittpunkte, durch die nun alle weiteren Horizontalen gezogen werden.

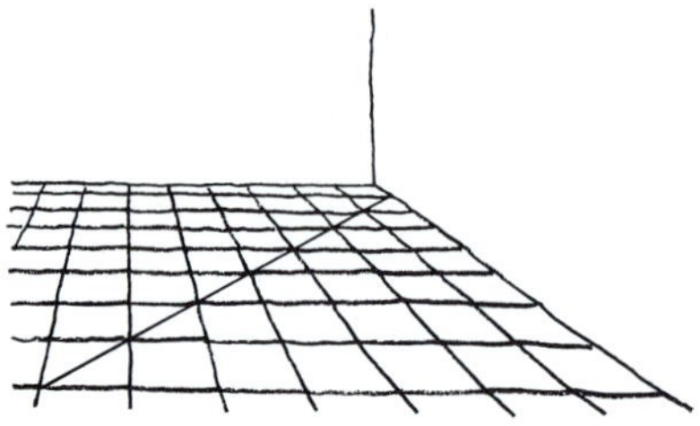

IN DER KÜCHE

Wenn Sie erproben wollen, wie weit Ihre Kenntnisse in der Anwendung der Perspektive gediehen sind, ist eine Küche mit ihrem gefliesten Boden und den gewöhnlich recht regelmäßigen Schrankelementen genau das richtige Studienobjekt.

MATERIAL

Zeichenpapier
Bleistifte: HB und 2B
Lineal
Radiergummi
Fixativ

1

1 Man beginnt mit der Horizontlinie und einer senkrechten Eckkante, von der aus die Schrägen der rechten und linken Bodenlinie maßvisiert werden können. Sind so die beiden Fluchtpunkte (hier links im Bild und rechts außerhalb des Bildes) gefunden, können alle Möbel gezeichnet werden, die parallel zu den Wänden stehen. Die Fliesen konstruieren Sie, wie auf der vorhergehenden Seite erläutert.

2

3

2 Nun radieren Sie die Konstruktionslinien vorsichtig aus. Ergänzen Sie mit dem 2B-Stift Details, wie das Küchenbord, Schranktüren, die Fenster usw. Skizzieren Sie schließlich Pfannen, Töpfe, Vorhänge und alle weiteren Einzelheiten, die eine Küche beleben. Betrachten Sie das Bild aus der Entfernung: Stimmen die Perspektiven? Stehen der Tisch und der Stuhl fest auf dem Boden?

3 Arbeiten Sie die verschiedenen Gegenstände und Möbel detaillierter aus. Woher kommt das Licht? In unserem Bild ist das [illegible]

quelle. Entsprechend fallen die Schatten nach links. Schraffieren Sie leicht alle Flächen, die im Schatten liegen, und deuten Sie [illegible]

4 Nun werden die Schraffuren und Konturen überarbeitet. Lichtkanten bleiben hell, während in Schattenbereichen mit stärkerem Druck gezeichnet wird. Denken Sie auch an die Schatten, die Gegenstände auf andere Dinge werfen. Zuletzt werden die tiefsten Schwärzen eingesetzt. Lichtintensive Bereiche (z.B. am Boden) können auch – selbst wenn sie dunkel sind – weiß bleiben; so erhöht man die Lichtwirkung.

4

5 Betrachten Sie Ihre Zeichnung aus der Entfernung oder im Spiegel. Ist sie ein geschlossenes Ganzes oder fallen einzelne Teile heraus, weil sie zu stark oder zu wenig ausgearbeitet sind? Vertiefen Sie zu helle Bereiche; zu schwarz geratene können Sie mit dem Knetgummi aufhellen.

5

Wenn Sie sich daran gewöhnt haben, nicht zu zeichnen, was Sie wissen, sondern die Dinge so zu Papier zu bringen, wie sie erscheinen, werden Sie auch ohne die vielen Konstruktionslinien perspektivisch korrekt zeichnen können. Vergessen Sie nicht, Ihr Bild zu fixieren!

BEWEGUNG UND GESTIK

Das Geschehen auf einem Marktplatz, eine diskutierende Gruppe im Café – solche alltäglichen Motive sind reizvoll und zugleich schwierig. Wir geben Ihnen Tips, wie Sie die Dynamik einer Gruppe einfangen können.

Menschengruppen zu zeichnen, ist keine leichte Aufgabe. Man hat es mit flüchtigen Augenblicken zu tun, mit verschiedenen Charakteren und einer Fülle von Bewegungen. Hinzu kommt, daß eine Gruppe mehr ist als eine Anhäufung von Individuen. Gruppen entwickeln eine eigene Dynamik, Menschen gehen aufeinander zu, wenden sich voneinander ab oder stehen sonst in einer Beziehung zueinander. Diese inneren und äußeren Bewegungen können in der Zeichnung durch eine geschickte Komposition zum Ausdruck gebracht werden.

Besonders lehrreich sind die Werke alter Meister, die Menschen in den verschiedensten Situationen und Posen darstellten. Es lohnt sich, das eine oder andere Bild zu kopieren. Moderne Darstellungen erwecken häufig den Eindruck von Momentaufnahmen. Der Anschein des Spontanen trügt aber häufig: Die meisten Künstler studieren oft lange und immer wieder die Gebärden, die für bestimmte Situationen besonders treffend sind, ehe sie sich – gestützt auf zahllose Skizzen – im Atelier an die Arbeit machen.

Tatsächlich sind sorgfältige Beobachtung und Übung der einzige Weg, der zu lebendigem Zeichnen von Menschen führt. Nur so lernen Sie, mit wenigen Linien und hohem Tempo Menschen zu charakterisieren. Konzentrieren Sie sich auf die Haltung des Körpers, vernachlässigen Sie Hände und Füße und alle Details, die später frei ergänzt werden können.

Scheuen Sie sich nicht, in der Öffentlichkeit zu zeichnen. Wenn man sich ein ruhiges, verstecktes Plätzchen sucht, fällt man nicht auf. Sie können sich in die Ecke eines Cafés zurückziehen oder sich im geparkten Wagen oder hinter einem Sonnen-

Diese Studie (*oben*) fertigte Raffael (1483–1520) für ein Fresko in der Sala dell'Incendio des Vatikans, das den Brand des Borgo darstellt. Die geschlossene Komposition macht bei allen in verschiedene Richtungen weisenden Bewegungen und Gesten der Personen eine gefühlsmäßige Zusammengehörigkeit deutlich, inmitten einer – im fertigen Bild – von Dramatik erfüllten Szene. Unser Projekt (*links*) hat eine gemütliche Männerrunde zum Thema. Die Wirkung der Zeichnung hängt ganz entscheidend

Gruppen von Menschen zu zeichnen, die in Bewegung sind, scheint am Anfang mit größten Schwierigkeiten verbunden zu sein. Nachdem die ersten Linien gezeichnet sind, hat sich alles schon wieder verändert, und Sie können die Skizze nicht vollenden. Mit zunehmender Übung werden Sie lernen, schneller zu zeichnen und sich an bestimmte Konstellationen besser zu erinnern.

Wie geht man am besten vor? Man beginnt mit einer zentralen Figur und erfaßt mit wenigen Strichen die Haltung des Körpers, der Beine, der Arme und des Kopfes. Die Kleidung, die Frisur und andere Details lassen sich auch noch ergänzen, wenn sich die Person wegbewegt hat. Hände und Füße werden in solchen Skizzen gerade eben angedeutet. Ist die erste Figur umrissen, wendet man sich sogleich der nächsten zu und beschränkt sich auch hier auf die Haltung.

Fertigen Sie viele Bewegungsskizzen an, bei denen Sie sich ganz auf die Dynamik konzentrieren (*ganz unten*). Die zeichnende Hand folgt mit lockerem Strich der Bewegung.

Am Strand

Der Strand ist ein idealer Ort zum Zeichnen. Man sieht Leute Ball spielen, sonnenbaden oder auch einfach im Wasser stehen.

Wenn Sie sich einen wasserlöslichen Tuschestift kaufen, können Sie die Linien der Zeichnung mit klarem Wasser anlösen (*unten*). Auf diese Weise lassen sich einfach und schnell Licht und Schatten darstellen. Probieren Sie dieses Verfahren einmal aus!

Arbeiten Sie die Umrisse Ihres Motivs aus, und lösen Sie abschließend mit einem Pinsel und klarem Wasser die Konturen teilweise an.

DIE GESTIK

Da Bewegung im Augenblick vorüber ist, werden Sie Ihre Skizzen vor Ort kaum ausarbeiten können. Die meisten Bilder von Gruppen in Bewegung entstehen im Atelier anhand vieler Skizzen und Studien. Sie sollten sich mit der Zeit ein Archiv zulegen, in dem sie Skizzen und Fotografien sammeln.

Beschränken Sie sich am Anfang auf Studien von einzelnen Personen oder kleinen Gruppen.

Auch Detailstudien sind wertvoll: Skizzieren Sie immer wieder gestikulierende Arme und verschiedene Kopfhaltungen. Dabei sollten Sie unbedingt die Schulterpartie miterfassen. Versuchen Sie, Bewegung sekundenschnell mit möglichst wenigen Linien einzufangen.

Beachten Sie die Bewegungsrichtung bei **1** und **2**. Erfassen Sie die Biegung des Körpers und die Lage des Kopfes.

Diese Bewegungsskizze (*links*) wurde nach einem Foto (*unten*) angefertigt.

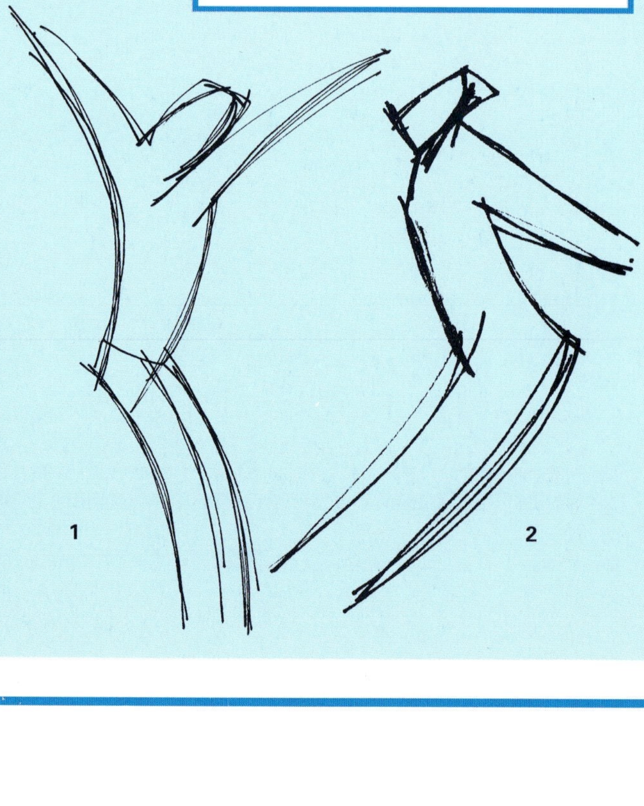

1

2

STRASSEN-CAFÉ

Wir haben es uns in einem Straßencafé bequem gemacht, beobachten und skizzieren. Mehrere Männer sitzen um einen Tisch, trinken und besprechen die Ereignisse des Tages. Einer steht auf. Hat er einen Bekannten erblickt, oder möchte er den Kellner rufen? Die Figur des soeben aufgestandenen Mannes bringt Spannung in die Komposition. Diesen flüchtigen Moment wollen wir festhalten.

1

1 Eine bewegte Szene muß so schnell wie möglich festgehalten werden. Man konzentriert sich zunächst auf eine zentrale Person. Skizzieren Sie mit lockerer Hand den Kopf, die Rückenlinie, Arm und Beine des Mannes, der uns den Rücken zukehrt. Kümmern Sie sich nicht um Details!

MATERIAL

Aquarellpapier mit mittlerem Korn
2B-Bleistift
Knetgummi
Fixativ

2

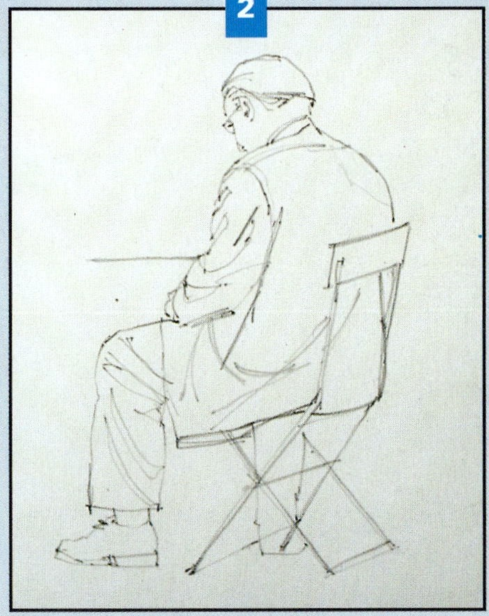

2 Nun folgt der Stuhl, auf dem der Mann sitzt. Ergänzen Sie die wichtigsten Falten in Jacke und Hose, und deuten Sie den Tisch an.

3 Als nächstes kommt der stehende Mann an die Reihe. Wenn man solche Szenen von innen nach außen aufbaut, bleibt die Skizze aussagekräftig, auch wenn sie vorzeitig abgebrochen wird. Betonen Sie die besonders markanten Linien.

3

4

4 Skizzieren Sie nun genauso schnell den links sitzenden Mann und den Stuhl, auf dem er sitzt. Man arbeitet flüssig, springt von Zeit zu Zeit zu den ersten Figuren zurück, um die eine oder

5 Nun entsteht rechts der Mann mit der Zigarre. Sie werden bemerken, wie sich das Gewicht der Komposition verschiebt. Die Dreiergruppe war fast zu ausgewogen, als daß in der Zeichnung Spannung aufgekommen wäre.

6 Erst wenn alle Personen skizziert sind, beginnen Sie mit den Details der Umgebung. Ergänzen Sie die Sonnenschirme und – ganz wichtig – die Schlagschatten auf dem Boden.

7 Im Hintergrund spiegeln dunkel die großen Fenster. Sie erhalten unter Aussparung des Schriftzuges mit fester Hand gezeichnete Kreuzschraffuren. Die Figuren rükken dadurch nach vorne, und das Bild gewinnt an Tiefe.

8 Zuletzt wird die Zeichnung überarbeitet. An der Kleidung vertieft man die Falten, ergänzt kleine Schatten und verdunkelt die verschatteten Stellen unter dem Tisch. Fixieren Sie die Zeichnung, wenn sie fertig ist.

Jetzt werden Ihnen Skizzen von Menschen schon weit besser von der Hand gehen. Denken Sie bei der Komposition daran, die einzelnen Personen nicht isoliert im Raum zu verteilen, sondern Zusammenhänge zu stiften.

VORLAGEN VERWENDEN

Wie läßt sich eine gelungene Skizze als Teil einer neuen Zeichnung möglichst exakt übernehmen? Wie kann man ein Schloß, von dem man eine Fotografie besitzt, maßgetreu kopieren oder eine Zeichnung so vergrößern, daß sie einem Ölbild zugrunde gelegt werden kann? Diese Fragen werden wir auf den folgenden Seiten beantworten.

Es gibt viele Gründe, die einen bewegen können, nach einer Vorlage zu zeichnen. Wenn Sie beispielsweise eine eigene Zeichnung ganz zuletzt durch einen Fehlgriff verdorben haben, läßt sie sich selten retten. Die Bleistiftstriche sind in den letzten Schritten meist viel zu stark, als daß man sie noch vollständig ausradieren könnte. Man kann jedoch den gelungenen Teil fast exakt auf ein neues Blatt übertragen, wenn man ihn mit einer der Methoden durchpaust, die wir Ihnen auf der nächsten Seite vorstellen.

Manchmal ist man auch von einer Fotografie so fasziniert, daß man sie abzeichnen möchte. Oder man will ein Bild komponieren, in das ein Motiv eingebaut ist, von dem man eine Abbildung besitzt. So könnten Sie etwa eine Burg, die Sie im Urlaub fotografierten, verwenden wollen. Soll die Burg möglichst detailliert und naturgetreu dargestellt werden, ist ein freies Abzeichnen meist zu ungenau.

Auch wer malt, kennt das Problem: Sie haben mit glücklicher Hand eine gute Skizze angefertigt und wollen sie nun vergrößert auf die Leinwand bringen. Wie können Sie vermeiden, daß sich beim Übertragen Verzerrungen einschleichen und die Wiederholung schlechter wird als das Original?

Büchern oder Magazinen und sogar Videobilder, die man als Standbild auf dem Bildschirm festhalten kann.

Wenn Ihre Vorlage ein Dia ist, gibt es ein ganz einfaches Verfahren, mit dem es kopiert werden kann. Sie müssen es nur auf das Zeichenblatt projizieren – der Abstand bestimmt die Größe – und können nun die Umrisse nachzeichnen.

Wightwick Manor (*oben*) wurde 1887 erbaut und zwei Jahre danach von seinem Architekten Edmund Hodgkinson in allen seinen faszinierenden Details gezeichnet. In unserem Projekt (*unten*) verwenden wir eine Fotografie als Vorlage, die wir leicht verändern werden.

Im folgenden erläutern wir Ihnen drei verschiedene Methoden des Durchpausens, die Sie einsetzen können, wenn die Größe der Vorlage beibehalten werden soll. Wollen Sie das Bild vergrößert oder verkleinert übernehmen, empfiehlt sich das Arbeiten mit Rastern.

DURCHPAUSEN

Befestigen Sie ein nicht zu schweres Transparentpapier (etwa 60 g/qm) mit einem Klebeband auf der Vorlage, und ziehen Sie zart alle wichtigen Konturen nach. Nun legen Sie erst ein Kohlepapier mit der beschichteten Seite nach unten auf das Zeichenblatt und darüber das Transparentpapier mit der Umrißzeichnung. Fixieren Sie die Blätter gut mit einem Klebeband, damit sie beim Durchpausen nicht verrutschen können. Ziehen Sie schließlich mit einem harten Stift die Linien nach.

Wenn Sie kein Kohlepapier verwenden wollen, können Sie die Rückseite des Transparentpapiers mit einem weichen Bleistift gleichmäßig eintönen. Befestigen Sie das Transparentpapier mit der geschwärzten Seite nach unten auf dem Zeichenblatt, und pausen Sie mit festen Strichen die Zeichnung durch.

Die dritte Methode läßt sich nur bei Tageslicht ausführen: Man klebt die Vorlage auf eine Fensterscheibe, fixiert darauf das Zeichenblatt und zieht nun die Konturen des durchscheinenden Bildes nach.

VERGRÖSSERN UND VERKLEINERN

Häufig hat die Vorlage nicht das gewünschte Format: man muß sie vergrößern oder verkleinern.

a

b

Dazu gibt es eine einfache Methode: Man überzieht ein Blatt Transparentpapier mit einem Raster aus senkrechten und waagrechten Linien und legt es auf die Vorlage (**a**). Auch das Zeichenblatt erhält ein solches Raster, das aber – je nach Bedarf – größer oder kleiner ausfällt. Soll die Zeichnung etwa doppelt so groß werden wie die Vorlage, so muß man nur die Abstände zwischen den Rasterlinien verdoppeln. Nun können die Umrisse der Vorlage von Quadrat zu Quadrat übertragen werden (**b**).

Die Rasterlinien werden fein gezeichnet, damit man sie später leicht entfernen kann. Wer etwas Übung hat, verzichtet auf Linien und markiert mit kleinen Punkten leicht die Schnittpunkte zwischen Senkrechten und Waagrechten.

Wer das Raster auf der Zeichnung ganz vermeiden will, wird ein anderes Verfahren wählen: Sie übertragen die Vorlage zunächst auf ein gerastertes Transparentpapier. Von diesem wird das Motiv auf das Zeichenblatt mit einem der links beschriebenen Verfahren durchgepaust.

Wenn Sie ein Bild vergrößern oder verkleinern, müssen Sie die Maße nicht berechnen. Man findet sie über die Diagonale (**c**).

c

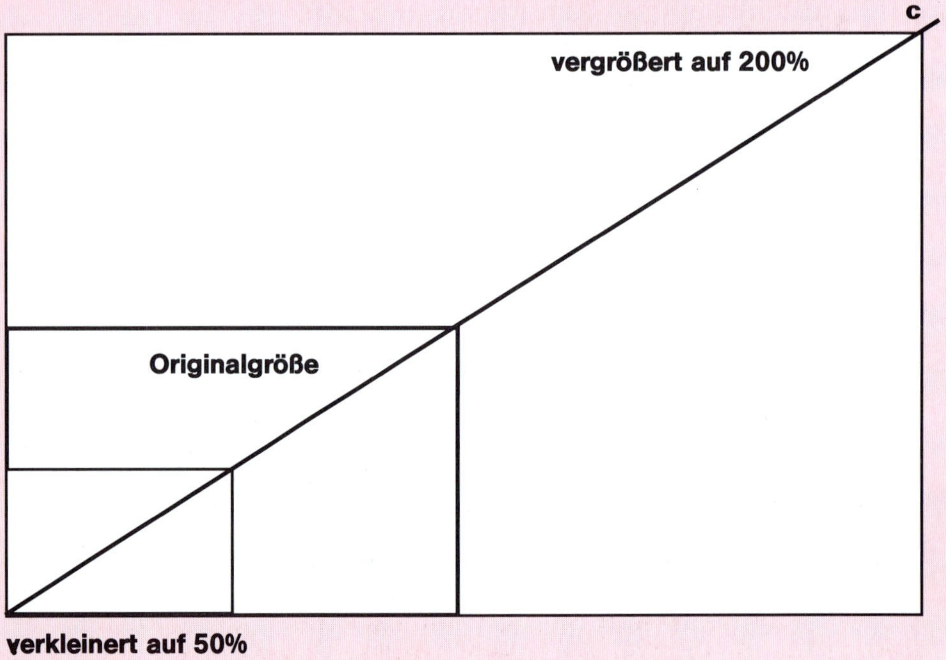

DIE BURG IM WASSER

Wir zeigen Ihnen hier Schritt für Schritt an dieser sich im Wasser spiegelnden, malerischen Burg, wie Sie mit Hilfe des Durchpausens nach einer Vorlage eine detailgetreue Zeichnung anfertigen. Wählen Sie aus Ihren Fotografien oder Büchern ein ähnlich reizvolles Motiv. Man muß eine Vorlage nicht völlig exakt übernehmen. Häufig wird die Komposition ansprechender, wenn man die eine oder andere Feinheit verändert.

MATERIAL

Fotografie
Zeichenpapier (DIN-A3)
Transparentpapier (60 g/qm, DIN-A3)
Kohlepapier
Klebeband
Bleistifte: HB, 6H, 4B
Knetgummi

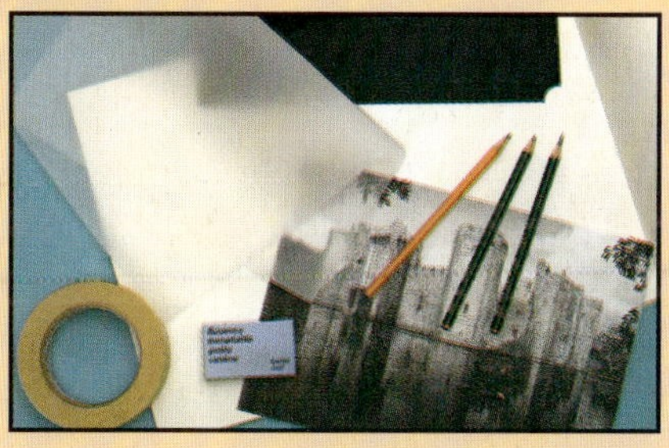

1

1 Legen Sie ein Blatt Transparentpapier auf die Vorlage. Wenn Sie beides mit Klebeband befestigen, erleichtern Sie sich das Zeichnen. Nun zieht man mit dem HB-Stift die Umrisse des Gebäudes nach. Schattenbereiche werden leicht schraffiert. Die Spiegelungen im Wasser deutet man mit senkrechten Linien an. Kümmern Sie sich nicht um die feineren Details – Sie müssen die Vorlage nicht minuziös übertragen.

2

3

2 Befestigen Sie das Transparentpapier mit Klebeband auf dem Zeichenpapier, und schieben Sie ein Kohlepapier darunter. Die beschichtete Seite zeigt nach unten. Mit einem harten Bleistift (6H) und leichtem Druck werden nun die Linien nachgezogen.

3 Entfernen Sie das Transparentpapier und das Kohlepapier und betrachten Sie Ihre Umrißzeichnung: Sie können die Dramatik eines Bildes erhöhen, indem Sie beispielsweise die Perspektive der Zinnenkranz des mittleren Turmes, die Brustwehr auf dem quadratischen Turm und der obere Teil der angrenzenden Mauer vorsichtig ausradiert und – leicht erhöht – neu gezeichnet. Der quadratische Turm erhält Zinnen, obwohl er auf der Vorlage gerade abschloß. Wenn Sie etwas Übung haben, können Sie beim Durchpausen einplanen. Festigen Sie nun mit dem HB-Stift die Konturen. Mit hellen Querschraffuren werden die Schattenseiten angedeutet (4B). Die Schlagschatten schraffieren Sie etwas enger. Im Wasser entsprechen locker hingeworfene Linien der Wasserbewegung. Die Spiegelbilder laufen in

4 Der quadratische Turm wird mit dem 4B-Stift genauer durchmodelliert, auch sein Spiegelbild im Wasser wird nach oben hin ergänzt. Das Mauerwerk wird zunächst mit ganz hellen, waagrechten Linien skizziert. Achten Sie dabei auf die Perspektive. Nach hinten zu fluchten die Linien dem Horizont entgegen. Am mittleren Turm wölben sie sich leicht mit der Rundung, rechts und links neben ihm fluchten sie leicht nach unten. Zuletzt vertiefen Sie erneut die Schatten, um der Burg größere Plastizität und dem Bild Tiefe zu verleihen.

5 Die Darstellung des verwitterten Gemäuers beansprucht Zeit: Die Steine sollten unregelmäßig aussehen. An manchen Stellen öffnen sich größere Fugen, die durch kleine Schatten angedeutet werden. Arbeiten Sie mit lebendigem Strich, indem Sie beim Zeichnen den Druck variieren. Vertiefen Sie die Dunkelheiten im Wasser. Die Wasserbewegungen verzerren die Spiegelbilder: Verlängern Sie mit weichen senkrechten Strichen die Spiegelungen der Fenster.

6 Zuletzt wird der Kontrast von Hell und Dunkel herausmodelliert. Man vertieft die Schatten und betont die Konturen. Horizontale Linien im Wasser lassen die Oberfläche sich kräuseln. Algen und vereinzelte Blätter bringen die weißen Stellen zur Geltung, die den Eindruck erwecken, als funkle das Wasser in der Sonne. Zuletzt wird dem Bild ein Rahmen gegeben: Von rechts ragen Blätter hinein, links unten Halme langer Gräser. Die Pflanzen werden spontan und energisch ins Bild gesetzt, so daß ein Kontrast zu der fein ausgearbeiteten Burg entsteht.

Wenn Sie Ihre Zeichnung vollendet haben, vergleichen Sie sie mit der Vorlage: Sie wird zwar ähnlich sein, wird aber gleichzeitig eine ganz andere Ausstrahlung haben, die von Ihrem persönlichen Zeichenstil geprägt ist. Oft wirkt eine Zeichnung sogar räumlicher als ein Foto.

KUGELN UND ELLIPSEN

Überall begegnen runde, gewölbte oder geschwungene Formen. Wir zeigen Ihnen in dieser Lektion, wie man komplizierte Figuren auf einfache geometrische Formen wie Kreise, Kegel und Zylinder reduziert und welche perspektivischen Regeln beim Zeichnen runder Objekte zu beachten sind.

Perfekte Kreise, Dreiecke, Vierecke, Kegel oder Zylinder hat man beim Zeichnen selten vor sich. Aber oft sind es Gestalten, die diesen geometrischen Grundformen ähneln.

Wenn Sie etwa ein aus Tassen, Flaschen oder Krügen zusammengestelltes Stilleben zeichnen, können Sie diese Gegenstände in einem ersten Schritt als einfache Zylinder und Kegel konstruieren. Skizzieren Sie die Dinge immer so, als wären sie durchsichtig! Dadurch werden die Formen besser überprüfbar, und man sieht perspektivische Verzerrungen sofort. Von oben betrachtet, hat eine Tasse einen kreisrunden Rand und Boden. Von einem seitlichen Standpunkt aus wirken die Kreise wie Ellipsen.

Eine Ellipse ist eine harmonisch gerundete Form, die Ihnen am besten gelingt, wenn Sie sie aus einem freien Schwung der Hand heraus zeichnen. Aus diesem Grund sollten Sie Ellipsen immer vollständig durchziehen, auch wenn in Wirklichkeit ein Teil von einem anderen Gegenstand verdeckt ist. Sie können die überflüssigen Abschnitte später ausradieren oder einfach überzeichnen.

der: Lassen Sie den Bleistift möglichst freihändig mit nur leichtem Druck flüssig über das Papier gleiten. Legen Sie ohne abzusetzen eine Ellipse über die nächste!

Auf der nächsten Seite lernen Sie, runde Gegenstände perspektivisch korrekt zu zeichnen, bevor Sie Ihr Können in unserem Projekt erproben, einem Arrangement aus Federbällen und einem Tennisball.

Antony Dufonts Stilleben mit alltäglichen Küchengegenständen (*oben*) ist reich an Formen, die mit Zylindern, Kegeln und Ellipsen beschrieben werden können. Auch unser Projekt mit zwei Federbällen und einem Tennisball (*unten*) konzentriert sich auf diese geometrischen Figuren.

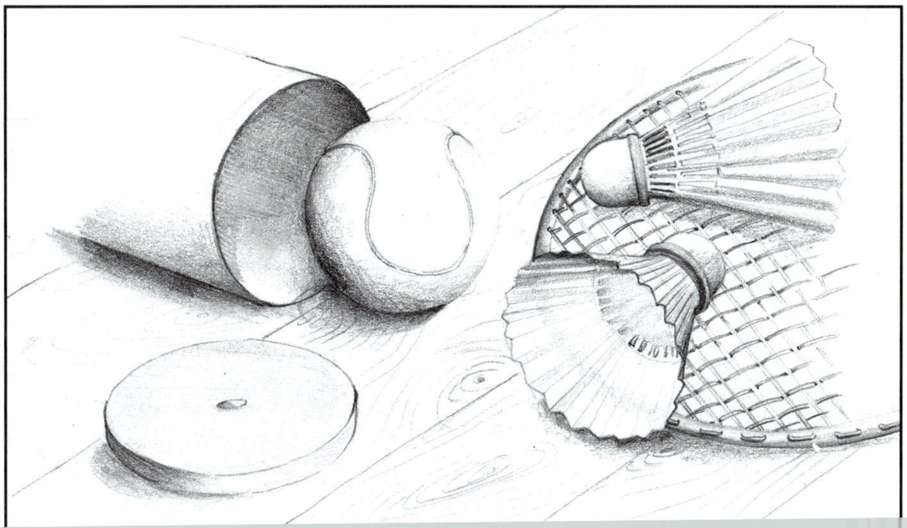

Auf dieser Seite lernen Sie anhand einiger kleiner Übungen, wie auf einfache Weise Kreise, Zylinder und Kegel perspektivisch richtig erfaßt werden. Viele Gegenstände des Alltags lassen sich aus diesen geometrischen Grundformen zusammensetzen, gleich ob Flaschen, Gläser, Blumentöpfe oder – wie in unserem Projekt – Federbälle.

Obwohl wir täglich Gläser sehen, ist es uns gewöhnlich nicht bewußt, wie sehr sich ihr Aussehen je nach dem Blickwinkel verändert. Betrachten Sie ein Glas von oben: Der Rand beschreibt einen perfekten Kreis. Heben Sie es nun langsam empor, bis Sie es ganz von der Seite sehen, und konzentrieren Sie sich dabei auf den Rand. Der Kreis verwandelt sich zu einer Ellipse, die immer schmaler wird, bis eine einzige Linie übrigbleibt (**1**). Die schmalen Seiten der Ellipse bilden keine Ecken – ein häufiger Fehler –, sondern sind gerundet (**2**).

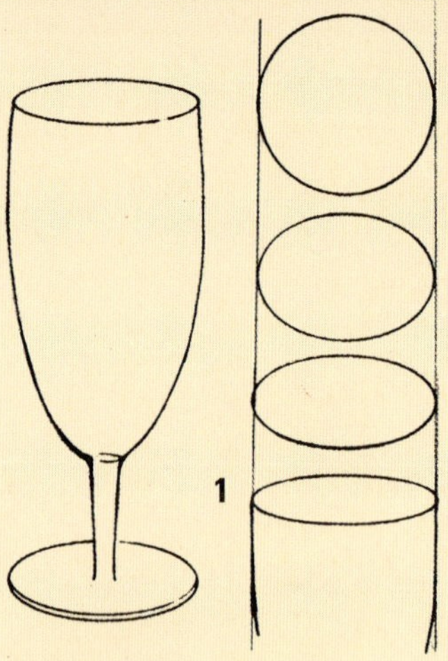

1

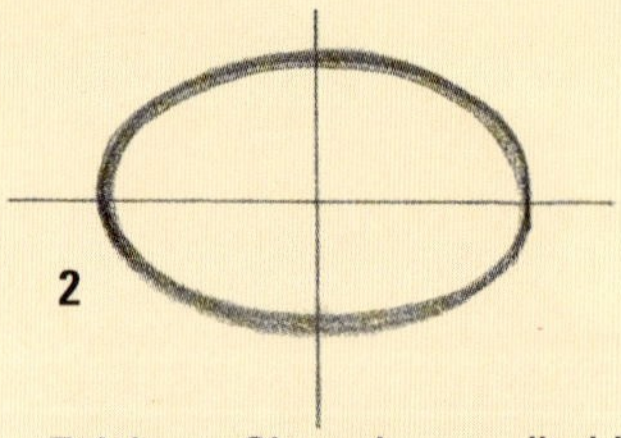

2

Vasen, Marmeladengläser etc. ähneln Zylindern. Die Ellipsen nähern sich dem Kreis, je weiter sie unterhalb des Augenpunktes liegen (**5**).

5

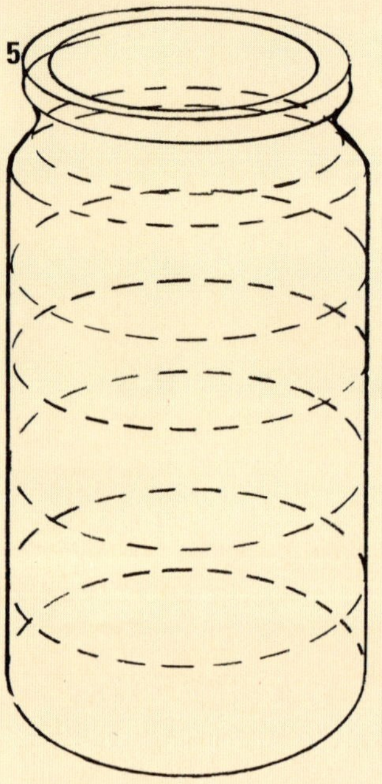

Bei Skizzen löst man das Motiv häufig in Kreise, Dreiecke und Rechtecke auf, um sich leichter orientieren zu können. Verwendet man Kugel, Kegel und Zylinder, so lassen sich auch schwierige Perspektiven, wie die eines Gesichtes (**7**) oder einer Blume (**8**), leicht meistern.

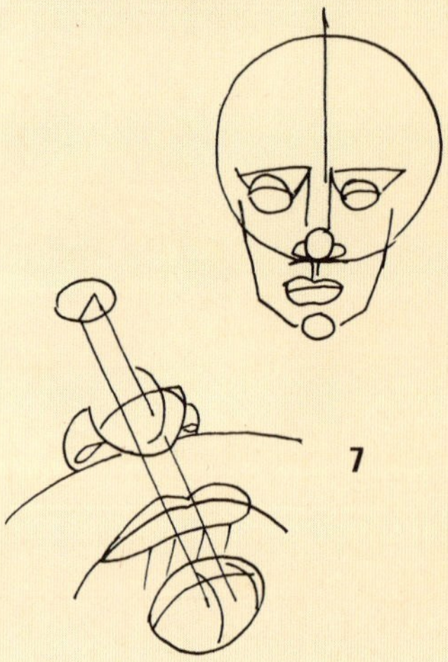

7

Zylindrische Formen sind einfach zu konstruieren: Sie zeichnen ein Rechteck, das die ganze Form umfaßt, und fügen an den Enden zwei Ellipsen ein (**3**). Je nach Blickwinkel verändert sich die Rundung der Ellipsen, die Senkrechten aber bleiben unverändert.

Zeichnen Sie mehrere zylindrische Gegenstände, wie Konservendosen oder Gläser. Konstruieren Sie die Dinge, als wären sie durchsichtig, und verstärken Sie zuletzt die sichtbaren Linien. In Beispiel **4** sind die Ellipsen für Ober- und Unterseite der Dose (*ganz links*) gleich groß. Diese Dose ist perspektivisch falsch gezeichnet, da der Boden von der Augenhöhe weiter entfernt ist als der Deckel. Der Boden muß also stärker gerundet sein, wie bei der zweiten Dose (*Mitte*) demonstriert. Wenn Sie ein Glas mit Wasser zeichnen, ist auch der Wasserspiegel perspektivisch korrekt zu erfassen (*rechts*).

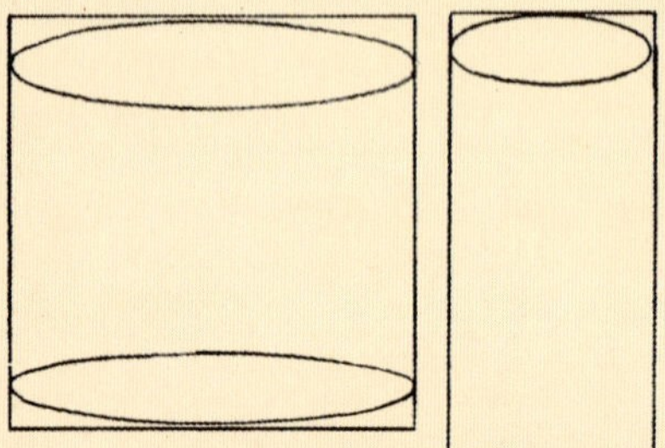

3

4

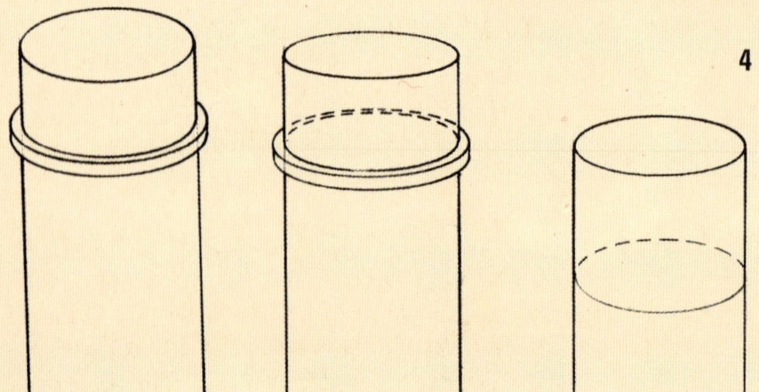

Boden und Öffnung des Flaschenhalses werden als durchgehende Ellipsen konstruiert, die je nach Blickwinkel schmaler oder breiter sind (**6**).

6

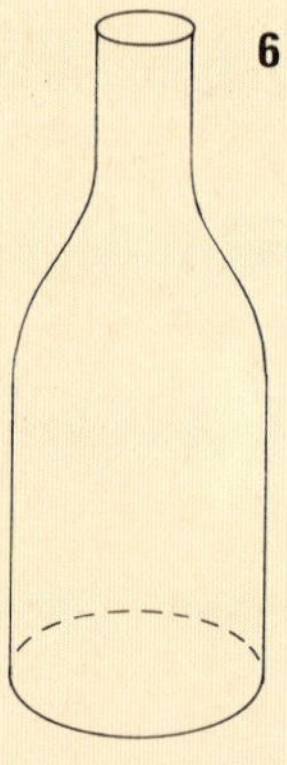

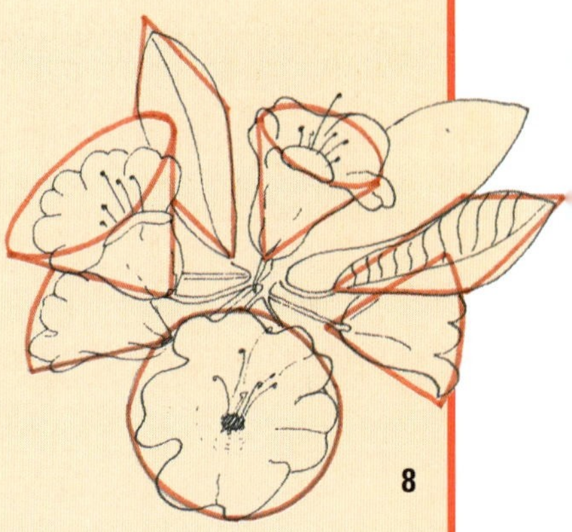

8

LICHT UND SCHATTEN

Ihrem Umriß nach ist eine Kugel ein Kreis. Plastisch wird die Rundung erst durch die Gestaltung von Licht und Schatten. In unserem Beispiel kommt das Licht von links oben und beleuchtet den linken oberen Teil der Kugel. Der Schatten fällt nach rechts. Ein Teil des Lichts wird von der rechten Wand reflektiert, so daß die Kugel rechts eine leichte Aufhellung erfährt.

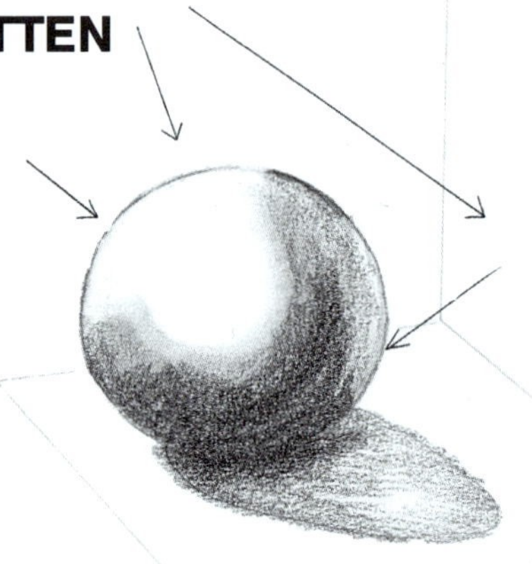

TENNISBALL UND FEDERBÄLLE

Dieses Stilleben mit Federbällen, einem Tennisball und einem Schläger wurde aus Gegenständen komponiert, die durch runde Formen gekennzeichnet sind. Kreis-, Ellipsen- und Kegelformen sind einfach zu konstruieren, wenn Sie Hilfsquadrate und -rechtecke einsetzen. Bauen Sie zuerst ein Stilleben aus noch einfacheren gerundeten Objekten auf.

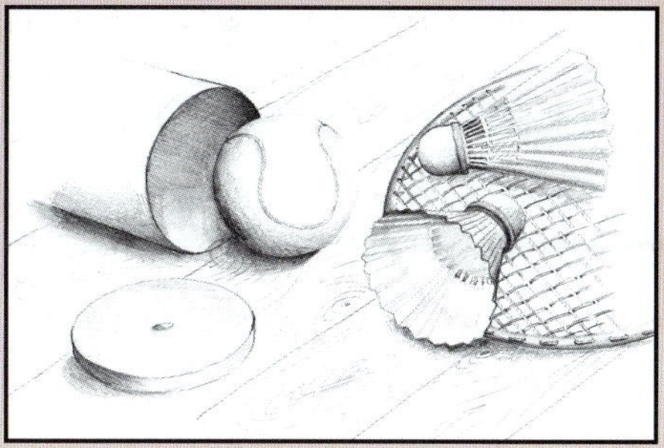

MATERIAL

Zeichenpapier
Bleistifte: HB, 2B, 6B
Radiergummi
Fixativ

1

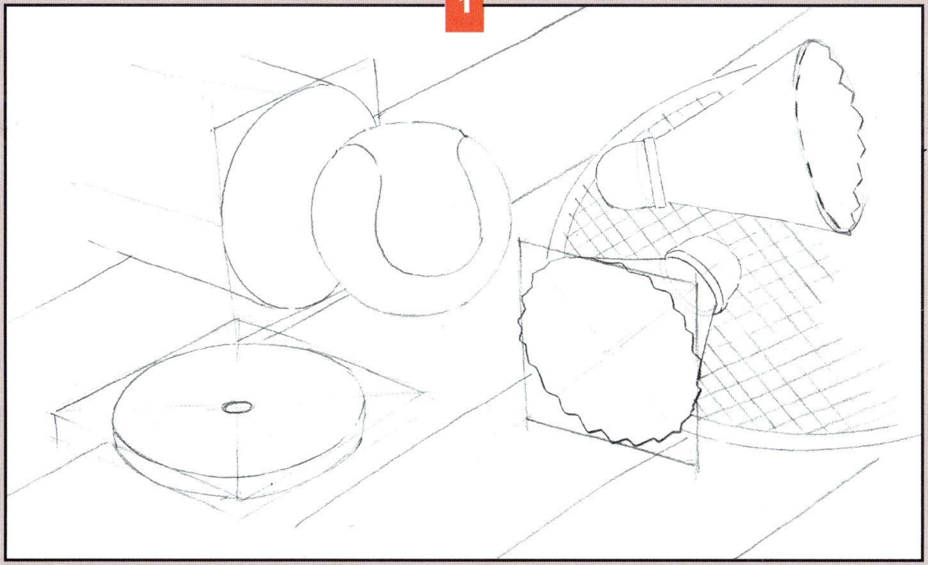

1 Betrachten Sie den Ballbehälter mit seinem Deckel und den Federball im Vordergrund: Runde Formen lassen sich mit Quadraten und Rechtecken umschreiben. Beginnen Sie Ihre Zeichnung mit der Konstruktion der runden Teile Ihrer Gegenstände. Skizzieren Sie sie mit einem hellen Stift (HB) zuerst als Rechtecke. Die Maße bestimmen Sie mit der Methode des Maßvisierens (vgl. S. 201). Ziehen Sie in die Rechtecke die Diagonalen ein, und markieren Sie die Mitte der Kanten durch einen Punkt. An diesen Punkten berühren die Ellipsen, das Rechteck. Vervollständigen Sie die Umrisse der Gegenstände. Verwenden Sie weiterhin für die Konstruktion möglichst einfache geometrische Formen. Zeichnen Sie die Umrisse immer durch, so als wären die Dinge durchsichtig.

2

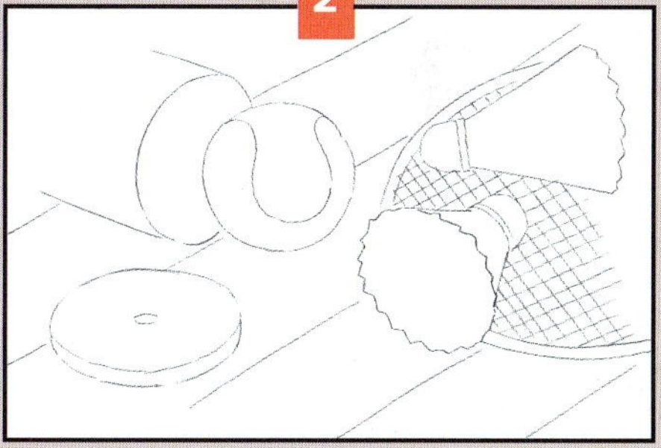

2 Radieren Sie nun störende Konstruktionslinien und eigentlich unsichtbare Linien aus. Die sichtbaren Umrißlinien werden verstärkt und die Details der Konturen sorgfältig ausgearbeitet.

3

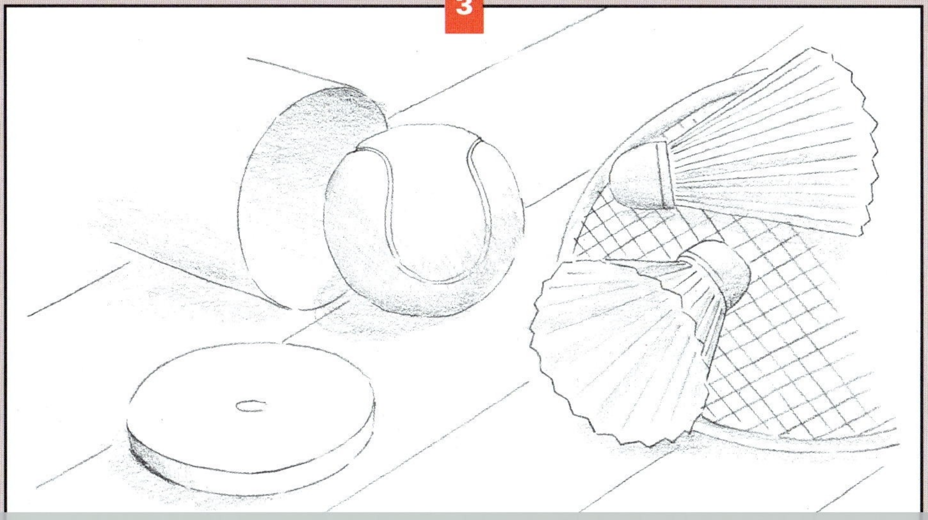

3 Mit einem weicheren Stift (2B) werden Details innerhalb der Gegenstände ausgearbeitet, wie hier die Federn der Federbälle und die doppelte Naht des Tennisballs. Deuten Sie schließlich leicht die Schatten an. Sie können sie

4 Licht und Schatten werden weiter herausgearbeitet: Mit einem 6B-Bleistift werden nun in der Schummertechnik die tieferen Schatten eingeschwärzt, wie die obere Wölbung im Behälterinneren, die Unterseite des Tennisballs und die Innenseite des vorne liegenden Federballs. Die Besaitung des Schlägers wird mit kurzen Doppelstrichen detailgetreu dargestellt. Gestalten Sie nun den Hintergrund. Die Maserung des Fußbodens wird frei nachempfunden.

4

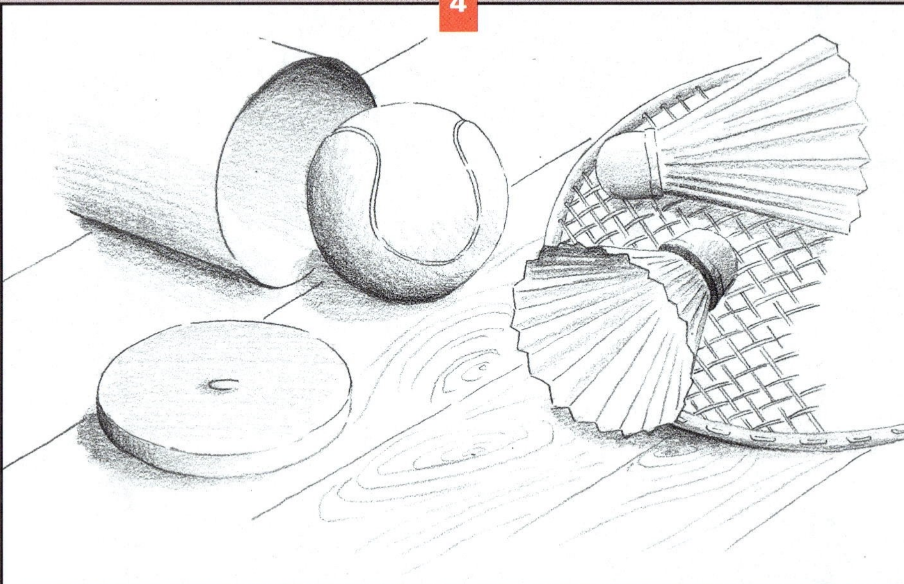

5 Schließlich erhält die Zeichnung ihren letzten Schliff. Schatten werden noch deutlicher modelliert und letzte Details hinzugefügt. In Schattenbereichen und an Stellen, an denen sich die Gegenstände voneinander abheben sollen, verstärkt man die Konturen. Vor allem die Schlagschatten auf dem Boden verleihen der Zeichnung Plastizität. Ergänzen Sie an den Federbällen weitere Details.

Wenn Sie die fertige Zeichnung betrachten, erkennen Sie, daß sich aus den anfangs streng geometrischen Formen räumlich wirkende, plastische Objekte entwickelt haben. Sie werden bald die Anwendung geometrischer Hilfsformen so gut beherrschen, daß Sie selbst kompliziertere Gegenstände mit Leichtigkeit skizzieren können. Sie werden entdecken, daß sich fast alles auf diese Weise problemlos konstruieren läßt.

5

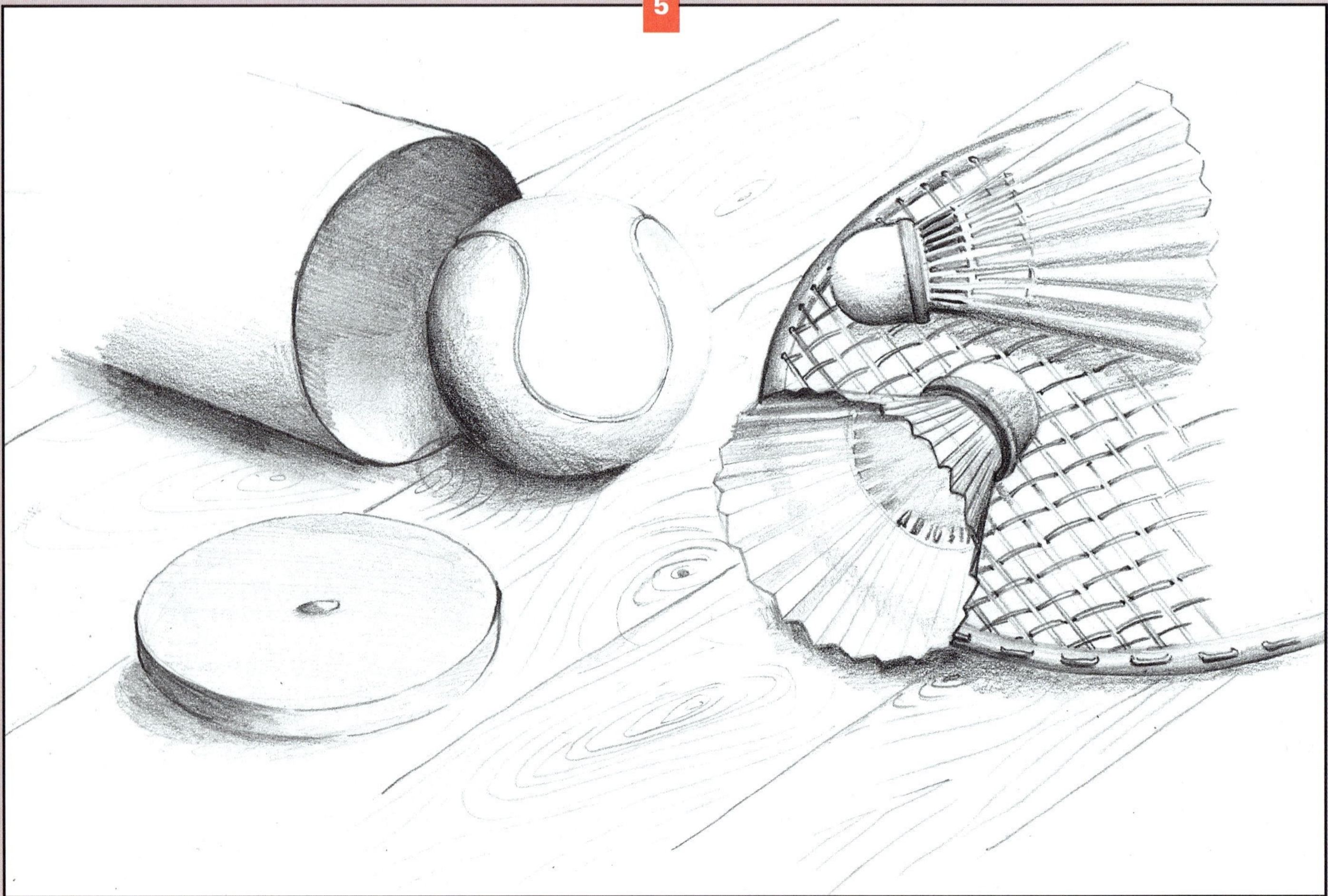

GLAS UND METALL

Die Darstellung gläserner und metallener Gegenstände stellt den Künstler vor besondere Probleme. Die glatten und harten und dabei nicht selten scharfgratigen Oberflächen erzeugen diffizile, für diese Materialien charakteristische Lichtwirkungen. Wie man solche Lichtwirkungen erzielt, lernen Sie in dieser Lektion.

Sorgfältige Schraffuren ergeben in Beryl Underwoods Stilleben (*oben*) ein reiches Licht- und Schattenspiel. Die Zeichnung imitiert die Erscheinung der Materialien so treffend, daß man ebenso eine genaue Vorstellung von der kühlen, glatten Beschaffenheit des Glases gewinnt, wie von der Rauheit des schweren Holzgriffes. Auch in unserem Projekt (*unten*) werden wir Glas, Metall und Holz zeichnen.

Glas und Metall haben harte Oberflächen, die gewöhnlich völlig glatt und ebenmäßig sind. Um diese Eigenschaft einzufangen, brauchen Sie einen ruhigen, kontrollierten Strich. Die Tonwerte wollen gleichmäßig modelliert sein. Man verwendet feine Schraffuren und vermeidet abrupte Änderungen der Richtung. Kreuzschraffuren werden mit Bedacht eingesetzt, denn sie erzeugen dichte Strukturen, die für Glas selten angemessen sind. Dagegen bringen bei der schweren Metallpfanne (*oben*) die Kreuzschraffuren das schwere Material überzeugend zur Geltung.

Glas zeigt vielfältige Lichtspiele, im Sonnenlicht kann es regelrecht funkeln. Da es durchsichtig ist, sieht man auch, was hinter dem Glas liegt – allerdings in verzerrter Form. Zudem spiegeln sich im Glas die Gegenstände der Umgebung. So entstehen Muster aus Hell und Dunkel, die sorgfältig beobachtet und in eine Reihe verschiedener Grautöne übersetzt werden. Man zeichnet aber nicht alles, was man sieht. Die Zeichnung würde unübersichtlich und kraftlos

Lichtstellen herausarbeiten

Die hellsten Lichtstellen werden nicht gezeichnet, sondern durch das Abdunkeln der Umgebung herausmodelliert. Im Licht fallen sogar ganze Konturen weg. Am Anfang kann das Schwierigkeiten bereiten. Man behilft sich, indem man diese hellsten Stellen mit zartem Strich abgrenzt und so verhindert, daß man aus Versehen in sie hineinzeichnet. Man kann aber auch noch nachträglich Licht herausholen, indem man mit dem Knetgummi die Stelle abtupft. Die weichen Licht- und Schattenmodellierungen im Glas lassen sich durch ein Verwischen mit dem Knetgummi, dem Finger oder einem Wischer (Estompe) erzielen.

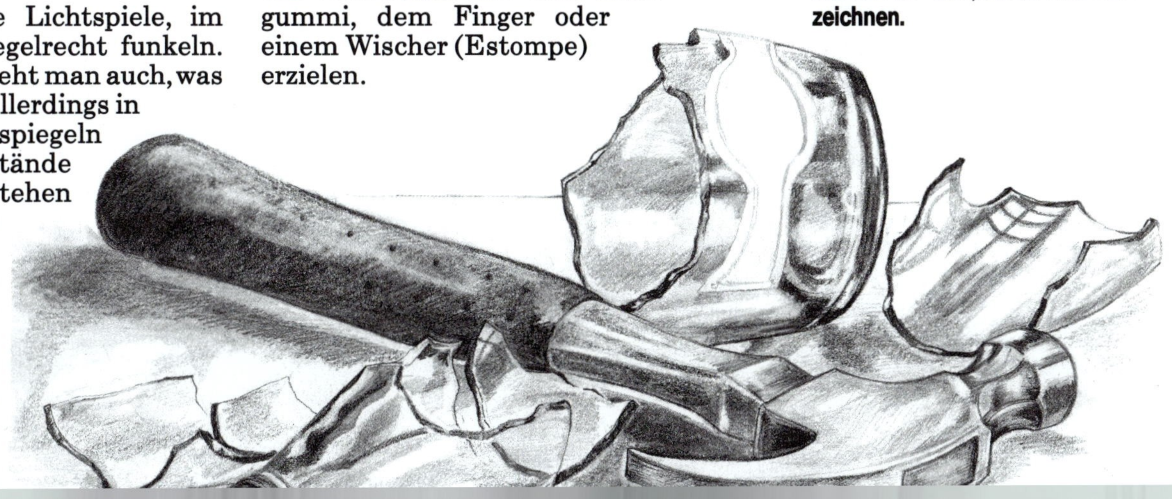

Bevor Sie sich dem Projekt zuwenden, werden ein paar kleine Übungen Sie mit den Eigenarten von Glas und Metall vertraut machen. Wir geben Ihnen hier einige Tips, wie Sie den speziellen Charakter dieser Materialien erfassen können. Sie brauchen verschiedene Bleistifte: 6B eignet sich gut für schwere, dunkle Töne, 2B für die mittleren und HB für die feine Umrißzeichnung.

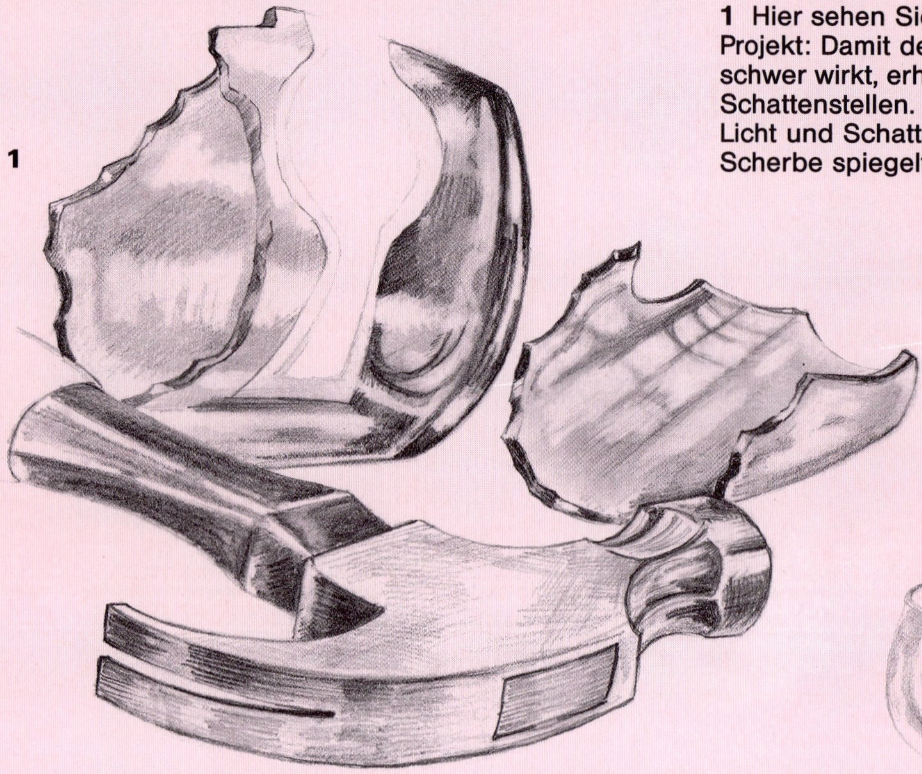

1

1 Hier sehen Sie einen Ausschnitt aus dem folgenden Projekt: Damit der metallene Kopf des Hammers richtig schwer wirkt, erhält er feste Konturen und dunkle Schattenstellen. Beim Glas sind die Übergänge von Licht und Schatten weich modelliert. In der rechten Scherbe spiegelt sich ein Fenster.

2

2 Durch Lichtreflexe erscheint auf Glaskörpern ein erstaunliches Muster aus Hell und Dunkel. Bei länglichen Formen ergeben sich helle Lichtstreifen. Durch das Weinglas erblickt man die dunklere Flasche. In der Flasche wiederum spiegelt sich etwas verzerrt die Umgebung: Man sieht ein Fenster und ahnt den zeichnenden Künstler. Das Fenster erzeugt ein starkes Glanzlicht, das von vornherein als weiße Stelle freigelassen wurde.

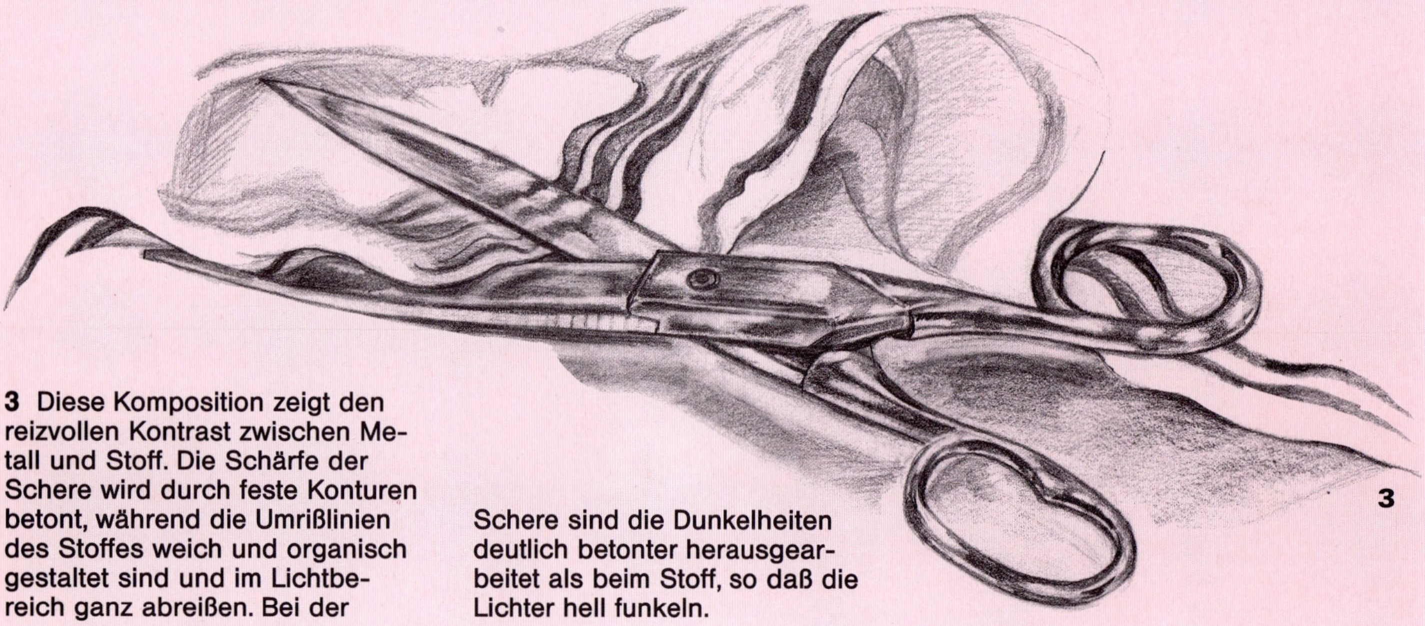

3

3 Diese Komposition zeigt den reizvollen Kontrast zwischen Metall und Stoff. Die Schärfe der Schere wird durch feste Konturen betont, während die Umrißlinien des Stoffes weich und organisch gestaltet sind und im Lichtbereich ganz abreißen. Bei der Schere sind die Dunkelheiten deutlich betonter herausgearbeitet als beim Stoff, so daß die Lichter hell funkeln.

ZERBROCHENES GLAS

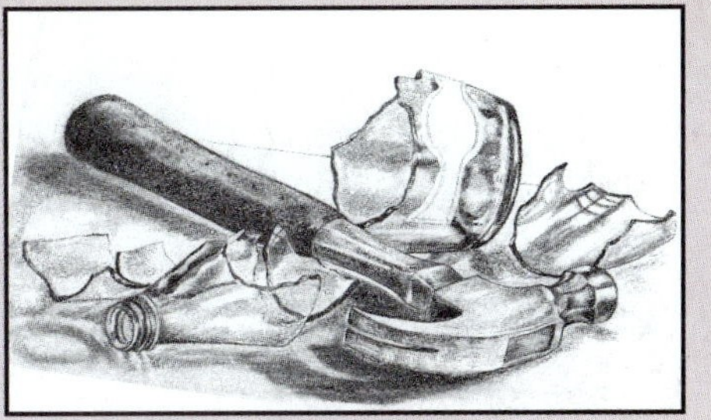

Zwei glänzende und spiegelnde Materialien sind das Thema dieses Projekts. Wenn Sie wollen, können Sie das Stilleben aus Glasscherben und einem Hammer selber nachstellen: Wickeln Sie die Flasche in eine dicke Lage Zeitungspapier, ehe Sie sie zerschlagen. So gehen Sie sicher daß keine Splitter im Zimmer herumfliegen.

MATERIAL

Zeichenpapier
Bleistifte: HB, 2B, 3B, 6B
Spitzmesser
Knetgummi
Fixativ

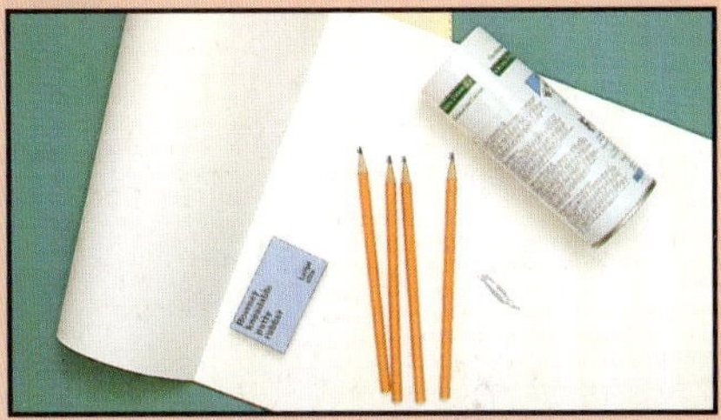

1

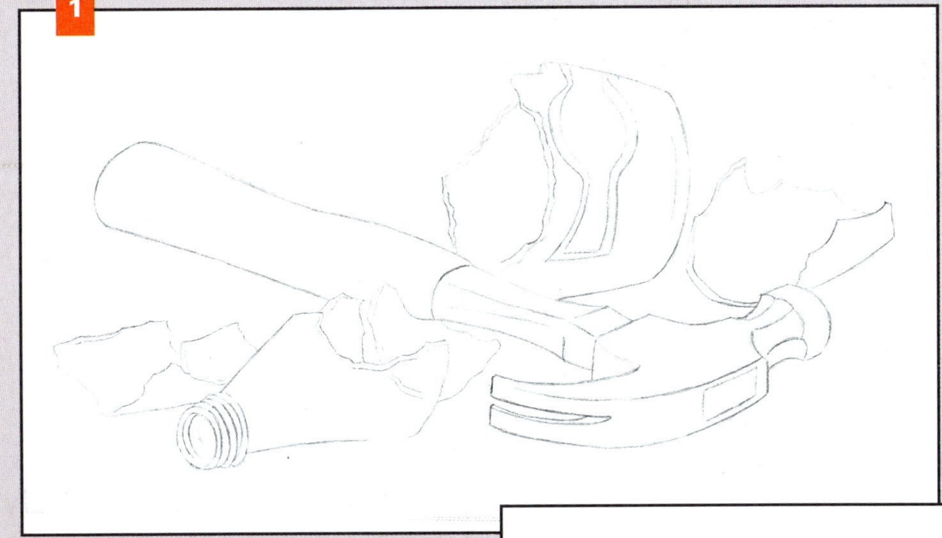

1 Stellen Sie vorsichtig und mit Bedacht das Stilleben zusammen. Skizzieren Sie die Bruchstücke und den Hammer (HB). Verwenden Sie zur Konstruktion soweit möglich einfache geometrische Formen, wie wir es Ihnen auf der vorhergehenden Seite demonstriert haben. Schließlich radieren Sie die Hilfslinien aus.

2

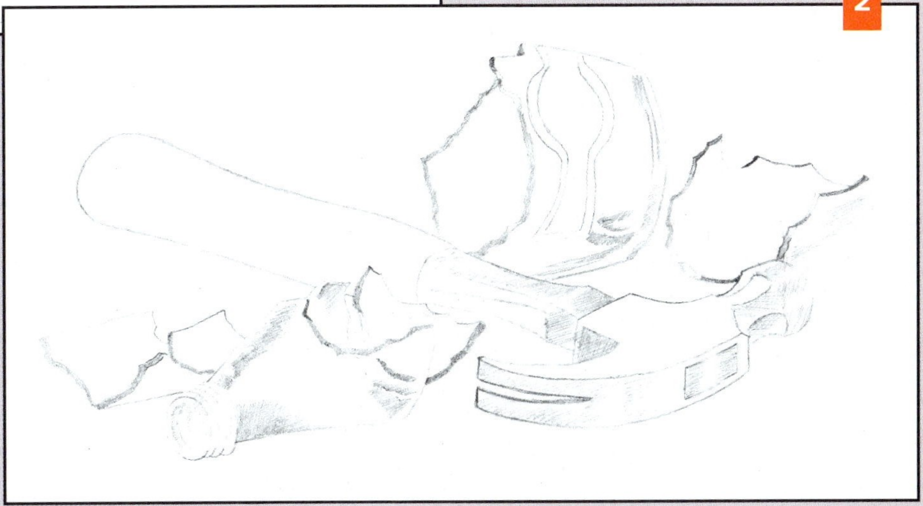

3

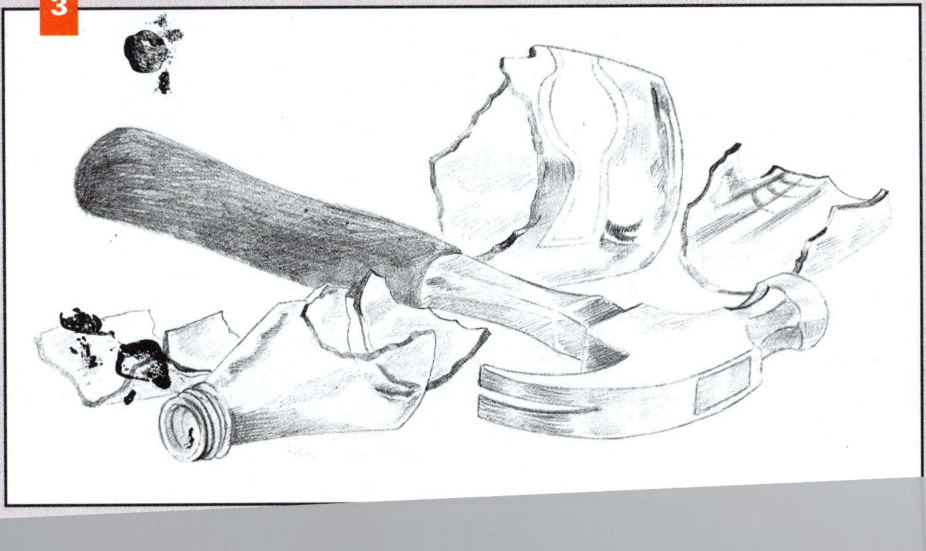

2 Korrigieren Sie die Umrisse. Versuchen Sie die Bruchkanten möglichst detailliert zu modellieren. Verstärken Sie mit dem 2B-Stift die Konturen, wo sie Ihnen am deutlichsten erscheinen. Beginnen Sie, mit dem HB-Stift die Formen plastisch zu modellieren.

3 Vertiefen Sie die Schraffuren (2B). Arbeiten Sie den Griff des Hammers mit seiner Holzstruktur heraus, indem Sie kreuzweise schraffieren. Auf dem Glas werden die Lichtspiegelungen ge-

4 Wenden Sie sich nun der Unterlage zu. Zeichnen Sie die Schatten vor (HB) und vertiefen Sie diese (3B). Holen Sie zu unscheinbare Konturen an den Bruchkanten des Glases mit dem scharf gespitzten 4B-Stift heraus. Verdichten Sie die Schraffuren am Hammer, bis er deutlich kompakter wirkt als das Glas.

4

5

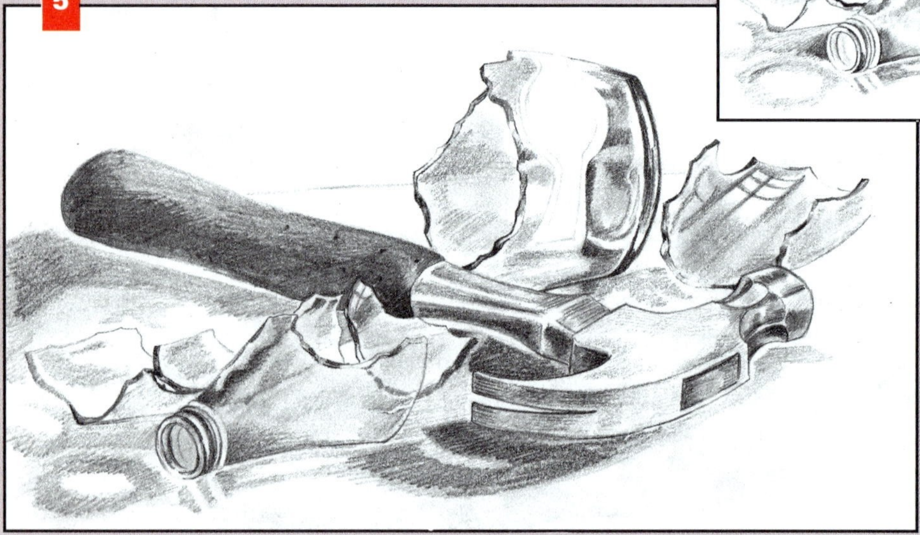

5 Vertiefen Sie die Bodenschatten und dunkelsten Stellen der Komposition (6B). Gehen Sie anschließend mit dem Knetgummi vorsichtig über die Glaspartien, und verwischen Sie hier leicht die Bleistiftstriche. So erhöhen Sie den Eindruck von Transparenz. Aber Achtung! Kommen Sie nicht auf Stellen, die Sie mit einem der sehr dunklen Stifte bearbeitet haben!

6

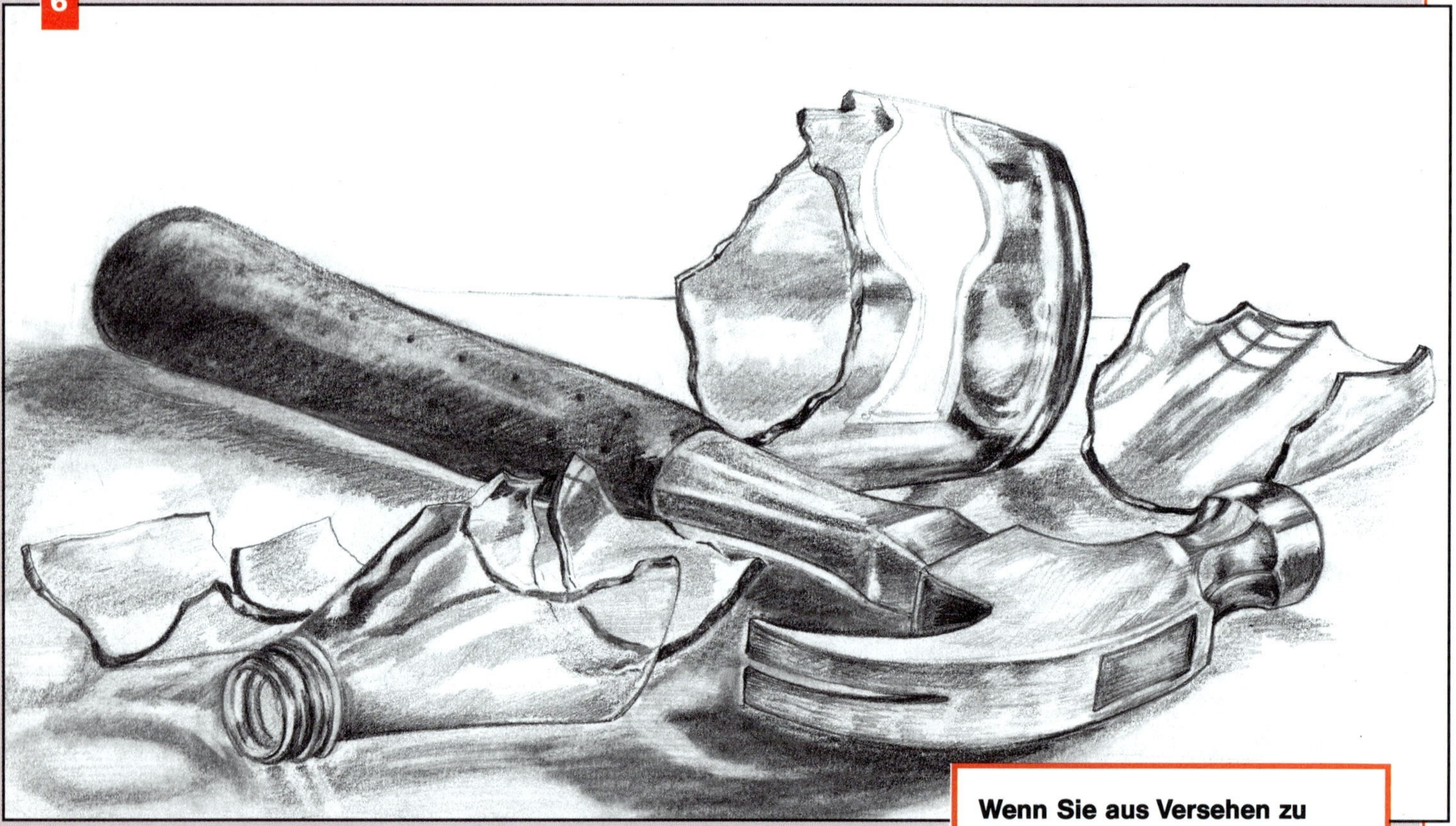

6 Die ganze Zeichnung wird weiter verfeinert, indem man dunkle Stellen betonter schraffiert. Sie können mit Ihrem Knetgummi Lichter deutlicher hervorholen, wenn Sie vorsichtig, aber entschieden radieren. Betrachten Sie das Werk aus der Entfernung. Gibt es noch Konturen oder Schraffuren, die zu blaß oder zu dunkel wirken? Dann vertiefen Sie diese oder hellen Sie sie auf.

Wenn Sie aus Versehen zu viel ausradiert haben, macht das nichts. Sie können die Stellen ausbessern. Aber greifen Sie nicht gleich zum dunkelsten Stift, sondern fangen Sie mit dem HB-Stift an!

ÜBERALL METALL: DAS AUTO

Das Auto ist ein Paradebeispiel für gekrümmte Metallflächen, die das Licht reflektieren. Seine Form mit den sanften Wölbungen wird erst plastisch, wenn man das Spiel des Lichts durch gleichmäßig abgestufte Tonwerte erfaßt. In dieser Lektion verwenden wir Farbstifte anstelle des Bleistifts und zeichnen einen roten Volkswagen.

Autos zu zeichnen, stellt an den Künstler einige Anforderungen. Wenn Licht auf eine gekrümmte metallische Oberfläche trifft, sind die erstaunlichsten Lichtwirkungen zu beobachten. Auf dem Metall entstehen eigenartig geschwungene Muster aus hellen und dunklen Bereichen. An manchen Stellen blitzen blendend Lichtpunkte auf, an anderen bilden sich lange, gebogene Lichtkanten.

Es kann sogar zu irreführenden Effekten kommen, die die Gestalt des Autos perspektivisch verformen. So kann es geschehen, daß eine konkave Wölbung konvex erscheint. Außerdem wirkt die glatte Metallkarosserie der Autos häufig wie ein Spiegel, der die Umgebung verzerrt wiedergibt. Wenn man Autos zeichnet, muß man diese Phänomene studieren und versuchen, sie treffend zu dokumentieren. Gelingt das nicht, wirkt das Auto im besten Fall wie ein Spielzeug. Bei Ihrem ersten Versuch sollten Sie ein nicht zu kompliziertes Fahrzeug wählen!

dabei auf eine gute Beleuchtung. Gerade beim Auto will das plastische Erfassen des Charakteristischen, das Überführen von drei in zwei Dimensionen geübt sein. Ein Foto ist bereits zweidimensional, so daß Sie ganz wichtige perspektivische Erfahrungen nicht machen können.

Die regelmäßigen, perfekt gewölbten Formen von Autos zu zeichnen, verlangt eine sichere Hand. Üben Sie, freihändig Kreise zu ziehen, Wellenlinien und Kurven, bis Sie das Gefühl haben, den Strich gut kontrollieren zu können.

In F. Gordon Crosbys Bleistiftzeichnung vom Grand Prix in Monaco (*oben*) verleiht die ausgefeilte Modellierung von Licht und Schatten den Rennwagen Plastizität und vermittelt einen Eindruck von der hohen Geschwindigkeit der Wagen. In unserem Projekt (*unten*) begnügen wir uns mit einem stehenden Auto. Wir arbeiten mit Farbstiften und versuchen das glänzende Metall mit seinen Spiegelungen herauszuarbeiten.

Wenn Sie ein Auto zeichnen wollen, ist scharfe Beobachtung wichtig. Studieren Sie Ihr Objekt aus verschiedenen Blickwinkeln, und fertigen Sie viele Skizzen an. Zeichnen Sie schwierige Details, bevor Sie beginnen, eine Zeichnung auszuarbeiten. Nachfolgend finden Sie einige Hinweise, worauf Sie besonderes Augenmerk richten sollten.

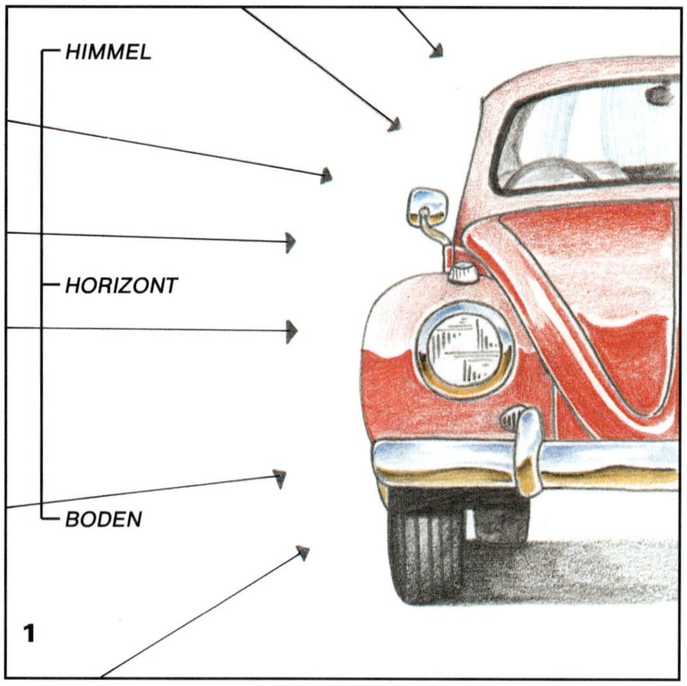

1

1 Bei Ihrem ersten Bild sollten Sie das Auto entweder von vorne oder von der Seite zeichnen. Andere Perspektiven sind zu schwierig. Wenn sie ein Auto bei Tageslicht betrachten, werden Sie bemerken, daß es von drei Seiten aus beleuchtet wird: Das hellste Licht kommt vom Himmel und bescheint die nach oben zeigenden Metallflächen. Auch seitlich trifft Licht auf das Auto und taucht die Flächen in einen mittelhellen Ton. Am wenigsten hell sind die Lichtstrahlen, die vom Boden auf das Auto reflektiert werden. Wenn Sie diese drei Lichtquellen mit ihrer unterschiedlichen Helligkeit beachten, ist die erste Schwierigkeit gemeistert.
2 zeigt, wie die drei Lichtquellen die Helligkeit der Karosserie beeinflussen. In **3** sehen Sie, wie auch Spiegelungen die drei Helligkeiten wiedergeben. Hier spiegelt sich die Umgebung in den Radkappen.

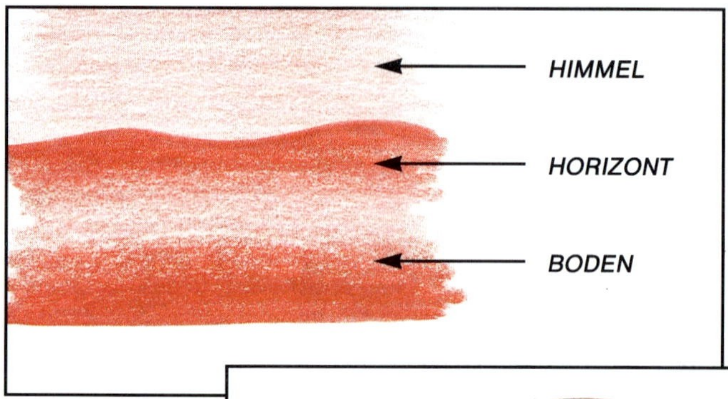

2

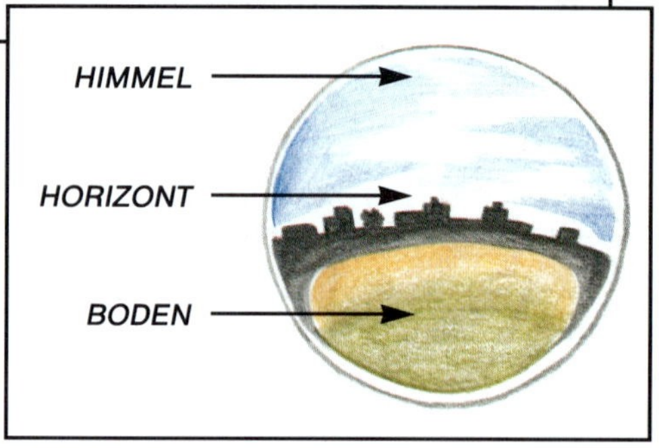

3

4

5

4 Üben Sie zunächst, mit einem Farbstift umzugehen. Setzen Sie feine Linien aneinander, und variieren Sie dabei den Druck.
5 Versuchen Sie, kleine Flächen gleichmäßig einzutönen. Probieren Sie dabei verschiedene Helligkeiten aus, indem Sie den Druck verändern. Zeichnen Sie schließlich Verläufe zwischen Dunkel und Hell.
6a Hier fällt ein dunkler Schatten auf eine helle Fläche.
6b Solche Muster können sich bei starkem Sonnenschein auf den Kotflügeln ergeben.
6c Auf seitlichen Blenden leuchten manchmal helle Glanzlichter auf, die wie eine über dem Meer aufgehende Sonne wirken.

7 Skizzieren Sie den Autoreifen mit einem HB-Stift. Schwärzen Sie die dunklen Bereiche ein, und lassen Sie sie zu den hellen Partien hin gleichmäßig verlaufen. Gewöhnlich gibt es in Bodennähe ein auffälliges Glanzlicht. Bei manchen Autotypen liegen die Reifen jedoch gänzlich im Schatten.

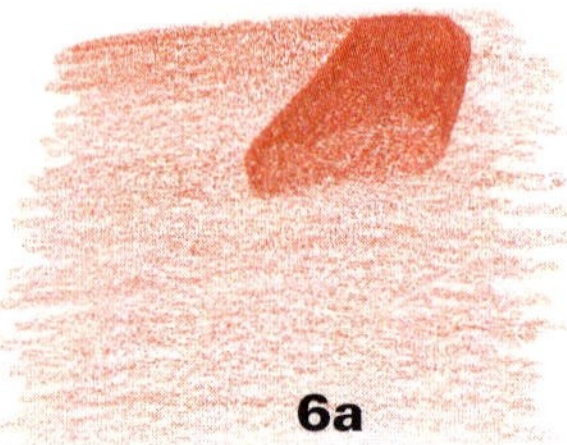

6a

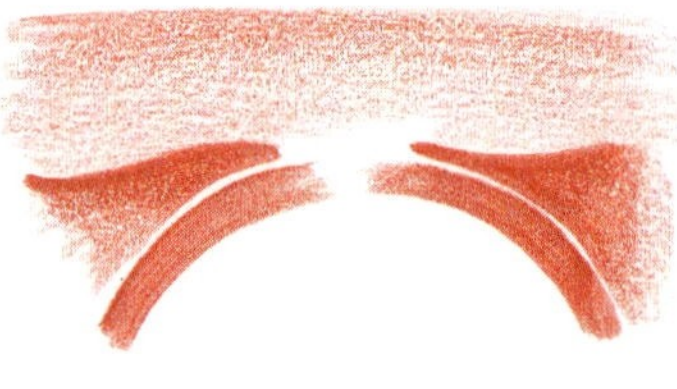

6b

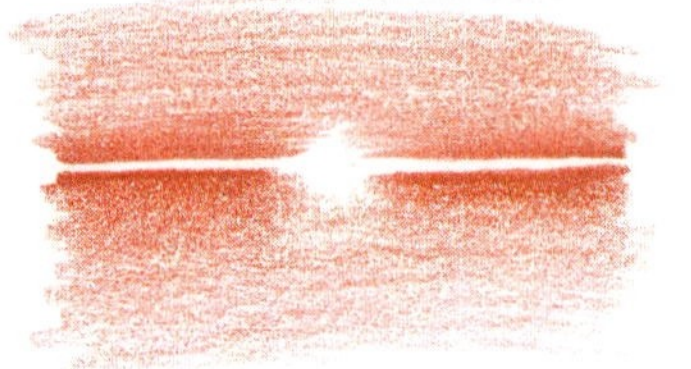

6c

7

EIN LEUCHTEND ROTER KÄFER

Kaum ein anderes Auto hat so typische Formen wie der „Käfer". Wir zeigen Ihnen hier, wie man die charakteristische Form seiner Karosserie konstruiert und Schritt für Schritt die Spiegelungen auf dem Metall dokumentiert.

MATERIAL

DIN-A3-Zeichenpapier
Bleistifte: HB und 4B
Farbstifte
Knetgummi
Lineal

1

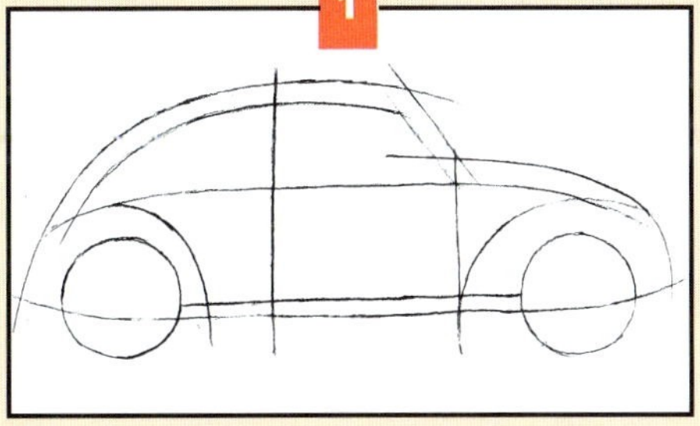

1 Wenige Linien mit weichem Strich (4B) erfassen den Umriß und die wichtigsten Binnenkonturen des Käfers.

2 Wenn die Proportionen stimmen, werden Details eingefügt: die Fenster, die Räder mit den Reifen usw. Deuten Sie den Boden an. Zuletzt hellen Sie alle Linien mit dem Knetgummi auf.

KLEINER TIP

Wenn Sie Schwierigkeiten haben, Kreise zu ziehen, dürfen Sie ruhig einen Zirkel verwenden.

Es erleichtert die Arbeit enorm, wenn man zwei Stifte einer Farbe besitzt. Den einen spitzen Sie für feine Details scharf an, während der andere eine lange, flache Spitze für weiche Modellierungen erhält.

Legen Sie ein Transparentpapier unter die zeichnende Hand, um ein Verwischen zu vermeiden.

2

3

3 Nun kann mit Farbe die Karosserie modelliert werden. Überlegen Sie zuerst, wo die hellsten Lichtbereiche sind – sie sollen weiß bleiben. Modellieren Sie mit einem roten Stift die hellen und mittleren Tonwerte. Für das Innere des Autos, die Reifen, die Unterseite und die Innenseite der Stoßstangen verwenden Sie Elfenbeinschwarz. Auch die Straße wird schattiert. Die hellen Fassadenteile der Häuser im Hintergrund erhalten einen gold-

4

4 An der Seite des Wagens erzeugen Spiegelungen ein wellenartiges, dunkles Muster. Verdichten Sie die Farbe von unten her kommend so stark, daß an der Kante der dunkelste Tonwert erreicht ist. Auch am Dach, an der Motorhaube und an den Kotflügeln modelliert man sorgfältig die Dunkelheiten.

5 Die Fensterfassungen, die Fugen an der Tür und der Motorhaube und weitere Details werden mit einem scharf gespitzten HB-Bleistift konturiert. Nun gestaltet man im Hintergrund mit einem dunkleren Braun die Fensterrahmen und den Türstock. Die Glasscheiben erhalten einen hellen Blauton.

6 Ergänzen Sie nun die noch fehlenden Details. Auf den Radkappen und Stoßstangen werden mit scharf gespitzten Stiften die Spiegelungen des Himmels und der Straße eingefangen. Auch die Fenster und die Metallfassungen der Scheinwerfer und Blinker reflektieren das Blau des Himmels. Verfeinern sie den Hintergrund, ohne jedoch die Aufmerksamkeit zu stark auf ihn zu ziehen. Verwischen Sie die Spiegelungen in den großen Fensterflächen leicht mit dem Knetgummi.

5

6

Auch ein so kompliziertes Motiv, wie ein Auto, läßt sich meistern, wenn man vom Allgemeinen zum Besonderen vorarbeitet. Trainieren Sie Ihre Fähigkeiten durch kleine Skizzen, und gewöhnen Sie Ihr Auge daran, Licht und Schatten konzentriert wahrzunehmen.

FARBSTIFTE VERWENDEN

Sie haben bereits eine erste Bekanntschaft mit Farbstiften gemacht. Wir wollen dieses Thema vertiefen und Ihnen zeigen, wie Sie mit wenigen Stiften viele Farbtöne mischen und auf diese Weise farbenfrohe, kräftige Effekte oder zarte, stimmungsvolle Wirkungen erzielen können.

Diesen verlockenden Muschelteller (*oben*) zeichnete Madeleine David unter Verwendung nur weniger Farbstifte. Verschiedene Farbnuancen und Tonwerte erzielte die Künstlerin durch eine ausgefeilte Schraffurtechnik, wie wir sie vergleichbar in unserem Projekt mit Zuckergebäck (*unten*) anwenden werden.

Das Zeichnen mit Farbstiften ist dem Arbeiten mit Bleistiften nicht unähnlich. Wie dort entsteht das Bild meist durch Konturen und in der wichtigen Technik der Schraffur. Es gibt jedoch einen gewaltigen Unterschied: Farbstifte sind transparent und ähneln in dieser Hinsicht Aquarellfarben.

Dieser Eigenschaft verdanken Sie die Möglichkeit, Farben zu mischen. So können Sie etwa Grün durch eine einfache Kreuzschraffur mit einem gelben und einem blauen Stift erzeugen. Wenn Sie dabei auch noch den Druck und die Dichte der Schraffurstriche variieren, erhalten Sie unzählige Farbnuancen mit den verschiedensten Helligkeiten.

Es gibt im Handel die nicht wasserlöslichen Buntstifte und die wasserlöslichen Aquarellstifte. Mit beiden Sorten kann man auf dieselbe Weise zeichnen. Aquarellstifte ermöglichen allerdings noch zusätzliche Effekte. So lassen sich die Linien mit Pinsel und klarem Wasser nachträglich auflösen, wodurch eine feine Modellierung gewährleistet ist. Auf den Seiten 235–236 stellen wir Ihnen ein Projekt vor, für das Aquarellstifte eingesetzt werden. Die nicht wasserlöslichen Farbstifte lassen sich mit Terpentin verflüssigen.

Farbstifte sind vor allem für das Zeichnen im Freien ein praktisches Medium

nen, wie vielseitig diese Stifte sind. Farbstifte können auch mit anderen Malmaterialien kombiniert werden. So eignen sie sich z.B. gut dazu, Aquarellbilder zu beleben. Man setzt sie auch gerne für die Umrißzeichnung eines Pastellbildes ein.

Am besten lernen Sie Ihre Farbstifte kennen, wenn Sie ein kleines Stilleben aus drei oder vier Objekten zusammenstellen. Begnügen Sie sich mit einer kleinen Auswahl an Stiften!

SCHRAFFIEREN MIT DEM FARBSTIFT

Es sind die verschiedenen Arten der Farbmischung, die das Zeichnen mit Farbstiften so reizvoll machen. Wenn Sie Schichten mehrerer Farben übereinanderlegen, erhalten Sie unzählige neue Farbtöne. Wir zeigen Ihnen hier die Techniken der optischen Farbmischung.

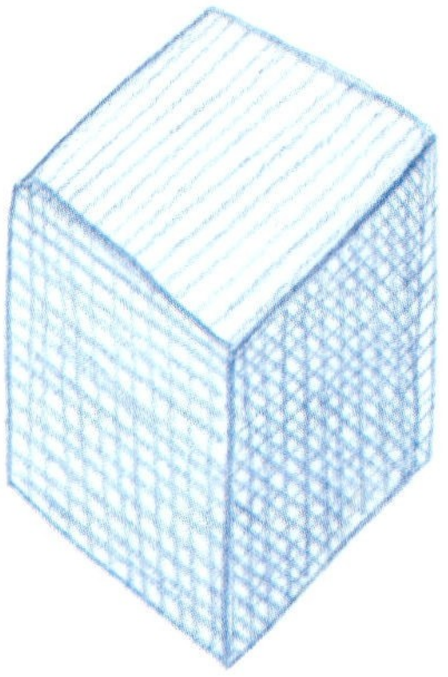

1a

1b

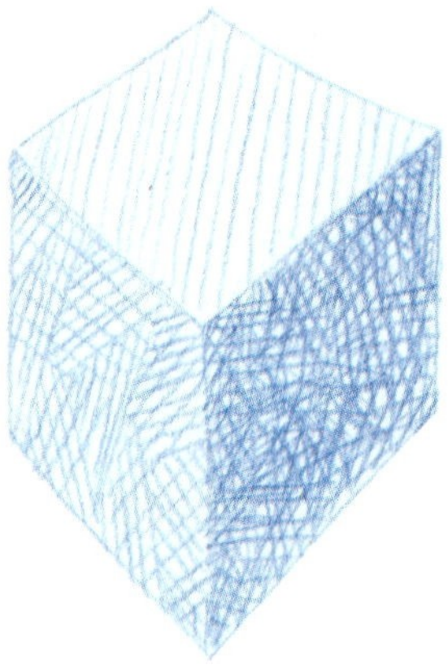

1c

1a Die drei Seiten des Würfels werden zuerst mit nicht sehr engen, parallelen Schraffurstrichen getönt. Die helle Oberseite bleibt so, die beiden dunkleren Seiten werden mit einer Schicht waagrechter Striche schraffiert, die dunkelste Seite erhält zusätzlich eine diagonale Schraffur.

1b Die gleichmäßige Tönung dieses Würfels wird durch Schummern mit der flach gelegten Spitze erreicht. Die Oberseite erhält einen hellen Ton, die linke Seite zwei Schichten, die mit etwas stärkerem Druck ausgeführt werden, und die rechte Seite drei mit starkem Druck gezeichnete Farbschichten.

1c In diesem Beispiel werden die beiden seitlichen Wände des Würfels mit einer lockeren, verschachtelten Kreuzschraffur gestaltet.

2a Durch die optische Mischung mehrerer Farben ergeben sich ganz neue Nuancen. Auf allen drei Seiten werden über senkrechte blaue Striche waagrechte rote Schraffuren gelegt. Die beiden Seiten werden zusätzlich mit blauem Stift diagonal schraffiert, und die rechte Seite erhält eine weitere Diagonalschraffur in Rot.

2b Hier sind rote, blaue und gelbe Schraffuren miteinander kombiniert. Sie werden bemerken, wie dabei ein grünlicher Ton entsteht.

2c Ein sehr lebhaftes Farbenspiel erzeugen diese diffusen Kreuzschraffuren.

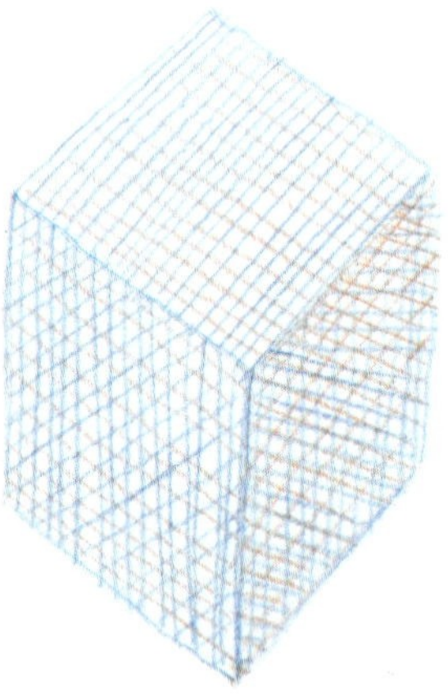

2a

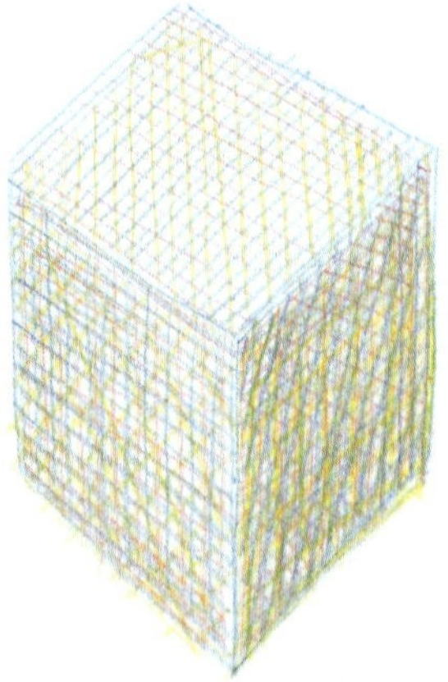

2b

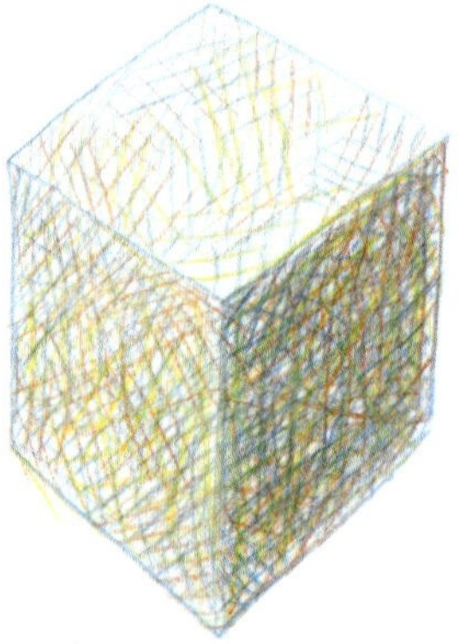

2c

3a

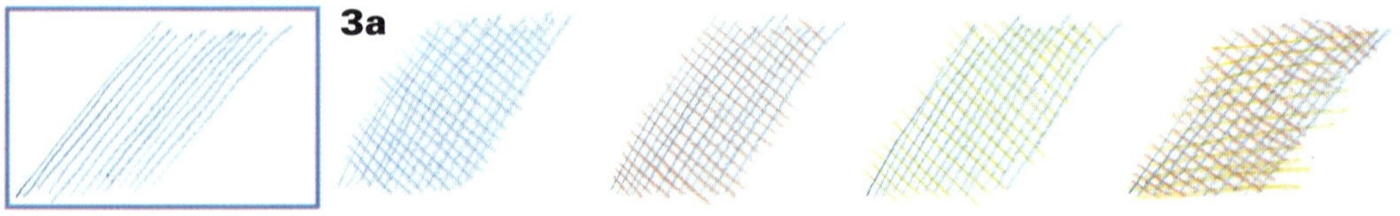

3b

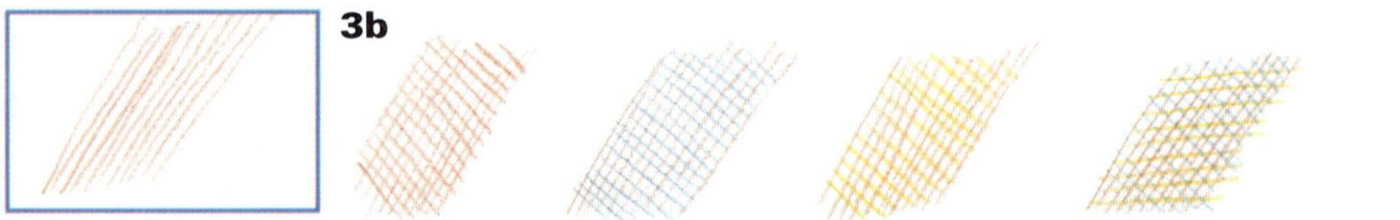

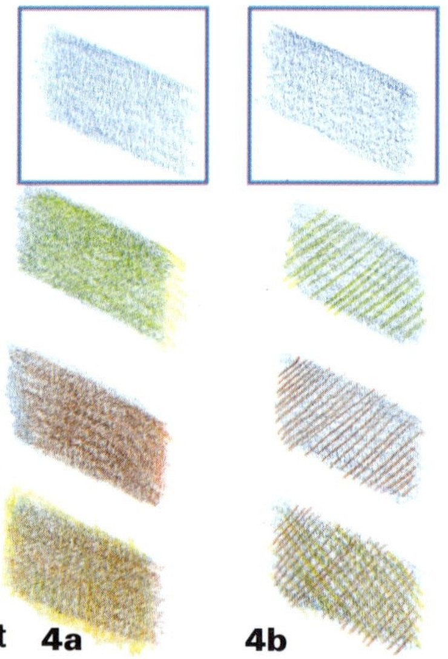

4a 4b

Durch Kreuzschraffuren können eine ganze Reihe verschiedener Farbtöne hervorgerufen werden. In der oberen Reihe (**3a**) ist Blau die Grundfarbe, in der unteren Reihe (**3b**) Rot.

Es entstehen andere Nuancen und Tonwerte, je nachdem, welche Farbe zuerst aufgetragen wird. So werden in **3a** mit Blau, gefolgt von Rot und Gelb, dunklere Farbtöne erzielt als in **3b**, wo die Farben in der Reihenfolge Rot, Blau, Gelb übereinander liegen.

Außerdem läßt sich die Art des Farbauftrags variieren. Man kann beispielsweise in mehreren Lagen schummern (**4a**) oder erst schummern und dann schraffieren (**4b**). Probieren Sie aus, welche Mischungen Sie mit Ihren Stiften erzeugen können!

ZUCKERGEBÄCK

Festtage bescheren uns köstlichste Süßigkeiten, die mit schmeicheln-den Pastellfarben zum Naschen verlocken. Wir aber enthalten uns vorerst und zeichnen: Das farbig glasierte Gebäck mit seinen klaren quadratischen Formen wird im ersten Schritt exakt konstruiert und danach mit verschiedenfarbigen Schraffuren sorgfältig modelliert.

MATERIAL

Zeichenpapier
Farbstifte
Radiergummi

1

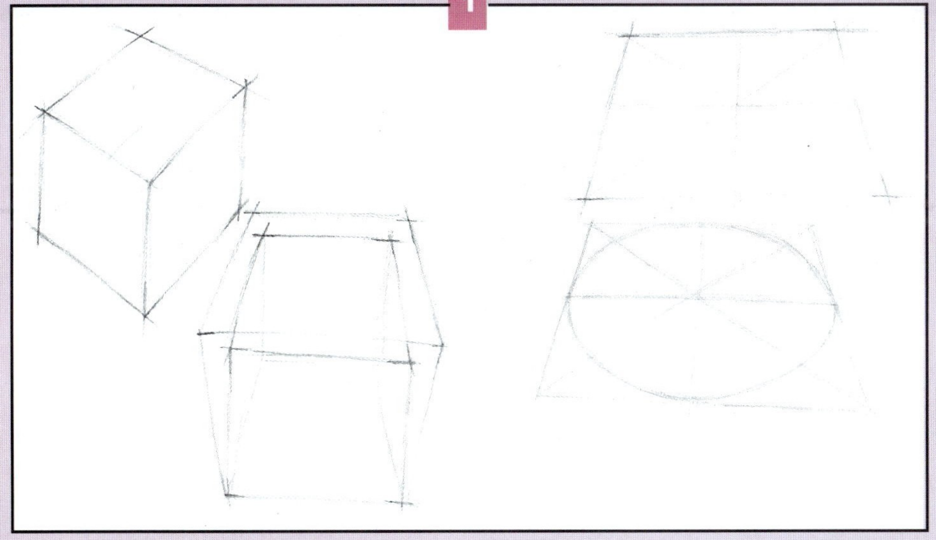

1 Die sanften Farben und die suggestive Perspektive sind der Pfiff dieses Stillebens. Die Gebäckteilchen lassen sich – wie links dargestellt – als Würfel konstruieren, während der Teller einer Ellipse gleicht. Wie man diese Ellipse konstruiert, ist rechts demonstriert: Ein perspektivisch gezeichnetes Quadrat umfaßt den ganzen Teller. Wegen der perspektivischen Verkürzung ist es weniger tief als breit. Die optischen Mitten aller vier Seiten ermitteln Sie über zwei Diagonalen, durch deren Schnittpunkt man eine Senkrechte und eine Waagrechte legt.

2 Überprüfen Sie, ob die Perspektive der Umrisse stimmt. Schließlich werden die Ecken abgerundet und die Konturen des Gebäcks mit einem grauen Stift genauer gestaltet. Man ergänzt die Papiermanschetten und die Verzierungen aus Zuckerguß.

2

3

3 Nun werden die Farben des Naschwerks angelegt. Schraffieren Sie zunächst alle Seiten mit leichter Hand und wenig Druck. Über die Schattenseiten wird quer eine zweite Schraffurschicht gelegt. Mit Kreuzschraffuren verdunkeln Sie auch kleinere Schattenstellen, so daß sich allmählich die Wölbungen herauskristallisieren. Der Hintergrund wird durch leichte, nach außen verlaufende Schraffuren getönt, damit sich der weiße Teller besser abhebt. Auch die Schatten, die das Konfekt auf den Teller wirft, werden schraffiert.

4 Die Verzierungen werden fein modelliert: Den Schokoladenguß konturieren Sie mit dunkelbraunen, den weißen Zuckerguß mit blaugrauen Linien. Die Konturen der zarten Papiermanschetten mit ihren Falten werden mit Grau und Purpur vertieft, die Falten zusätzlich mit kurzen, leichten Schraffurstrichen modelliert. Dafür verwendet man Grau, Purpur und ein helles Blau. An Stellen, an denen das Gebäck durch die Manschetten scheint, werden die Manschetten entsprechend eingetönt.

5 Das Konfekt wird durch Kreuzschraffuren in mehreren Farben plastisch herausgearbeitet. Beachten Sie dabei genau Licht und Schatten. An den gelben Pralinés werden Schatten mit Pink, Orange und Blau vertieft. Beim roten Konfekt können Sie helle Bereiche durch Gelb höhen und die Schattenstellen mit Blau verdunkeln. Purpur und ein dunkles Braun verstärken den Kontrast zwischen Licht und Schatten bei dem schokoladefarbenen Praliné. Beachten Sie auch die kleinen Schatten, die von den Verzierungen geworfen werden!

6 Der Schattenwurf auf dem Teller wird durch Kreuzschraffuren aus Gelb, Pink und Blau verstärkt. Den tiefen Schatten unter dem Teller modelliert man durch eine kräftige Kreuzschraffur in dunklem Blau. Betrachten Sie zum Abschluß Ihre Zeichnung aus der Entfernung, und überprüfen Sie, ob der Teller und das Konfekt plastisch wirken.

Da Farbstifte nicht decken, wird Weiß nicht gezeichnet, sondern entsteht wie beim Aquarell durch Auslassung. Den weißen Stift verwendet man nur selten, um besondere Glanzeffekte zu erzeugen. Farbstift verwischt kaum, so daß Sie nicht fixieren müssen.

LICHTFÜHRUNG

Licht und Schatten sind zwei Seiten einer Medaille. Wer Licht zeichnen will, muß Schatten modellieren. Hell und Dunkel sind die wichtigsten Komponenten eines Bildes, denn sie lassen die Dinge plastisch erscheinen, sie geben der Zeichnung Tiefe und verleihen dem Bild Atmosphäre.

Wer es versteht, in seinen Arbeiten die Lichtwirkungen einzufangen, wird stimmungsvolle Zeichnungen anfertigen. Wird das Motiv von der Seite stark beleuchtet, entstehen dunkle Schatten, die genauso augenfällig sind wie das Licht selbst. Denn das Licht erscheint um so leuchtender, je tiefer die Schwärzen sind. Mit anderen Worten: Auf den Kontrast zwischen Hell und Dunkel kommt es beim Zeichnen an.

Schatten verleihen den Gegenständen Form und sorgen – als Bodenschatten – für Standfestigkeit. Oft wird durch diese Schatten der Boden als solcher erst erkennbar, wie es etwa unten in der Abbildung mit der Ballerina der Fall ist.

Licht und Schatten sind farbig

Schauen Sie sich um und überlegen Sie, welche Farben die Schatten haben. Schatten verwandeln Farbe selten in Schwarz, sondern meist in dunklere Farbabstufungen. Ebenso erzeugt Licht nur selten Weiß. Meist entstehen helle Farbtöne, die je nach Lichtart eine andere Nuance annehmen. Denken Sie an die Abendsonne, die manchmal die Umgebung tatsächlich in Rot taucht. Kinder malen Gesichter meist rosa an. Aber in Wirklichkeit wird man verschiedene Farben, wie Grün-, Blau- und Rottöne, unterscheiden können. Glänzende Flächen reflektieren zudem die Farben der Umgebung.

Mit den halbtransparenten Farbstiften lassen sich Lichtwirkungen fein und nuanciert ausarbeiten. Wenn Sie lernen, die von Licht und Schatten hervorgerufenen Farbtöne zu identifizieren und die Farben ge-

Ihre Zeichnungen plastischer als Fotos werden. Leichte Übertreibungen verleihen dem Bild Dramatik.

Auf der folgenden Seite üben wir, Formen als Lichtwirkungen aufzufassen. Wir arbeiten mit mehreren Farben, die in dichten Schraffuren übereinandergelegt werden. Zudem machen wir Sie mit den Aquarellstiften bekannt, die mit Wasser angelöst werden können.

In starkes Licht von links ist das Mädchenporträt von Beryl Underwood (*oben*) getaucht. Während die beleuchteten Stellen der aus Kreuzschraffuren aufgebauten Haut in hellem Gelb erstrahlen, markiert ein variierender Blauton die Schattenpartien. Wir verwenden ähnliche Techniken, um eine Ballerina i

Auf dieser Seite lernen Sie, mit verschiedenen Farben Licht zu erfassen und dabei die Form und die Materialbeschaffenheit des Gegenstandes herauszuarbeiten. Wir geben Ihnen Tips, wie Sie z.B. das Leuchten der vom Scheinwerferlicht angestrahlten Ballerina in unserem Projekt erzeugen können. Verwenden Sie gute Farbstifte mit satten Farbtönen und hochwertiges Zeichen- oder Aquarellpapier. Letzteres steigert die Transparenz der Farben und ist vor allem bei Aquarellstiften angebracht.

1 Zeichnen Sie ein braunes Ei, indem Sie ein dichtes Netz aus farbigen Schraffuren schaffen. Wenn Sie für einen starken Kontrast zwischen Licht und Schatten sorgen, beginnt das Ei zu leuchten. Das Glühen der Farben steigert sich, wenn Sie komplementäre Farben einander gegenüberstellen. Die wichtigsten Komplementärfarben sind Blau und Orange, Rot und Grün, Gelb und Violett.

1

2

2 Wird ein Zylinder von einer Seite stark beleuchtet, entsteht ein Verlauf von hellen Farben (wie Gelb) zu dunklen (wie Indigo, Blau oder Violett).

1

2

3

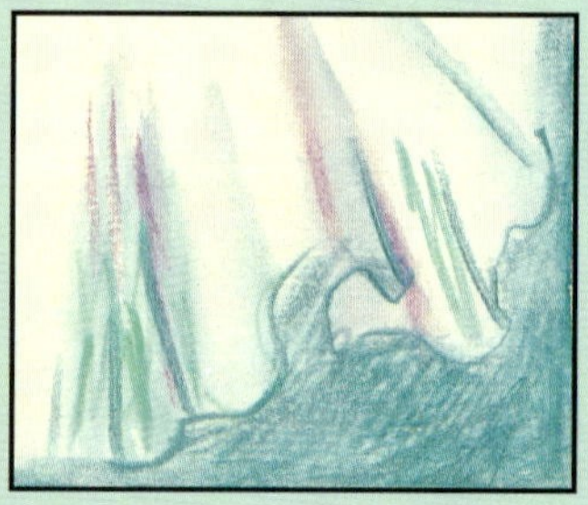

4

5

FARBEFFEKTE

1 Schatten lassen sich hervorragend durch mehrere Schichten farbiger Kreuzschraffuren darstellen. Hier wurde in drei Farben schraffiert: Über enge Striche in Magenta wurde eine türkisfarbene Schraffurschicht gelegt, gefolgt von einer Schraffur in Orange.

2 Wellenlinien erzeugen ein bewegtes Muster. Licht entsteht an den Stellen, an denen die Striche weiter auseinander liegen. Wasser, aber auch das Fließen eines Gewandes läßt sich so überzeugend wiedergeben. Wechselt man die Farbe der Wellenlinien, entsteht der Eindruck von im Licht changierenden Stoff.

3 Haut kann in Schattenbereichen je nach Art der Lichtquelle verschiedene Farbnuancen annehmen. Bei künstlichem Licht erscheinen im Schatten Grün-, Blau- und Purpurtöne, während natürliches Licht warme Farbnuancen erzeugt. Schraffieren Sie eine Fläche mit dichten, kurzen Strichen in Siena natur. Legen Sie in verschiedenen Richtungen Elfenbein und Türkis darüber. Verändern sie den Hautton stellenweise mit Magenta und Hellblau.

4 Hier sehen Sie ein Detail aus dem Ballettröckchen der Ballerina unseres Projekts. Der geschwungene Saum des Rockes wird mit Kobaltblau gezeichnet. Mit Violett und Türkis deutet man die Falten an. Den Hintergrund dunkeln Sie mit Kreuzschraffuren aus Ultramarin ab. Wenn Sie mit den wasserlöslichen Aquarellstiften arbeiten, können Sie zuletzt die violetten und türkisfarbenen Striche mit Pinsel und Wasser anlösen.

5 Einen dunklen, aber doch aufgelockerten Hintergrund erreicht man durch Kreuzschraffuren in Türkis und Kobaltblau, die in unterschiedlichen Druckstärken kreuzweise übereinandergelegt werden. Hier wurde in der Mitte der Fläche dichter gearbeitet als am Rand. Dadurch entstehen zum Rand hin Glanzlichter. Verstärkt werden kann dieser Effekt, wenn Sie mit Aquarellstiften arbeiten und den dichten Teil zum Abschluß mit dem Pinsel anlösen.

IM RAMPENLICHT

Im Strahl der Bühnenscheinwerfer tritt die Ballerina, wie in Licht gehüllt, vor das Publikum. Wir modellieren die stimmungsvolle Szene mit Kreuzschraffuren. Das Licht wird durch das Weiß des Papiers, aber auch durch Farben eingefangen. Sie können für dieses Projekt sowohl Aquarellstifte als auch normale Farbstifte verwenden.

MATERIAL

cremefarbenes Aquarellpapier
Aquarellstifte oder Farbstifte: Magenta, Hellblau, Kobaltblau, Umbra gebrannt, Ultramarin, Fleischfarbe, Violett, Moosgrün, Türkis, Siena natur, Goldocker, Maigrün, Elfenbein
Pinsel Nr. 4
Wasserglas

1

2

3

1 Der Körper der Ballerina wird mit Siena natur (oder einem ähnlichen Braunton) skizziert. Zeichnen Sie die Haare mit Umbra natur, und umreißen Sie die Ballettschuhe mit Magenta. Das Ballettröckchen wird leicht mit Kobaltblau angedeutet.

2 Studieren Sie aufmerksam, wohin das Licht fällt, und beginnen Sie, den Körper mit seinen Muskeln, den Einbuchtungen und Erhebungen zu modellieren: Mit Kreuzschraffuren aus Siena natur und Elfenbein werden Arme und Nacken gestaltet. Die Strichrichtung paßt sich dabei dem Körper an. Formen Sie auf diese Weise den ganzen Körper in den Farbtönen Elfenbein, Siena natur, Kobaltblau und Türkis. Verstärken Sie die Haarsträhnen, und schattieren Sie die Schuhe mit Fleischfarbe.

3 Das Licht fällt von rechts oben auf die Figur und erzeugt im Gesicht, am Hals, auf den Armen, dem Rücken und den Beinen weiche Schatten. Diese Dunkelheiten werden mit dem türkisfarbenen Stift schraffiert. Die Striche werden dabei in Richtung des Lichts geführt. Nun modellieren Sie mit weichen Kreuzschraffuren Brüste, Brustkorb und Taille: Als Farben verwenden Sie Violett, Ultramarin und Kobaltblau. Radieren Sie den grob skizzierten Saum des Röckchens aus, und zeichnen Sie ihn nun als krausen Rand in Hellblau und Türkis.

4

5

4 Das linke Bein ist auf der Rückseite des Oberschenkels am dunkelsten – vertiefen Sie diesen Bereich mit Violett. Im Hintergrund werden Ultramarin, Kobaltblau und Türkis miteinander gemischt: Arbeiten Sie mit lockeren Kreuzschraffuren, die sich an der Rückseite des Rockes stark verdichten und die Bühne seitlich begrenzen. Falls Sie Aquarellstifte verwenden, können Sie die blauen Striche zum Teil mit dem Pinsel etwas anlösen, so daß der Hintergrund leicht verschwimmt. Goldocker und Maigrün an der Innenseite des linken Armes suggerieren reflektiertes Licht.

5 Das durchsichtige Ballettröckchen wird von Licht durchflutet. Man deutet dies durch breite, maigrüne Striche an, die dem Fluß des Stoffes folgen. Beachten Sie, wie wenige Striche ausreichen, um diesen weißen Rock darzustellen. Vertiefen Sie die Falten mit Violett, und überarbeiten Sie mit Türkis den Saum. Das Haar wird mit Umbra gebrannt verstärkt. Schließlich kann man das Gesicht einzeichnen. Eine stärkere Ausarbeitung würde das Gleichgewicht der Komposition stören. Verfeinern Sie die Schatten an den Armen, am Nacken und an den Schuhen. Die Fleischtöne werden vertieft (vgl. die Farbmischung auf Seite 234, 3). Verstärken Sie auch die wichtigen Schatten an den Füßen. Diese Schatten fördern entscheidend den Eindruck, daß das starke Licht über die Bühne wandert.

Wenn Sie dieses Projekt vollendet haben, werden Sie vor lichtdurchfluteten Motiven nicht mehr zurückschrekken. Licht zu zeichnen ist einfacher, als man denkt, wenn man in der Kunst des Weglassens geübt ist.

MIT FEDER ZEICHNEN

Wir haben Ihnen bereits gezeigt, wie man mit dem Bleistift umgeht, und Sie verfügen nun über einige Fertigkeiten im Zeichnen. In dieser Lektion lernen Sie die Technik des Federzeichnens kennen, mit deren Hilfe sich gekonnt wirkende Resultate erzielen lassen.

Viele Jahrhunderte lang benutzten die Künstler zum Zeichnen Rohrfedern aus Schilf, Zuckerrohr oder Bambus oder auch Kielfedern, die aus den Flugfedern von Gänsen oder Schwänen geschnitten wurden. Selbstverständlich können diese Federn auch heute noch eingesetzt werden, jedoch bieten die flexiblen Metallfedern, die es seit dem frühen 19. Jahrhundert gibt, besonders vielseitige künstlerische Möglichkeiten. Heute stehen noch viele andere Geräte zur Verfügung – der Füllfederhalter, der Filzstift, der Marker oder auch der Kugelschreiber –, die alle den Vorteil der problemlosen Tintenzufuhr haben und mit unterschiedlichem Erfolg gebraucht werden können. Es kommen ständig neue Produkte auf den Markt, und man sollte sich regelmäßig in einem Fachgeschäft beraten lassen. Versuchen Sie ruhig auch einmal, mit einem Zweig oder einem Streichholz zu zeichnen.

Die Wirkung der Feder hängt stark ab von der Wahl der Tusche und des Papiers. Um ein leichtes Fließen der Tusche zu erreichen, ist in jedem Falle ein Papier mit einer ziemlich glatten Oberfläche zu empfehlen, gutes Zeichenpapier oder ungepreßtes Aquarellpapier eignet sich für die meisten Federn. Eine Feder zum technischen Zeichnen erfordert glattes Papier, während eine Rohrfeder am besten auf rauhem Papier zur Geltung kommt.

Die richtige Tusche

Tusche eignet sich besonders für flexible Federn; breite Schönschreib-Federn (mit einem aufsteckbaren Reservoir für eine größere Menge Tusche) benötigen wasserlösliche Tusche, um einen leichten Fluß zu [illegible]

würde sie verstopfen. Farbige Tuschen sind nicht lichtecht und verblassen bei direkter Sonneneinstrahlung. Sie können sich Ihre Tusche auch von einem chinesischen Tuschestein selbst reiben und mit etwas Wasser anmischen.

Rhythmische Linien

Stellen Sie sich auf Ihre Feder ein und versuchen Sie, rhythmische Linien zu erzeugen. Behalten Sie dabei immer das Blatt als Ganzes im Auge, und achten Sie auf die Verteilung von Hell und Dunkel. Eine einzige gefühlvoll und gekonnt gezogene auf- und abschwellende Linie vermag einem Körper ebenso viel Volumen zu geben, wie ein sorgfältiger Aufbau aus verschiedenen Tonwerten.

Das wichtigste Merkmal und ein besonderer Vorzug der Federzeichnung ist ihr äußerst wandlungsfähiger Strich. Rembrandt (1606–69) machte sich diesen Vorzug in seiner in brauner Tusche ausgeführten Rohrfederzeichnung einer baumbestandenen Straße zunutze und stellt dem Betrachter eine friedvolle Szenerie vor Augen (*oben*). Ganz anders wirken oft Zeichnungen Vincent van Goghs (1853–90), der auch mit der Rohrfeder arbeitete, jedoch um aufgewühlte Strukturen aus abgerissenen Linien, Schraffuren und Klecksen zu erzeugen. Henri Gaudier-Brzeska (1891–1915) bediente sich einer flexiblen Stahlfeder, um mit sparsamer Linie das Wesentliche der Gegenstände zu erfassen (siehe S. 241). Heute benutzen Ingenieure bei Entwurfszeichnungen den technisch exakten, gut kontrollierbaren Rapidographen. In unserem Projekt (*links*) zeigen wir Ihnen, wie man mit einer flexiblen Stahlfeder und Tusche die Zeichnung einer normannischen Kirche anfertigt.

LINIEN-VARIANTEN

1 2 3 4 5 6

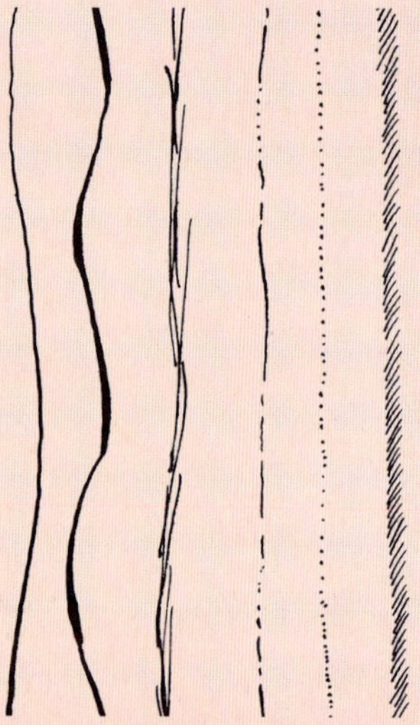

Zeichenfedern ermöglichen viele verschiedene Linienvarianten (*rechts*). Eine fließende Linie wird durch Verstärkung des Drucks allmählich kräftiger (**1**). Man kann auch Richtung und Druck variieren (**2**) oder eine Linie aus kurzen Strichen aufbauen (**3**). Linien lassen sich aber auch aus Tupfern und kurzen Strichen zusammensetzen (**4**) oder aus einzelnen Punkten (**5**). Auch eine schmale Schraffur erzeugt eine Linie (**6**).

Verschiedene Zeichengeräte

1

2

3

4

5

6

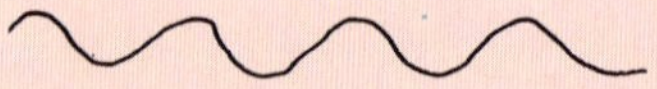

7

8

Die diversen Zeichengeräte *rechts* erzeugen die *oben* abgebildeten Linien.
Manche Federn werden in einen Federhalter gesteckt und dann in die Tusche getaucht. Dazu zählen die schmalen Zeichenfedern aus Stahl (**1**) für feine Linien (sie sind klein und benötigen spezielle Halter), die in vielen Varianten erhältlichen mittleren Stahlfedern (**2**), die auf unterschiedlichen Druck gut reagieren, und schließlich die Kalligraphie-Federn (**3**) mit gekappter Spitze, die einen Kontrast von breiten und feinen Linien ermöglichen. Rohrfedern, aus Bambus geschnitten (**4**), erzeugen eine weichere Linie als Stahlfedern.
Zeichengeräte mit Tintentank sind der Füllfederhalter (**5**), der zwar gut in der Hand liegt, aber kaum unterschiedliche Strichstärken erlaubt, Tuschestifte in verschiedensten Varianten (**6**) mit wasserfester und -löslicher Tinte und Rapidographen (**7**), die völlig gleichmäßige Linien erzeugen und – um gleichmäßigen Tintenfluß zu gewährleisten – nahezu senkrecht gehalten werden. Kugelschreiber (**8**) ermöglichen manchmal erstaunlich gefühlvolle Linien.

STRUKTUREN & TONWERTE

1

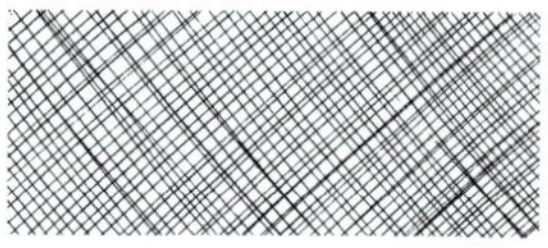

2

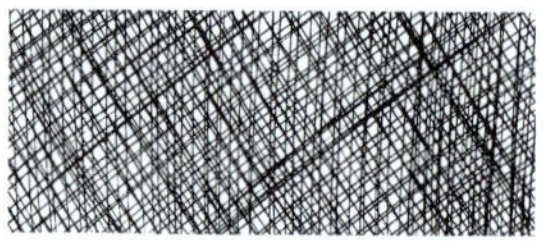

3

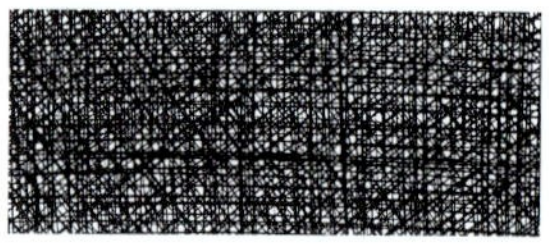

4

5

6

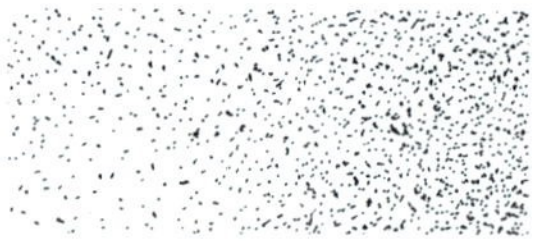

7

8

Mit den Zeichenfedern kann man ganz unterschiedliche Strukturen und Tonwerte erzeugen (*oben*). Mit allmählich verdichteten Schraffuren werden feine Helligkeitsabstufungen möglich (**1–4**). Rechtshänder schraffieren gewöhnlich von rechts oben nach links unten (ein Linkshänder dagegen von links oben nach rechts unten). Oberflächenstrukturen können durch komplexeren Linienaufbau aus kurzen geraden (**5**) oder gewellten Linien (**6**) angedeutet werden. Mit der Punktiermanier lassen sich Zonen mit unterschiedlichen Tonwerten und Hell-Dunkel-Schattierungen erreichen (**7**). Rasch hingetupfte Kleckse (**8**) ergeben eine lebhafte, kraftvolle Struktur.

EINE NORMANNISCHE KIRCHE

Diese Zeichnung einer normannischen Kirche mit Friedhof wurde mit Stahlfeder und Tusche angefertigt. Der Reiz der Technik liegt in der Sparsamkeit der Mittel. Trotz knapper Linienführung und Verzicht aufs Detail entsteht ein lebendiger Gesamteindruck.

1

1 Skizzieren Sie die wichtigsten Kompositionslinien mit Bleistift, und korrigieren Sie, falls notwendig, mit dem Radiergummi. Lassen Sie sich für diese Arbeit genügend Zeit, denn sobald Sie mit Feder und Tusche zeichnen, sind Korrekturen kaum mehr möglich.

MATERIAL

Glattes, nichtsaugendes Zeichenpapier
Stahlfeder und Halter
Zeichentusche
Bleistift 2B und Radiergummi
Papiertücher

2

2 Beginnen Sie, die Zeichnung in Tusche auszuziehen. Sie werden bemerken, wie schwierig es ist, mit ruhiger Hand eine gerade Linie zu ziehen. Üben Sie dies zunächst auf einem gesonderten Blatt so lange, bis Sie sich sicher fühlen.

3

3 Wenn die Tusche völlig trocken ist, kann die Bleistiftskizze ausradiert werden. Ergänzen Sie Details wie den Zaun, die Fensterrahmen, die Strebepfeiler und die Grabsteine.

4 Es folgen weitere Einzelheiten, das Buschwerk und die rohen Ziegel. Deuten Sie auch die Dachschindeln an, hüten Sie sich aber wie immer vor übertriebener Ausarbeitung der Details!

5 Zum Schluß geben Sie noch einige wenige Strukturen an, wie die Maserung der Schindeln und die Mauerrisse als Hinweis auf das Alter des Gebäudes.

Es kommt beim Federzeichnen auf das richtige Maß an. Details werden nur im Vordergrund ausgearbeitet, die Bäume im Hintergrund nur angedeutet. So erreichen Sie, daß die Aufmerksamkeit nicht vom eigentlichen Motiv abgelenkt wird.

KOMPOSITION

Die Wahl des richtigen Motivs, seine Anordnung und der geeignete Blickwinkel tragen wesentlich zum Gelingen einer Zeichnung bei. Wir zeigen Ihnen, wie man eine Komposition arrangiert, und machen Sie mit einigen klassischen Regeln vertraut.

Was immer Sie auch in Ihrer Zeichnung darstellen wollen – eine Landschaft, ein Zimmer, ein Stilleben, eine menschliche Figur oder ein Porträt – zuallererst sollten Sie über die Komposition, über den Aufbau der Darstellung, nachdenken.

Warum ist das so wichtig? Wenn Sie einfach nur abzeichnen, was sie zufällig sehen, kann Ihre Zeichnung leicht banal, unausgewogen und langweilig wirken. Eine Zeichnung ist nur dann gelungen, wenn sie dem Betrachter Aufschluß darüber gibt, warum der Künstler speziell diesen Gegenstand in genau dieser Weise darstellen wollte. Nur eine sorgfältig aufgebaute Komposition kann davon einen Eindruck vermitteln.

Die erste Entscheidung, über die der Künstler Klarheit gewinnen muß, betrifft das Format. Das Format allein beeinflußt schon die „Stimmung" der Zeichnung. Ein Breitformat, etwa für Darstellungen des Meeres oder der Landschaft, wirkt ruhig und heiter. Hochformate erscheinen dagegen gedrängter und dynamischer.

Eine Bildordnung schaffen

Die Komposition setzt die Gegenstände des Bildes in Beziehung zueinander und formt dabei ein harmonisches Bildganzes. Es ist Ihre Aufgabe, Ordnung und Zusammenhang in Ihr Bild zu bringen. Wenn Sie ein Stilleben oder eine menschliche Figur wählen, können Sie alles nach Ihren Vorstellungen arrangieren. Wenn Sie ein Motiv in der freien Natur suchen, müssen Sie einen geeigneten Blickwinkel finden.

Zunächst sollten Sie festlegen, welches die entscheidenden Elemente in Ihrer Komposition sein sollen, die in Beziehung zu bringen sind. Sodann müssen Hell und Dunkel, Stellen, die eine detaillierte Ausarbeitung erfordern, und solche, die nur aus Andeutungen bestehen, in ein harmo-

Das Titelblatt zu dem Roman „An evil motherhood" (*oben*) zeigt Aubrey Beardsleys ganze Meisterschaft in der Kunst der Umrißzeichnung mit Feder und Tusche. Die Komposition konzentriert sich ausnahmslos auf den im Sessel sitzenden Jüngling. Auch die überzeugende Wirkung der einfachen Linienzeichnung zweier Löwinnen (*links*) von Henri Gaudier-

DIE WAHL DES BLICKWINKELS

Der Anfänger begeht häufig den Fehler, die erstbeste Ansicht eines Motivs zu wählen. Statt dessen sollten Sie ein Motiv zunächst aus den verschiedensten Blickwinkeln und aus verschiedenen Entfernungen betrachten. Erst dann können Sie entscheiden, welcher Aspekt des Motivs Sie am stärksten beeindruckt hat. Soll die Umgebung einbezogen werden, oder reizt Sie die Nahsicht mehr?

Unten sehen Sie ein einfaches Hilfsmittel, gewissermaßen einen „Sucher". Hilfreich sind auch grobe Faustskizzen, die von verschiedenen Standorten aus aufgenommen werden.

Ein Landschaftsmotiv mit Kirche aus größerer Entfernung.

Die gleiche Szene aus einem anderen Blickwinkel, der die Aufmerksamkeit mehr auf das Bauwerk lenkt.

Der Blick aus kurzer Distanz und aus der Vogelperspektive erhöht die Aufmerksamkeit für Details des Bauwerks, aber auch für die Bergrücken des Hintergrundes.

Aus nächster Nähe betrachtet, zeigen sich die feinen natürlichen Strukturen der Gegenstände:

Rotkohl

Schneckenhaus

Baumrinde

VERWENDEN SIE EINEN „SUCHER"

Ein „Sucher" dient dazu – wie in der Fotografie –, Blickwinkel und Ausschnitt eines Bildes zu bestimmen. Ein Karton mit einem rechteckigen Ausschnitt (**1**) oder zwei L-förmige Kartons, die sich überschneiden (**2**), reichen aus.

Mit dem „Sucher" können Sie verschiedene Ausschnitte wählen (**3**). Halten Sie ihn hoch, und skizzieren Sie zugleich die Hauptlinien der Komposition. Wiederholen Sie dies aus verschiedenen Entfernungen und Blickwinkeln, und wählen Sie den besten Ausschnitt aus. Sie werden erstaunt sein, wie stark sich das Ergebnis von Ihrem ersten Kompositionsgedanken unterscheidet. Studieren Sie Ihr Motiv gründlich, bevor Sie mit dem Zeichnen beginnen.

1

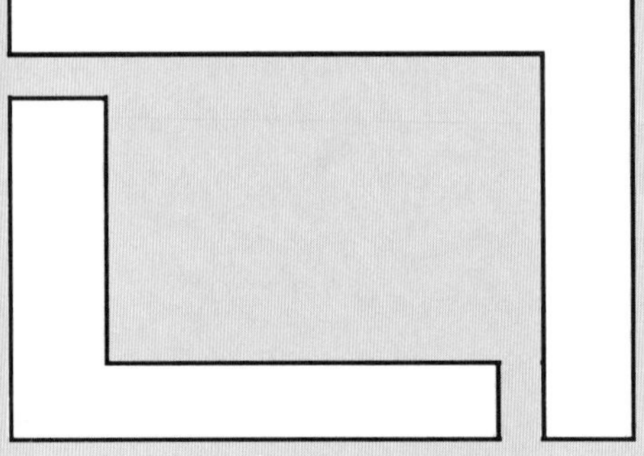

2

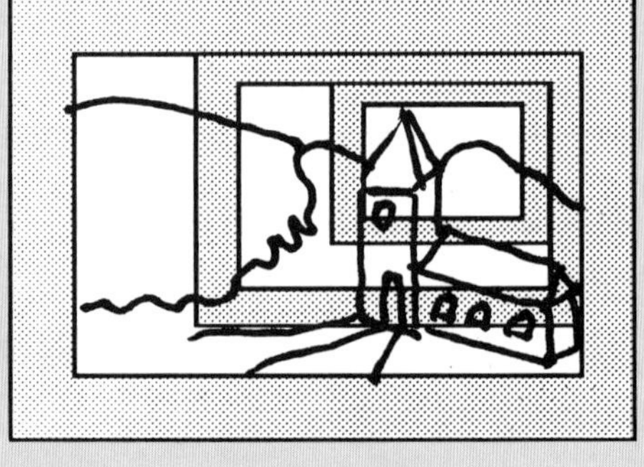

3

KLASSISCHE KOMPOSITIONSSCHEMATA

Die Künstler der Renaissance komponierten ihre Bilder zumeist nach strengen geometrischen Regeln. Unten sehen Sie einige der häufig verwendeten Kompositionsschemata.

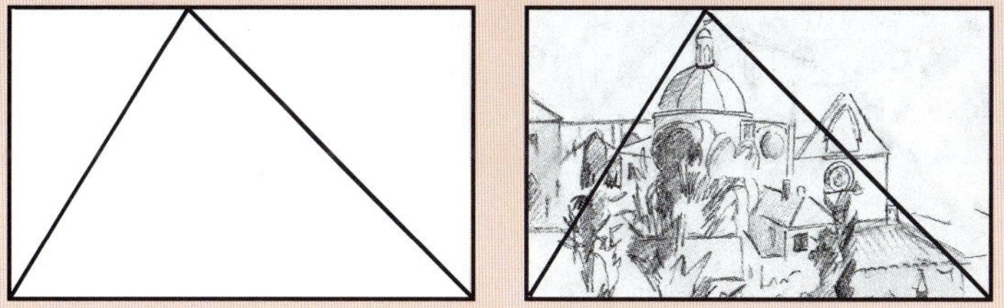

Ein in ein Rechteck einbeschriebenes Dreieck wurde in der Renaissance häufig verwendet – die Spitze des Dreiecks ist zugleich der Fluchtpunkt.

Eine Diagonale, die das Bild in zwei gleiche Hälften teilt, sorgt für einen dynamischen Bildaufbau, wie man ihn beispielsweise oft bei Rembrandt findet.

Ein Schema, bei dem ein Rechteck in zwei ungleiche Teile geteilt wird, läßt an den Goldenen Schnitt denken (siehe *unten*).

In diesem Schema schneidet ein Bogen in die Rechteckfläche ein.

DER GOLDENE SCHNITT

Der Goldene Schnitt ist ein mathematisches Kompositionsprinzip, das bereits in der Antike bekannt war und in schriftlichen Quellen, etwa bei dem römischen Architekten Vitruv, überliefert ist. Seine Anwendung stellt sicher, daß einerseits das Hauptmotiv eines Bildes hervortritt und daß andererseits das Bild harmonisch und spannungsvoll zugleich gestaltet werden kann.

Die einfachste, aber auch spannungsloseste Methode, das Hauptmotiv hervorzuheben, besteht darin, es in die Bildmitte zu setzen (**1**). Will man das Motiv aus dem Zentrum herausrücken, um die einfache Symmetrie aufzubrechen, stellt sich sogleich das Problem, wie weit man dabei gehen kann, ohne die Ausgewogenheit der Komposition zu zerstören (**2**).

Nach dem Goldenen Schnitt teilt man eine Horizontale so auf, daß der kürzere Abschnitt zum längeren im gleichen Verhältnis steht, wie der längere Abschnitt zur gesamten Linie. Mathematisch exakt ist dies schwer zu berechnen. Als Faustregel kann aber das Verhältnis von 8:13 gelten. Noch einfacher ist die Aufteilung zweier vertikaler und horizontaler Kompositionslinien in Drittel (**4**).

Es ergeben sich dabei vier harmonische Schnittpunkte, die jeweils am besten zur Plazierung des Hauptmotivs geeignet sind. Matisse benutzte diese Methode der Drittelung in vielen seiner Stilleben.

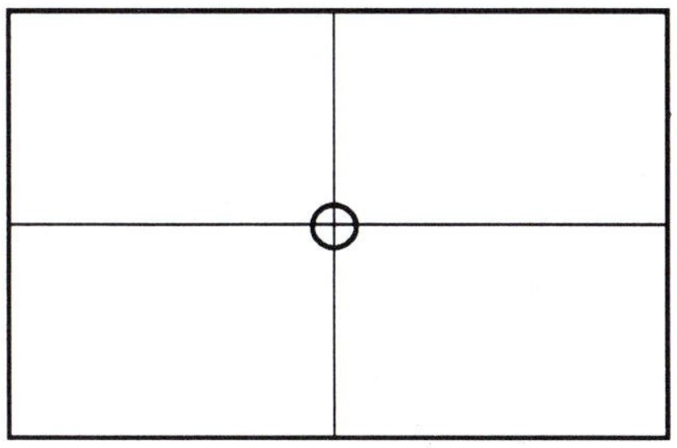

1

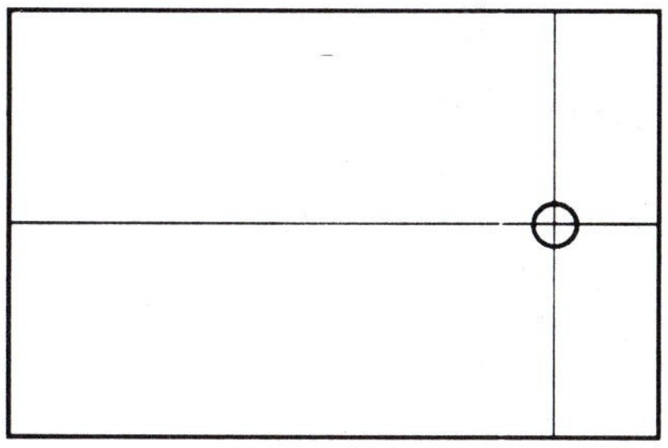

2

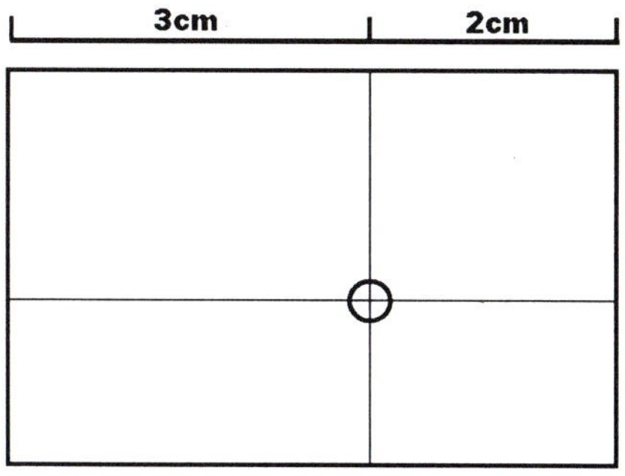

3

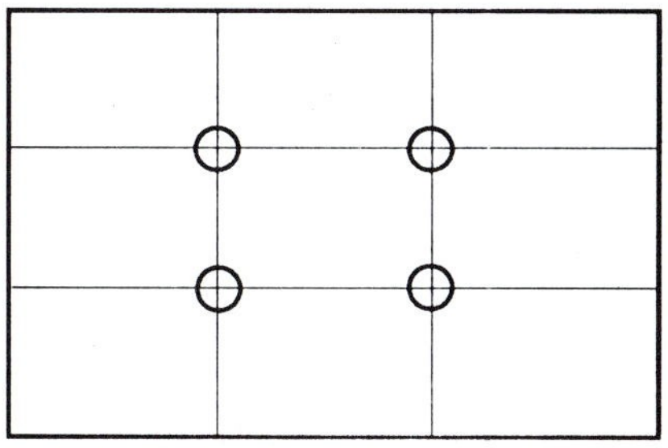

4

BLICK INS WOHNZIMMER

Material

Faserstift schwarz (Edding 1800), Stärke 0,5
gutes Zeichenpapier, glatt, nichtsaugend
Bleistift HB und Radiergummi

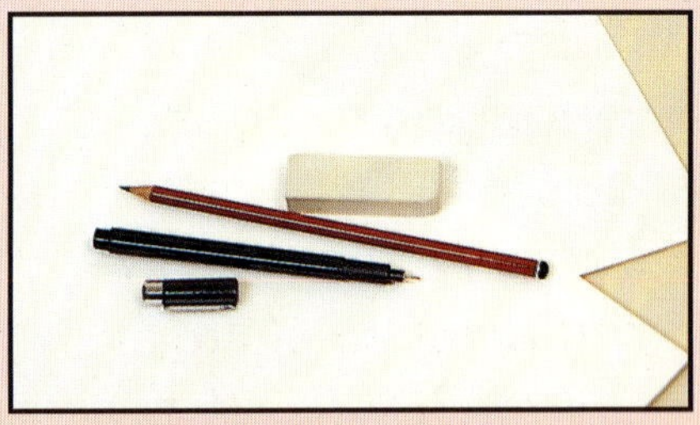

Für unser zweites Projekt haben wir die Ecke eines Wohnzimmers gewählt, die mit einem Faserstift als Umrißzeichnung ausgeführt werden soll. Ob Sie sich an unserer Abbildung orientieren oder eine Ecke in Ihrer Wohnung wählen und eine ähnliche Komposition arrangieren – im Ergebnis sollte eine betont einfache Zeichnung mit klarem Aufbau herauskommen.

1 Arrangieren Sie einige Möbel und Gegenstände, und skizzieren Sie mit Bleistift die Hauptlinien der Komposition.

2 Wenn Sie mit Ihrer Skizze zufrieden sind, ziehen Sie die Linien locker aber sorgfältig mit dem Faserstift aus.

3 Danach lassen Sie die Tinte vollständig trocknen, bevor Sie die Bleistiftskizze ausradieren.

1

2

3

Bei dieser Art der Zeichnung kommt es darauf an, sich auf das Wesentliche zu konzentrieren, auf feine Details muß bewußt verzichtet werden.

SCHRAFFUREN UND KREUZSCHRAFFUREN

In den vorangegangenen Lektionen haben wir Ihnen gezeigt, wie man mit knappen Umrißlinien und wenigen Details Tuschezeichnungen ausführen kann. In dieser Lektion machen wir Sie mit feineren und raffinierteren Schraffur- und Kreuzschraffurtechniken bekannt.

Mit der Feder kann man durch variantenreiche Schraffuren einen großen Reichtum feiner Tonwerte hervorzaubern. Dies erscheint auf den ersten Blick recht kompliziert, doch kann diese Technik in einzelne, leicht nachvollziehbare Arbeitsschritte zerlegt werden.

Für unser Projekt haben wir ein altes Fachwerkhaus gewählt, das eine Fülle feiner Strukturen bietet, die sich für die Schraffurtechniken besonders eignen. Falls Sie sich ein eigenes Motiv aussuchen wollen, wählen Sie eine Frontalansicht, die keine zu komplizierte Perspektive und für den Anfang noch wenige Tonwertabstufungen fordert.

Jedes Qualitätspapier mit einer glatten Oberfläche ist als Bildträger geeignet. Wenn Sie Aquarellpapier verwenden, wird die Zeichnung weicher wirken, weil die Linien durch die unregelmäßige Oberfläche leicht gebrochen werden.

Für Kreuzschraffuren benötigen Sie eine Feder, die leicht in jede Richtung gezogen werden kann. Wir haben eine Rotring Künstlerfeder mit feiner Spitze verwendet. Sie können Standardpatronen verwenden mit schwarzer, wasserlöslicher Tinte, oder Sie kaufen leere Patronen und füllen sie mit Zeichentusche, die nach dem Trocknen nicht mehr wasserlöslich ist. Füllfederhalter haben den Nachteil, daß sie meist nur rückwärts und seitlich gezogen werden können. Für Kreuzschraffuren benötigen Sie eine Feder, die auch vorwärts geschoben werden kann. Filz- und Faserstifte kämen somit auch in Frage, sie erzeugen aber mechanisch-gleichmäßige Linien, die unbeholfen und langweilig wirken.

Wir werden Ihnen einige Übungen zeigen, die Ihnen helfen, die richtige Federführung zu erlernen, die für gleichmäßi-

Henry Rushburys (1889–1968) Tuschezeichnung eines Pferde-Mietstalles aus dem Jahr 1920 (*oben*) zeigt verschiedene Schraffurtechniken und dazu Lavierungen, die eine Fülle verschiedener Tonwerte und Strukturen erzeugen. In unserem Projekt (*links*) setzen wir sogar noch weitere Schraffurtechniken ein, um die Strukturen und unterschiedlichen Materialien des alten Fachwerk-

SCHRAFFUR- UND KREUZSCHRAFFURTECHNIKEN

Die hier gezeigten Beispiele von Schraffurtechniken sind als Training von Hand und Augenmaß gedacht. Bevor Sie mit unserem Projekt beginnen, sollten Sie diese Übungen ausführen, um Sicherheit in der Linienführung zu erlangen. Zugleich können Sie feststellen, ob Papier und Zeichengerät Ihren Ansprüchen genügen.

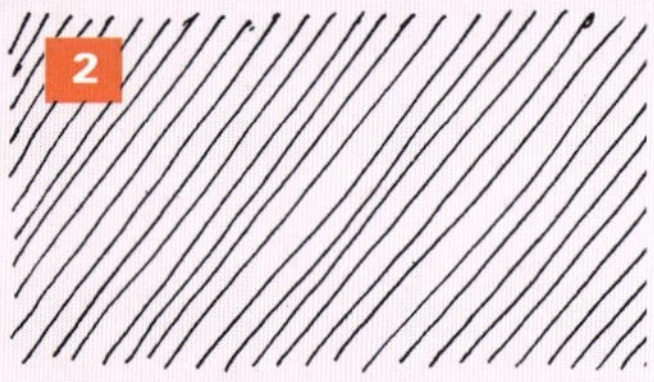

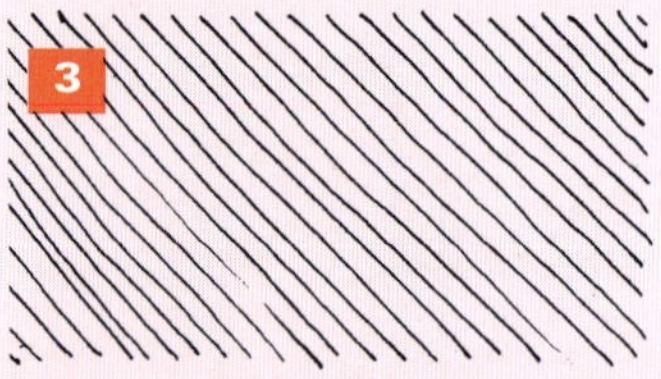

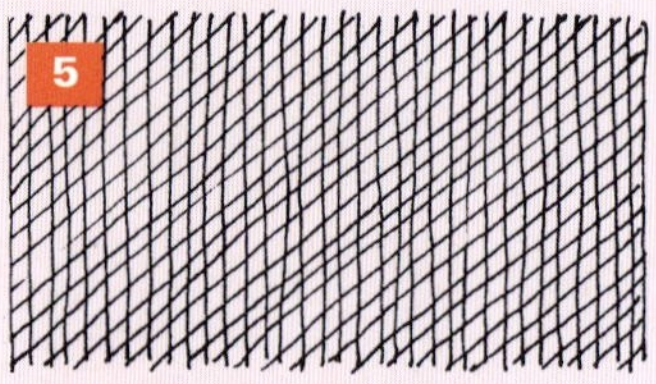

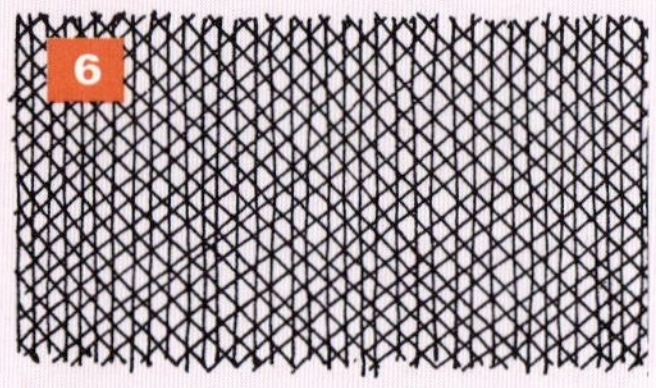

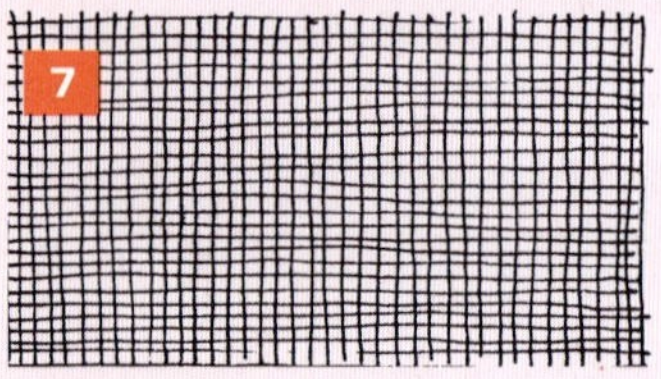

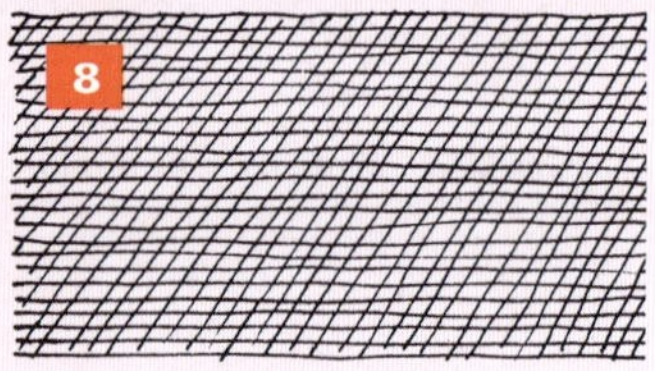

1 Halten Sie die Feder fast senkrecht, und zeichnen Sie von oben nach unten eine Reihe paralleler Linien mit möglichst gleichem Abstand.

2 Auch hier sind die Linien parallel, aber im 45-Grad Winkel zur Senkrechten. Beginnen Sie links oben.

3 Spiegelbildlich zu **2**; die Arbeitsweise hängt davon ab, ob der Zeichner Links- oder Rechtshänder ist.

4 Einfache horizontale parallele Linien braucht man v.a. bei Landschafts- und Meeresdarstellungen. Die Feder kann senkrecht oder leicht geneigt (bis 45 Grad) gehalten werden.

5 Die Beispiele **1–4** bilden die Grundlage für die folgenden Kreuzschraffuren. Das Beispiel **5** ergibt sich aus einer Kombination von **1** und **2**. Die Abstände sollten präzise eingehalten werden, aber verzichten Sie auf ein Lineal!

6 Hier sind die Beispiele **1, 2** und **3** miteinander kombiniert. Um die Kreuzungspunkte herum ergeben sich Dunkelzonen, bei größeren Abständen der Linien schimmert das Papier stärker durch.

7 Die Kombination aus **1** und **4** erscheint zunächst naheliegend; tatsächlich ergibt sich aber ein strenger Raster, der eher eine Oberflächenstruktur anzugeben scheint als einen Tonwert. Diagonalschraffuren ergeben grundsätzlich fließende, weichere Tonwerte.

8 Diese Schraffurtechnik ergibt eine weichere Struktur und dennoch einen ähnlichen Tonwert wie das Beispiel **7**.

9 Eine Lage von Vertikalen wird gekreuzt mit Linien, die nur um 10 oder 20 Grad von der Vertikalen abweichen. Dies reduziert den Eindruck einer gegenständlichen Struktur zugunsten reiner Tonigkeit.

10 Basierend auf **9** ergibt eine weitere Schraffur in Gegenrichtung eine Abdunklung und Intensivierung des Tonwertes.

11 Zeichnen Sie noch einmal das Beispiel **10**, und legen Sie eine vierte Schraffur im Winkel von 35 Grad zur Vertikalen an.

12 Hier wurde noch eine fünfte Lage im Winkel von 35 Grad zur Vertikalen gezeichnet, allerdings in Gegenrichtung. Das Muster der weißen Flächen wird mit zunehmender Zahl der Schraffurlagen immer feiner.

13 Bisher wurden die Linien durchgezeichnet, hier werden sie nur gestrichelt. Die diagonalen Linien treffen eher nur zufällig auf die vertikalen. Die weißen Flächen erhalten eine feine Struktur.

14 Kurze, gestrichelte Schraffuren in unterschiedlichen Richtungen, die sich teilweise überschneiden; es entsteht eine tonig abgestufte Riffelung, die das Fischgrätmuster eines Mauerwerks andeuten kann, je nach Zusammenhang aber auch eine Rasenfläche.

15 Eine Abwandlung von **14**, die Strichelungen verlaufen jedoch nur in einer Richtung.

16 In regelmäßigen Abständen wird in acht Schritten jeweils eine Schraffur hinzugefügt, bis acht Schraffur-Richtungen übereinanderliegen. Es ergeben sich feine Tonabstufungen, die sich besonders zum Modellieren von Körpern eignen.

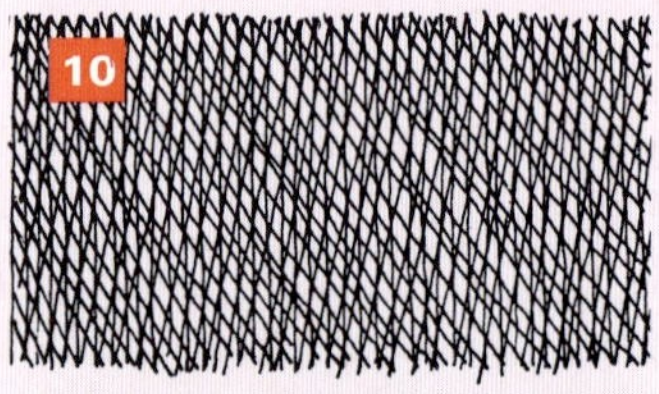

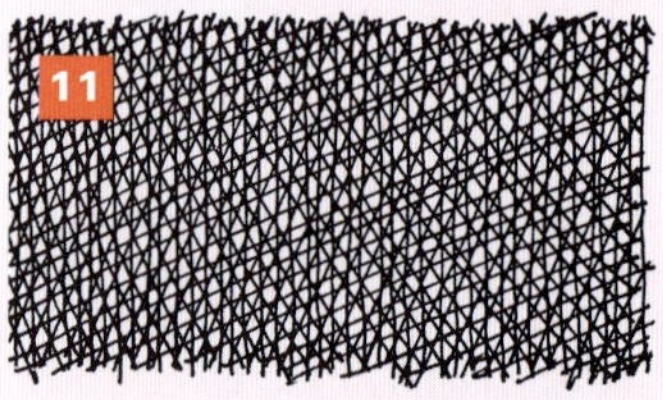

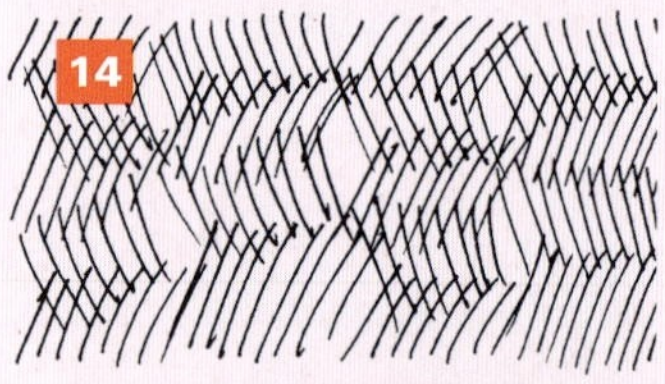

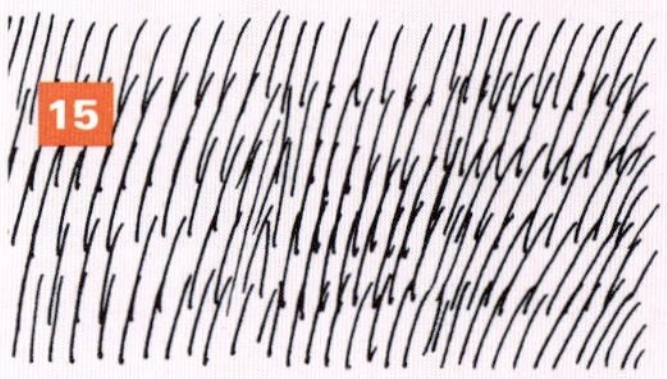

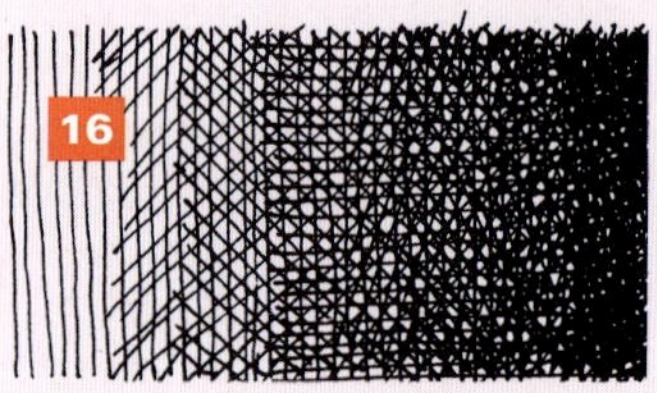

EIN FACHWERKHAUS

Motiv dieser Übung ist ein altes Fachwerkhaus. Die Konstruktion und die verschiedenen Materialien bieten zahlreiche Einsatzmöglichkeiten für unterschiedliche Schraffurtechniken. Mit etwas Geschick können wir ein zeitlos schönes Ergebnis erzielen.

1

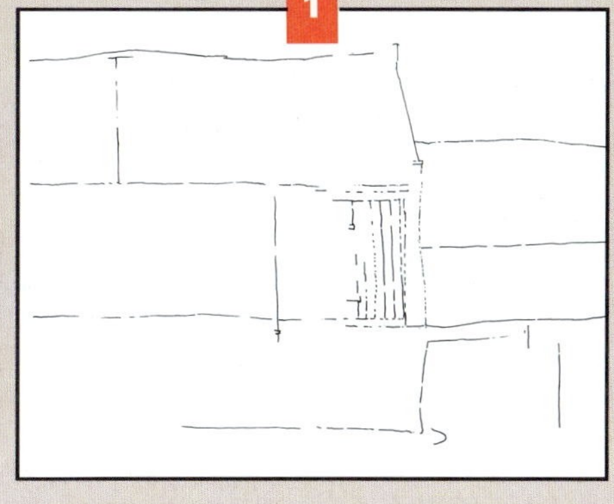

1 Prägen Sie sich die Proportionen des Gebäudes genau ein! Skizzieren Sie dann den Dachfirst und die Trauflinie, den überkragenden Abschluß des Erdgeschosses und die Bodenlinie des Hauses. Tragen Sie die aufgehende Mauer ein, an die der niedrigere Gebäudeteil anschließt. Stören Sie sich nicht daran, wenn Ihre Linien nicht ganz exakt ausfallen – der Reiz eines alten Gebäudes liegt ja gerade darin, daß das Gemäuer meist ein wenig krumm und schief ist und auch die Oberflächen nicht einfach glatt sind. Danach legen Sie die wichtigsten aufgehenden Balken des Fachwerks fest. Beginnen Sie dort, wo die beiden Gebäudeteile aneinanderstoßen. Geben Sie die Vertikalen der Regenrinne und der Dachdeckung an. Hier ist zu beachten, daß die Linien gemäß der Perspektive verzogen werden müssen.

MATERIAL

glattes Zeichenpapier
Rotring Künstlerfeder (F)
Zeichentusche

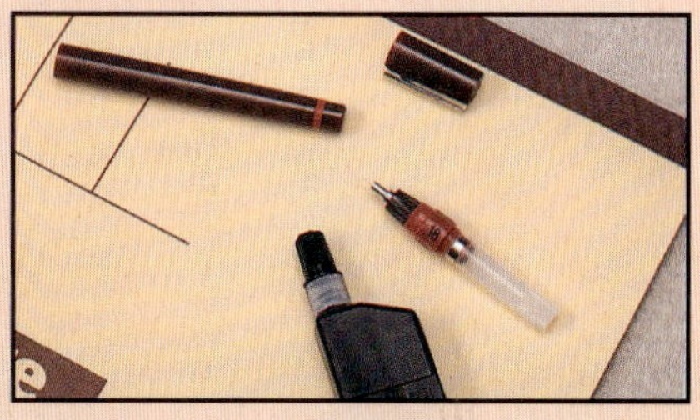

2

2 Ergänzen Sie die verbleibenden Vertikalen der Türen und Fenster, die Fensterteilungen und den Kamin. Beachten sie die perspektivische Verziehung der Dachdeckung, besonders bei dem anschließenden, niedrigeren Gebäude. Ein solches Bauwerk ist zwar streng aus Balkenwerk und Ausfachung aufgebaut, Sie sollten sich jedoch bewußt die Freiheit der Unregelmäßigkeit nehmen, da gerade die unvermeidlichen Abweichungen, etwa der Balkenstärke, dem Charakter eines Gebäudes aus Naturstoffen entsprechen.

3

3 Die dunkelsten Tonwerte erhalten die Fenster. Legen Sie für jede Scheibe feine, vertikale Schraffuren an. Sie werden gleich bemerken, wie dies Ihre Zeichnung lebendiger erscheinen läßt. Füllen Sie die Holzbalken und den geteerten Sockel des Gebäudes mit feinen, vertikalen Parallelschraffuren aus. Schattieren Sie ebenso die Durchfahrt zwischen den Gebäuden. Deuten Sie mit gewellten Linien und kurzen Vertikalschraffuren die einzelnen Dachziegel an. Vermeiden Sie strenge Horizontalen, dies würde bei einem alten Dach unrealistisch wirken.

4 Schraffieren Sie die Fensterscheiben noch dunkler, und legen Sie in einzelnen Bereichen Kreuzschraffuren an. Die Richtungen der Schraffuren können teilweise den natürlichen Strukturen folgen, wie im Falle der Balken, in anderen Fällen geht es nur um Tonwerte und tiefe Verschattungen. Kreuzlagen verstärken die perspektivische Wirkung der Tordurchfahrt. Die wellige Oberfläche des Daches wird durch einige Schraffuren nur angedeutet. Geben Sie das Mauerwerk der Trennmauer an, und schattieren Sie die Ausfachungen.

5 Arbeiten Sie starke Verschattungen, wie an der Rückseite des Kamins, mit weiteren Kreuzlagen aus, ebenso unter der Traufe, unter den Fenstern und unter den vorkragenden Balken. Deuten sie beim kleineren Gebäude helle Vorhänge an, indem Sie die Fenster in der Mitte stärker abdunkeln. Die Ziegelfüllungen zwischen den Balken des niedrigeren Gebäudeteils werden im Fischgrätmuster als Zick-Zack-Schraffur angelegt. Arbeiten Sie das Dach weiter aus!

Nehmen Sie, auch wenn Sie Details ausarbeiten, gelegentlich Abstand von Ihrem Blatt, und kontrollieren Sie die Gesamtwirkung. Die Struktur muß gleichmäßig wirken, und zugleich ist es wichtig, gewisse Partien frei zu lassen, um so stärker wirken die durchgezeichneten Passagen.

KREIDEN

Die Farben der Pastellkreiden reichen von intensiv leuchtenden bis hin zu ganz zarten, transparenten Tönen. Der staubig-körnigen Oberfläche haftet dabei immer etwas Lichterfülltes, Lebendiges und dabei auch Vergängliches an.

Pastellkreiden gibt es in sehr vielen, intensiven Farbtönen und Helligkeiten – je nachdem wie hoch der Weiß- oder Schwarzanteil ist. Man findet rechteckige und runde Kreiden sowie holzgefaßte Pastellstifte.

Die Härte der Pastellkreiden variiert je nach Farbton und je nach Hersteller. Die hellen Kreiden sind gewöhnlich weicher als die dunklen. Die Künstlerkreiden beispielsweise von Lukas, Schmincke oder Rembrandt sind weicher als die sogenannten Carrés von Conté. Die härteren Kreiden oder auch die holzgefaßten Pastellstifte eignen sich gut für Konturen, feinere Details und Strukturen, während die weichen Kreiden sich leicht großflächig verwischen und mischen lassen.

Die Qual der Wahl müssen wir Ihnen überlassen. Beginnen Sie mit einer Marke, und probieren Sie im Laufe der Zeit auch andere aus. Es ist zu großen Teilen eine Frage der eigenen Vorlieben und der individuellen Arbeitsweise.

Pastellkreide wird mit den Techniken aufgetragen, die Sie vom Zeichnen her kennen. Man skizziert Formen durch Linien und gestaltet Flächen durch Schraffuren. Anschließend kann man die Linien mit dem Finger verwischen.

Mit Pastell arbeitet man auf rauhem Papier, das die Farbpartikel annimmt, wie etwa grobkörniges Aquarellpapier oder Ingrespapier.

Da beim Zeichnen mit Pastellkreiden viele lose Farbpartikel entstehen, sollte die Zeichenunterlage immer schräg gehalten werden. So kann der Staub nach unten fallen und verschmutzt nicht das Bild. Beim Arbeiten bleibt die Farbe oft auch an den Fingern haften. Wischen Sie sie immer ab, bevor Sie zu einer neuen Farbe greifen, sonst vermischen sich die Farbpartikel und hinterlassen schmutzige

Helle, klare und zarte Farben sowie unterschiedlichste Strukturen prägen die Pastellzeichnung eines Blumenstücks (*oben*) von Kay Gallwey.
Auch wir beschäftigen uns mit Blumen und erproben die Pastellkreiden in einem Stilleben mit Tulpen (*links*).

Wer gerne frei und schwungvoll zeichnet, wird Pastellkreiden lieben lernen. Man muß großzügig arbeiten und in umfassenden Formen denken, ohne sich allzu akribisch mit Details aufzuhalten. Verwenden Sie möglichst große Papierbögen mit einer rauhen Oberfläche.

1 Wischen

Zeichnen Sie zwei Farbbänder, die sich in der Mitte überlappen. Verwischen Sie mit den Fingerspitzen leicht die Farbpartikel. Variieren Sie den Druck, und beobachten Sie die unterschiedlichen Effekte. Wenn man ganz kontrolliert wischen will, verwendet man einen Estompe.

1

2 Großflächig arbeiten

Will man große Flächen eintönen, legt man die Pastellkreide quer und arbeitet mit der Seite. Auf rauhem Aquarellpapier entstehen dabei interessante, poröse Farbflächen. Man kann auch mehrere Farben übereinanderlegen.

2

3 Verwischen und überarbeiten

Experimentieren Sie mit Kombinationen dieser Techniken: Überarbeiten Sie eine helle, gewischte Farbfläche mit einer dunklen Farbe, wobei Sie die seitliche Kante der Kreide verwenden.

3

MATERIAL

Pastellkreiden
Pastellkreiden gibt es in großer Auswahl. Für den Anfang reichen ein paar Grundfarben. Lassen Sie sich nicht irritieren, wenn in unseren Projekten Farbtöne vorkommen, die Sie nicht besitzen. Weichen Sie einfach auf andere aus!

Papier
Für Pastellbilder brauchen Sie hochwertiges Papier. Die Oberfläche darf nicht zu glatt sein. Man arbeitet gerne auf Ingrespapier, das es in verschiedenen Tönungen gibt. Ideal ist auch grobkörniges Aquarellpapier, leicht getönt oder in Weiß.

Knetgummi
Farbpartikel lassen sich mit dem weichen Knetgummi vorsichtig abheben.

Papiertücher
Dünne Farbschichten können mit Papiertüchern verwischt werden. Gleichzeitig lassen sich so ungewollte Farbschichten entfernen.

Wischer
Ein Wischer sieht aus wie ein Bleistift aus Papier. Man verwendet ihn zum Verwischen von kleinen Partien und einzelnen Linien. Ist er schmutzig, entfernt man einfach eine Lage des aufgerollten Papiers.

Fixativ
Pastellbilder müssen unbedingt fixiert werden, da sie sehr empfindlich sind. Sogar nach dem Fixieren sollte man sie mit Seidenpapier abgedeckt aufbewahren.

4 Pointillismus

Der Pointillismus hat sich aus dem französischen Impressionismus entwickelt. Die Farben werden nicht auf der Palette gemischt, sondern als feine Punkte nebeneinandergesetzt, so daß sich die Farben optisch mischen. Wenn Sie diese Technik ausprobieren wollen, finden Sie im Werk des Malers Georges Seurat viele anregende Beispiele.

4

5 Linien

Sie können mit Pastellkreiden wie beim Zeichnen arbeiten: Strukturierte Flächen erzielen Sie, wenn Sie Schraffuren in verschiedenen Farben übereinanderlegen.

5

TULPENBLÜTEN

Das Arbeiten mit Pastellkreiden erfordert natürliche, fließende Bewegungen. Folgen Sie dem organischen Wachstum der Blüten, vollziehen Sie frei die biegsamen Stengel nach. Wenn Sie ein großformatiges Papier verwenden, ergibt sich der für Pastellbilder charakteristische Schwung fast wie von alleine.

1 Zunächst wird die Komposition mit feinen Bleistiftstrichen frei skizziert.

2 Nun konturiert man die Blüten mit Rot. Wenn Sie eine weiche Kreide verwenden, entsteht eine poröse Umrißlinie. Skizzieren Sie die Stengel und Blätter in Grün und die Staubgefäße mit harter, weißer Kreide.

1

MATERIAL

graugrünes Ingrespapier (60 x 46 cm)
Bleistift und Radiergummi
weiche Pastellkreiden: Weiß, dunkles Rot, dunkles Grün, Türkis, Lichter Ocker, ein helles Gelb
harte Pastellkreide: Weiß, helles Grün
mittelharte Pastellkreide: helles Grün
Fixativ

2

3

3 Modellieren Sie die Blütenblätter mit weichem Weiß und dunklem Rot. Die größeren Flächen lassen sich gut eintönen, wenn Sie ein Stück Kreide abbrechen und die Seitenkante benutzen. Die dunkle Kreide wird mit weniger Druck gehandhabt.

4 Die Blätter und die Unterseiten der Stengel erhalten ein dunkles Grün. Das etwas versteckte Blatt ganz rechts wird in Lichtem Ocker, das große Blatt davor in Türkis modelliert. Wenn Sie wollen, können Sie auch die anderen Blattinnenflächen mit Türkis vertiefen.

5 Nun beginnt man, mit dem Finger die Farben zu verwischen. Passen Sie die Richtung dabei den Formen an. So wischt man etwa bei den Blütenblättern zum Zentrum hin. Verwischen Sie die Farbe nicht überall, damit der lebendige, skizzenhafte Eindruck erhalten bleibt. Überlegen Sie, an welchen Stellen Farbe fehlt oder zu stark aufgetragen wurde. Ergänzen Sie das Bild oder entfernen Sie Partien mit dem Papiertuch, und beginnen Sie von neuem.

6 Sie werden einige Konturen verwischt haben, die Sie nun neu ziehen müssen. An vereinzelten Stellen können Sie die Oberflächenstrukturen mit einem flachgelegten, dunklen Kreidestück vertiefen (wie etwa hier an der Blüte links). Zuletzt werden mit einer weißen oder hellgelben Pastellkreide Glanzlichter an Blüten und Blättern eingezeichnet, die nicht verwischt werden. Die Staubblätter tönen Sie mit Lichtem Ocker und betonen sie mit etwas Weiß. Wenn Sie zufrieden sind mit Ihrem Werk, fixieren Sie es!

Große Formate sind nützlich, wenn man Farben verwischen will. Skizzieren Sie die Tulpen großzügig und frei – so wird das fertige Bild durch seinen Schwung überzeugen.

TIERE ZEICHNEN

Wenn sie nicht gerade dösen, halten Tiere den Porträtisten gehörig in Atem. Festzuhalten, wie zwei junge Hunde sich balgen, beschnuppern, umtänzeln, beknurren, scheint schier unmöglich. Wir geben Ihnen Tips, wie Sie die Fertigkeit erlangen können, Bewegung blitzschnell zu erfassen.

Neil Forster verwendete für seine Skizze der beiden spielenden Hunde (*oben*) weiche Pastellkreiden. Die Köpfe sind ausgearbeitet, während der Rest unvollkommen blieb. Dadurch entsteht der Eindruck, die Hunde würden sich um die Mitte herum bewegen.

Beschränken Sie sich zunächst auf eine Tierart, und fertigen Sie viele Skizzen und Detailstudien an, durch die Sie den Körperbau und seine Proportionen kennenlernen.

Wenn Sie ein Haustier haben, nutzen Sie Zeiten, in denen es ruht. Falls kein Tier in Ihrem Umkreis ist und Sie auch nicht ohne Vorbereitung in den Zoo gehen wollen, können Sie an Fotos üben.

Finden Sie als erstes heraus, wie Sie den Körper mit einfachen Kreisen, Dreiecken, Rechtecken usw. aufbauen können. Messen Sie mit der Methode des Maßvisierens sorgfältig alle wichtigen Größen und Abstände. Erst wenn Sie das Gefühl haben, daß die Proportionen stimmen, arbeiten Sie Ihre Skizze aus!

Versuchen Sie nun, das Tier aus mög-

sammenzusetzen. Ein Schwung kann Rücken und Schwanz erfassen, zwei Bögen beschreiben den Kopf, zwei Linien charakterisieren ein Bein. Wechseln Sie den Standort und probieren Sie es von neuem.

Bewegung zeichnen

Schließlich können Sie es wagen, ein Tier zu zeichnen, das sich bewegt. Man skizziert das Tier mit wenigen Linien, die sich stärker auf die Bewegung konzentrieren als auf die Umrisse. Ignorieren Sie Einzelheiten! Wenn sich das Tier zu schnell wegbewegt, lassen Sie die Skizze unvollständig.

Für schnelle Skizzen eignen sich weiche Zeichenmaterialien besonders gut, wie weiche Bleistifte, Pittstifte, Kohlestifte oder Pastellkreiden. Wenn Sie mit Kreide auf rauhem Papier zeichnen,

In unserem Projekt (*unten*) zeichnen wir mit Pastellkreiden zwei junge Kätzchen, die uns neugierig anschauen.

ERSTE SCHRITTE

Schnelligkeit ist das A und O beim Zeichnen von Tieren. Konzentrieren Sie sich in den ersten Skizzen ganz auf die Umrisse. Details wie etwa Krallen ignorieren Sie, auch die Darstellung des Fells kommt später an die Reihe. Am Anfang sollten Sie sich gar nicht erst mit der Ausarbeitung einer Zeichnung aufhalten. Wichtiger ist, daß Sie viele kleine, ganz einfache Skizzen anfertigen, in denen Sie mit möglichst wenigen Linien das Tier festhalten. Sie können ganz nach Belieben mit Bleistift, Pinsel oder Feder zeichnen.

Lösen Sie jeden Tierkörper in einfache geometrische Grundformen wie Kreise, Ovale, Rechtecke oder Dreiecke auf (**1**). Finden Sie als erstes heraus, welche Formen am besten passen. Das ist je nach Tier, aber auch je nach Blickwinkel verschieden. Skizzieren Sie unterschiedliche Haltungen des Tiers (**2**). Vergegenwärtigen Sie sich die Proportionen und die Zusammenhänge der einzelnen Körperteile. Wenn Sie sicherer beim Erfassen der Grundformen geworden sind, überarbeiten Sie die Konturen und ergänzen Sie Details (**3**).

1

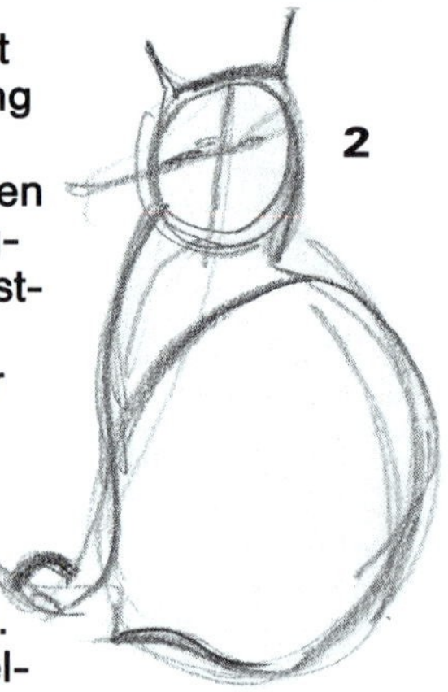

2

3

In Bewegung

Bevor man zeichnet, beobachtet man aufmerksam, wie sich das Tier bewegt. Versuchen Sie, das Bewegungsmuster zu verstehen. Dann beginnen Sie, schnelle Skizzen anzufertigen (**4**). Konzentrieren Sie sich dabei auf die Teile, die in Bewegung sind.

Skizzieren Sie die verschiedensten Positionen! Achten Sie auf die Anatomie, und versuchen Sie, das Spiel der Muskeln zu erfassen (**5**).

4

5

DIE ANATOMIE DER TIERE

Wenn man den Aufbau des Skeletts eines Tieres kennt, ist es einfacher, die Proportionen korrekt zu zeichnen. Vor allem wird am Skelett mit seinen Gelenken deutlich, welche Arten der Bewegung möglich und welche unmöglich sind.

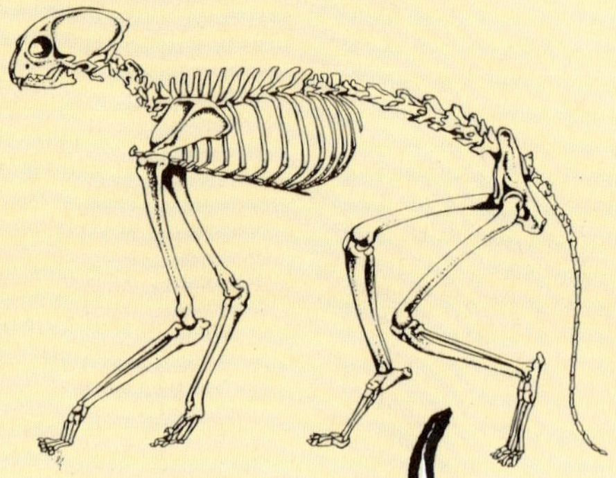

DAS FELL

6

7

Kurze, glatte Haare zeichnet man mit dichten Schraffurstrichen, deren Richtung dem Verlauf der Haare entspricht (**6**). Lange Haare empfindet man mit weichen Strichen nach, die im Druck variieren (**7**). Generell gilt, daß sich in jedem Fell hellere und dunklere Bereiche unterscheiden lassen. Auch bei einer schwarzen Katze gibt es Stellen, die Licht reflektieren!

ZWEI KÄTZCHEN

Da die beiden Tigerkätzchen, sobald sie wach wurden, meist lebhaft spielten und rauften, mußten erst einige Skizzen angefertigt werden, bevor diese Zeichnung entstehen konnte.

MATERIAL

hellbraunes Tonpapier
Kreiden: Rötel, Schwarz, Weiß, Sepia
Radierstift
Fixative

1

1 Mit der Spitze der Rötelkreide werden die Kätzchen schwungvoll skizziert. Versuchen Sie dabei in geometrischen Formen zu denken. Leichte Striche notieren die Positionen von Augen und Schnauze. Auch die Länge der Ohren wird bestimmt. Wenn die Proportionen stimmen, fügt man die wichtigsten Details ein.

2

2 Mit der Breitseite eines Rötelstückes werden die Katzen eingetönt. Dabei versucht man, die Körperformen durch Licht und Schatten zu modellieren. Drücken Sie einfach an Schattenstellen stärker auf. Manchmal dienen Dunkelheiten auch der Betonung von Details, wie hier an den Wangen. Verreiben Sie schließlich die Farbe mit dem (sauberen) Finger. Mit dem Radierstift oder einem angespitzten Radiergummi kann man feine Glanzlichter herausholen, bei denen das Papier hell durchscheinen soll. Den Vorteil eines getönten Papiers werden Sie erkennen, wenn Sie später mit weißer Kreide das Licht noch verstärken.

3

3 Nun werden mit den Spitzen der Kreiden die Feinheiten gestaltet. Verwenden Sie schwarze Kreide für die Zeichnung des Gesichts mit den Augen. Modellieren Sie die Ohren, und verstärken Sie die Konturen in den Schattenbereichen. Die Schatten am Boden geben dem Bild räumliche Tiefe und den Katzen eine „Standfläche". Die Streifen im Fell modelliert man mit Rötel, Sepia und wenig Schwarz. Verwischen Sie sanft die Striche, ohne die Strukturen völlig auszulöschen.

4 Achten Sie nun genau auf Licht und Schatten, und holen Sie den Glanz des Fells mit der Spitze der weißen Kreide heraus. Empfinden Sie die Fellstruktur und den Fluß der einzelnen Haare frei nach. Schließlich dunkeln Sie den Hintergrund ab.

5 Mit den Fingerspitzen werden die weißen Glanzlichter leicht verrieben, bis das Fell weich und flauschig wirkt. Wo nötig, werden mit der weißen Kreide erneut Lichter verstärkt. Zuletzt deuten Sie die feinen Schnurrhaare hauchdünn an, verwischen den Hintergrund und fixieren das fertige Bild.

4

5

Tierbilder sind nicht einfach zu zeichnen. Wenn Ihnen das Bild auch nur halbwegs gelungen ist, werden Sie sehr viel gelernt haben und beim nächsten Versuch ein noch besseres Resultat erzielen.

OBERFLÄCHENWERTE

Da man mit Pastellkreiden sowohl linear als auch flächig arbeiten kann, lassen sich unendlich viele Arten verschiedener Oberflächenwerte erzeugen.

Wenn man Werke von Edgar Degas betrachtet, fällt auf, wie kreativ der Künstler Pastellkreiden verwendete. Er experimentierte mit den verschiedensten Techniken, setzte dunkle Farben über helle und wieder helle über dunkle. Pastellkreiden bieten unzählige Möglichkeiten, die Sie im Laufe der Zeit kennenlernen werden. Auf der nächsten Seite zeigen wir Ihnen einige Methoden, mit denen Sie Flächen farbig und abwechslungsreich strukturieren können.

Beim Arbeiten mit Pastell kann man mehrere Farbschichten übereinanderlegen. Sie sollten es damit allerdings nicht übertreiben, denn auf einer zu häufig übermalten Fläche halten die Farbpartikel nur noch schlecht.

Licht und Farbe

ken, daß Farbtöne vom Licht beeinflußt werden. Eine Landschaft wirkt in warmem Sonnenlicht farblich ganz anders als an einem wolkenverhangenen Tag. Den Veränderungen des Lichts entsprechend verwandeln sich auch die Farben der Gegenstände und deren Schatten. Bei einem Stilleben ist genau zu beachten, welchen Ton eine Farbe im Licht und welchen sie im Schatten annimmt. Wenn Sie bei der Gestaltung des Bildes die Farben zu frei behandeln und unüberlegt variieren, kann das Bild an Stimmung und Atmosphäre verlieren. Denken Sie auch daran, daß es auf den Gegenständen Glanzlichter gibt und daß sich andere Objekte der Umgebung spiegeln können. So mag in einer roten Tomate, die neben einem grünen Apfel liegt, ein grüner Farbfleck schimmern.

Zeichnen Sie mit Pastellkreiden großzü-

Unten **sehen Sie einen Ausschnitt aus einem Stilleben mit Früchten von Neil Forster. Obwohl die Farben satt und kräftig sind, bewahren sie sich doch eine geheimnisvolle, duftige Transparenz.**
Auch unser Gemüsestilleben (*oben*) wirkt kräftig und zart zugleich. Sie lernen, mit Pastellkreiden Farben und Strukturen überzeugend wiederzugeben.

FLÄCHEN UND STRUKTUREN

Mit Pastellkreiden können Sie auf unterschiedlichste Weise Farben mischen, Flächen gestalten, Strukturen erzeugen. Gleichmäßige Farbtöne mit und ohne Verläufe erhält man, wenn man die Farbe verwischt. Details lassen sich mit der Kante der Kreide zeichnen. Vor allem die härteren Pastellkreiden ermöglichen scharfe, klare Linien. Experimentieren Sie mit Ihren Kreiden. Hier folgen einige Anregungen.

1 Mischen Sie direkt auf dem Papier aus zwei ähnlichen Farben einen neuen Farbton: Hier wurde eine Fläche von oben her mit einem dunkleren Grün eingetönt und von unten her mit einem helleren.

2 Mit einem Wischer lassen sich Farben kontrollierter verwischen und Konturen gezielter abmildern als mit dem Finger. Ein Wischer besteht aus aufgewickeltem Papier, das oben eine Spitze bildet.

3 Der Untergrund verändert den Charakter der Farbe. Experimentieren Sie mit einem Untergrund aus zwei Farben und einer Querschraffur aus kurzen Strichen in einer dritten Farbe.

4 Setzen Sie einen hellen und einen dunklen Grünton in kurzen, dicken Strichen dicht nebeneinander. Aus der Entfernung zeigt die Fläche ein lebhaft strukturiertes Mittelgrün.

5 Verwenden Sie kontrastierende Farben, wie etwa Grün und Blau. Mit der einen Farbe legen Sie einen Untergrund an, mit der anderen eine lockere Schicht darüber.

6 Die eben beschriebene Technik kann auch eingesetzt werden, um eine Fläche mit mehreren transparenten Farbschichten zu tönen.

7 Einen lebhaften Eindruck mit großer Tiefenwirkung erzeugen Kreuzschraffuren, die in verschiedenen Farben übereinandergelegt werden.

8 Einen solchen Lichteffekt erzielen Sie, indem Sie das Kreideende flach auf das Papier drücken und mit leichter Drehbewegung abheben.

9 Eine intensive Farbwirkung erzeugt man durch Kreuzschraffuren, die in entgegengesetzter Richtung übereinandergelegt werden.

10 Dynamik erzeugt man durch kurze Striche, die in mehreren Farben aneinandergesetzt werden.

11 Mit der unter **10** beschriebenen Technik lassen sich gezielt Bewegungen und Rhythmen entwickeln.

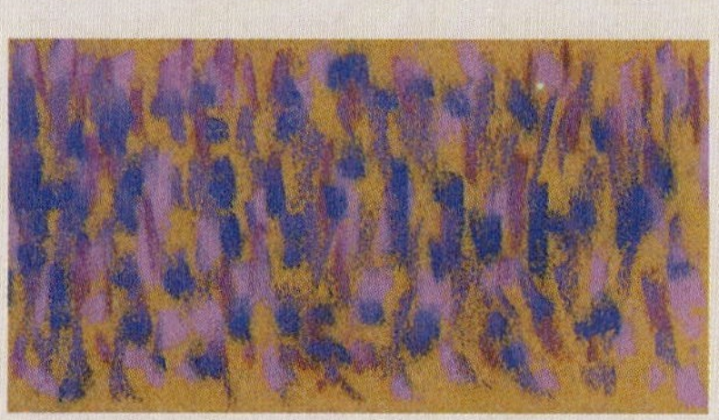

12 Punktartige Striche in verschiedenen Farben mischen sich, aus der Entfernung betrachtet, optisch.

KRAUT UND RÜBEN

Besorgen Sie sich Gemüse, das möglichst verschiedene Strukturen und Farben hat, und komponieren Sie ein eigenes Stilleben. Wir zeigen Ihnen an unserem Beispiel Schritt für Schritt, wie Sie vorgehen müssen, damit das Gemüse plastisch und natürlich aussieht.

1

1 Für die Umrißskizze verwendet man dunkle Kreiden, die im Farbton den einzelnen Gemüsen entsprechen. Wir zeichneten den Kohlkopf mit Mineralgrün, die roten Zwiebeln mit Karminlack, die Artischocke mit Emeraldgrün und den Egerling mit Bistre.

2

2 Nun werden die Schatten auf den Früchten und auf dem Untergrund angedeutet. Die Strichrichtung folgt der Form der Früchte. Da alle Gemüsesorten hier sehr dunkel sind, bot sich für alle Früchte das dunkle Preußischblau an.

3

MATERIAL

braunes Tonpapier oder Ingrespapier
Pastellkreiden (Conté): weiches Weiß, Bistre, Rotbraun, weiches Schwarz, Neapelgelb, Indischgelb, Scharlachrot, Purpur, Hautfarbe, Krapprot, Cyclamen, Karminlack, Persischviolett, Rotviolett, Violett, Preußischblau, Ultramarin dunkel, Kobaltblau, Ultramarin, Paynesgrau, Kaltgrün, Preußischgrün, Emeraldgrün, Mineralgrün, Hellgrün, Lindgrün, Laubgrün, Umbra gebrannt, Sepiagrau, Siena gebrannt
Fixativ

3 Nun wird das Gemüse mit leichten Strichen, die sich immer an der gewachsenen Form orientieren, farblich gestaltet. Dabei wird noch nicht fein gearbeitet. Beginnen Sie mit denselben Farben, mit denen Sie die Umrisse gezeichnet haben. Schauen Sie genau hin, und gehen Sie allmählich zu den helleren Farbtönen über, bis zuletzt die hellsten Stellen folgen. Sie werden nicht für jeden Farbton, den Sie brauchen, eine entsprechende Kreide besitzen. Mischen Sie die Farben, indem Sie Striche mehrerer Kreiden kombinieren und verwischen. Sehr dunkle Stellen können Sie zusätzlich mit der Farbe des Schattens vertiefen. Verstärken Sie schließlich Konturen, die zu schwach wirken.

4 Verfeinern Sie die Zeichnung des Gemüses. Die Struktur der Artischockenblätter wird mit langen Strichen dunkler und heller Grüntöne nachempfunden. Ein leichter Gelbton an den Spitzen deutet das reflektierte Licht an. (Glanzlichter und Lichtkanten arbeitet man gewöhnlich mit Weiß oder sehr hellen Farbtönen aus.) Die Zwiebeln werden durch Schraffurstriche aus Rottönen plastisch modelliert.

5 Vergegenwärtigen Sie sich, aus welcher Richtung das Licht auf Ihr Stilleben fällt. Gestalten Sie Dunkelheiten und helle Bereiche mit Kreuzschraffuren und dichten Querschraffuren in passenden hellen oder dunklen Farben. Modellieren Sie die Farbschichten durch leichtes und stärkeres Verwischen mit den Fingerspitzen. Befassen Sie sich schließlich mit der Umgebung. Wie Sie sie darstellen, ist eine Frage der Komposition. Hier sollten die Zwiebeln und der Pilz unter dem Grün herausstechen. So wurde der Hintergrund mit dunklen und der Vordergrund mit hellen Grünnuancen getönt.

6 Arbeiten Sie das Gemüse weiter aus. Wenn Sie, wie beim Kohl, einzelne Blätter voneinander trennen wollen, können Sie sie schwarz beziehungsweise in Lichtbereichen hell randen. Der Kohl erhält helle und dunkle Adern, die Zwiebeln feine Glanzstellen. Schließlich fixieren Sie das fertige Bild.

Die unterschiedlichen Strukturen der Gemüsearten darzustellen, ist schwierig. Wenn es Ihnen noch nicht ganz gelungen sein sollte, machen Sie sich nichts daraus. Mit jeder Zeichnung lernen Sie dazu!

KOMPOSITION MIT KONTRASTEN

Warum ziehen manche Bilder den Blick des Betrachters in ihren Bann, während andere eine solche Kraft nicht besitzen, obgleich sie nicht weniger gut gezeichnet erscheinen? Das liegt dann gewöhnlich nicht am Motiv, sondern an der Komposition – soll sie Spannung erzeugen und dennoch ausgewogen sein?

Die Aufmerksamkeit des Betrachters wird durch Kontraste erregt, etwa durch einen roten Farbtupfen in eher farbloser Umgebung. Zu viele Kontraste (lauter bunte Farbtupfen) sind genauso langweilig wie zu wenige. Es ist immer das Besondere, das die Aufmerksamkeit auf sich zieht.

Kontraste beschränken sich nicht allein auf Farben, beispielsweise können auch warme und kalte, stumpfe und leuchtende Farbtöne einander gegenübergestellt werden. Auch Hell und Dunkel sind wichtige Spannungsfaktoren.

Beachten Sie, aus welchen Materialien die dargestellten Objekte sind: glatte Oberflächen kontrastieren lebhaft mit rauhen Texturen. Weiches und Hartes kann kombiniert werden, warme Materialien wie Holz bilden einen Gegensatz zu kalten Stoffen wie Glas und Metall.

Sehr wirkungsvoll sind zudem Kontraste zwischen Formen. Wenn Sie einen runden Gegenstand mit mehreren eckigen kombinieren, fällt er aus dem Rahmen und gerät ins Zentrum der Aufmerksamkeit. Stehendes kontrastiert mit Liegendem, Großes mit Kleinem usw.

Die Vielzahl der Möglichkeiten, wie man Kontraste erzeugt, läßt es sinnvoll erscheinen, einen einfachen Weg zu wählen: Entscheiden Sie sich, bevor Sie ein Bild beginnen, für eine oder zwei der Möglichkeiten.

Kombinieren Sie etwa ein Stilleben aus Objekten mit stark kontrastierenden Oberflächen. Zudem beschließen Sie, Licht und Schatten deutlich herauszuarbeiten. Die Frage der Formen und der Farben lassen Sie zunächst beiseite. In einem anderen Bild können Sie dann mit Formen experimentieren und vielleicht warme gegen kalte Farben einsetzen.

Das *oben* abgebildete Stilleben mit Turnschuhen und einer Milchflasche stammt von Lucy Willis. Die Komposition ist durchdacht und beschränkt sich auf die Ausarbeitung bestimmter Kontraste: Ins Auge springt der Gegensatz zwischen leichtem Stoff und schwerem Glas. Licht und Schatten sind sorgfältig modelliert. Die Farbgestaltung beruht auf der Gegenüberstellung von kaltem Blau und einem warmen Goldton. In unserem Projekt (*links*) befassen wir uns mit dem Kontrast zwischen verschiedenen Materialien und einer betonten Ausarbeitung von Licht und Schatten.

Lassen Sie sich von den folgenden Beispielen zu kleinen Stilleben anregen, in denen Sie gegensätzliche Objekte miteinander kombinieren. In unserem ersten Beispiel konzentrieren wir uns auf die Materialbeschaffenheit, in dem zweiten auf die Kombination von Formen und im dritten liegt der Schwerpunkt auf einem starken Hell-Dunkel-Kontrast. Zeichnen Sie nach Belieben mit Bleistift oder Pastellkreiden.

1

2

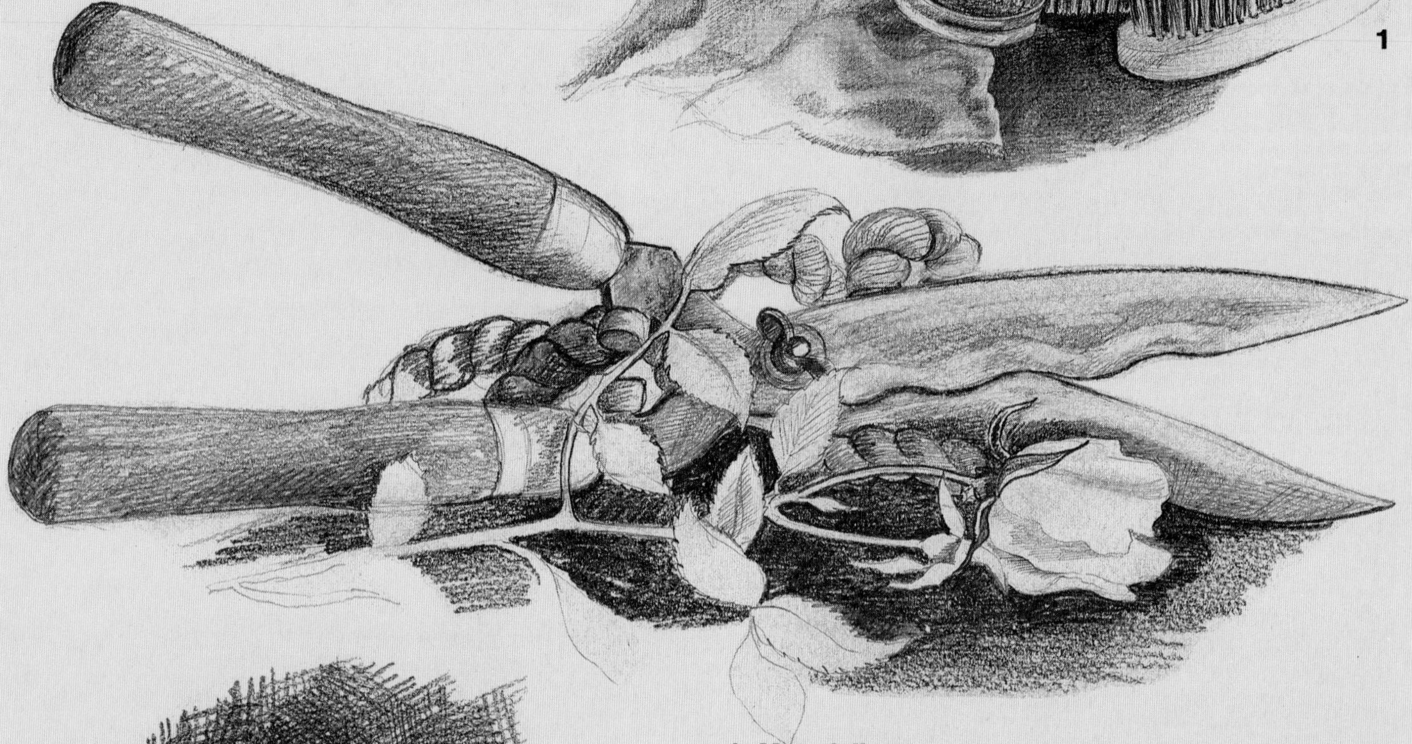

3

1 Materialien
In gelungenen Bildern ist die Materialbeschaffenheit der Gegenstände nahezu fühlbar. So sollte in diesem Beispiel der Kontrast zwischen der rauhen Bürste und dem weichen Leder herausgearbeitet werden. Das gelingt Ihnen, wenn Sie die Strukturen der Oberflächen sorgfältig dokumentieren und auf die Verteilung von Licht und Schatten achten.

2 Formen
In diesem Beispiel kontrastiert die scharfe, aggressive Form der Schere mit der empfindlichen, zarten Form der Rose. Noch ein weiterer Kontrast zieht die Aufmerksamkeit auf sich: Künstlich Hergestelltes (Schere und Hanfseil) steht einer Pflanze gegenüber.

3 Hell und Dunkel
Starkes Licht läßt weiche Übergänge zwischen Hell und Dunkel verschwinden, so daß ein Kontrast entsteht. Hier hebt sich der gleißende Körper des Bügeleisens, dessen Form nur durch leichte Schatten angedeutet ist, vom dichten, dunklen Hintergrund ab. Der schwarze Griff verstärkt diesen Effekt und betont die massive Schwere des Geräts, mit der auch die weiche Biegsamkeit des Kabels kontrastiert.

NACHTGEDANKEN

Für unser Projekt haben wir einige nostalgische Gegenstände zusammengestellt, die an ein Gelehrtenzimmer des frühen 19. Jahrhunderts erinnern: Federkiel, Bücher und Kerzenlicht. Wir werden nur mit Grautönen arbeiten und uns völlig auf die Kontraste zwischen Licht und Schatten und den verschiedenen Materialien konzentrieren. Arrangieren Sie ein ähnliches Stilleben mit einer starken Lichtquelle im dunklen Raum.

1

1 Die Bücher und die metallenen Teile der Lampe werden mit Blaugrau hell skizziert. Die zarten Teile, d.h. die Kerze, das Glas und den Federkiel konturiert man mit Hellgrau.

2

MATERIAL

Aquarellpapier
Kreiden (Conté) in Weiß-, Schwarz- und Grautönen (mittleres und weiches Weiß, hartes, mittleres und weiches Schwarz, Braungrau, Blaugrau, Dunkelgrau, Hellgrau, Sepiagrau)
Wischer
Fixativ

3

2 Lichtquelle dieses Stillebens ist die Lampe. Die tiefsten Schatten beginnen direkt am Fuß der Gegenstände. Modellieren Sie die dunkelsten Schatten auf den Gegenständen unter leichtem Druck mit dunkelgrauer Kreide. Mit derselben Farbe fixiert man dann den Schattenwurf auf dem Tisch und vertieft ihn mit weichem Schwarz. Auch der Schatten auf dem unteren Buch wird mit Schwarz leicht abgedunkelt.

3 Nun wird der Hintergrund mit Dunkelgrau und Schwarz eingetönt, wobei – der Kontraste wegen – die Partie rechts hinter den Büchern eher grau gehalten wird. Dadurch entsteht der Eindruck, das Licht werde von der Wand reflektiert. Verreiben Sie die Farbe mit den Fingerspitzen. In der Nähe der Gegenstände verwendet man besser einen Wischer. Für die Tischplatte, die das Licht reflektiert, werden Blaugrau und Hellgrau miteinander verrieben. Damit sich die Feder besser von der Tischplatte abhebt, tönt man die Umgebung mit wenig Braungrau.

4

5

6

4 Die Konturen der Bücher werden mit Sepiagrau vertieft und die Einbände mit Hellgrau eingefärbt. Die Verzierungen am Rücken der Bücher modelliert man mit Dunkelgrau. Wenden Sie sich nun der Lampe zu, und modellieren Sie die Lichtseiten des Metalls mit Hellgrau. Die dunklen Schatten im Glas werden durch feste, kurze Striche in blaugrauer Farbe fixiert. Der Federkiel erhält eine glänzende Spitze in Hellgrau, die Feder selbst gestaltet man mit Hellgrau und mittlerem Schwarz.

5 Überarbeiten Sie das ganze Bild mit Sepiagrau und Schwarz: Widmen Sie sich Feinheiten wie den Verzierungen an den Buchrücken, und vertiefen Sie dunkle Bereiche. Tiefe Dunkelheiten lassen den metallenen Fuß der Lampe und die Halterung schwer und solide erscheinen. Mit weichem und mittlerem Weiß formt man nun in schwingenden Strichen das Glas der Lampe und tönt die Kerze. Das Lichtmuster im Glas wird durch blaugraue und braungraue Streifen ausbalanciert. Die Feder verfeinert man mit weichem Schwarz und Dunkelgrau.

6 Verstärken Sie an der Lampenhalterung den Kontrast zwischen Licht und Schatten! Auf den Buchdeckeln werden weiße und hellgraue Striche gleichmäßig miteinander verrieben, während man auf den Rücken die Farben mit kleinen kreisenden Bewegungen verwischt. Dadurch entsteht eine Struktur, die ganz typisch ist für alte, ledergebundene Bücher. Modellieren Sie auch die Feder mit mehreren Farbschichten aus Schwarz, Weiß und Hellgrau weiter durch.Das weiche Lichtspiel im Glas wird durch vorsichtiges Verreiben der Farben erreicht. Ergänzen Sie die Kerzenflamme mit Weiß, und verstärken Sie Glanzlichter auf dem Glas. Fixieren Sie das Bild!

Bei diesem Stilleben haben Sie gelernt, gezielt Kontraste zwischen Licht und Schatten und verschiedenen Materialien auszuarbeiten. Sie haben sich auf den Schwarzweißbereich beschränkt. Bei Ihrem nächsten Versuch möchten Sie vielleicht einen Kontrast zwischen warmen und kalten Farben planen.

IN FREIER NATUR

Das duftige Medium der Pastellkreiden ist hervorragend geeignet, Eindrücke des flüchtigen Augenblicks wiederzugeben. Wir zeigen Ihnen, wie Ihnen dies in freier Natur gelingt.

Wenn wir nach einem Regenschauer bei wieder durchkommender Sonne durch den Wald wandern, steigt der Duft feuchten Holzes auf, fühlen wir den nachgebenden Nadelboden unter den Füßen, sehen wir die im Licht glitzernden Stämme und Sonnenstrahlen, die schräg durch die Baumkronen brechen. Uns interessiert bei diesen Beobachtungen nicht so sehr die einzelne Pflanze. Es ist vielmehr eine Stimmung, die uns umfängt. Wenn wir zeichnen oder malen, interesssiert uns häufig eben eine solche Stimmung, der flüchtige Gesamteindruck, die „Impression".

Im Einfangen eines Eindruckes und weniger in der naturgetreuen Wiedergabe eines Motivs liegt die Stärke der Pastellkreiden: Man kann sie nicht auf der Palette mischen, sondern muß in Farbpunkten und -flecken denken, die gemeinsam eine Gesamtwirkung hervorrufen. Die Techniken des Verwischens ermöglichen die für die Darstellung des Augenblicks so charakteristische Unschärfe. Man sieht eben nicht einzelne Blätter, sondern ein bewegtes Muster aus Licht und Schatten. Natürliche Strukturen, wie wogendes Gras, starre Büsche und rauschende Baumkronen, lassen sich durch Striche, Pünktchen, Häkchen usw. einfangen.

In der Natur dominieren Grün- und Erdtöne. Ihr Farbsortiment sollte mindestens drei Grüntöne enthalten, ein Gelbgrün, ein Blaugrün und ein Graugrün. Erdfarben, einschließlich Lichtem Ocker, Siena gebrannt und Umbra natur, sind wichtige Grundfarben. Für Lichtstellen braucht man häufig Gelb, für Schatten Rot und Violett. Wenn Sie öfter im Freien malen, sollten Sie Ihr Farbsortiment entsprechend bereichern. Sie werden dennoch meistens mischen müssen, indem Sie entweder Punkte oder Striche verschiedener

Wie mit freien Strichen und Farbtupfen der Eindruck üppigen Pflanzenwuchses eingefangen werden kann, zeigt das Pastellbild eines botanischen Gartens (*oben*) von Lesley Fotherby. Die Farbe ist lokker aufgetragen, so daß an vielen Stellen der graue Untergrund des getönten Papiers durchscheint.

In unserem Projekt (*links*) zeigen wir Ihnen, wie Sie mit einem relativ kleinen Farbsortiment die Viel-

DER HIMMEL

Beim Skizzieren lernt man viel über Farben und Strukturen. Versuchen Sie, die Eigenschaften dieser Blaunuancen herauszufinden. Das warme Kobaltblau eignet sich für die Darstellung eines Sommerhimmels, Cölinblau für Himmel in kälteren Jahreszeiten. Hellblau wirkt an sich kräftig; kommt aber eine intensive Farbe hinzu, erscheint es ziemlich blaß.

1

2

3

4

1 Richtige Schäfchenwolken haben in Wirklichkeit klare Formen, die sich scharf vom Himmel abheben. Malte man sie so, würden sie steif und fest wirken. Lassen Sie die Konturen etwas verschwimmen! Die Schatten in der Wolke werden mit Grau und Malve modelliert.

2 Dieser leicht bedeckte Himmel ist in warmen und kalten Blautönen auf weißem Papier, in Weiß und vereinzelten Tupfen Malve gehalten. Die schnelle Bewegung der ziehenden Wolken wird durch die einheitliche Strichrichtung erzeugt.

3 Ein bedrohlich schwarzer Himmel wird hier durch dicke Striche in Pink, Purpur und Grautönen vor Augen geführt. Die Gewitterfront kontrastiert reizvoll mit dem lichten Grün der Landschaft.

4 Die aufgehende Sonne beleuchtet den Himmel vom Horizont her. Blasses Orangegelb geht über in das klare Blau des Morgenhimmels. Beim Sonnenuntergang sind die Farben wärmer als am Morgen, man wählt eher Pink- oder Goldtöne.

BÄUME

Bäume können nicht in allen Einzelheiten mit jedem Blättchen und jedem Ast gemalt werden. Bäume aus der Entfernung zu malen, ist eine gute Übung, um den Blick für den Gesamteindruck zu schärfen.

1

2

3

4

1 Wenn man Baumkronen malt, ist vor allem auf Licht und Schatten zu achten. Man arbeitet mit hellen und dunklen Grüntönen und modelliert das Volumen. Beachten Sie, daß die Äste häufig von Laub verdeckt sind und daß der Himmel an vielen Stellen durchscheint!

2 Vergleichen Sie in kleinen Skizzen verschiedene Baumarten, Kronenformen und Laubstrukturen.

3 Suchen Sie nach ungewöhnlichen Anblicken, die Sie skizzieren und später in Bilder einbauen können. Stamm und Äste sind hier mit entschieden geführten Strichen ausgeführt.

4 Am Horizont wirken Bäume flach. Blaue Töne werden hier vereinzelt mit dunklen Grünnuancen vermischt, so daß der Eindruck von Entfernung entsteht. Das lichte Grün im Himmel suggeriert einen hellen Widerschein am Horizont.

DIE RUINE IM WALD

In unserem Projekt umfängt uns ein Dickicht, so daß wir ein Gewirr von Blättern und Gräsern zeichnen müssen, das Teile eines verfallenen Bauwerks überwuchert. Damit Sie nicht Gefahr laufen, sich mit einzelnen Blättchen und Halmen aufzuhalten, sollten Sie zuvor Bäume aus der Entfernung skizzieren (siehe S. 266).

1

2

1 Als erstes wird der Bildaufbau grob skizziert. Man verwendet dazu gerne dunklere Kreiden, da sie härter sind als die hellen und sich so für Umrißzeichnungen besser eignen. Wenn Sie gleich passende Farben wählen (hier ein Sepiagrau für den Torbogen, Bordeaux und Olivgrün für die Bäume, Olivgrün und Emeraldgrün für Vorder- und Mittelgrund), anstatt etwa mit Bleistift vorzuzeichnen, gewinnt die farbliche Gestaltung des Bildes von Anfang an Plastizität. Beginnen Sie mit dem zentralen Motiv (hier der Torbogen und die Horizontlinie). Dann folgen die wichtigsten Elemente auf den Seiten und im Vordergrund.

MATERIAL

Aquarellpapier
Kreiden von Rowney: dunkles Eidechsengrün, helles und dunkles Saftgrün
weiche Kreiden von Conté: Hellblau, Scharlachrot, Goldocker, Preußischgrün, Emeraldgrün, Mineralgrün, Hellgrün, Olivgrün, Bordeaux, Umbra natur, Blaugrau, Sepiagrau, Hellgrau, Weiß
Fixativ

2 Nun werden die Farben flächig angelegt, die als Grundtönung die Stimmung des Bildes ausmachen. So ist der Hintergrund trotz dichtem Laub licht und von der Sonne durchflutet, sogar der Himmel läßt sich an einer Stelle sehen. Die sonnenbeschienene Partie zieht sich bis in den Vordergrund hinein. Für den Himmel verwenden wir Hellblau und Weiß, für den Hintergrund helles Saftgrün, das mit dem Finger leicht verwischt wird. Am Rand des Himmelsstücks tönen Sie mit Goldocker, im Vordergrund mit Hellgrün über Eidechsengrün.

3

3 Der Torbogen wird gestaltet: Mehrere Schichten Hellgrau ergeben ein ungefähres Bild der Licht- und Schattenpartien. Dann werden die Steine und die dunklen Schatten mit Sepiagrau modelliert. Achten Sie darauf, daß auch Schatten farbig sein können! Hier vertieft man den Schattenwurf der Baumstämme und die Schattenkante innerhalb des Tors mit Preußischgrün und Blaugrau. Kleine Punkte und Strichelchen deuten den Efeu und andere Schlingpflanzen an. Die Baumstämme werden mit Roter Erde und – ganz links – mit Sepiagrau getönt.

4

5

6

4 Die Baumstämme werden mit weiteren Farbschichten modelliert (erst Preußischgrün, dann Sepiagrau und Emeraldgrün). Helles Saftgrün läßt die Lichtseiten leuchten. Die weit entfernten Bäume hinter dem Tor werden nur angedeutet, die Kletterpflanzen weiter herausgearbeitet. Im Vordergrund empfindet man die wuchernden Pflanzen mit Punkt- und Strichstrukturen frei nach. Betrachten Sie das Gewirr als ein Muster aus Licht und Schatten, und verwenden Sie entsprechend hellere und dunklere Kreiden (Hellgrün für sonnenbeschienene Stellen und Mineralgrün für dunklere Blattbereiche).

5 An den Baumstämmen werden die Lichtseiten noch stärker akzentuiert (helles Saftgrün und wenig dunkles Eidechsengrün). Verreiben Sie die Farben leicht mit den Fingerspitzen. Unter Beachtung von Licht und Schatten wird das Blätterdach mit verschiedenen Grüntönen strukturiert (Mineralgrün, Olivgrün, Hellgrün). Wenden Sie sich wieder dem Vordergrund zu. Die Farne, die dunkleren Blätter und Schatten werden feiner ausgearbeitet (Emeraldgrün, Mineralgrün). Modellieren Sie Glanzlichter auf den Blättern (Eidechsengrün). Ergänzen Sie weitere Details, wie hier die roten Beeren.

6 Im letzten Schritt wird der Kontrast zwischen Licht und Schatten vertieft, und an manchen Stellen die Strukturen besser ausgearbeitet. Im Vordergrund sollten Sie klarer herauskommen als in größerer Distanz. Dadurch erhält das Bild Tiefe. Malen Sie nicht alles zu: Wenn das Papier durchblitzt, wirkt das Bild luftig. Hier wird das bröckelnde Mauerwerk mit leichten Strichen Umbra natur akzentuiert, die Kletterpflanzen erhalten Glanzlichter. Auch im Laub und in den Pflanzen im Vordergrund läßt die Sonne eine Unzahl kleiner Lichtstellen aufleuchten, die mit Eidechsengrün hineingetupft werden. Dabei sollten Sie die Farben immer wieder leicht miteinander verreiben. Erst zum Schluß holt man einzelne Blätter im Laub durch deutliche Konturen hervor.

Bei der Arbeit an diesem Bild haben sie gelernt, wie man mehrere Farbschichten Schritt für Schritt übereinanderlegt. Sie erhalten so ein reiches Spektrum verschiedenster Farbtöne. Die unteren Farbschichten leuchten geheimnisvoll durch die oberen hindurch und verleihen dem Bild Tiefe.

SAND UND KLIPPEN

In den vorangegangenen Lektionen haben wir Ihnen gezeigt, wie man mit Pastellkreiden arbeitet; jetzt wollen wir Sie mit Ölkreiden bekannt machen. Diese Kreiden eignen sich besonders gut, um natürliche Oberflächen wie z.B. Sand und Felsen treffend zu charakterisieren.

Verwechseln Sie Ölkreiden nicht mit Wachsmalkreiden! Zwar enthalten auch Ölkreiden Wachs, doch die Pigmente sind viel intensiver und die Stifte deutlich weicher. Man kann sie sogar anwärmen und erhält dann einen dikken, cremigen Strich.

Die kräftigen Farben eignen sich gut für getönte Untergründe und stark strukturiertes Papier. Jedes Papier erzeugt ein anderes Resultat. Sie können fast jedes hochwertige Papier verwenden, am neutralsten und deswegen häufig ideal ist ein kalter Grauton. Ein weißer Untergrund erfordert einiges Können, da er zwischen den Strichen durchblitzt. Wer mit diesem Effekt wenig Erfahrung hat, wird auf Schwierigkeiten stoßen, wenn er das Bild zu einer farblich harmonischen Einheit schließen will. Rauhe, natürliche Oberflächen, wie Sand, Felsen oder im Wind gekräuseltes Wasser, lassen sich am leichtesten auf körnigem Papier darstellen.

Wie die Pastellfarben, variieren auch die Ölkreiden je nach Hersteller in ihrer Intensität und in den Farbtönen. Manche Hersteller verwenden mehr Pigmente als andere. Sie sollten sich am Anfang für eine Marke entscheiden. Andere Marken kön- den Ölkreiden vertrauter sind.

Ölkreiden werden wie Pastellkreiden direkt auf dem Papier miteinander vermischt. Das fertige Bild muß nicht fixiert werden – Sie sollten nur darauf achten, daß Sie nicht zu fest darüberwischen. Auf der folgenden Seite zeigen wir Ihnen, wie man Ölkreiden anwendet, ehe wir eine Felsenküste zeichnen.

Die *oben* abgebildete Meeresküste hat W. Innes gemalt. Man sieht, wie lebendig das Meer und die Felsen mit Ölkreiden dargestellt werden können. In unserem Projekt (*unten*) verwenden wir dieselben Techniken: Wir lagern Farbschichten übereinander und vermischen sie auf dem Papier.

ÖLKREIDEN VERWENDEN

Ölkreiden werden direkt auf dem Papier gemischt. In den Beispielen 1–8 zeigen wir Ihnen, wie Sie aus zwei Farbtönen jeweils einen dritten mischen. In den Beispielen 9–16 werden mehrere Farben miteinander kombiniert und verschiedene Strukturen erzeugt. Wir verwendeten ein schweres, graues Papier mit grobem Korn und die Farben und Techniken, die Sie im Projekt brauchen werden.

1 In diesem Beispiel werden zwei Drittel der Fläche von links nach rechts mit dunklem Purpur getönt. Wie Sie sehen, blitzt der Untergrund an vereinzelten Stellen hervor. Danach folgt eine dicke Farbschicht Weiß, die von rechts nach links aufgetragen wird. In der Mitte entsteht durch die Überlagerung der beiden Farben ein ganz neuer, intensiver Farbton, der nicht einfach einem helleren Purpur gleicht.

2 Wie in **1** wird erst Purpur aufgetragen. Dann folgt von der anderen Seite her Indischrot. Die Mischung in der Mitte zeigt einen besonders dunklen Ton.

3 Braun und Weiß ergeben eine rötliche Mischung. Schöne mittlere Farbtöne erhält man, indem man eine dunkle Farbe mit einer helleren überlagert. Hier hat das Weiß das dunkle Braun stark verändert.

4 Wie in **3** beginnt man mit Braun, übermalt es dann aber mit einer Schicht Lachsrosa. Das Resultat ähnelt dem in **3**, ist aber wärmer.

5 Blau gemischt mit Gelb ergibt Grün. Je nach Blau- oder Gelbnuance entstehen unterschiedliche Grüntöne.

6 Hier beginnt man mit demselben Blau wie in **5**, kombiniert es aber mit Goldocker. Dabei erhält man einen wärmeren Grünton. Wenn Sie Farben mischen, überlegen Sie, ob Sie warme (rötliche Töne) oder kalte (bläuliche) Farbtöne brauchen.

7 Manchmal benötigt man auch nur leichte Farbveränderungen oder zarte Übergänge. Hier ist Cölinblau mit Grau vermengt.

8 Vor allem wenn man Himmel malt, sind zarte Abstufungen in der Helligkeit unerläßlich. Hierzu setzt man zwei verwandte Blautöne ein, die beim Mischen keine dritte Farbe ergeben, wie in den bisherigen Beispielen.

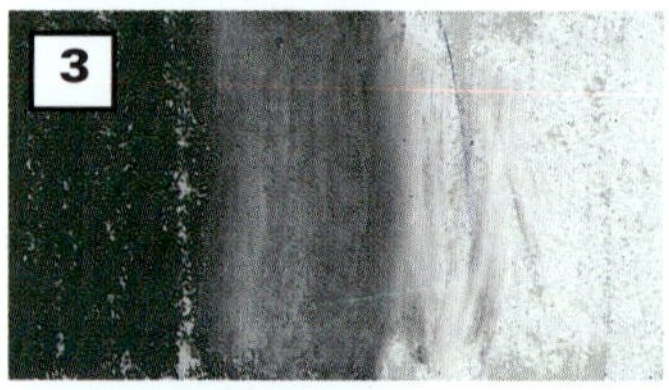

9 Schwarz und Weiß erzeugen Grautöne. Durch seine hohe Dichte tritt das Grau in der Mitte hervor.

10 Bei diesem Beispiel werden zuerst Schwarz und Weiß wie in 9 gemischt und dann mit Lichtem Ocker überlagert. Der Lichte Ocker wird zwar fast ganz verschluckt, erzeugt aber wegen des diagonalen Strichs Dynamik.

11 Auf eine dicke Schicht Zitronengelb werden vereinzelte Spuren Grün gelegt. Dann wird in der Mitte wieder mit Zitronengelb gezeichnet, wobei sich die beiden zugrundeliegenden Farben mischen. Das helle Grün, das dabei entsteht, tritt in den Vordergrund.

12 Wie in **11** grundiert man mit einer Schicht Zitronengelb, auf der dann leichte und starke Striche Indischrot verteilt werden. Erneut mit Zitronengelb überarbeitet, entsteht wieder ein vorspringender Effekt des gemischten Farbstreifens. Diese Technik ist nützlich, wenn man Formen modelliert.

13 Ein türkisfarbener Untergrund wird mit zwei helleren Blautönen überlagert, so daß ein zarter, belebter Blauton erzeugt wird. Kräftige Purpurstriche kreuzen die Fläche. Nun wird mit Hellblau ein Strich quer durch die Purpurlinien gelegt, so daß die Farbe mitgezogen wird. Ölkreiden nehmen immer etwas Farbe mit: Solche Spuren machen die Zeichnung lebendig.

14 Hier besteht die Basis aus drei Blaunuancen. Tupfen aus Indischrot beleben die Fläche.

15 Über eine Schicht Lachsrosa werden Kreuzschraffuren aus mehreren Farben gelegt.

16 Lachsrosa wird mit blauen und gelben Kreuzschraffuren überlagert. Die strukturierte grüne Fläche kann weiter überzeichnet werden.

STEILKÜSTE

Die rauhe Steilküste mit der vorgelagerten Sandbucht bietet sich als ein ideales Motiv für Ölkreiden an. Reizvoll ist vor allem der Kontrast zwischen den schroffen Felsen und dem weichen Sand. Ein kühler Himmel mit großen, schattenwerfenden Wolken schließt das Bild nach oben hin ab. Ölkreiden sind für das Zeichnen in freier Natur gut geeignet.

1

1 Mit der Kante der Purpurkreide wird die Bucht fein skizziert. Arbeiten Sie ruhig frei, es kommt nicht auf eine genaue Wiedergabe der Felsstrukturen an, sondern nur auf die wichtigsten Gliederungen.

2

2 Mit Dunkelbraun werden als erstes die tiefsten Schattenstellen der Felsen eingetönt. Auf den mittleren Felsen fällt ein besonders großer Schatten.

3 Wenn Sie nach der Natur zeichnen, bewegen sich die Wolken. Man wartet auf einen besonders schönen Moment und versucht ihre Formen und die hellsten Stellen schnell festzuhalten. Bei der weiteren Ausarbeitung der Schattierungen kann man sich dann auch an anderen Wolken orientieren. Innerhalb der Klippen und auf dem Sand gibt es leuchtend helle Stellen, die mit Weiß angedeutet werden. Die unteren Wolken leuchten in einem leicht goldgelben Ton. Dieselbe Farbe wird für die abrutschenden Erdpartien im Gestein verwendet. Der Himmel wird mit Schraffurstrichen modelliert: Der helle untere Teil erhält in unserem Bild eine Tönung aus Cölinblau, der obere eine aus Blau und Türkis

FARBSCHLÜSSEL

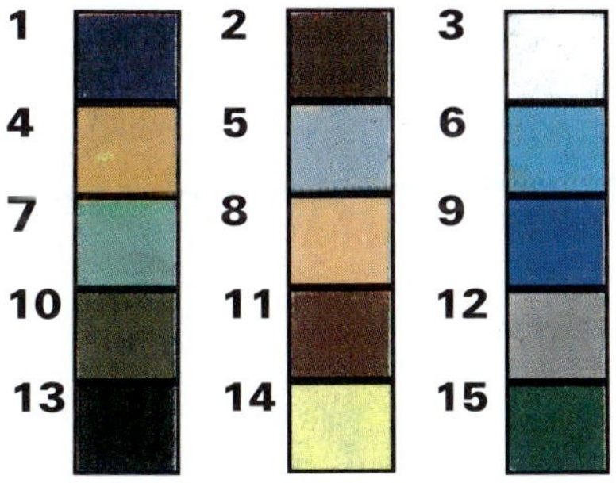

1 Purpur
2 Dunkelbraun
3 Weiß
4 Goldgelb
5 Cölinblau
6 Blau
7 Türkis
8 Lachsrosa
9 Dunkelblau
10 Olivgrün
11 Indischrot
12 Hellgrau
13 Schwarz
14 Zitronengelb
15 Grün

MATERIAL

sehr rauhes, graues Tonpapier
Ölkreiden in den *links* abgebildeten Farben

3

4 Nun können die fehlenden Flächen ausgemalt werden. Die oberen Felsen auf der linken Seite und der Sand auf dem Strand leuchten in Lachsrosa; Dunkelblau verleiht den im Schatten liegenden Felsen einen kühlen Ton. Mit Olivgrün und Indischrot wird der spärliche Pflanzenwuchs, der die Erde durchscheinen läßt, angedeutet. Risse und Spalten im Gestein geben den Klippen ihren schroffen Charakter. Sie werden mit Purpur akzentuiert. Beginnen Sie, die lichteren Stellen mit Weiß aufzuhellen. Die Wolken werden teilweise mit Grau verdunkelt. Noch sieht das Bild recht roh aus. Im folgenden Schritt wird es durch durch das Aufbringen mehrerer Farbschichten überarbeitet.

5 Der Erdrutsch auf den Klippen und die von der Sonne beschienenen Partien werden mit Lachsrosa erneut modelliert. Hellste Stellen können Sie mit Weiß verstärken. Indischrot gibt Schattenbereichen einen warmen Ton. Vorne am Strand und ganz hinten in den Klippen wird das Licht durch Zitronengelb verändert. Das Blau des Himmels erhält im oberen Teil eine größere Intensität durch dunkelblaue Striche. Die Felsstrukturen können Sie mit Purpur markanter herausarbeiten. Das Olivgrün sticht zu sehr aus dem Bild. Man tönt es mit Grün ab. Im Vorder- und Mittelgrund vertiefen Sie die Felsen mit Indischrot. Ganz zuletzt dürfen Sie Schwarz verwenden, um manche Konturen zu verstärken.

Die Klippen sind aus vielen Farbschichten aufgebaut. Am Strand und in den Wolken wurde weit weniger Farbe verwendet, so daß hier das graue, körnige Papier vereinzelt durchscheint. Der Kontrast zwischen offenen Farbpartien und dichten Flächen gibt Ölkreidebildern besondere Vitalität.

NATÜRLICHE RHYTHMEN

Von einem Muster aus Feldern und Hecken ist diese Rhônelandschaft (*links*) geprägt, die Vincent van Gogh (1853–1890) aus der Vogelperspektive mit Feder und Tusche zeichnete. Die Regelmäßigkeit wird nur durch den geschwungenen Lauf des Flusses und den Hügel im Vordergrund unterbrochen. Auch die Zeichenweise ist rhythmisch und von Mustern aus Pünktchen, Strichelchen usw. geprägt.

Wie man eine Komposition rhythmisch belebt, erfahren Sie in dieser Lektion. Rhythmen finden sich überall: Rote Dächer wirken wie aufgefädelte Edelsteine, Felder fügen sich zu harmonischen Mustern, Gebirge laufen rhythmisch aus wie Wellen am Meer.

Rhythmen sind ein tief verwurzeltes ästhetisches Element in unserem Leben, auch wenn wir selten bewußt auf sie achten. Kinder schaukelt und wiegt man, da man weiß, wie wohltuend gleichmäßige Bewegung für das Kind ist. Aber auch Erwachsene umgeben sich mit Rhythmen: Sie ordnen Geschirr der Größe nach, oder sie kleben sich gemusterte Tapeten an die Wände. Gebildet werden Rhythmen durch Wiederholungen. Es gibt gleichmäßige Muster – wie bei einer gemusterten Tapete und einem Parkettboden – und Muster mit einer eigenen Dynamik. Man sieht ein Größer- und Kleinerwerden, ein An- und Abschwellen. Denken Sie beispielsweise an das Wogen des Meeres, an Geröll, das mit Felstrümmern beginnt, ehe es sich in vereinzelten Steinchen in der Landschaft verliert, an die Schichtung eines Gebirges oder denken Sie an einen Sandstrand, in

Die rhythmische Gliederung ist in der Bildgestaltung ein wichtiges Kompositionselement. Es gibt verschiedene Möglichkeiten, rhythmisch zu zeichnen oder zu malen. Bildelemente können rhythmisch gruppiert werden, man kann ein Farbmuster erzeugen und, wie in unserem folgenden Projekt, Licht und Schatten rhythmisch ausarbeiten. Schließlich läßt sich beim Zeichnen ein rhythmischer Strich anwenden.

In unserem Projekt werden wir mit Gouache und Tusche ein Gebirge zeichnen. Der ihm eigene Rhythmus offenbart sich in Gipfeln, die sich wiederholen, in Lichtflecken und Schattenbereichen, die regelmäßig wiederkehren, in einer Farbigkeit, die sich durch Vereinfachung zu einem Muster entwickeln

In unserem Projekt einer Alpenlandschaft (*unten*) verwenden wir eine Kombination von Tusche und Gouache. (Sie können aber genausogut mit anderen Farben arbeiten.) Wir konzentrieren uns auf die rhythmische Gliederung des Gebirges mit seinen Mustern aus Licht und Schatten.

Wenn man die Muster betonen will, die von Licht und Schatten und von Farben in der Landschaft gebildet werden, reduziert man die vielen Farbtöne auf wenige. Die Farbe wird dick, flächig und regelmäßig aufgetragen. Gouachefarben sind ideal für eine solche fast abstrakte Darstellung, da die cremige Konsistenz einem gleichmäßigen Farbauftrag entgegenkommt.

1

a Weiß mit wenig Preußischblau

b Weiß mit etwas mehr Preußischblau

c Weiß mit noch mehr Preußischblau

d Weiß, Preußischblau, Chromoxidgrün feurig, Zitronengelb

e Chromoxidgrün feurig und Zitronengelb

1 Die Beispiele **a–e** demonstrieren alle Farbmischungen, die für unser Projekt gebraucht werden. Nicht nur die Farbtöne unterscheiden sich, sondern auch die Helligkeiten: **a–d** sind zunehmend dunkler, **e** entspricht etwa **b**.

2 Hier wird mit dem Pinsel wie mit Farbstiften oder Pastellkreiden gezeichnet, so daß durch den durchscheinenden Untergrund des Papiers eine Struktur entsteht.

2

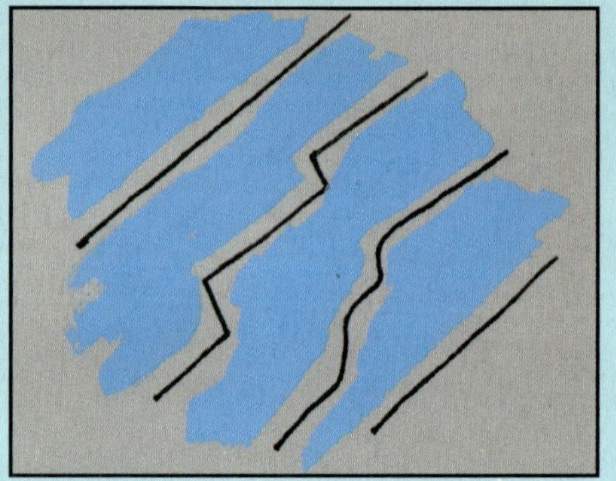

3

3 Wenn man Flächen ausmalt, führt man die Farbe häufig nicht bis zur Grenzlinie heran. Das Bild bleibt dadurch luftig und lebendig, der Ton des Papiers wird zu einer weiteren wichtigen Grundfarbe.

MIT FARBEN EXPERIMENTIEREN

Bei der Bildgestaltung haben Sie jegliche Freiheit. Oft ist die naturgetreue Farbgebung gar nicht die beste. Ein Motiv kann eine ganz überraschende Stimmung entfalten, wenn man zu völlig fremden Farben greift. Sie sollten immer wieder auch mit verschiedenen Farbgestaltungen experimentieren und in kleinen Skizzen die Farben testen.
Rottöne verleihen der alpinen Szene einen warmen Ton (**1**).

Wenn Sie die Berge in Blau halten und gleichzeitig den Himmel in dunkles Blau tauchen, wirkt die Szene dramatisch (**2**). Die Berge erheben sich fast bedrohlich vor dem nachtschwarzen Himmel.

Einen dezenten Reiz üben monochrome Darstellungen aus (**3**). Das Weiß erweckt bei diesem Motiv den Anschein schneebedeckter Gipfel.

1

2

3

ALPINE LANDSCHAFT

Natürliche Landschaften waren schon immer eine Quelle der Inspiration für die Künstler. In unserem Projekt werfen wir einen ungewohnten Blick auf ein häufig gesehenes Motiv. Wir arbeiten die rhythmische Gliederung eines Gebirges mit wenigen Farben und festen Tuschelinien heraus und erhalten dabei eine fast abstrakte Komposition.

1 Wenn Sie mit Feder und Tusche die wichtigsten Formationen des Gebirges mit seinen Haupt- und Nebengipfeln festlegen, können Sie bereits abstrahieren: Die natürlichen Winkel der Gipfel werden zu 45°-Winkeln vereinheitlicht. Runde Felsen erhalten Kanten und Ecken, damit das Gebirge schroffer wirkt. Ergänzen Sie im Vordergrund die Almwiesen.

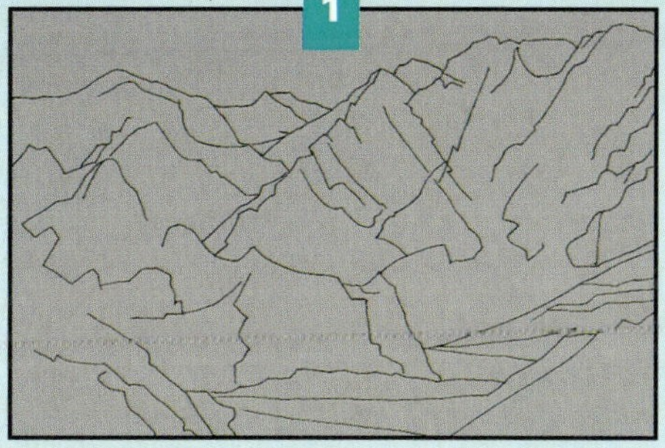

1

MATERIAL

graues Tonpapier
feiner, schwarzer Tuschestift
Aquarellpinsel Nr. 6
Gouachefarben: Weiß, Preußischblau, Zitronengelb, Chromoxidgrün feurig
Palette
Wasserglas
Papiertücher

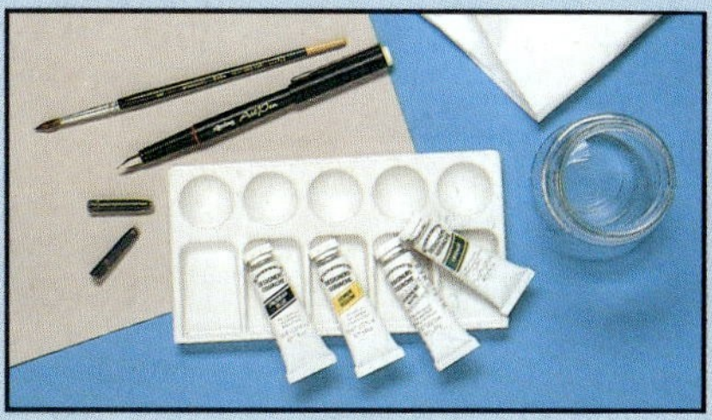

2

2 Die Furchen und Schichten des Gesteins werden frei nachempfunden. Zeichnen Sie mit kurzen Strichen, die der Form der Felsen folgen. Zeichnen Sie frei und – wenn es Ihnen gelingt – in rhythmischen Bewegungen.

3

4

3 Mischen Sie aus Preußischblau und Weiß ein helles Blau für den Himmel. Tönen Sie den Himmel gleichmäßig ein, aber führen Sie die Farbe nicht ganz an den Kamm der Berge heran, so daß ein heller Streifen stehenbleibt.

4 Nun mischen Sie ein dunkleres Blau, wie in Beispiel **b** auf der gegenüberliegenden Seite. Diese Farbe wird für die mittelhellen Flächen des Gebirges verwendet. Wenn Sie frei arbeiten, müssen Sie sich vorher überlegen, von woher das Licht kommen soll und wo folglich Licht- und Schattensei-

5

6

5 Mischen Sie nun ein dunkles Blau aus Weiß und Preußischblau, wie in unserem Beispiel **c** auf S. 274, und tönen Sie die Schattenseiten des Felsengebirges ein. Folgen Sie den Tuschelinien, und arbeiten Sie mit lockerem Strich, der immer wieder den Papieruntergrund durchscheinen läßt.

6 Die Bäume im Vordergrund werden abstrakt durch Flächen aus senkrechten Linien angedeutet. Die Striche sollen nicht immer nahtlos aneinanderstoßen, damit eine Struktur entsteht. Verwenden Sie das dunkle Grün des Beispiels **d** aus Preußischblau, Chromoxidgrün und Zitronengelb.

7

7 Das helle Grün für die Wiesen wird aus Chromoxidgrün und Zitronengelb gemischt (Beispiel **e**). Fügen Sie zuletzt die Lichtseiten des Gebirges ein, indem Sie die helle Blaumischung des Himmels erneut anwenden. Zuletzt kann man noch einmal die Tuschezeichnung verstärken. Konturen, die zu schwach erscheinen (vor allem in Schattenbereichen und in Senken), werden betont und die mit Wald bewachsenen Flächen durch kurze, vertikale Striche strukturiert.

Wenn das Bild fertig ist, betrachtet man es kritisch aus der Entfernung und überprüft, ob es in allen Teilen harmonisch ausgearbeitet ist, ob manche Licht- oder Schattenstellen kräftiger hervortreten sollten und ob die Kontraste Spannung erzeugen.

INDEX